广西高校人文社会科学重点研究基地
滇黔桂边革命老区人文精神与社会发展研究基地　基金资助

旅游精准扶贫机制研究
——以广西、云南为例

马泓宇　方世巧　黄灵谋　著

LÜYOU JINGZHUN FUPIN JIZHI YANJIU
——YI GUANGXI、YUNNAN WEI LI

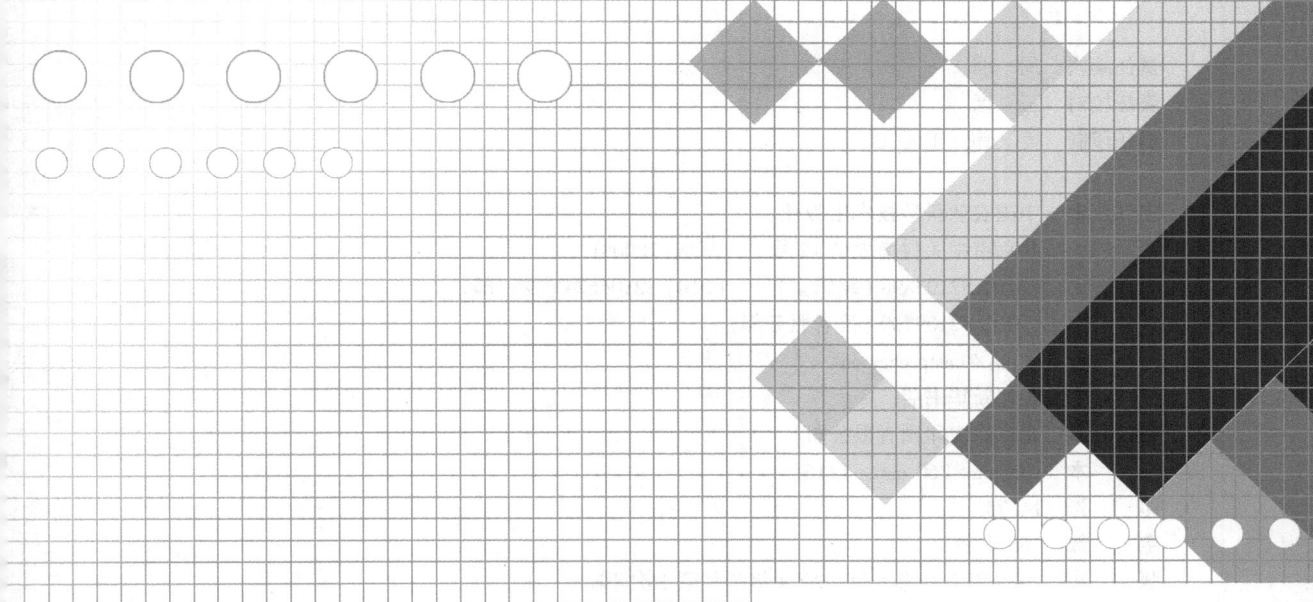

中国农业科学技术出版社

图书在版编目（CIP）数据

旅游精准扶贫机制研究：以广西、云南为例／马泓宇，方世巧，黄灵谋著.--北京：中国农业科学技术出版社，2024.7. -- ISBN 978-7-5116-6918-6

Ⅰ.F592.7

中国国家版本馆 CIP 数据核字第 2024S7R708 号

责任编辑	周　朋
责任校对	王　彦
责任印制	姜义伟　王思文

出 版 者	中国农业科学技术出版社
	北京市中关村南大街 12 号　　邮编：100081
电　　话	（010）82103898（编辑室）　　（010）82106624（发行部）
	（010）82109709（读者服务部）
网　　址	https://castp.caas.cn
经 销 者	各地新华书店
印 刷 者	北京建宏印刷有限公司
开　　本	185 mm×260 mm　1/16
印　　张	14.75
字　　数	368 千字
版　　次	2024 年 7 月第 1 版　2024 年 7 月第 1 次印刷
定　　价	88.00 元

◆━━　版权所有·翻印必究　━━◆

前　言

中国共产党成立 100 多年来，坚持领导全国人民摆脱贫困，为人民创造美好生活而奋斗，走出了一条极具中国特色的反贫困道路。在这个过程中，我们国家的扶贫、脱贫政策进行了数次调整，扶贫脱贫的过程也有着不同的发展阶段。相关研究将中国共产党带领群众反贫困的奋斗历程分为了初步酝酿期、崭新探索期、加速推进期和攻坚冲刺期四个阶段。1921—1949 年为初步酝酿期。中国共产党带领人民群众实现了革命的胜利，建立了新中国，为领导人民摆脱贫困、过上繁荣富裕的生活创造了根本政治前提。1949—1978 年为崭新探索期。中国共产党在推进国民经济发展和提高人民生活水平方面做了巨大努力，在全国范围内进行了广泛而深刻的改革，为新时期反贫困事业提供了物质基础、宝贵经验和理论准备。但人民生活水平仍然普遍低下，尤其是农民仍然处于贫苦状态，农村生产条件仍然十分落后。1978—2012 年为加速推进期。这一时期中国共产党持续推动改革开放，解放和发展农村生产力，通过体制改革和开发式扶贫方针，解决农民贫困问题，取得了显著成就。2012—2020 年为攻坚冲刺期。中国以往大规模开发式扶贫带来的成效是显著的，但贫困地区落后面貌并未得到根本改变，贫困人口生产生活困难亟待解决。随着扶贫事业的深入推进，"漫灌式扶贫"模式的问题也日益凸显。为了啃下脱贫攻坚的硬骨头，以习近平同志为核心的党中央提出精准扶贫方略，为脱贫攻坚的胜利献出一副极具针对性的药方。2013 年 11 月，习近平同志到湖南湘西花垣县十八洞村考察时，首次提出精准扶贫战略思想。2014 年 1 月，中共中央、国务院出台《关于创新机制扎实推进农村扶贫开发工作的意见》，将精准扶贫思想推动落地。2015 年，中共中央、国务院颁布《关于打赢脱贫攻坚战的决定》，强调扶贫重在精准，指出通过产业扶持、转移就业、异地搬迁、教育支持、医疗救助等措施使建档立卡的 5 000 万人实现脱贫，对丧失劳动力或部分劳动力的贫困人口实施社保兜底政策。2017—2018 年党中央聚焦深度贫困地区，2018 年 6 月 15 日《中共中央　国务院关于打赢脱贫攻坚战三年行动的指导意见》指出："聚焦深度贫困地区和特殊贫困群体""集中力量支持深度贫困地区脱贫攻坚"，着力改善深度贫困地区发展条件、着力解决深度贫困地区群众特殊困难、着力加大对深度贫困地区政策倾斜力度。2019—2020 年是决胜脱贫攻坚的关键时期。2020 年 3 月 6 日，在决战决胜脱贫攻坚座谈会上，习近平强调要抓紧落实好脱贫攻坚战最后一年工作部署，确保高质量完成脱贫攻坚目标任务，实现农村贫困人口全部脱贫。2021 年 2 月 25 日，习近平在全国脱贫攻坚总结表彰大会上对脱贫攻坚的成就进行了总结，党的十八大以来，使现行标准下近一亿农村贫困人口全部脱贫，历史性地解决了绝对贫困问题，创造了人类减贫史上的奇迹。

随着脱贫攻坚战的胜利，中国人均收入水平有了较大提升、基本生活型绝对贫困问题初步解决，反贫困的任务或目标有了新的变化。习近平总书记指出："全面建设社会主义现代化国家，实现中华民族伟大复兴，最艰巨最繁重的任务依然在农村，最广泛最深厚的基础依然在农村。"乡村振兴战略是习近平总书记于2017年10月18日在党的十九大报告中提出的。2021年，中央一号文件将"巩固拓展脱贫攻坚成果同乡村振兴有效衔接"放在首要任务，突显了巩固脱贫成果与乡村振兴之间的重要关联性。脱贫攻坚取得全面胜利后，要全面推进乡村振兴，这是"三农"工作重心的历史性转移。要实现巩固拓展脱贫攻坚成果同乡村振兴有效衔接，让农村成为安居乐业的家园，将减贫战略纳入乡村振兴、共同富裕框架的核心立足点，巩固拓展脱贫攻坚成果，增强脱贫地区和脱贫群众内生发展动力，以乡村振兴推动共同富裕。党的二十大报告把全面推进乡村振兴作为加快构建新发展格局、着力推动高质量发展的五大重点任务之一，要"坚持农业农村优先发展""扎实推动乡村产业、人才、文化、生态、组织振兴"。全面推进乡村振兴是实现共同富裕的根本之策，也是实现高质量发展的关键途径，更是实现中华民族伟大复兴的底线任务。脱贫攻坚留下的宝贵经验和基础设施为同乡村振兴有效衔接提供了可能性，总结宝贵经验有利于助力乡村振兴战略的实施。对不同地区的反贫困、脱贫攻坚的过程进行总结，有利于进一步升华脱贫攻坚精神的理论认识。由于脱贫攻坚的目标已经完成，脱贫攻坚时期提出的部分相关概念内涵已经发生了改变。本书的研究背景与研究内容都是基于脱贫攻坚时期的旅游精准扶贫机制研究，书中涉及的概念仍以脱贫攻坚时期为主。鉴于此，为了更好地帮助读者了解、阅读与参考文章内容，本书在前言部分梳理脱贫攻坚时期前后发生改变的相关概念。

首先，脱贫攻坚时期，贫困户指的是生活困难家庭，没有专门政策补助，年人均纯收入低于865元。在"精准扶贫"战略思想的指导下，为了更好地对贫困户及贫困村进行精确识别，更好地完成扶贫开发工作，各地政府开始使用建档立卡的方式，对每个贫困户建档立卡，建设全国扶贫信息网络系统。专项扶贫措施要与贫困识别结果相衔接，深入分析致贫原因，逐村逐户制定帮扶措施，集中力量予以扶持，切实做到扶真贫、真扶贫。因此部分语境下，贫困户专指建档立卡贫困户。国家级贫困县，又称国家扶贫工作重点县，是国家为帮助贫困地区设立的一种标准。国家级贫困县的划定标准以当地人年均纯收入作为依据，而少数民族地区与革命老区则相应地降低标准，也相应地制定了贫困县脱贫摘帽的国家标准。2020年11月23日，全国832个贫困县全部摘帽，实现了国内贫困县的清零。2021年2月25日，习近平总书记在全国脱贫攻坚总结表彰大会上发表重要讲话，宣告了我国脱贫攻坚战的胜利，现行标准下9 899万农村贫困人口全部脱贫，832个贫困县全部摘帽，12.8万个贫困村全部出列，区域性整体贫困得到解决，完成了消除绝对贫困的艰巨任务。至此，贫困户与贫困县的概念成为了历史。在脱贫攻坚衔接乡村振兴时期，许多原深度贫困县经济社会总体发展水平仍然较低，巩固拓展脱贫攻坚成果还面临不少困难。为了巩固脱贫攻坚成果，守住不发生规模性返贫的底线，2021年8月27日，中央农村工作领导小组办公室和国家乡村振兴局发布《关于公布国家乡村振兴重点帮扶县名单的通知》，公布了160个国家乡村振兴重点帮扶县，通过多方面的优惠，汇集社会力量，倾斜支持重点帮扶县巩固拓展脱贫攻坚成果、全面推进乡村振兴。

其次，是厘清减贫、脱贫、扶贫的相关概念。世界各国大多采用减贫概念，使用这个概念意味着要逐步减少贫困人口，进而消除贫困。其潜在意思是贫困问题在短期内很难彻底解决，只能不断减少。扶贫是我国采用的特定概念。1986年成立国务院贫困地区经济开发领导小组（国务院扶贫开发领导小组），这是首次提出扶贫概念。扶贫具体指保障贫困户的合法权益，取消贫困负担，帮扶改善贫困户生活生存条件和扶助贫困地区发展生产，改变穷困面貌。扶贫是贫困治理的手段，是通过政策性帮助、扶助减少贫困并逐步消除贫困。扶贫注重过程，虽然有阶段性目标但没有对实现目标的刚性要求，没有全面消除贫困的时间限定。脱贫是党的十八大以后提出的新概念。2015年11月29日中共中央、国务院印发了《关于打赢脱贫攻坚战的决定》，在国家层面正式使用脱贫概念。脱贫，顾名思义是摆脱贫困，对彻底消除长期以来困扰我国社会经济发展的农村贫困问题，改善民生、逐步实现共同富裕，确定了时间表和路线图。"十三五"期间脱贫攻坚的目标是：到2020年稳定实现农村贫困人口不愁吃、不愁穿，农村贫困人口义务教育、基本医疗、住房安全有保障；同时实现贫困地区农民人均可支配收入增长幅度高于全国平均水平、基本公共服务主要领域指标接近全国平均水平。在"减贫摘帽"政策的语境下，减贫为减少贫困户，摘帽为摘掉贫困县的帽子。脱贫与扶贫相比，脱贫更加注重结果，是一个必须限期完成的达标要求。2021年2月25日习近平总书记宣告中国打赢了脱贫攻坚战，标志着我国实现了脱贫攻坚的目标，消除了绝对贫困和区域性整体贫困。

脱贫攻坚的胜利并不意味着中国扶贫事业的结束，我国的绝对贫困问题已消除，相对贫困问题成为突破难点。相比于绝对贫困，相对贫困的甄选识别更为困难、表现形式更为广泛、致贫原因更为复杂、解决过程更为漫长。新时代推进共同富裕，必然要以稳定脱贫基础、提升脱贫成效可持续性为重要内容。当前我国正处于脱贫攻坚与乡村振兴的历史交汇期，如何巩固拓展脱贫攻坚成果，接续全面推进乡村振兴，使广大农民逐步实现共同富裕，是中国目前面临的现实问题与时代挑战。如何由解决绝对贫困问题的脱贫攻坚"攻坚体制"向解决相对贫困问题的全面推进乡村振兴"长效机制"的嬗变，是我们亟待解决的现实问题。

在脱贫攻坚时期，中国的脱贫攻坚围绕"扶持谁""谁来扶""怎么扶""如何退"等相互联系的重要工作环节，鼓励各地创造性地开展工作，并因此积累了许多具有普适性和可推广性的宝贵实践经验。这些实践经验有着坚实的社会基础，具有强大的生命力和广泛的可复制性。在全面摆脱绝对贫困之后，推动脱贫户生计转型应纳入乡村振兴的总体框架，发展新型集体经济，走共同富裕道路。脱贫攻坚时期的"精准扶贫"战略和构建乡村振兴的"长效机制"，目的都是为了帮助广大民众过上更加美好的生活，实现共同富裕。要想推进乡村全面振兴，巩固与提升乡村脱贫的可持续性，就必须了解各个地区曾经致贫与脱贫的过程，从而更好地"对症下药"，建立符合地方发展的乡村振兴方案。脱贫攻坚时期许多学者与地方政府就各个地区贫困户致贫的原因以及精准扶贫的机制进行了大量详细而深入的研究，这些有效经验能进一步帮助在新时期构建解决相对贫困的长效机制。本书针对桂滇边境民族地区贫困户旅游精准扶贫机制的研究，正是通过实地调研，了解桂滇民族地区在脱贫攻坚前的生计现状以及旅游精准扶贫的效果，构建了桂滇民族地区旅游精准扶贫的机制并进行实证研究，研究了当地通过旅游业进行精准扶贫的路径并对先进经验进行总结。党的二十大报告强调要全面推进乡村振兴，本书出版的目的是通过对脱贫攻坚时期的历史经验进行整理与总结，为桂滇两地的乡村现代化发展，推进共同富裕提供直接的理论基础以及现实依据。

边境治理的效能，影响国家发展的全局性和战略性。随着新时代国家战略和国际政治格局的变化，边境地区逐渐成为维护国家领土完整和守卫国家疆土稳定的前沿地带，是定边、固边、实边、安边的基础和前提。边境地区在国家治理中对内承担着拱卫核心区治理的独特功能，进而为国家治理提供坚实的保障条件，"边缘地带则是国家核心区域的外围地带，拱卫国家的核心区域，为国家核心区域的稳定和发展提供条件和安全保障，支撑着国家的发展，边境就是这样的边缘性地带"。边境地区还对外承担着辐射周边国家的功能。

边境民族地区由多个少数民族聚集而成，贫困是多种因素综合作用的结果，收入低且不稳定是直接因素，疾病等大额支出是关键因素，教育程度低和脱贫意识缺乏是内在因素，基础设施薄弱是外部因素，突发灾害是推动因素。要想使边境民族地区以最高效的路径实现脱贫致富，就必须因地制宜，因人而异，对症下药，靶向治疗。扶贫模式经历了救济式扶贫阶段、体制改革扶贫阶段等不同阶段，为精准扶贫工作的开展打下坚实基础，使得精准识别、精准帮扶、易地扶贫搬迁等精准扶贫政策得以充分落实。中央民族工作会议强调，要创新思路和机制，把整体推进与精准到户结合起来，提高扶贫效能。因此，在边境民族地区采取旅游精准扶贫的实施策略，是一种行之有效的"造血式"扶贫方式，是实现少数民族群众脱贫致富的一种有效手段。

国外关于可持续发展的研究，具有多学科、多领域、多主题的特征。在研究主题上，运用英国国际发展署提出的可持续生计分析框架，从不同角度充实理论内涵，丰富研究主题，主要研究农户生计资本、生计策略、贫困问题以及旅游发展对农户的生计影响等问题。在研究方法上，大多数学者都是基于可持续生计分析框架构建相关指标体系或是模型，也有部分学者通过访谈、问卷调查等方法来测度研究区域的经济、社会、生态效应，或研究对象生计方式的变迁。国内学者对可持续生计研究具有明显的政策倾向。21世纪初期我国引入可持续框架后，随着"生态文明建设""三峡水库移民""精准扶贫"等国家政策实施，国内学者主要将其应用于贫困问题、生态环境、乡村旅游以及失地农民等领域。由于可持续生计呈现出多学科交叉、研究主题丰富的趋势，越来越多的学者将其与金融、保险、社会保障、养老等研究热点相结合，不再单单研究农户生计资本的问题，但已有研究很少关注生计结果问题，对脱贫户可持续性生计关注度也不够。在研究方法上，国内学者基于计划行为理论、可持续生计框架等内容，主要运用层次分析法、回归模型、模糊物元模型等定量分析方法。

本书的创新性主要体现在以下方面：①以生计保障为切入点，紧紧抓住桂滇边境民族地区和精准扶贫的关键点，探讨符合桂滇边境民族地区旅游精准扶贫机制、理论与实践的创新路径；②通过分析部分桂滇边境民族地区贫困户可持续生计困难的原因，尤其是地区历史、文化与经济环境的制约因素，寻找阻碍贫困户可持续生计的关键点，为促进桂滇边境民族地区旅游地贫困户可持续生计找到新的突破口。

目 录

第一章 绪 论 ·· 1
   1.1 研究背景 ·· 1
   1.2 研究目的及意义 ··· 4
   1.3 国内外研究述评 ··· 6
   1.4 研究内容与方法 ·· 28
   1.5 研究区域概况 ··· 32

第二章 基于生计保障的桂滇边境民族地区贫困户旅游精准扶贫机制的
       理论内涵和属性特征 ·· 36
   2.1 相关概念内涵与属性特征 ··· 36
   2.2 桂滇边境民族地区贫困户旅游精准扶贫影响因素分析 ·················· 44
   2.3 基于生计保障的桂滇边境民族地区贫困户旅游精准扶贫机制的构成 ··· 58
   2.4 本章小结 ··· 67

第三章 桂滇边境民族地区贫困户生计现状与旅游精准扶贫现实表现 ········ 68
   3.1 桂滇边境民族地区贫困户生计现状 ··· 68
   3.2 桂滇边境民族地区旅游精准扶贫的现实表现 ····························· 83
   3.3 本章小结 ·· 107

第四章 基于生计保障的桂滇边境民族地区贫困户旅游精准扶贫机制理论
       模型构建 ··· 108
   4.1 相关依据 ·· 108
   4.2 理论模型 ·· 122
   4.3 本章小结 ·· 123

第五章 基于生计保障的桂滇边境民族地区贫困户旅游精准扶贫机制的
       实证与案例研究 ··· 125
   5.1 实证研究 ·· 125

5.2 案例研究 ………………………………………………………… 142
　　5.3 本章小结 ………………………………………………………… 165
第六章 贫困户生计保障下桂滇边境民族地区旅游精准扶贫路径实现
　　　　及经验总结 …………………………………………………… 167
　　6.1 路径实现 ………………………………………………………… 167
　　6.2 经验总结 ………………………………………………………… 188
　　6.3 本章小结 ………………………………………………………… 201
第七章 结论与讨论 …………………………………………………… 202
　　7.1 研究结论 ………………………………………………………… 202
　　7.2 研究不足与未来展望 …………………………………………… 207
参考文献 ………………………………………………………………… 208
附录一 …………………………………………………………………… 222
附录二 …………………………………………………………………… 225

第一章 绪 论

1.1 研究背景

1.1.1 新时代脱贫攻坚：由"输血"向"造血"转变

古人云："授人以鱼，仅供一饭之需；授人以渔，则终身受用无穷。"自掏腰包扶贫本质上属于"输血"式帮扶，不能彻底改变贫困人民生活状况，改变贫穷面貌。脱贫攻坚的大量实践证明，"输血"式的扶贫只能管一时，不能管长久。新时代扶贫工作强调，要把精准扶贫工作落实到位，建立长效的扶贫体系，光靠"输血"式扶贫还远远不够，关键要采取"造血"式的"授人以渔"式扶贫。习近平同志指出："贫困地区发展要靠内生动力，如果凭空救济出一个新村，简单改变村容村貌，内在活力不行，劳动力不能回流，没有经济上的持续来源，这个地方下一步发展还是有问题。一个地方必须有产业，有劳动力，内外结合才能发展"[1]。

不得不说，脱贫攻坚真正的意义在于充分调动贫困群众积极性、主动性、创造性，培育贫困群众依靠自力更生实现脱贫致富的意识和技能，激发贫困户脱贫的内在动力，增强扶贫"造血"功能，唤醒自力更生的观念。"输血"式扶贫虽可以解决燃眉之急，但却不能彻底拔除穷根、消除远虑。"输血"提供初始动力，"造血"锻造持续活力，只有从"输血"式扶贫向"造血"式扶贫转变，从"授人以鱼"式向"授人以渔"式转变，增强脱贫技能，强化贫困户成功脱贫的信心，激发贫困户主动脱贫的内生动力，才能高质量完成脱贫攻坚的艰巨任务。

当前，党和国家对贫困地区脱贫攻坚工作高度重视，帮扶力度不断加大，使得贫困地区发展外部"供血"较为充足。这从某种程度上意味着，贫困地区其自身的造血能力的提升，成为其脱贫致富的决定性因素[2]。授人以鱼易，授人以渔难，"输血"式扶贫转变到"造血"式扶贫的关键在于产业扶贫，扶贫扶长远，长远看产业，可以说，哪里产业发展得好，哪里扶贫的效果就突出、后劲就充足[3]。回顾脱贫攻坚历程，新时期党和国家重视通过发展产业的方式实现精准脱贫，从而实现由"输血"到"造血"的转变。习近平总书记指出："产业扶贫是最直接、最有效的办法，也是增强贫困地区造血功能、帮助群众就地就业的长远之计。要加强产业扶贫项目规划，引导和推动更多产业项目落户贫困地区。"产业化扶贫是一种典型的能力建设扶贫模式，通过提高贫困户自我发展和自我积累能力，实现持续稳定增收，脱贫致富，是由"输血"救济到

"造血"自救的根本性转变[4]。

1.1.2 新时代边境治理：国家实施兴边富民战略

大国崛起始于海洋，强国治理基于边境，边境治理在国家治理中没有有无之分，只有优劣之分，没有边境治理的国家是不存在的，作为国家治理重要组成部分的边境治理，其现代化程度深刻影响着国家治理的现代化程度，甚至决定整个国家的治理效能，而边境治理的效能，影响国家发展的全局性和战略性。随着新时代国家战略和国际政治格局的变化，曾处于国内地理区位和社会发展边缘的边疆地区逐渐向国家战略和国家治理中心转变，而边境地区则逐渐成为维护国家领土完整和守卫国家疆土稳定的前沿地带，是定边、固边、实边、安边的基础和前提。边境地区在国家治理中对内承担着拱卫核心区治理的独特功能，进而为国家治理提供坚实的保障条件，"边缘地带则是国家核心区域的外围地带，拱卫国家的核心区域，为国家核心区域的稳定和发展提供条件和安全保障，支撑着国家的发展，边境就是这样的边缘性地带"。边境地区还对外承担着辐射周边国家的功能。

中国边境治理问题历来是党和国家关注的重要问题，1998年国家民族事务委员会率先发起兴边富民战略倡议，国务院先后颁布《兴边富民行动"十一五"规划》《兴边富民行动"十二五"规划》《兴边富民行动"十三五"规划》。党的十八大以来，以习近平同志为核心的党中央，把边疆治理放在战略和全局的高度，制定一系列新政策新举措[5]。党的十九大强调，要形成陆海内外联动、东西双向互济的开放格局，边境地区无疑是其中重要的一极，特别是推进周边命运共同体建设，边境地区更是不可替代的前沿和基地，这意味着作为国家推进边境治理的重要平台，兴边富民战略进入新时代。兴边富民战略作为边境治理的重点战略，是富边固防的保障，坚持以"边民为本，改善民生"为首要原则，把重点放在保障和改善民生上，以解决边民最直接、最现实的生活问题，帮助贫困边民精准脱贫，共享改革发展成果；重视围绕生态护边加强边境地区生态文明建设，持续建立健全跨区域生态建设和环境保护联动机制，倡导绿色低碳循环的生产生活方式，推进环境污染治理，不断筑牢国家生态安全屏障；坚持"中华民族一家亲，同心共筑中国梦"目标，以"促进团结，固边睦邻"为重要基本原则。新时代持续实施兴边富民战略，有助于铸牢中华民族共同体意识，把各族人民紧紧团结在党中央周围，共同繁荣祖国边境。边境地区多年来的稳定发展表明，实施兴边富民战略对于确保边境安全、保证领土完整、捍卫祖国统一具有重要意义；边境地区全面提升对外开放的实践证明，新时代深入实施兴边富民战略有助于"一带一路"建设持续推进。

1.1.3 边境民族地区扶贫：旅游精准扶贫是重要途径

作为清洁无污染的朝阳产业，旅游业被普遍认为在发展经济和消除贫困具有其他产业无可比拟的优势。世界旅游组织提出："在我们这个时代，旅游的实力体现在它是最具活力的产业之一，能更有效、更直接地解决贫困问题。"在众多的扶贫手段和形式中，旅游扶贫融扶贫、脱贫和致富于一体，以其强大的市场优势、新兴的产业活力、强劲的造血功能、巨大的带动作用，在我国脱贫攻坚中优势明显[6]。旅游扶贫也是中共中央印发的《关于创新机制扎实推进农村扶贫开发工作的意见》中确定的十项重点工作之一，也是国务院《关于促进旅游业改革发展的若干意见》明确要重点推进的工作内容[7]。

从生产总值来看，桂滇边境地区的经济总量小，人均生产总值低。2018年，云南人均生产总值为37 136元，广西人均生产总值为41 489元，均远低于全国平均水平64 644元。由于经济基础薄弱、自然环境恶劣、贫困人口内生动力不足等因素相互交织，边境民族地区发展较为落后，仍然挣扎在贫困线上，成为特殊贫困和深度贫困地区，常规政策也难以有效实施，这些地区少数民族人口的脱贫攻坚问题，是中国扶贫工作中的一块"硬骨头"。无独有偶的是，边境民族地区与自然、文化旅游资源的空间分布往往是高度重叠，旅游资源丰富，风景秀丽，历史文化底蕴深厚，民族文化丰富多彩，是发展旅游业的有利条件。这是由于边境民族地区区位偏远、信息闭塞以及交通不便，自然景观与人文习俗受人类经济活动与外来文化干扰较小，而旅游扶贫以旅游资源为依托，多彩的旅游资源是旅游扶贫中不可或缺的内容，适合具有丰富特色旅游资源的地区扶贫发展方向，具有投资少、见效快的明显优势，针对贫困人口的产业拉动作用明显。

"精准扶贫贵在精准，重在精准，成败之举在于精准"。边境民族地区由多个少数民族聚集而成，贫困是多种因素综合作用的结果，收入低且不稳定是直接因素，疾病等大额支出是关键因素，教育程度低和脱贫意识缺乏是内在因素，基础设施薄弱是外部因素，突发灾害是推动因素，要想使边境民族地区以最高效的路径实现脱贫致富，就必须因地制宜，因人而异，找到"贫根"，对症下药，靶向治疗。扶贫模式经历了救济式扶贫阶段、体制改革扶贫阶段、开发式扶贫阶段、"八七"攻坚扶贫阶段以及扶贫开发新阶段等不同阶段[8]，为精准扶贫工作的开展打下坚实基础，使得精准识别、精准帮扶、易地扶贫搬迁、产业扶贫、基础设施扶贫以及教育医疗住房三保障等精准扶贫政策能够充分落实。党的十九大报告指出，要"动员全党全国全社会力量，坚持精准扶贫、精准脱贫"，"坚决打赢脱贫攻坚战"。中央民族工作会议强调，"要创新思路和机制，把整体推进与精准到户结合起来，加快推进集中连片特殊困难地区区域发展与脱贫攻坚，提高扶贫效能。"因此，在边境民族地区采取旅游精准扶贫的实施策略，是一种行之有效的"造血"式扶贫方式，是实现少数民族群众脱贫致富的一种有效手段。

1.1.4 贫困户可持续生计研究：为解决"绝对贫困"向解决"相对贫困"转型提供新视角

按照既定的政策目标，2020年我国现行标准下农村贫困人口实现脱贫、解决区域性整体贫困，做到全部如期脱贫，在决战脱贫攻坚、决胜全面建成小康社会、实现第一个百年奋斗目标的关键节点，党的十九届四中全会明确指出："坚决打赢脱贫攻坚战，巩固脱贫攻坚成果，建立解决相对贫困的长效机制"[9]。消除绝对贫困是一项历史性的成就，但并不代表它已经完全结束，它的重点与难点已经由显性的绝对贫困转变为更为隐蔽的相对贫穷。"相对贫困"是指在一定的社会生产模式和生活模式下，依靠个人或家庭劳动所得或其他合法收入，虽然可以保证他们的粮食安全，但是不能满足他们在当地情况下被视为最基本的生活需要。特别是中国在实现社会主义现代化远景目标之前，仍然是一个发展中的大国。一方面，贫困问题始终伴随着人类社会产生、发展与繁荣的全过程，且不说在占世界人口大多数的发展中国家，即使是物质文明高度先进的发达国家也没有从根源上彻底消除贫困。中国幅员辽阔，区域发展差异虽不断缩小但依然存在。另一方面，即使在"十三五"期间中国能够把区域性整体贫困解决掉，但这也是在现行标准之下的一种"脱贫"，少数民族聚居区、边境山区等欠发达地区中，那些刚刚越过现行标准线的贫困人口依然极有可能陷入返贫的困境[10]。

若要缓解贫困户相对贫困问题，就必须着眼长远，贫困户可持续生计研究建议建立解决相对贫困的长效机制，推动政策和制度的衔接融合，优化政策体制设计和部门设置，突破各部门壁垒，改变政策相向不相合、条款相似不相连的制度"打架"局面，实现大政策、大职能、大信息、大相融的制度体系一张网和一致性；推进产业扶贫与产业振兴衔接融合，根据资源禀赋、发展环境的差异，加强乡村产业谋划，"因地制宜""因村制宜"地构建具有乡土特色和资源优势的产业体系，做大做强特色优势产业，做精做优乡土产业；加快推动生态宜居美丽乡村建设，完善农村道路、饮水、住房、电、网络等基础设施建设，推进村组道路、入户道路硬化和加大农村客运发展，解决村民出行不便问题；全面提高农村公共服务水平，围绕缓解相对贫困，以农村和农民的实际需求为导向，使公共政策对于不同地区农村和农民的差异化需求作出有效回应，并为农村和农民不断产生的新需求预留增量空间；着力提升基层治理能力和乡村治理效能，抓实抓细农村基层党组织建设，健全自治、法治、德治相结合的农村社会治理体制，构建共建共治共享的农村治理格局。

1.2 研究目的及意义

1.2.1 研究目的

实现贫困人口如期脱贫、稳定脱贫，关键问题在于以精准扶贫、精准脱贫为主线，根本出路在于强产业强造血能力，努力做到户户有增收项目、人人有脱贫门路。习近平总书记在重庆考察并主持召开解决"两不愁三保障"突出问题座谈会时强调："要探索建立稳定脱贫长效机制，强化产业扶贫，组织消费扶贫，加大培训力度，促进转移就业，让贫困群众有稳定的工作岗位。"在第六个国家扶贫日到来之际，习近平对脱贫攻坚工作作出重要指示，强调"产业扶贫是最直接、最有效的办法，也是增强贫困地区造血功能、帮助群众就地就业的长远之计。要加强产业扶贫项目规划，引导和推动更多产业项目落户贫困地区"，同时强调"坚持精准方略，提高脱贫实效。脱贫攻坚，精准是要义。因村因户因人施策，对症下药、精准滴灌、靶向治疗，扶贫扶到点上扶到根上"。这一重要论述，对实现产业扶贫在战胜贫困方面的重要意义进行了深入的阐释，产业是脱贫的根本、富民的根本、致富的源泉，产业扶贫是实现贫困户可持续生计的

"灵丹妙药"。早在1989年，习近平同志就指出："全国扶贫工作的主战场已开始转移到民族地区""我们必须立足于民族地区的实际制定我们的脱贫致富的方针"。早在2004年，习近平同志就提出要重视打造旅游精品："随着经济发展和人民群众生活水平不断提高，以观光为主的旅游已不能满足人们的需求。'求新、求奇、求知、求乐'的旅游愿望，要求我们不断推出更多更好的旅游产品。"2015年，习近平总书记还指出："全面实现小康，少数民族一个都不能少，一个都不能掉队。"作为脱贫攻坚主战场的桂滇边境民族地区，分布有壮族、京族、瑶族等34个少数民族，同时拥有丰富的旅游资源，适宜发展旅游产业扶贫。基于上述时空背景与扶贫产业发展的生动实践，本书将基于生计保障对桂滇边境民族地区旅游精准扶贫进行考虑和分析，探析基于生计保障的旅游精准扶贫机制的理论内涵和属性特征，总结旅游精准扶贫下桂滇边境民族地区贫困户生计现状以及旅游精准扶贫的现实表现，构建基于贫困户可持续生计保障的桂滇边境民族地区旅游精准扶贫机制模型，实证检验基于生计保障的桂滇边境民族地区旅游精准扶贫机制并进行案例研究，为桂滇边境民族地区旅游地构建保障贫困户可持续生计的实现路径并提供对策建议。既丰富旅游精准扶贫和可持续生计方面的理论研究，也为桂滇边境民族地区和其他边境民族地区开展旅游精准扶贫提供理论支持和决策参考。

1.2.2 研究意义

1.2.2.1 理论意义

1. 为旅游精准扶贫研究提供新视角

旅游精准扶贫是精准扶贫理念在旅游领域的运用与延伸，对贫困地区和贫困人口的精准识别、精准帮扶和精准管理是当前精准扶贫研究中关注的焦点。近几年，在精准扶贫理念指引下，旅游精准扶贫问题日益引起决策者和研究者的关注，成果丰硕，亮点纷呈。理论成果集中在以下几个方面：旅游精准扶贫的概念界定；旅游精准扶贫的识别；旅游精准扶贫的模式与运行机制研究；旅游精准扶贫存在的问题以及实现路径；旅游精准扶贫开发的案例研究；旅游精准扶贫开发的其他研究等。从可持续生计理论视角探讨旅游精准扶贫机制，目前在学术界的尝试并不多，因此本研究将为学界致力探讨旅游精准扶贫的专家与学者提供一个全新的研究视角。

2. 丰富和发展可持续生计理论的时代内涵

可持续生计理论最早见于20世纪80年代末世界环境和发展委员会的报告，最初用于贫困问题研究，后由于我国失地农民数量不断增长，而现有的政府帮扶失地农民方式难以恢复失地农民被征地前的收入和生活方式，预防和缓解失地农民的长期贫困成为失地农民安置的重要要求，在此情况下，可持续生计理论被引入我国失地农民研究。可持续生计理论能够识别生计复杂性、理解生计策略对贫困的影响及制定干预措施，以就业、减少贫困和生计可持续为内涵，并强调生计发展中需保持环境可持续性和社会可持续性。旅游精准扶贫是旅游扶贫与经济扶贫相结合的产物，以贫困人口为核心，以旅游业发展为手段，旨在提升贫困人口可持续发展水平，为满足贫困人口自身发展创造合理条件的扶贫方式。以可持续生计理论作为工具回答了旅游精准扶贫的内在机理、组成部分及构建路径等，反过来，旅游精准扶贫的实践也促使可持续生计理论进一步发展，丰富了其时代内涵。

1.2.2.2 现实意义

1. 有利于桂滇边境民族地区实施旅游精准扶贫

旅游扶贫涉及国家多项重大战略的贯彻实施，包括全面建成小康社会、西部大开发、构建和谐社会、社会主义新农村建设、民族地区稳定、美丽乡村建设等，突出反映了我国经济社会发展的基本要求。我国旅游扶贫由大力推进发展阶段进入攻坚克难阶段，旅游扶贫被寄予厚望，频繁出现于国家旅游和扶贫相关的政策和文件中。自2011年12月，《中国农村扶贫开发纲要（2011—2020年）》首次提出"大力推进旅游扶贫"，到2018年3月国家旅游局印发《国家旅游局关于进一步做好当前旅游扶贫工作的通知》，都强调要充分发挥旅游在扶贫中的作用，提出要大力推进旅游扶贫和加强乡村旅游精准扶贫。然而，桂滇边境民族地区旅游扶贫实践长期实行的是一种粗放型的模式，旅游扶贫过多地停留在面上，对点上（贫困人口之间的差异、贫困村之间的差异、旅游扶贫项目之间的差异、旅游扶贫发展阶段之间的差异等）的考虑太少，导致出现了一系列问题（尤其是在惠及真贫上），严重制约了旅游扶贫固有功效的发挥。适逢国家提出要创新扶贫模式、实施精准扶贫，以往的旅游扶贫模式和机制急需进行完善，以适应和满足旅游扶贫实践中的新变化和新要求。对桂滇边境民族地区旅游精准扶贫进行研究势在必行，意义重大。加强桂滇边境民族地区旅游精准扶贫研究对促进该地区旅游扶贫实践由面转向点，使旅游扶贫真正实现"扶真贫"和"真扶贫"具有重要实践意义。

2. 为其他边境民族地区旅游精准扶贫与促进乡村振兴提供借鉴

基于生计保障的桂滇边境民族地区贫困户旅游精准扶贫机制的提出不仅为桂滇边境民族地区开展旅游精准扶贫发出号召，同时也是对其他边境民族地区开展旅游精准扶贫起到昭示和引领的作用，开放地为其他边境民族地区提供经验借鉴，为其他边境民族地区在解决开展旅游精准扶贫时面临的问题方面贡献独特智慧、方案和力量。其总结的经验与路径能转化为边境民族地区通过旅游促进乡村振兴发展、推动边境民族地区共同富裕的理论依据与现实参考。

1.3 国内外研究述评

CiteSpace是一款以Java语言为基础，由美国德雷塞尔大学（Drexel University）陈超美教授开发的可视化信息分析软件。CiteSpace可以用科学知识图谱的形式向读者展示文献间的联系，有助于读者对以往的研究路线进行梳理，并对今后的研究方向有一个大致了解。在CiteSpace软件的帮助下，利用CNKI、Web of Science等相关文献的检索，以"知识图谱"的方式，揭示旅游精准扶贫与可持续发展的前沿问题，从而系统、全面、清晰地展现该领域的发展历程、核心话题等[11]。

1.3.1 国外研究现状

1.3.1.1 旅游精准扶贫

国外没有明确提出"旅游精准扶贫"概念，多以"pro-poor tourism"或"ST-EP"为研究主题。因此，在美国核心期刊论文数据库 Web of Science（以下简称 WOS）进行检索，输入主题词"pro-poor tourism""ST-EP"，或"tourism precision poverty alleviation""tourism and poverty reduction"，或"targeted poverty alleviation through tourism"，来源类别设置为"WOS 核心合集"，通过人工剔除不相关文献，总共获得 538 篇。将文本数据导入 CiteSpace 软件，并进行参数设置：设置"Time Slicing（时间分区）"为 1996—2022 年，勾选"Keyword（关键词）"，设置阈值（TOP N 50，意为在每个 Time Slices 中提取 N 个被引次数最高的文献，N 越大，生成的网络越全面）为 50，经过自动聚类，调整字体颜色、大小和节点颜色等，绘制出国外旅游扶贫研究关键词聚类可视化图谱（图 1-1），再根据 Timeliness View 绘制国外旅游扶贫研究时间轴可视化图谱（图 1-2），最后结合 Export 输出的 Network Summary Table，筛选出词频和中心性较高的前 10 个关键词，分析研究话题的频率高低和中心性（表 1-1）。

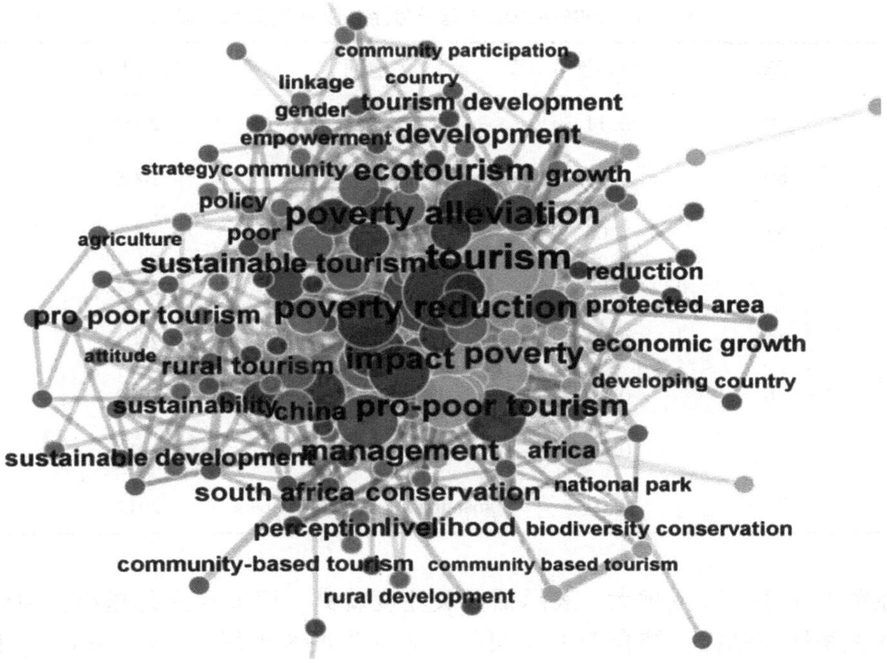

图 1-1　1996—2022 年国外旅游扶贫研究关键词聚类可视化图谱

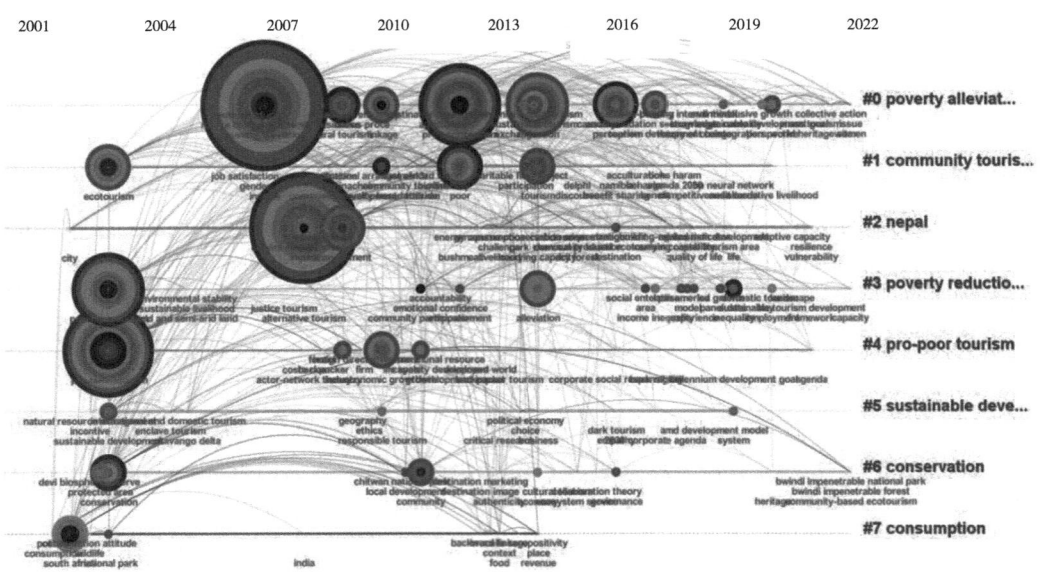

图 1-2　1996—2022 年国外旅游扶贫研究时间轴可视化图谱

表 1-1　1996—2022 年国外旅游扶贫研究高频关键词

序号	词频	中心性	关键词	初现年份	聚类号
1	70	0.11	poverty reduction	2009	3
2	60	0.04	poverty alleviation	2008	0
3	53	0.04	pro-poor tourism	2008	4
4	47	0.03	nepal	2008	2
5	43	0.03	conservation	2003	6
6	36	0.10	consumption	2008	7
7	28	0.04	community tourism	2012	1
8	27	0.03	sustainable development	2011	5

在图 1-1 中，节点越大，表示话题关注度就高，而节点间距越小，则说明相关主题的关联性就越强。结合表 1-1 可知，总共生成 8 个聚类：#0 poverty alleviation、#1 community tourism、#2 nepal、#3 poverty reduction、#4 pro-poor tourism、#5 sustainable development、#6 conservation、#7 consumption。从研究区域来看，国外的旅游扶贫研究区域以 South Africa（南非）、Kenya（肯尼亚）、Botswana（博茨瓦纳）、Namibia（纳米比亚）、Tanzania（坦桑尼亚）等非洲国家为主，对 Cambodia（柬埔寨）、Laos（老挝）、Vietnam（越南）等东南亚国家也有研究。此外，还涉及 Costa

Rica（哥斯达黎加）、Peru（秘鲁）等南美洲国家。从研究内容来看，国外的旅游扶贫方式主要为 ecotourism（生态旅游）、sustainable tourism（可持续旅游）、rural tourism（乡村旅游）、community-based tourism（社区参与旅游）、medical tourism（医疗旅游），旅游扶贫对地方经济发展、农户生计方式、生态环境影响等方面研究较多。从 Timeliness View 的视角，可以看出，国外的旅游扶贫大致可以分为3个阶段：第一阶段为20世纪60—70年代，主要以贫困人口的生计、就业、收入等问题为研究对象，仅关注宏观经济层面；第二阶段为20世纪80年代至20世纪末，随着旅游业的迅速发展，旅游产业的整体化，旅游扶贫也逐渐与生态环境相关，许多学者都将注意力集中在保护自然环境与和谐上，同时也注重社会公平，尤其十分关注旅游扶贫对生态系统的影响；第三阶段为21世纪初到当前，学者们着眼于旅游扶贫的可持续发展，不仅强调旅游扶贫的经济效益，更加注重社会效益和生态效益，更强调旅游的可持续发展，依据扶贫旅游（pro-poor tourism，PPT）战略深入研究可持续旅游发展和减贫问题。综上，国外旅游扶贫研究较早，主要从旅游扶贫内涵、旅游扶贫模式、旅游扶贫影响等方面进行研究。

1. 旅游扶贫内涵研究

国外对旅游扶贫的研究最早是从旅游发展可以促进贫困地区经济增长开始。1999年，英国国际发展署（Department for International Development，DFID）提出 PPT 战略，即有利于贫困人口的旅游，PPT 强调的是贫困人口从旅游发展中获得经济、社会、文化和环境等方面的综合性收益[12]。2002年，在世界旅游组织和联合国贸易与发展会议上首次提出 ST-EP（sustainable tourism and eliminating poverty）概念，即可持续旅游与消除贫困，ST-EP 明确提出可持续旅游是解决贫困问题的有效工具[13]。Christian[14]通过对 PPT 概念的阐释，对南非旅游扶贫的宏观和微观两个方面进行深入剖析，并着重指出，微观经济效应应当促进社区和贫困人群的参与。Briedenhann[15]将旅游业视为非洲乡村地区（例如南非）的一剂良方，目前的旅游扶贫工作重点主要放在大型的旅游项目上，而南非的小旅行社数量众多，其所能起到的作用却被忽略。因此，他指出旅游业在减贫方面发挥积极影响，应该更加重视小旅行社的潜在能力。Trau[16]基于当地现实情况以及具体措施，批判性地审视了瓦努阿图 Lelema 社区重新诠释以 PPT 为主题的旅游扶贫方法。他指出，当前国际上 PPT 策略并不适合于某些较贫穷的国家，因此，他提出一种以基层为导向的 PPT 方式，用本地化的方式来推动地方旅游文化的重建。Snyman[17]对博茨瓦纳、马拉维、纳米比亚的生态旅游在农村居民家庭收入、就业和社会福利方面的作用进行评价，并指出，生态旅游促进就业的收入使得家庭能够教育、投资和购买生活必需品，改善了偏远农村地区的财政安全和社会福利，同时研究结果表明，生态旅游的就业对居民的生活态度具有正向的影响，但文化水平对其影响最大。Hubert[18]指出在低收入地区进行天然观光，能够有效地推动当地的经济发展，减少贫困，并对农村地区的发展起到一定的推动作用。他对瓦西尼岛的状况进行研究，并对 Mkwiro 和 Wasini 两个海岛移民点的经济影响进行分析。研究发现：第一，旅游收入提高、人口增长、人民的生活质量改善；第二，旅游本身并不一定有助于脱贫，重要的是旅游企业与当地经济的联系；第三，旅游业使得其他的谋生方式，如小型捕鱼和自给自足的农业，已变得近乎多余。Haretsebe[19]建议各国政府和国际捐赠组织将旅游业用于扶贫，同时对博茨瓦纳林业保育地区的利益相关方就如何通过生态旅游来减少贫穷问题进行研究，结果显示，在保护区内进行生态旅游能够消除贫穷，从而为贫穷居民创造工作，提高他们的经济收入。

2. 旅游扶贫模式研究

Geoffrey[20]研究12家肯尼亚本地旅游公司和6家支持组织，将企业划分成三大类别：以社区为基础的企业，以及正式和非正式的个体企业。社区旅游发展是由外部驱动的，往往由非政府组织推动，可以被视为新殖民主义的一种形式。肯尼亚的国家旅游政策草案表示，将发展以社区为基础的企业作为一种战胜贫穷的途径。因此，肯尼亚旅游业的规范化需要政府投入大量资金支持机制，以便为肯尼亚社区的旅游业提供可持续发展的机遇。Khalil[21]通过对摩洛哥阿特拉斯山区农村贫困的潜在经济影响评估以及对农业景观外部性的分析，提出：发展农业观光必须与本地的农业实际相适应，并将景观外部性内在化。与传统的农场相比，农业旅游农场所带来的巨大利益是减少乡村贫困的一个重要手段。Zapata[22]以尼加拉瓜案例为研究对象，探究CBT（community-based tourism，以社区为基础的旅游业）模式在促进社会经济发展与减贫方面的可行性。研究结果发现，传统自上而下的CBT是由外部组织创建的，并为其提供所有的资金，CBT反映了对这种方法的普遍批评，而由下而上的CBT是由地方倡议产生的，表现出预期寿命更长、增长更快以及对地方经济更积极的影响。Scheyvens[23]指出大规模的旅游企业参与旅游扶贫项目比小型企业更有利于减贫。Scheyvens[24]提出高的公有土地所有权率是否真的有助于社区持续和公平地参与旅游业。该文章以斐济为案例，讨论土地所有权在社区旅游中的作用，并指出旅游研究者应更加重视公共土地所有权制度，以及为旅游业的发展与扶贫提供机遇。Robertico[25]通过研究旅游业与贫困的关系，认为旅游业对于贫困人口来说十分重要，但是其关联性取决于一系列因素，如经济发展不平等、目的地生命周期等。Giblin[26]阐述了文化遗产旅游中有利于贫困的政治信息是如何通过旅游经营者来表达的，并根据体验是处于民族文化遗产品牌的中心还是边缘，来区别对待游客的接受和再传播，比较了城市贫民窟旅游和乡村传统表演两种类型的文化遗产旅游，乡村旅游位于南非和肯尼亚国家文化遗产品牌的中心，而贫民窟旅游在肯尼亚、坦桑尼亚和乌干达则处于外围，作为替代、非授权形式的文化遗产。Njoya[27]通过Foster-Greer-Thorbeck（FGT）指标对贫困状况进行测量，发现贫困差异与贫困严重程度的关系十分明显，而旅游业的发展则使得贫困家庭更加靠近贫困线。因此，旅游业是可以帮助脱贫。Davie[28]基于中国陕西省农村两个村庄的10个家庭的实证案例研究，旨在从微观层面研究TPA反贫困政策机制及其缓解贫困结果，以便更好地理解"精度"的概念是如何通过TPA实现的。

3. 旅游扶贫影响及效应研究

Evelina[29]指出消除贫穷是阿尔巴尼亚的一个主要挑战，而旅游业可以对此做出重要的贡献。他列举旅游扶贫7个方面的行动领域，提出阿尔巴尼亚可以通过发展旅游业来消除贫困，而在这些方面，有些地区还涉及小额信贷所创造的可能性。在对每个方案进行分析后，需要从对旅游的兴趣和减少贫困的影响两个方面来确定最有效的方案。Harris[30]认为Bario旅游业与社区的社会文化发展交融，Bario旅游业形成了生态旅游、探险旅游、文化旅游、会议旅游等形式，旅游扶贫能带动地方经济发展。Melville等[31]通过对国际旅游消费模式的调研，对南非旅游业可能产生的贫穷效应进行评价，发现短期内贫穷人群受益于旅游收入增长，而国内旅游与国际旅游市场对经济产生的影响各不相同。最后总结旅游业的收入可以用来作为减贫的一种工具。Steinicke等[32]对非洲阿尔卑斯山旅游是否能够促进扶贫并改善区域间的差距进行探讨。研究发现，肯尼亚山地区的登山旅游经济效益低于平均水平、收入分布不均、收入波动较大，因此，该地区的山地旅游并没有缩小区域间的收入差异，也没有对可持续发展作出贡献。此外，他还以肯尼亚山向导和搬运工狩猎俱乐部为案例，进一步探讨以社区为基础的旅游业的发展效果。研究结果显示，该形式可使农户的生活水平得到稳定，社会福利问题和农民的弱势地位有所改善。但整体上，本地区的观光产业仍不足以带动本地区的可持续发展。Renuka Mahadevan[33]还指出，由于贫穷人数的减少，收入差距也在不断扩大。他认为，与实行现金转让政策相比，在降低贫穷方面，增加酒店和饭店旅游业的工作效率要好得多。另外，现金转让制度不像农村，它可以降低城镇的贫穷程度，而不会提高城镇居民的收入差距。因此，并没有"一刀切"的政策来处理城乡之间的贫穷与收入差距问题，是否应该为旅游业和非旅游业的城乡制定不同的政策是今后研究的一个领域。Mahadevan[34]通过对1995—2012年的13个旅游密集型经济体研究，探讨了以旅游收入占GDP比例为代表的旅游增长对贫困的影响，同时以贫困衡量指标为条件。利用面板向量自回归法，很少有迹象显示旅游业的增长减少了贫困人口。为了更好地评价旅游业对贫困人口的影响，还可以考虑其他措施，比如相对贫困和贫困差距。Quadri[35]探讨了潜在的旅游补偿效应，通过比较1990—2010年墨西哥文化遗产地的缓解贫困成果。这些遗址在吸引游客方面与保护区相似，但它们并未对当地土地或资源的使用施加实质性限制，使我们能够把旅游作为经济发展的可能渠道。总体而言，我们发现靠近文化遗产地则减少贫困。影响缓解贫困与游客总数的相关性并不始终如一，但在远离城市的地方更大，其中贫困基线更高。这种异质性表明，当地社区获取利益的能力存在差异。

1.3.1.2 可持续生计

在WOS数据库进行检索，输入主题词"sustainable livelihood"，来源类别设置为"WOS核心合集"，将无关的文献人工筛选出来，最后获得共计8 279篇文献。将获得的文本数据导入CiteSpace软件，并进行参数设置和调整。在此基础上，利用Timeliness View对国外可持续生计研究的关键字进行了分类并调整字体颜色、大小和节点颜色等，绘制出国外可持续生计研究关键词聚类可视化图谱（图1-3），再根据Timeliness View绘制国外可持续生计研究时间轴可视化图谱（图1-4），最后结合Export输出的Network Summary Table，筛选出词频和中心性较高的前10个关键词，分析研究话题的频率高低和中心性（表1-2）。

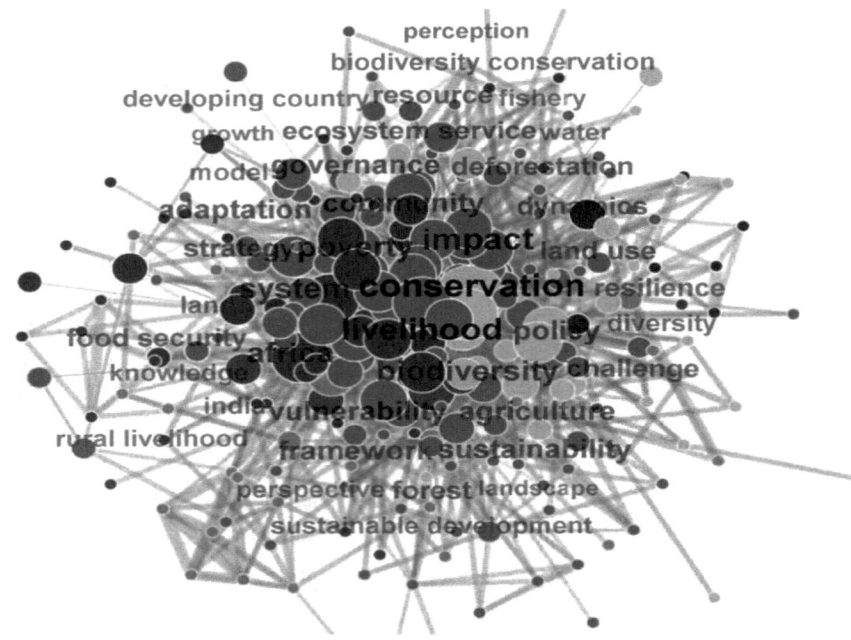

图 1-3　1996—2022 年国外可持续生计研究关键词聚类可视化图谱

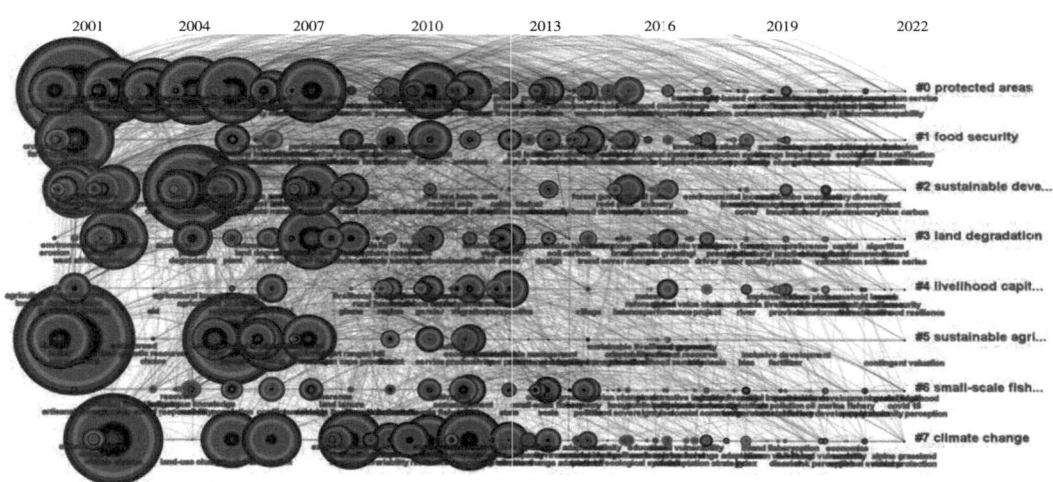

图 1-4　1996—2022 年国外可持续生计研究时间轴可视化图谱

表 1-2　1996—2022 年国外可持续生计研究高频关键词

序号	词频	中心性	关键词	初现年份	聚类号
1	741	0.06	livelihood	2000	2
2	669	0.06	management	1999	1

(续表)

序号	词频	中心性	关键词	初现年份	聚类号
3	529	0.11	conservation	1998	1
4	461	0.02	climate change	2002	2
5	338	0.04	sustainability	2000	1
6	321	0.06	impact	2003	1
7	279	0.05	poverty	2001	2
8	275	0.06	biodiversity	2000	1
9	274	0.03	sustainable development	1999	2
10	250	0.04	Africa	2000	2
11	239	0.06	sustainable livelihood	2001	4

由上述图表可得，1996—2022年国外可持续生计研究生成#livelihoods、#Sustainable develop、#conservation、#sustainable livelihoods、#deforestation等聚类。其中，"livelihood" "management" "conservation" 的词频最高，分别为741、669、529，其中"conservation"的中心性为0.11，首位度最高。关于生计的研究，国外主要从 "poverty" "food security" "climate change" "drought" "vulnerability" 等方面入手来研究农户的 "security" "opportunity" 等生计问题，并且研究区域主要集中于 "Ethiopia" "Zimbabwe" "sub Saharan Africa" 等非洲地区。对于可持续生计的研究，主要与 "poverty alleviation" "agriculture" "non-timber forest product" 等主题联系在一起。根据聚类#6 "deforestation" 可以发现，学者对于 "wildlife" "bird" "tree" "water quality" 等生态系统问题研究较多。这是因为随着社会经济快速发展，生态环境遭到破坏，对 "rural development" 产生不利的影响，亟须改善生态环境，以达到促进农村发展，消除贫困的目标。关于 "sustainable development goals" 的研究，主要与 "policy" "environmental management" "resource management" 等主题有关，并且较为关注性别、教育、产业等与农户生计息息相关的生计问题。

生计（livelihood）是指一种包含人们为了生存所需要的经济收入和生存手段的生活手段或者方式，其内涵还可以外延到收入、就业等。在20世纪90年代初期，Chambers[36]认为谋生是建立在资产、能力和从事活动之上的一种生活方式，而现在这个观念已为多数学者所认同。在对生存问题的研究中，"生计"这一概念正处在一个不断发展的阶段，其重要性已得到了普遍的认同[37]。此后，可持续生计的思想不断被学者所接受、研究和探索，到20世纪90年代末，关于可持续生计问题的研究逐渐深入，英国国际发展署（DFID）提出了可持续生计分析框架，美国援外合作组织（Cooperative for American Remittances to Everywhere，CARE）的农户生计保障框架和联合国开发计划署（The United Nations Development Programme，UNDP）所建议的可持续生计方法[38-39]。目前，英国国际发展署所制定的可持续生计分析框架（Sustainable Livelihoods Approach，

SLA）得到了广泛的承认和接受，有助于了解和分析贫穷家庭的生活状况，评估现行的减贫措施的成效[40]。

SLA框架包括5个方面（图1-5），即脆弱背景、生计资本、结构和程序转变、生计策略、生计成果。整体框架将农民视为在脆弱背景中生存或谋生，结构和流程的变化可能会对脆弱背景造成冲击，而农民则是在脆弱背景中寻求生计。生计资本是整体结构的核心，而农户则具有多种生计资本，因此，在获得正面的生计成果时，必须采用相应的谋生战略。在此过程中，生计资本的种类必然是多种多样的，单一的生计资金难以满足农户的需要。生计资本与社会结构和制度变迁是相互影响的，法律、政策、制度等对生计资本进行调整，进而使农民能依据政策制度等对生计资本进行优化，最后选择适当的生计策略，实现民生成果的可持续发展[41-42]。最后，生计成果能够回馈生计资本，从而提高农民的生计资本。SLA框架是一个封闭的、循环的、以人为中心、以可持续性为中心的框架，确保农户生计的可持续性。

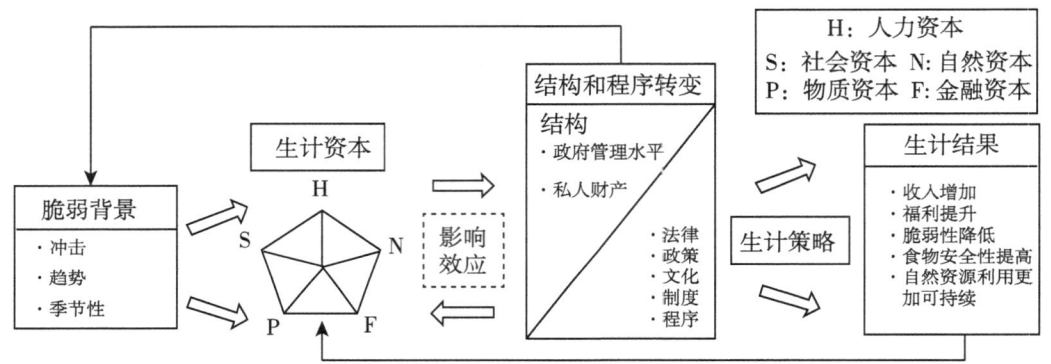

H-human Capital，人力资本；S-social capital，社会资本；N-natural capital，自然资本；P-physical capital，物质资本；F-finanical capital，金融资本

图1-5 可持续生计分析框架

可持续生计问题研究是解决农村贫困问题的一个重要内容，国外学者从多个角度丰富了研究内容，丰富了研究对象，归纳为农户生计问题研究、农户脱贫减贫研究、旅游对农户生计影响研究3个方面。

1. 农户生计问题研究

Mbaiwa[43]使用可持续的乡村生活及收入多元化这一理念，对博茨瓦纳奥卡万戈三角洲地区的乡村生活状况进行评价。结果表明，在奥卡万戈，制作篮子可以促进农村收入的多元化，使得奥卡万戈的农民得到了更多的就业机会和收入，提高了生活水平。Ahmed[44]把可持续生计框架作为一种意在减轻贫穷的概念框架，用于理解孟加拉国中部麦门辛格地区渔业的角色。分析结果显示，养殖渔业可以获得较高的经济效益和社会效益，但资源匮乏、易受伤害、缺乏制度支持等制约了渔民的可持续生活。Adeoti等[45]通过以加纳阿克拉和其他地区的蔬菜种植者作为研究对象，从性别的视角出发去探讨城镇农业对居民可持续生活的影响。结果表明，即使全部家庭都在从事灌溉和耕作，但只有13%的男生和25%的妇女经营的农庄独立从事灌溉耕作。大部分男女农民认为，都市农业为他们的生活做出了巨大的贡献。农户的生产规模及其贷款情况对城镇居民的收入有很大影响。Sahoo 等[46]认为，公共财产资源对农村穷人的生存生产起到了很大的作用。文章通过对奥里萨邦 Keonjhar 地区 4 个村庄的 200 个家庭进行了调查，这些家庭中有无土地和农业工人、边缘和小农户（贫穷的家庭）、小农户和大农户（不属于贫穷的家庭）。研究发现，因为各种各类的发展方案的侵占、实施以及过度利用，贫困家庭的 CPRs 的收入比不富裕的家庭高，工作机会也比不富裕的家庭多。由此必须要采取一定的措施，来保证能够保留、更新和可持续地使用社区生产者责任计划，以保证乡村社区的生产者责任计划。Amekawa[47]研究了泰国的地方农民与可持续的农业政策之间的相互影响，主要着重于可持续的做法及其农民的生活两方面。Serey[48]分析了柬埔寨湄公河下游的可持续生计的主要要素，探讨了怎样获得生计资本，应对冲击和压力，以及如何适应环境的变化。调查显示，他们能够维持生计所需的 5 种资金较为有限；由于洪水、干旱和粮食价格上涨等，他们更加不能适应地震和压力，更不能抵御不断减少的自然资源。所以，他们的适应性和复原力都会被他们所掌握的生计资金所左右。Chowdhury[49]提供了一种基于孟加拉国乡村优先次序的多维度生计资产模式，它可以衡量贫穷人口在改善贫穷进程中的生活资产。研究发现，妇女在获取诸如投票、工作决策等社会资本方面的成绩较好，而男人则更容易获取金融资本（如较高的存款）。在人力资本指数（例如病假增多和发病率高）方面，农村地区的成绩明显下降。Wirawat[50]的目的是为可持续生活制定成果和指标，并查明达到这些成果的原因。联合国发展方案采用了一种可持续的生活方式，介绍了一种新的资料采集方式，即参与式流程追踪，它可以识别出农户获得可持续的生活成果和目标。事实证明，这些措施是合适的，而且在泰国也是如此。这些研究成果足以让利益相关者更好地理解农民，从而帮助决策者制订出更好的政策和计划。

2. 农户脱贫减贫研究

Christophe[51]分析了撒哈拉以南的乍得湖流域地区农民的生计，尤其是对内陆渔业在这些生计中的角色进行了评价。该分析表明，该区域的居民，无论他们的财富有多高，都严重依赖于赖以生存的经济，三大活动（渔业、农业和畜牧业）紧密联系在一起。Reddy[52]对农村地区的生活状况进行了评价。在可持续农村生计的框架下，对这一计划进行评估，也就是对五项资金和生活方式所需要的策略进行评估。此外，还对此类资金的脆弱性和稳定性进行了研究，并对参与该计划的人进行了分析，并通过分享他们的好处来提高他们的生活水平。尽管该地区的发展重点主要是加强生态基础，例如水体、牧场和荒地，但是，为了让穷人受益，也应该采取其他的计划，把重点放在没有土地的贫困家庭身上。Kristjanson[53]指出和描绘了主要的生计资产，它们被划分为自然、人力、社会、金融和物质，它们对肯尼亚南方半干旱区的农业和畜牧业群体的生计选择、策略和福利起着重要作用。基于空间贫穷资料，改善参与式土地使用绘图方法，为政策制定者提供关于可获得和提供自然和社会资源的有价值的资料。研究发现，影响本区域贫穷程度的因素包括：牧场潜力、牲畜密度、到主要城镇的距离、道路密度、教育机会、安全保障、土壤肥力和耕作潜力。Ahmed[54]将捕鱼和虾视为孟加拉国沿海穷人的主要生活来源。因为随意捕鱼会对生物多样性产生影响，而沿海穷人又没有其他谋生手段，所以，在沿海贫穷人口减少贫穷时采用了可持续生计框架，使渔民能够找到更多的生计途径，使得他们能够维持生计。Edgar[55]研究墨西哥下加利福尼亚南部一渔村的贫穷与福祉，并对渔民在保障和可持续生计方面遇到的若干限制因素进行了研究，并将可持续生计框架用作分析手段。该调查得出的结论是，该地区的贫困和边缘化主要是受到了制度和社会因素的影响，并不是经济问题。Ode[56]提出矿产、渔业、森林以及野生动植物资源提供了人类赖以生存的生态系统，通过"可持续生计"的视角，对农村资源管理、农村贫困及其环境恶化的影响进行了研究。从这个角度可以看到当地的资源管理模式，从传统的国家政策和农业政策，将目光迁移到人们追求的多样化、生计策略，以及体制和文化环境中。Yiridomoh[57]对加纳农村的粮食生产以及对农民的可持续生计的影响进行了研究，而生姜的生产基本上局限于农村妇女。本书主要探讨生姜栽培能否提高妇女的生活水平以及生姜产量对妇女生计的可持续性。结果显示，种植生姜可以提高女性的收入，提高她们的财务实力。此外，这项研究还发现，生姜可以提高妇女的身体素质，提高其在家庭和社区中的地位和决策能力。

3. 旅游对农户生计影响研究

Lee[58]开展了关于可持续生计框架的研究，以了解作为一种农业旅游业对农民生计的影响。研究发现，鼓励参与项目的农场主采用一套由政府引导的政策，以及政府政策、法规和体制等转变过程，可以对农户的谋生战略决策产生重要的影响。中国台湾地区的农业观光受到多种因素的影响，其对农民生活状况的影响不应仅限于农业层次的经济分析。Goodwin等[59]发现，捐赠机构和保护组织正在制定和执行"另类升级计划"，是为了减轻保护区与地方生活的现存或可能发生的冲突最普遍的做法。许多国家公园是乡村旅游的一个重要场所，大部分居住在这些保护区和周边的居民常常对旅游业能为他们带来的利益寄予厚望。根据津巴布韦东南部低洼地区的旅游、保护和可持续发展计划所搜集的资料，对当地旅游的预期进行了分析。它们讨论了国家公园和自然保护区是怎样应对这种需求的，以及如何让当地居民参与到旅游业中来，从而使他们能够从事与旅游相关的工作或企业活动来获取生计。Mbaiwa等[60]采用可持续生计框架，从主要和次要资料来源出发，对博茨瓦纳奥卡万戈三角洲Khwai、Sankoyo和Mababe的农村生活状况进行了分析。研究发现，3个族群放弃了狩猎、采集、畜牧业、种植业等传统的生活方式，而以CBNRM为代表的乡村参与了旅游业，从而提高了村民的生活水平，为人们提供例如住房、就业等基础需求，以及诸如供水或者交通以及丧葬等社会服务，收入来自中央财政的资金。因此，乡村旅游开发已达到了改善民生的目的。Vafadari等[61]指出，在21世纪农村发展的大背景下，农村可持续发展与乡村旅游之间的关系越来越引起人们的重视。在乡村进行和发展旅游业已经成为一种策略，它能够促进地方社区的福利，包括社会、经济和环境的保护和发展。以日本山梨山为例，他们探索了旅游对于振兴当地社区和保护生物多样性等自然与文化资源的重要意义。调查结果表明，只要有适当的组织和合理的管理，旅游可以帮助当地的社区恢复活力，帮助农民实现可持续的生活。Su等[62]从可持续发展的视角，对目前茶叶农民生存面临的资金匮乏、议价能力较低、能够抵御各种风险的成本较高等问题进行了探讨。采取与企业合作，创新营销方式，品牌培育，产业整合，为农民提供更好的生活环境。Lekgau等[63]研究了野生生物对旅游业的促进作用，以及为生活在非洲边境公园附近的乡村居民提供可持续的工作。研究结果显示，野生动物观光对社会的多样化就业有正面的促进作用。另外，多元化谋生策略的目的是把当地的文化和自然资源与野外经验结合起来。然而，最大的问题是，在乡村地区，野生动植物的旅游业和当地的经济关系非常匮乏。尽管该报告认为，野生生物旅游是乡村经济的一个主要组成部分，但该报告还提出，要把本地的微型和小型企业纳入到野生动物旅游中，以增加对公园和野生动植物的贡献。

1.3.2 国内研究现状

1.3.2.1 旅游精准扶贫

在中国知网 CNKI 数据库进行高级检索，输入关键词"旅游扶贫"或"精准扶贫"，来源类别设置为核心期刊和 CSSCI，进行精确检索，剔除重复文献和不相关文献，总共获得 784 篇。然后将经过预处理的文本数据导入 CiteSpace 软件，转换成可识别的 WOS 格式，并进行相关参数设置，经过自动聚类，调整字体颜色、大小和节点颜色等，绘制出我国旅游精准扶贫研究关键词聚类可视化图谱（图 1-6），再根据 Timeliness View 绘制我国旅游精准扶贫研究时间轴可视化图谱（图 1-7），结合 Export 输出的 Network Summary Table，筛选出词频和中心性较高的前 10 个关键词，分析研究话题的频率高低和中心性[64]（表 1-3）。

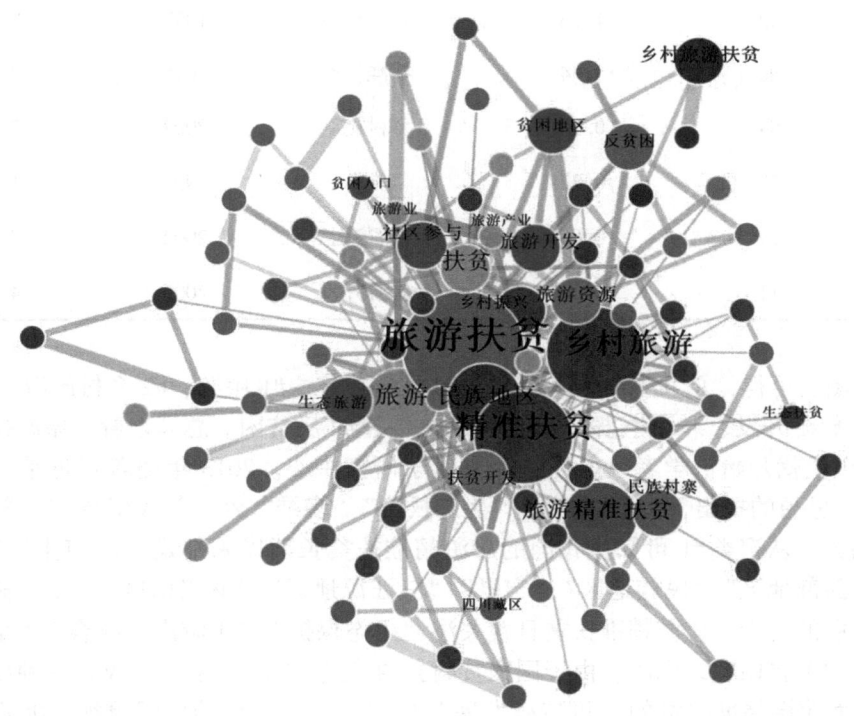

图 1-6　1997—2022 年我国旅游精准扶贫研究关键词聚类可视化图谱

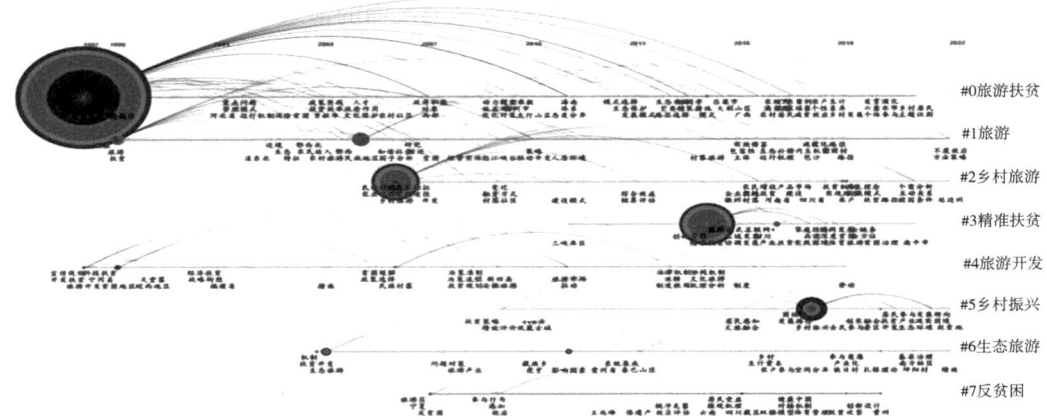

图 1-7　1997—2022 年我国旅游精准扶贫研究时间轴可视化图谱

表 1-3　1997—2022 年我国旅游精准扶贫研究高频关键词

序号	词频	中心性	关键词	初现年份	聚类号
1	222	1.26	旅游扶贫	1997	0
2	86	0.44	精准扶贫	2015	3
3	54	0.18	乡村旅游	2007	2
4	28	0.23	旅游	1997	1
5	19	0.05	反贫困	2002	7
6	11	0.01	旅游开发	2006	4

由上述图表可得，总共生成 8 个聚类：#0 旅游扶贫、#1 旅游、#2 乡村旅游、#3 精准扶贫、#4 旅游开发、#5 乡村振兴、#6 生态旅游、#7 反贫困。总体来看，旅游扶贫从 20 世纪 90 年代就开始被学者所关注，一直位于研究中心。2013 年随着习近平总书记"精准扶贫"思想的提出，"脱贫攻坚""生态扶贫""多维贫困"等关键词与"精准扶贫"密切相关。从聚类#1 可知，我国的旅游精准扶贫长期以来都是"政府主导"的，其重点是"西部地区""民族地区""宁夏""三江源地区""秦巴山区"。在"旅游产业"迅猛发展的今天，旅游精准扶贫日益关注"生态保护""旅游产业融合""生计资本"等方面的重要内容。同时，由于国家贫困县的确定，"社区参与"成为一种新型的扶贫方式，而旅游精准扶贫的"可持续发展"也引起了学术界的广泛重视。随着"精准扶贫"理念的深入，"旅游精准扶贫"也逐渐成为人们关注的焦点，对贫困人口的"参与行为""运行机理"等问题进行深入的探讨。2017 年，在"乡村振兴战略"出台

的基础上，"乡村旅游精准扶贫"已成为农村经济发展的一条新途径。2020年是"脱贫攻坚"关键时期，旅游业的精准扶贫逐渐显现出成效，运用DEA、层次分析法等方法对"旅游扶贫效率"进行测度，已成为学者研究的热门领域。结合表1-3可知，"旅游扶贫""精准扶贫""乡村旅游"等关键词共现频率和中心性很高，其中"旅游扶贫"的词频达到222，中心性为1.26，首位度最高。学术界对"民族地区"和"四川藏区"等地区的关注程度较高，这与前面的研究结果基本吻合。

通过CiteSpace软件分析可知，国内旅游扶贫研究相对较晚。2011—2015年，我国现行标准下农村贫困人口减少了1亿多人，脱贫攻坚的任务越来越艰巨。2013年，习近平总书记提出"精准扶贫"理念。翌年，国务院颁布的《关于促进旅游业改革发展的若干意见》首次提出"旅游精准扶贫"的概念。随着旅游精准扶贫的实践积累，关于旅游精准扶贫的文献也是如雨后春笋般涌现。旅游能作为产业扶贫的方式之一，其原因是投资少、收益快、吸纳贫困人口多。因此，旅游精准扶贫有多种形式，有系统的旅游精准扶贫机制，有多维的旅游精准扶贫效应。从归纳的角度出发，本文对"旅游精准扶贫模式""旅游精准扶贫机制""旅游精准扶贫效应"等方面进行深入的文献分析。

1. 旅游精准扶贫模式研究

白凤峥[65]就旅游扶贫开发的指导思想、产业定位、运行机制等问题进行分析，并认为在实施过程中，要坚持政府主导，充分听取专家的意见，制定政策法规和规划，实行统一的行业管理。胡锡茹[66]指出，云南省旅游扶贫取得显著的成果，并指出旅游扶贫的三大模式：生态旅游扶贫模式、民族文化旅游扶贫模式、边境旅游扶贫模式。李国平[67]在政策实践的基础上，对广东旅游扶贫的内涵、运作机制进行论述，并将其与旅游试验区、大旅游大扶贫、对口旅游扶贫模式相比较，得出广东旅游扶贫的成功经验。陈琴[68]从RHB模式、BOT模式、社区旅游扶贫模式、传统旅游扶贫模式、民族风情旅游扶贫模式、生态旅游扶贫模式、非大众旅游扶贫模式等几个典型的旅游扶贫模式比较研究，并结合三峡水库建成后的库区旅游发展格局，提出三峡库区旅游扶贫模式、三峡库区生态旅游扶贫模式、三峡库区非大众旅游扶贫模式、三峡库区社区旅游扶贫模式，以及在资金、政策、利益分配等方面构建和健全三峡库区旅游扶贫机制。黄国庆[69]、唐勇等[70]均以集中连片特困地区为研究实例，针对目前扶贫模式存在的问题，分别构建了国家集中连片特困地区旅游扶贫系统集成开发模式、政府主导型旅游扶贫模式，并从资金、人才、管理等方面提出具体保障措施。张侨[71]把海南贫困村作为研究实例，对企业主导型、政府主导型、企业+农户模式和社区（集体）型4种类型的旅游扶贫模式进行了研究，并对不同模式下的旅游扶贫能否精准提高贫困人口的经济收入和满意度的问题进行探讨。张晓等[72]把四川省马边彝族自治县作为研究实例，运用利益相关者的理论观点，建立了政府、本地企业、外来企业、高校科研机构、公益组织、当地居民、旅游者等多种形式的旅游扶贫多主体参与模式，在此基础上，对不同利益主体在旅游扶贫实践中的角色和作用进行确定。陈炜[73]基于全域旅游角度，从管理域、空间域、产业域和要素域4个层次，建立青海少数民族贫困人群的包容型旅游扶贫模型。崔丹等[74]通过对环京津贫困带22个国家级贫困县的贫困度和旅游资源优势度进行测算，提出自下而上旅游精准扶贫模式、自上而下旅游精准扶贫模式、上下合作旅游精准扶贫模式3种旅游精准扶贫战略模式,同时根据各县的贫困度和旅游资源优势度提出了旅游精准扶贫的实践举措。魏莉[75]通过对云南省景东彝族自治县旅游发展的实例,从旅游扶贫的基本条件、旅游扶贫的机制、扶贫效果等方面进行分析,提出自然生态旅游精准扶贫模式、农业观光旅游精准扶贫模式和民俗文化旅游精准扶贫模式3种旅游精准扶贫开发模式,在此基础上,结合县域旅游精准扶贫开发中的问题,对县域旅游精准扶贫开发进行探讨。

2. 旅游精准扶贫机制研究

李国平等[76]从旅游扶贫的概念出发,对旅游扶贫的运作机制进行论述,指出旅游扶贫不仅要体现扶贫产业的政府主导特色,而且要尊重旅游业的行业特性和市场机制规律,在运行机制上应体现为旅游开发运行机制与扶贫机制的有机统一。范俊等[77]明确"旅游扶贫长效机制"相关概念的界定,认为"旅游扶贫长效机制"是由多层面、多主体参与的复杂体系,并基于此,构建旅游扶贫长效机制的研究框架。杨阿莉等[78]通过分析甘肃省甘南藏族地区旅游发展与脱贫之间的相互影响,提出在旅游发展过程中,需要建立包括贫困人口参与旅游规划决策咨询机制、文化和生态保护机制、旅游经营与利益分配机制、文旅游教育与培训机制等社区参与式旅游扶贫的长效机制。覃建雄[79]从人文历史、自然条件、经济社会、资源环境等方面,全面分析秦巴山地区的旅游扶贫发展模式,并基于此提出加大政策支持、强化政府主导、明确旅游部门责任、创新区域协作机制、创新投融资机制等五大旅游扶贫的重要保障机制。赵世钊[80]通过贵州省黔东南苗族侗族自治州郎德上寨为实际案例,运用协同学的理论方法对旅游扶贫进行了实证分析,指出扶贫体系要通过不断地注入新的能源,打破原有的平衡状态,实现新的发展动力,从而实现旅游扶贫的美好愿望。杨建等[81]指出,旅游精准扶贫想要实现健康、长效、可持续的发展,需要创新其发展思路,在产业结构、市场环境、资源优势等方面动态控制好各环节所产生的影响。耿宝江等[82]通过微观视角对四川藏族地区旅游精准扶贫的驱动机制和作用机理进行相关研究,指出贫困人口主要通过分享、匹配、学习3种方式实现旅游脱贫目的,其合理利益需求和扶贫主体的驱动是旅游扶贫可持续发展的动力来源。李佳[83]通过以少数民族连片特困区域为研究实例,从旅游经济差异、扶贫效应等方面入手,提出了一种新的旅游扶贫理念,即建立启动激励、目标导向、参与共享、监测评估四大子系统的旅游精准扶贫机制。陈萍[84]对景区带动型乡村旅游精准扶贫的内涵进行分析,并从空间作用、动力、受益等机制三大方面对其"带"作用进行了深入的剖析,由此提出了景区带动型乡村旅游精准扶贫的具体实践路径。王会战[85]基于增权视角提出了优化乡村旅游精准扶贫机制中的参与机制的重要性,然后从参与决策机制、参与经营机制和参与考核机制提出了增权视角下乡村旅游精准扶贫参与机制的优化。

3. 旅游精准扶贫效应研究

周歆红[86]指出旅游扶贫的效益主要表现在:对地区经济整体增长的作用;对环境、社会、文化效应的影响;贫困人口由于旅游发展而获得的收益和代价之评估;贫困地区中贫困人口的受益和代价之评估四大方面。张伟等[87]根据扶贫开发对贫困人口的经济效应与非经济效应,从实际效应、感知效应、效应可持续效应3个角度来评价贫困人口在扶贫效应中的获益与发展。常慧丽[88]通过对甘南藏族地区的实证研究,深刻分析旅游开发的扶贫效应感知,同时总结旅游扶贫的效应可分为经济效应和非经济效应,其中经济效应主要体现在经济收入和工作机会上,而非经济收入则体现在对基础设施的改善、与外界交流、对生活习俗以及对当地生态环境等方面。冯旭芳等[89]也从经济效应和非经济效应两个方面对旅游扶贫效应进行分析,得出大部分村民都认为旅游发展对居民的生活质量有很大的提高,并且对未来的旅游发展持有积极的态度。杨建春等[90]利用Granger因果检验和脉冲响应函数分析,提出贵州旅游发展对缓解贫困有很大的影响,但其持续时间不长的观点。龙梅等[91]首次提出以收入贫困和权力贫困作为衡量扶贫效果的指标,指出社区参与到乡村旅游开发中有利于民族乡村的扶贫工作,但也存在着不可忽略的问题。邓小海等[92]从区域经济发展和当地居民角度出发,发现了旅游扶贫效应对区域经济增长贡献大,但与地区生产总值、三次产业的相关性不强,旅游漏损现象较为突出;本地居民参与旅游积极性高昂,但其参与率极低,对当地居民既有积极影响,也有消极影响。田翠翠等[93]以高山纳凉村的旅游精准扶贫为例,运用层次分析方法,建立以贫困户个体、贫困家庭、纳凉村社区3个层面25项测评指标的旅游精准扶贫效应评价指标体系,提出建立基于模糊综合评价法的效应指数计量模型。黄渊基[94]、鄢慧丽[95]、曹妍雪等[96]、李银昌[97]、马磊[98]、杜倩文[99]利用DEA模型,分别对湖南武陵山地区、海南省民族地区、我国民族地区的旅游扶贫成果进行了有效度量。陈龙[100]运用层次分析法与模糊综合评判相结合的方法,从经济、环境、社会、文化3个角度出发,对武陵山区特困区的旅游扶贫效果进行了研究分析。李佳等[101]基于人地系统科学,以两种不同类型的景区带动村落——云南轿子山旅游区沿线村落和传统文化村落——贵州雷山县南猛村为研究对象,构建个体-区域协同的旅游精准扶贫绩效评价指标体系,采用问卷调查、层次分析法、德尔菲法评价其旅游精准扶贫绩效。张颖等[102]基于多维贫困视角以脱贫摘帽的西南地区国家级贫困县为研究案例,引入NPP/VIIRS夜间灯光数据测度多维贫困,并使用地理加权回归方法分析2012—2019年旅游发展的多维减贫效应。

4. 旅游精准扶贫其他研究

邓祝仁等[103]认为旅游扶贫具有光明的发展前景。实施扶贫开发项目,要充分考虑地方政府对发展旅游业的承受力和遵循旅游内在的运行规律。在贫困地区,要走与农、林、牧、渔、副、乡镇企业共同发展的道路。另外,还应关注人才、资金、特色产品、可持续发展等旅游扶贫问题。文军等[104]将生态文明村与旅游扶贫相结合,提出了在发展生态文明村的同时,加大发展旅游功能,是促进农民脱贫致富、推进乡村现代化的重要途径。饶勇等[105]以博弈论为基础,通过对开发商、社区居民、政府等多个利益相关者的连续动态博弈进行研究,从而构建包括"极度扶贫""极度开发"等多种情况下的连续受益分配格局,从而提出了旅游扶贫可持续发展的模型。周波等[106]采用定量分析法和投入产出法,提出旅游业对广西巴马贫困县扶贫贡献效应的数值分析、综合分析和评价研究的"三位一体"的研究模式,全面测算巴马旅游扶贫效应。吴珏等[107]从海南旅游发展不平衡的角度出发,结合国际旅游岛建设的大背景,探讨旅游扶贫经营管理体制改革的思路和对策。罗盛锋等[108]在总结生态旅游扶贫的发展趋势的基础上，指出目前有关生态旅游扶贫的研究重点是生态旅游扶贫概念、扶贫可行性、扶贫主体、扶贫思路和扶贫模式、扶贫绩效5个方面。汪侠等[109]从多维度贫困理论出发，利用因子分析法建立一套以贫困居民视角为基础的旅游扶贫满意度评估指标体系，并结合贵州郎德镇的实际情况，对其进行了量化的评估。卢世菊等[110]研究湖北恩施土家族苗族贫困人口在旅游扶贫过程中存在的相对剥削问题，提出通过调整旅游扶贫策略、兼顾贫困人口非经济权益、优化旅游扶贫的安全阀体系可以有效缓解贫困人口的相对剥夺感，促进民族地区的协调发展。王新敏等[111]构建了包括生态、经济和社会绩效三大子系统在内的生态旅游扶贫绩效评价指标体系，对山西太行特困区生态旅游精准扶贫绩效进行评价和空间格局分析，并利用多元回归模型分析影响因素。认为交通、第一产业增加值、教育投入和财政支出等是生态旅游精准扶贫绩效主要影响因素。戚瑶等[112]认为，旅游精准扶贫已成为当前农村脱贫致富的有效途径，农村籍大学生返乡创业已成为解决大学生就业难和乡村人力资源缺少难题的不二选择，并且旅游精准扶贫与农村籍大学生返乡创业具有一举多得的效果，此外提出了旅游精准扶贫与农村籍大学生返乡创业势头的对接路径。

1.3.2.2 可持续生计

通过中国知网CNKI的高级检索，输入关键字"可持续生计"，并将来源类别设置为核心期刊和CSSCI，并对其进行了准确的搜索，排除了重复和无关的文献，共计670篇。然后将经过预处理的文本数据导入CiteSpace软件，转换成可识别的WOS格式，并进行相关参数设置，经过自动聚类，调整字体颜色、大小和节点颜色等，绘制出我国可持续生计研究关键词聚类可视化图谱（图1-8），再根据Timeliness View绘制我国可持续生计研究时间轴可视化图谱（图1-9），结合Export输出的Network Summary Table，筛选出词频和中心性较高的前10个关键词，分析研究话题的频率高低和中心性（表1-4）。

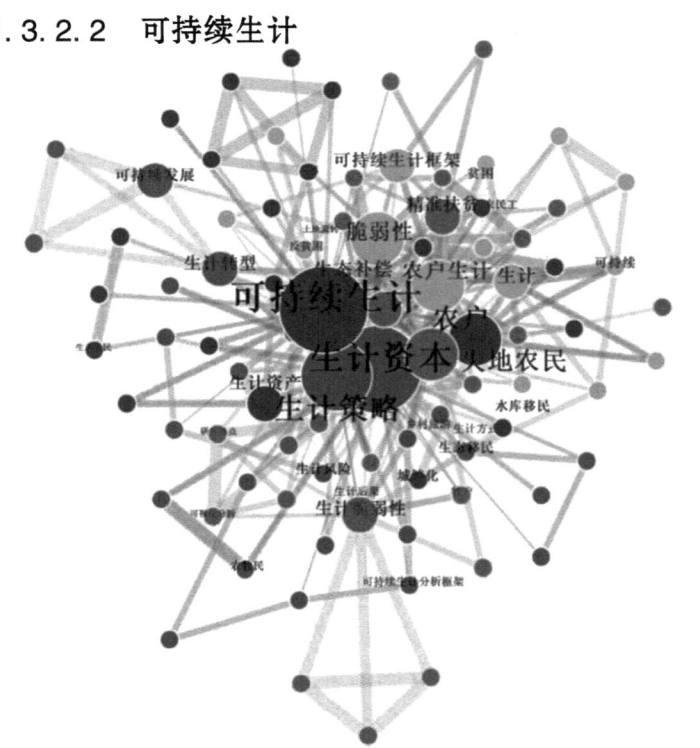

图1-8　2003—2022年我国可持续生计研究关键词聚类可视化图谱

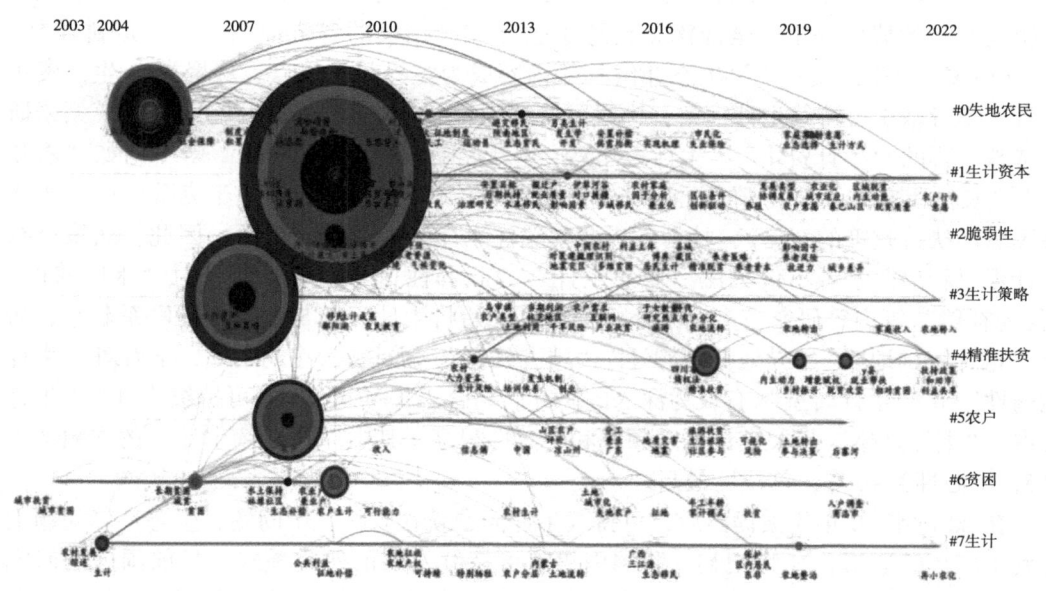

图 1-9　2003—2022 年我国可持续生计研究时间轴可视化图谱

表 1-4　2003—2022 年我国可持续生计研究高频关键词

序号	词频	中心性	关键词	初现年份	聚类号
1	155	0.60	生计资本	2009	1
2	81	0.15	生计策略	2007	3
3	47	0.15	农户	2011	5
4	45	0.07	失地农民	2006	0
5	23	0.06	脆弱性	2009	2
6	22	0.16	贫困	2012	6
7	15	0.03	生计	2004	7
8	12	0.03	精准扶贫	2016	4

由上述图表可得，总共生成 6 个聚类：#0 失地农民、#1 生计资本、#2 脆弱性、#3 生计策略、#4 精准扶贫、#5 农户、#6 贫困、#7 生计。根据文献检索可知，我国学者在 20 世纪 90 年代末开始对可持续生计有初步的了解，直到 21 世纪初期才引入可持续生计理论，并进行深入研究，主要关注"可持续生计""生计资本""生计策略"等理论内涵。随着城镇化、工业化进程加快，可持续生计以"失地农民""失地农户""半城镇化农民""农民工"等为研究对象，关注其"就业""社会保障""社会救助""生计

资产"等内容。2012年11月,党的十八大从新的历史起点出发,做出"大力推进生态文明建设"的战略决策,全面深刻论述了生态文明建设的各方面内容。"退耕还林""生态恢复""生态贫民""生态补偿"等内容成为学界关注热点。从聚类#1生计资本来看,学者基于可持续生计框架,构建可持续生计指标体系,或借助Logistic模型来研究特殊人群的"生计资本""生计策略""生计风险""生计多样化"等,诸如"农牧民""农村留守妇女"等群体。2006年,国务院颁布了《国务院关于完善大中型水库移民后期扶持政策的意见》,社会各界非常关注水库移民的生产生活。因此,从聚类#2生计可以看出,学者不仅关注"农户生计""脆弱性"等内容,而且对"水库移民""征地补偿"等内容研究较多。另外,学界也开始将生计问题与贫困问题联系起来,研究"连片特困地区""异地扶贫搬迁""精准扶贫"等问题。除此之外,学者对"生计脆弱性"和"生计转型"有较为深入的研究。结合表1-4可知,"可持续生计""生计资本""生计策略"等关键词共现频率和中心性很高,其中"可持续生计"的词频达到216,中心性为0.73,首位度最高。

在20世纪80年代被提出后,可持续生计问题就在农村贫困问题、生态环境问题上得到了广泛的运用。21世纪初,我国引进了可持续发展的研究模式,目前国内的研究多集中在贫困问题、生态环境、乡村旅游、失地农民等方面。为此,笔者对上述4项研究进行了深入的探讨。

1. 贫困问题研究

Martha等[113]对可持续生计的办法与易受伤害的分析进行了比较,发现可将这两种办法结合起来处理现实问题。唐钧[114]以减轻城镇贫困为主要目的,提出了"城市扶贫""可持续生活"的概念,并对此提出了相应的对策。苏芳等[115]认为,运用SLA理论框架,能够评估目前的发展现状怎样才适合穷人的生计。王三秀[116]提出要打破原有的思维模式,以促进农民可持续生计目标的实现。蔡志海[117]通过运用可持续生计分析的方法,对汶川地震重灾区的贫困农民的生计资本进行测量并分析,结果表明:我国农民五项生计资本非常不均衡,其生存战略受其影响和限制,其生存能力在地震后表现得尤为明显。张大维[118]从民生资本的角度,对渝、鄂、湘黔三省武陵地区149个重点地区的民生资金体系进行了实证分析。王立安等[119]通过使用SLA理论,建立了生态补偿对贫困居民的生存能力的具体的度量指标,同时以甘肃省陇南市武都区为例,对其进行分析,并提出了许多需要完善的地方。向德平等[120]提出了一种新的扶贫方法——连接生活方式和可持续发展能力。赵靖伟[121]认为农民生计保障是乡村社会可持续发展的微观基础,为此,必须构建农民生计保障的评估机制,以促进农民生计与生态系统之间的有机结合,从而达到农业和乡村社会的可持续发展。任艳[122]通过实证研究,探讨了农户生计资金在家庭生活方式中的作用,结果表明:不同的生计策略是由农户所掌握的生计资本决定的,而不同地区的农户生计策略也是有差别的。孙欣等[123]通过相关性分析、地理探测器模型等方法,分析了研究区不同类型的农业型、兼业型、民工型,并分别给出了相应的扶贫对策。张耀文等[124]认为,中国在实施"精准扶贫"战略后,虽然取得了长足的进步,但仍然面临着许多潜在的问题。胡江霞等[125]通过对1 695名农村贫困农户调查资料,采用多元线性回归分析的方法,从民生资本对贫困农户可持续生计的影响入手，探讨了民生资本在农村可持续发展过程中的中介效应和体制环境的调控效应。其认为，要保证贫困农户的生计可持续发展，必须发挥生计资本、生计风险管理、生计风险管理等方面的积极作用，并通过构建生计风险管理的方法来培养生计资本。罗万云等[126]基于可持续生计的观点，建立了和田市的相对贫穷指数体系，认为和田市今后扶贫工作的起点应由原来的生活基础向物质资本、金融资本、自然资本的重构转变。

2. 生态环境研究

李茜[127]对农民生计的持续需要进行了一系列的调查和分析，结果表明：自然原因直接导致了生活方式的粗放，而农村人口的不断增加以及生产和生活方式的不合理，导致了农村土地和生态的恶化，说明了当前农民生计问题的严峻。魏鹏[128]采用参与式的理论和方法，比较分析了喀斯特农村7个地区的土壤侵蚀和石漠化防治。冯茹[129]从资源使用模式与社区生计的关系入手，采用AHP方法，建立了资源利用模式与社区生计的耦合模型，并建立了二者的耦合模型。杨国安等[130]从脆弱和可持续的生存角度出发，考察了目前黄土高原土壤侵蚀防治与生态环境建设的模式，指出了不同的模式在治理和保护生态环境方面都有各自的优势，但也存在着各自的弱点，因此，在实施与推广时，应从当地的可持续发展角度出发。李继刚等[131]利用西藏农村地区的可持续生计分析框架，对其进行了统计分析，结果表明：农村地区贫困人口的生计资本总体上存在着脆弱的一面，而生计资本又是相互影响的、具有非线性的。由于生存资本的制约，农民的生存战略选择受到了一定的制约，从而使贫困和生态环境问题不断恶化。韩林[132]以环境变迁作为影响因素，从可持续生计的角度，对民勤绿洲边缘地区的农户生计状况、生计策略、当地农民的社会态度和环境变迁状况进行了研究。施国庆等[133]从可持续生计的角度，对东平湖生态环境保护导致渔民生计断裂的本质进行了剖析，并从断裂期渔民各类型生计资本要素、明晰生计断裂期渔民整体生计资本质量的变动趋势，通过对渔民生计转型所需的外部支持系统进行详细阐述，以求维护退湖渔民的生计可持续性。赵雪雁等[134]指出，干旱地区内河流域的生态退化对农业人口产生了严重的不利影响，迫切需要对其生存能力的脆弱性进行评估，查明其脆弱性和原因，并据此寻找应对措施，以减少其生存脆弱性。王娅等[135]研究禁牧政策下的农户生计资本与生计成果之间的关系，提高了农民生计、改善荒漠化治理的可持续发展水平。李靖等[136]分析了贫困农户的生计能力与生态环境之间的关系，结合贫困农户生计能力与生态环境关系的空间分异特点，为研究区域的扶贫和生态环境保护政策制定提供了一定的决策参考。关士琪等[137]建立了生计资本对牧民超载过牧的影响的理论框架，采用熵权法对西藏牧区199户牧户进行了调查，采用熵权法对其进行了测算，并采用Logistic模型对其进行了研究。结果表明，抽样地区牧民的超负荷现象比较严重，原始补偿制度能明显地抑制牧民超负荷行为，而牧民的减畜意识则明显地抑制了超载过牧行为。王奕淇等[138]通过对生态环境可持续生计的理论机制的分析，采用熵值法与极差归一化方法，对各个指标的权重进行了规范化，得出了生态功能区居民生计资本、生态补偿政策、可持续生计能力的量化值，并利用可行的广义最小二乘法进行实证分析。结果表明，5种生计资本都与当地居民的可持续生活水平存在显著的正相关关系。生态补偿政策对我国国家重点生态功能区的可持续发展能力也有一定的积极作用。

3. 乡村旅游研究

周建新等[139]通过对客家古村三僚文化生态旅游的基本情况及生存方式转变的缘由进行分析，提出三僚村应该充分利用当地的历史文化资源及其把握政策契机。孔祥智等[140]指出，乡村旅游对农民的生存资本的积累和提高是有益的，但是，为了更好地提高当地农民的生活水平，还必须借助多种外在因素的介入。李飞等[141]认为农村旅游对农民的生计资本有着很大的影响，目前的乡村社区正在从传统向现代进行转型，此外还提出了相应的可持续发展策略。贺爱琳等[142]提出，农民的传统生计组合模式受到了乡村旅游的深刻影响并且得到改变，由传统生计农民向新生计（旅游经营和务工结合）进行转变，改变了原本的农民生计资本储备和组合模式，改善了农民原有的居住生活环境。李鑫等[143]指出农民的生计资金和经营战略随着乡村旅游的发展得到了改变，从而使农民的能源消费方式发生了变化。席建超等[144]指出，旅游业正在深刻地改变着农村居民的生活方式，导致了农民的生存方式的分层和极化，从而形成了两种不同的生存方式。通过对生计资本、生计策略、生计后果的对比分析，得出了以旅游业为主导的"专业化"生计方式明显优于以兼业经营为主的"多元化"的生计方式。肖轶[145]研究发现，移民如果从事乡村旅游后能够为家庭提供相对高而且稳定的收入，则会有更多的机会加入当地的乡村旅游中。除此之外，如果政府加大规划、投入以及资金的支持力度，也能起到积极的推动作用。崔晓明等[146]调查了秦巴山地区农户的生计现状，结果显示，发展乡村旅游可以促进农户的自我适应能力和生存保障程度，扶贫成效得到了较好的反应。史玉丁等[147]指出，乡村可持续生计与乡村旅游功能发展之间存在高度的相似性，并呈现多样化发展，可持续生计目标群与乡村旅游功能群可以结合起来，构建一个自然生态保护、文化传承、物质环境优化、金融补充、社会网络拓展、劳动力聚集的功能群，形成乡村旅游发展的逻辑框架。蔡晶晶等[148]认为村旅游的发展提高了农民生计资本，对地方的社会—生态系统产生了全方位的干扰和影响，此外，旅游公司合作、村干部能力、农户互帮互助等因素对农户生计资本具有重要的正面作用。黎洁等[149]使用双重选择模式，研究了农户参加旅游对家庭农林业劳动时间、外出务工时间的影响，研究表明，参与旅游有利于增加农户收入，而旅游兼营型农户收入更高。全千红等[150]利用南京高淳区大山村的实证研究，对农村旅游环境下农户的旅游生计战略的影响因素和机制进行了研究，并对其进行了修改，得出了农村旅游可持续生计的分析框架。罗玉杰等[151]以湖北省恩施州W村为样本，采用问卷调查、半结构访谈、熵值法、综合指数法等方法，测算出了贫困农户的生计资本，并识别返贫风险，建立了农村景区返贫预警机制，结果表明农村旅游地的返贫风险主要有生计资本薄弱、产业结构单一、外部灾害冲击、市场风险等，建立农村景区返贫预警机制主要有监测返贫风险、实时预警、识别预警源、采取阻断措施、对返贫风险类型的农户进行动态评估并采取相应的干预措施。

4. 失地农民研究

王明英[152]指出，导致失地农民的可持续生计主要原因是由当前的就业安排短期性、补偿费用低、社会保障缺位、就业培训缺乏所造成的。要解决这一问题，必须创新观念，完善征地补偿办法，加强对失地农民的就业培训，建立失地农民的社会保障制度。孙绪民等[153]提出,要从"使农民的生产和自立能力得到恢复,从而改善他们的生活质量"这一根本目的来解决。胡初枝等[154]从被征地农民可持续生计保障的视角出发,提出了"两保"评估指标和定量指标,指出农民物质财产、收入水平的提高可以让农民的生活质量得到明显的改善,但在就业、社会保障和教育等方面,却远远落后于被征地农民。周洁等[155]运用模糊物元方法分析南京市失地农民的可持续生计,结果显示,南京市失地农民的生活基本保持在原有水平,与可持续生活方式还有一定距离。胡蓉[156]指出,民生资本对一个失地农民的生活信心有极其重要影响,在这其中,经济资本能够明显地改善他们的生活信心,但人力资本对他们的自信心的增强效果较差。马志雄等[157]指出,失地农民的生计多元化受到收入水平、兼业程度、劳动力流动等因素影响;失地农民实现生计多元化的能力取决于某种生计资本;农民获得可持续生计的主要方式主要是通过生计多元化,但是在生计资本达到一定临界值后,农民就不能以生计多元化为最佳选择。丁士军等[158]指出,土地征收后,农民的自然资本比土地征收前低得多,而物质资本和金融资本则比土地征收前高出很多,而土地征收对民生资本的作用则没有显著的改变。杜书云等[159]指出,由于失地程度、户籍特征及城市融入差异,失地农民再就业渠道狭窄、社会保障体系覆盖面不足等内外部原因导致失地农民可持续生计困境,失地农民的多样性、户籍特征和城市一体化。外来型发展模式对失地农民的生存困境只有短期影响,而解决这些问题则必须依靠"内源性"的发展方式来解决。杨晶等[160]利用 Kakwani 指标对失地农民的个人收入差距进行了分析,结果表明:失地农民的个人收入差距很大,并且整体上从东到西呈递减趋势;在丧失土地的情况下,失地农民的人力资本越多,其个人的收入差距就越小;不同的社会资本与失地农民的个人收入差距存在着明显的负相关关系。杨琨等[161]根据可持续生计的内涵,建立可持续生计的可支配收入、生计多样性、家庭劳动力就业率和参保率4个指标,建立可持续生计的可持续度评价体系,选取兰州市安宁区作为研究地区,利用参与型乡村评估方法,对研究区失地农民的生计维持能力和可持续能力进行量化评价,并对不同的成因进行了回归。结果表明,目前多数农民家庭已基本达到了基本生活水平,但离可持续发展仍有一定的差距,人力资本、物质资本、金融资本、社会资本对民生可持续性的提高有不同程度的积极影响,是未来提高农民生活可持续水平的关键和突破口。李名峰等[162]以武汉市新洲区212户被征地农民的实地调研资料为依据,应用可持续生计理论,对被征地农民的生计资本和可持续生计信心的变化进行了研究。结果表明,在征地拆迁后,农民的生活资本总体水平得到了较大的提高,但是金融资本、人力资本、社会资本指标并未得到显著的改善。提出了建立多层次的土地征用补偿机制,让农民共享征收土地的收益,并加强对农民的创新创业支持,使被征用的农民尽早融入城市。

1.3.3 研究述评

在对国内外相关文献进行整理的基础上,发现国外学者对旅游扶贫问题的研究比较早。国外首先提出 PPT 战略,随后提出 ST-EP 概念,着重阐述可持续旅游与消除贫困之间的联系。国外学者就旅游精准扶贫的内涵、方式与模式、效果与影响等研究内容进行了探讨。就地域而言,国外学者对非洲及东南亚各国的研究较为多。在研究方法上，主要侧重于定性研究，缺少对旅游精准扶贫效果的定量评价、效率测度和空间分异的定量研究。国内旅游精准扶贫研究相对较晚，虽然在20世纪末有一些关于旅游精准扶贫的研究，但是仍处于自发发展阶段。直到21世纪初，尤其是2014年国务院颁布《关于促进旅游业改革发展的若干意见》后，旅游精准扶贫研究如井喷式发展起来。相较于国外，国内学者对旅游精准扶贫的研究内容逐渐从宏观向微观转变，主要包括旅游精准扶贫模式、机制、效应、路径等方面，近几年对贫困人口受益、社区参与等微观研究较多，但研究对象大多是贫困人口，本书也是关注贫困阶段的贫困人口，而非脱贫户脱贫之后的生活。从地域上看，从14个集中的贫困地区向边疆地区、民族地区、深度贫困地区转移，重点向生态脆弱、自然环境恶劣、少数民族聚居的"贫困洼地"转移。从研究方法上看，主要运用文献研究法、问卷调查法、多元回归、数据包络分析法等，由定性描述向定量研究转变，研究方法较为单一，缺乏定性与定量相结合。

国外关于可持续发展的研究，具有多学科、多领域、多主题的特征。在研究主题上，运用DFID提出的SLA框架，从不同角度充实理论内涵，丰富研究主题，主要研究农户生计资本、生计策略、贫困问题以及旅游发展对农户的生计影响等问题。在研究方法上，大多数学者都是基于SLA框架构建相关指标体系或是模型，也有部分学者通过访谈、问卷调查等方法来测度研究区域的经济、社会、生态效应，或研究对象生计方式的变迁。国内学者对可持续生计研究具有明显的政策倾向。21世纪初期我国引入可持续框架后，随着"生态文明建设""三峡水库移民""精准扶贫"等国家政策实施，国内学者主要将其应用于贫困问题、生态环境、乡村旅游以及失地农民等领域。由于可持续生计呈现出多学科交叉、研究主题丰富的趋势，越来越多的学者将其与金融、保险、社会保障、养老等研究热点相结合，不再单单是农户生计资本的问题，但已有研究很少关注生计结果问题，对脱贫户可持续性生计关注度也不够。在研究方法上，国内学者基于计划行为理论、可持续生计框架等内容，主要运用层次分析法、回归模型、模糊物元模型等定量分析方法。因此，本书通过问卷调查和访谈的方式具体分析了桂滇边境民族地区贫困户的自然资本、物质资本、人力资本、金融资本、社会资本五大生计资本以及生计风险；通过构建基于生计保障的桂滇边境民族地区贫困户旅游精准扶贫理论模型，对保障桂滇边境民族地区贫困户可持续生计进行探究；并通过实证研究和案例研究对基于生计保障的桂滇边境民族地区贫困户旅游精准扶贫理论模型进行验证。

1.4 研究内容与方法

1.4.1 研究内容

第一章主要阐述研究背景、研究目的及意义、国内外研究述评、研究内容与方法、研究区域概况。国内外研究评述对国内外有关旅游扶贫、可持续生计、旅游精准扶贫机制等文献进行了一定程度的梳理与论述，在对相关文献梳理分析的基础上，主要从研究对象、研究内容以及研究方法等方面展开论述。对基于桂滇边境民族地区贫困户生计保障的旅游精准扶贫进行研究，是旅游精准扶贫本质的内在要求，也是可持续生计研究社会价值的体现，同时还是丰富和发展可持续生计时代内涵的内在要求。

第二章主要阐述理论内涵和属性特征。通过文献梳理，分析贫困户、生计保障、旅游精准扶贫和桂滇边境民族地区四者的内涵、属性特征及其逻辑关系，确定桂滇边境民族地区贫困户旅游精准扶贫的影响因素，厘清基于生计保障的桂滇边境民族地区贫困户旅游精准扶贫机制的构成，从源系统、内生系统和外援系统提出基于生计保障的桂滇边境民族地区贫困户旅游精准扶贫机制。

第三章主要是在整理调研地区调查问卷和访谈的基础上，具体分析桂滇边境民族地区贫困户的自然资本、物质资本、人力资本、金融资本、社会资本五大生计资本以及生计风险。描述传统生计方式，现代生计方式以及旅游产业主导的现代生计方式，主要介绍在传统社会时期，贫困户通过作物轮种，畜禽饲养，副业加工来维持生计；在现代社会时期，贫困户通过现代农业与养殖业，务工来维持生计。并根据贫困户与景区之间的距离，将贫困户分为重叠型、比邻型、分离型3种类型，阐述了旅游产业主导的现代化社会时期每种类型贫困户的生计策略。以及对桂滇边区少数民族旅游精准扶贫的实际表现进行了补充研究和分析，主要包括旅游精准扶贫对贫困户生计保障需求的回应程度、旅游扶贫驱动程度、精准程度以及阻碍旅游扶贫精准脱贫攻坚的障碍。

第四章构建基于生计保障的桂滇边境民族地区贫困户旅游精准扶贫理论模型。在前文国内外研究综述和对桂滇边境民族地区贫困户生计现状与旅游精准扶贫现实表现分析的基础上，依据相关文献、探索性实证研究，借助系统动力学理论、利益相关者理论、可持续生计框架、MOA理论、社会交换理论和旅游乘数理论等理论基础，构建了包含源系统、内生系统和外援系统的理论模型，在旅游精准扶贫机制系统中，源系统是旅游精准扶贫机制的先决条件，内生系统是旅游精准扶贫机制的前提条件，外援系统是旅游精准扶贫机制的基础保证，三者之间相辅相成，相互影响，共同作用，保障桂滇边境民族地区贫困户可持续生计。在旅游精准扶贫机制的保障下，贫困人口通过提升自身的经济能力、发展能力和社交能力，从而巩固旅游精准扶贫成效，实现可持续生计的目标。

第五章通过实证研究和案例研究对基于生计保障的桂滇边境民族地区贫困户旅游精准扶贫理论模型进行验证。在实证研究部分，为了明确保障机制各要素与可持续生计之间的关系，根据研究理论模型，提出旅游精准扶贫的源系统、内生系统、外援系统对可持续生计产生显著的正向影响，然后通过本土化量表开发、问卷设计、前测分析、量表修正和问卷设计等步骤得出数据后进行数据分析，最后根据数据分析来验证假设和得出结论。在案例研究部分，选取大新县、龙州县和勐腊县3个个案进行分析，分析时按照基本概况、贫困现状、旅游发展现状、旅游精准扶贫现状、解决相应问题的措施和模式经验总结及借鉴的思路进行分析。

第六章基于上述分析，明晰自然、社会、政治等影响因素，以贫困户参与、政府引导、企业推动、合作社推进等为核心动力，以可持续生计为主轴，以旅游为纽带，设计实现旅游精准扶贫机制的路径；同时以本研究提出的贫困户旅游精准扶贫机制为基础，针对目前贫困户可持续生计存在的问题，结合桂滇边境民族地区的特点，以旅游扶贫为方式提出保障的对策建议。完善旅游扶贫规划与政策，结合各个县域、村域的真实情况，因地制宜制定旅游开发规划，明确并落实相关职责监管，结合桂滇边境民族地区贫困现状，明确政府各部门主要职责任务、职责分工，完善旅游基础设施建设，助力旅游精准扶贫发展。依托旅游资源对接市场，梳理旅游资源类型，明确旅游开发模式，掌握旅游市场需求，保证旅游市场秩序与活力，促进扶贫与扶志扶智融合。

第七章主要是得出研究结论，并讨论研究不足与未来展望。

1.4.2 研究方法

1.4.2.1 文献研究

文献来源主要是书籍，其次是期刊，因论文政策性、时政性较强，权威性报纸和网络平台也是论文资料的主要来源。其中，通过知网、万方、维普等电子资源数据库查阅了大量文献，同时通过图书馆翻阅了部分专著，据不完全统计，本书在写作之前及写作过程中，共查阅相关专著20本、期刊300篇、博士毕业论文60篇、硕士毕业论文130篇、报纸35份。文献甄别服务于论文题目，内容与可持续生计、边境民族地区、精准扶贫、扶贫机制等方面有关。通过对现有资料和研究成果的整理，构建研究框架，采用民族学、人文地理学、经济学、管理学、旅游学等多学科综合交叉探索的方法。此外，为把握国内外相关研究最新进展，采取参加相关扶贫主管部门、学术单位和研究机构举办的学术座谈会、主题研讨会等方式提炼研究观点和收集研究成果。

1.4.2.2 实地调研和问卷调查

由于对桂滇边境民族地区贫困户可持续生计现状和旅游精准扶贫的现实表现的调查需要进行大量的数据收集，因此本研究采取了问卷调查和调研访谈两种形式，力求真实可信。调查过程分两个部分。前期主要搜集国内外相关文献，简单列出所要咨询的问题，通过在桂滇边境部分地区政府网站上搜集当地贫困户相关数据，了解贫困户的基本生计情况，经过与相关专家开展交流活动后，在课题组的帮助下做出调查问卷和访谈提纲，最后对问卷问题和访谈提纲的设置做了两轮科学、严谨的选项设计和顺序调整。后期实地走访桂滇边境民族地区，访谈完成调查问卷数据。为弥补文件资料的形式化和概念化的缺陷，2020年5—6月前往大新县、澜沧拉祜族自治县、西盟佤族自治县实地调研，缩减中间环节，直接与调研地区贫困户、政府干部、村干部、企业管理人员、游客等进行交流洽谈，力求所获得的第一手资料具有真实可靠性，并以此为研究对象。在正式调研中，为保证谈话内容不被很快遗忘，作者通过手机录音软件——录音专家，在征得访谈对象同意后边交流边录音，为保护受访者隐私，所有姓名和具体地方均进行了匿名处理。回到住宿地后立马整理访谈内容，尽可能记全访谈内容，注重谈话关键点，尊重访谈对象的原意表达，即使出现语句不通顺与语法错误也不做修改，形成访谈日记。对大新县、澜沧拉祜族自治县、西盟佤族自治县3个旅游扶贫示范县的贫困户发放问卷200份，问卷全部收回。剔除问卷内容不全和问题选项的回答明显存在前后逻辑矛盾的问卷，共获得完整的有效问卷180份，问卷有效率达90.0%。同时，选取调研地区160位具有代表性的人物作为访谈对象进行深度访谈交流，弥补了调查问卷的缺失。

调查问卷主要由贫困户基本信息统计、贫困户对于旅游精准扶贫保障机制以及可持续生计的看法构成；访谈内容主要包括贫困户家庭基本状况、贫困户所拥有的生计资本、贫困户的生计策略、生计活动时遇到的风险以及贫困户、政府干部、村干部、企业管理人员等对于旅游精准扶贫开展中驱动程度、回应程度、精准程度等的看法，这是本研究最后给予对策探讨的重要一环。

1.4.2.3　综合分析和典型个案分析相结合

研究过程中，首先综合分析桂滇边境民族地区自然环境、社会经济、民族文化、政策制度、市场需求、利益相关主体等客观因素以及贫困户参与意愿、参与动机、参与能力等主观因素。在此基础上，选取数个具有代表性的旅游扶贫示范县，通过"解剖麻雀"的方法，对这几个旅游扶贫示范县进行深入、系统的分析和研究。根据本研究的分析目的，选取具有代表性的扶贫政府部门、旅游企业和贫困户作为研究对象；对选定对象的信息进行全面收集，包括直接信息和间接信息，主要收集第一手信息（直接信息），包括企业经营情况、扶贫参与者的个人口头访谈等，特别是系统数据的收集；对收集到的数据进行系统整理，并根据分析研究的项目和内容进行分类；逐项分析所需内容（如特征、属性、关系等）；对各项分析的结果进行综合分析，探求反映总体的规律性认识。为桂滇边境民族地区旅游地构建保障贫困户可持续生计的实现路径并提供对策建议。

1.4.2.4　定性和定量分析相结合

运用旅游乘数理论、利益相关者理论、MOA理论、参与式扶贫理论以及可持续生计理论等多种理论分析方法和描述性统计分析法、验证性因子分析法、控制变量影响作用分析法等实证分析方法相结合，结合当地的真实情况，同时，将通过对大新县、澜沧拉祜族自治县、西盟佤族自治县3个旅游扶贫示范县进行实地调研，了解这3个旅游扶贫示范县中贫困户的生计现状和旅游扶贫的现实表现，实地调研主要运用了深入访谈法和问卷调查法。

1.4.2.5　结构方程模型

本研究运用了结构方程模型。结构方程模型的优点在于能同时处理多个因变量的问题且在计算自变量对某一因变量的影响时，排除其他因素的干扰。此外，结构方程模型还能将因子分析法和路径分析法融为一体，不仅能够有效地避免测量误差，还能够分析各变量之间的关系，得到变量间相互影响的直接效果、间接效果和总效果。由于本研究所使用的数据为调研数据，其中涉及关于态度、行为等变量，往往含有较大误差。使用结构方程模型能容许这样的测量误差存在。此外，本研究的数据中，一个解释变量可能对可持续生计指标中不同维度的指标都产生影响，而使用结构方程模型则可以容许一个自变量对多个因变量同时影响的情形存在。

1.4.3 技术路线

研究技术路线如图1-10所示。

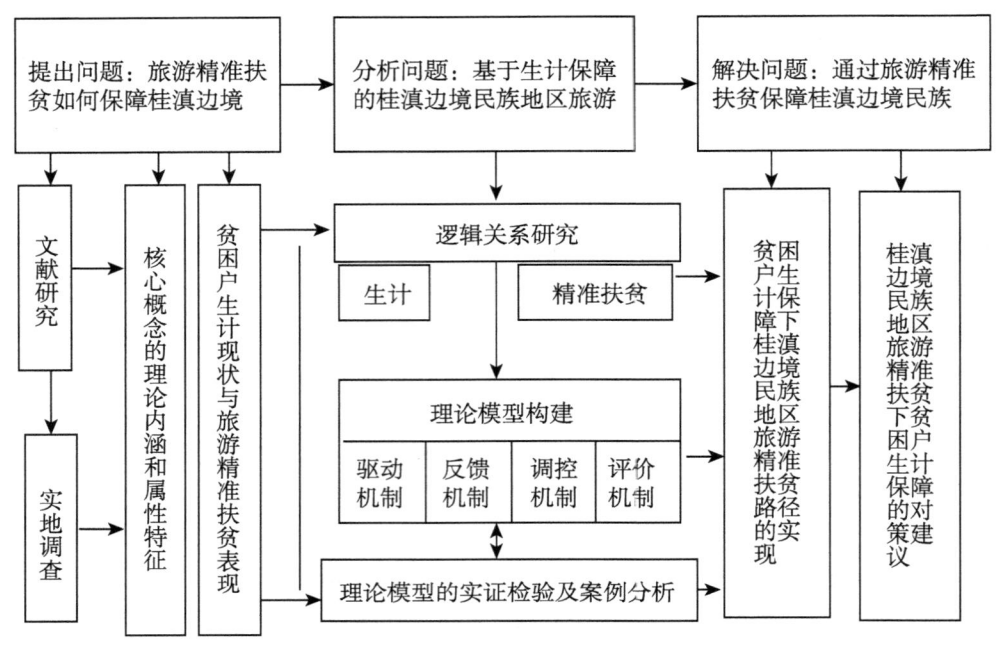

图1-10 研究技术路线

1.5 研究区域概况

桂滇边境民族地区指广西壮族自治区与云南省交界地段，地处中国西南部，位于东经97°31′~108°36′和北纬20°36′~28°23′，面积为10.61万km^2，区域内包含有防城区1个市辖区，凭祥市、景洪市、芒市等6个地级市，宁明县、靖西市、大新县、腾冲市、陇川县等17个县（市），江城哈尼族彝族自治县、西蒙佤族自治县、河口瑶族自治县等9个少数民族自治县等共33个市区县。该区域山高谷深，高低落差极大，在33个市区县中，位于横断山区南部、滇南山间盆地的区域占绝大部分，贯穿怒山、哀牢山、无量山、小明山、大青山、高黎贡山、云贵高原余脉，海拔最高达6740 m，海拔最低则为76.4 m。该地区的地形呈现出阶梯状的递减趋势，北高南低。地势在梯层边缘则起伏巨大，而在梯层内起伏和缓。其植被和生态系统分布受层次状地貌结构的控制，二者共同形成滇西地区复杂的立体生物多样性。立体气候是桂滇边境民族地区气候的一个重要特征，属热带亚热带季风气候，全年平均气温16~23.2℃，年日照时数1 500 h以上，年平均降水量1 400~1 650 mm，部分地区年平均降水量2 200 mm以上。从水平地带性到垂直分异，桂滇边境民族地区，因其独特的自然地理条件、横断山脉、水系等因素，形成了复杂的结构类型和丰富的物种组成。被誉为"南北动植物走廊""第四纪冰川活动时期原生物的避难所""世界意义的陆地生物多样性关键地区""有色金属和动植物王国"。

桂滇边境民族地区水系发达，水能资源储量丰富，珠江、怒江、澜沧江、大盈江、瑞丽江、金沙江和元江—红河等江河干支流穿越其间。除金沙江和珠江为国内河流以外，其他水系都是在流经东南亚各国之后流入国际河流。由于该地区大多处于高山陡坡地带，山高水低，水资源未能被充分利用，很多山地、半山区以及高寒山区的居民，由于水资源匮乏、喀斯特化、石漠化等问题，生活条件十分艰苦。而且坝区面积小而山地多，地表支离破碎、坡度大，造成人均耕地面积偏少，大部分土地都是荒地或难耕种的草地，区域水资源丰富，但水资源和耕地资源匮乏，水土资源匹配程度较低。同时，桂滇边境民族地区农田水利等基础设施建设也因大型农用机械难以发挥作用而受到限制。总体而言，桂滇边境民族地区基本农田少，农作物产量低，保水保肥能力弱，制约了民族地区的发展。此外，地理位置的特殊性不但对农业生产造成不利影响，还造成了人口分布的分散，造成了基础设施建设和建设费用的增加，严重影响了城市交通运输的发展。换句话说，以道路为代表的交通基础设施条件，不但是制约滇西边境片区各项产业发展的基础，更是该地区脱贫致富的"捷径"。

截至2018年，桂滇边境民族地区总人口974.62万人，其中少数民族人口723.81万人，占总人口的74.3%。由于桂滇边境历史上族群生态智慧不平衡发展、族群势力的较量与族群主动选择等社会生态原因，桂滇边境地区民族关系复杂，分布有汉族、壮族、京族、瑶族、苗族、彝族、回族、傈僳族、拉祜族、佤族、纳西族、傣族、藏族、景颇族、布朗族、布依族、阿昌族、哈尼族、锡伯族、普米族等34个世居民族，是典型的多民族聚居地，其中，云南境内以汉族、傣族、景颇族、阿昌族、傈僳族为主，广西境内则以壮族、瑶族、苗族、彝族、京族为多元主体。云南有29个少数民族自治县，其中9个位于桂滇边境民族地区内，同时，桂滇边境民族地区地形起伏、垂直变化明显等自然因素导致桂滇边境民族形成了在地域内垂直分布和水平分布的交错分布的格局，如傣族、阿昌族多居于平坝地区，景颇族、傈僳族则多居于半山，佤族、苗族则多居于高山。

桂滇边境民族地区多山、多民族、生态环境恶劣，是一个贫困人口多、程度深、分布广且贫困发生率高的复杂区域。龙州县、靖西市、那坡县、澜沧拉祜族自治县、江城哈尼族彝族自治县、麻栗坡县、马关县、富宁县、绿春县、金平苗族瑶族傣族自治县、泸水市、福贡县、贡山独龙族怒族自治县等13个国、省贫困县散布其中，受地理条件的限制和传统民族文化的影响，贫困的成因是多种多样、错综复杂的。桂滇边境民族地区各级政府扎实推进脱贫攻坚，协调发力聚焦深度扶贫，坚持旅游精准扶贫基本方略，以发展乡村旅游为核心，把旅游扶贫融入当地的脱贫工作中去。经过桂滇边境民族地区广大干部群众艰苦奋斗，旅游精准扶贫工作已取得实质成效。桂滇边境民族地区现有宁明县、龙州县、靖西市等特色旅游名县6个，沧源佤族自治县、金平县马鞍底乡、瑞丽市姐相乡、陇川县陇把镇龙安村等旅游扶贫示范县（乡、村）26个。

桂滇边境民族地区旅游资源丰富，包含自然旅游资源和人文旅游资源，二者相辅相成、相得益彰，这是此地区的巨大资源优势。桂滇边境民族地区自然旅游资源包括：水域水体旅游资源，如三江并流、渠洋湖、腊乌岩瀑布、凯邦亚湖、勐马瀑布、德天跨国大瀑布、勐梭龙潭等；气象类旅游资源，如腾冲热海、红河云海、顺风坳等；地质地貌旅游资源，如腊福大黑山、虎跳峡、飞来石、怒江第一湾、那依夺石门关、怒江大峡谷等；生物类旅游资源，如佤山榕树王、独木成林、蝴蝶谷、古榕部落、勐来董棕林、勐腊望天树、腾冲银杏村等。人文旅游资源主要有：遗址古迹类旅游资源，如那良刘永福故居、石门摩崖石刻、松山战役抗日战场遗址、和顺镇、贝丘遗址、靖边城炮台、庙山岩洞葬等；民族风情旅游资源，如民居建筑（布朗族干栏式建筑、苗族吊脚楼、景颇族草顶竹楼）、民族服饰（纳西族"披星戴月"衣、布依族栏干服、独龙族披毯）、民族歌舞（京族踢沙舞、基诺族大鼓舞、瑶族黄泥鼓舞）、民族特色饮食（风吹饼、火烧牛干巴、牛撒撇、五彩花糯米饭、生鱼片）、民族节日（傣族泼水节、独龙族开昌瓦节、佤族便克节、怒族仙女节）、民族艺术表演（伏波诞祭典、阿数瑟、傣族章哈、傣族孔雀舞）等；购物类旅游资源，如金龙壮锦、绣球、江城香软米、姬松茸、腾冲农民画、富宁八角、遮放米、老窝火腿等。

凭借得天独厚的气候条件、奇特的地形地貌、丰富的自然资源，如今蒸蒸日上的旅游业已成为桂滇边境民族地区经济发展的支柱产业、脱贫攻坚的重要依托、产业升级的关键抓手。从桂滇边境民族地区旅游业态组合来看，其融民族旅游、边境旅游、观光旅游、康体养生、休闲度假、户外探险等多元形式为一体。其中，民族旅游与边境旅游是桂滇边境民族地区的特色旅游形式，富有独特吸引力和品牌标识性。拥有14个国家级自然保护区、6个国家森林公园、6个国家级风景名胜区以及大批特色旅游景区（表1-5，资料来源于云南省文化和旅游厅官方网站，以及广西壮族自治区文化和旅游厅官方网站）。

表1-5 桂滇边境民族地区 AAAA 以上景区分布

所在地	景区名称	等级
崇左市	友谊关景区	4A
	德天跨国大瀑布风景区	5A
	明仕田园	4A
	龙宫仙境	4A
	德天老木棉景区	4A
	安平仙河景区	4A
	大新县龙宫洞风景区	4A
	小连城风景区	4A
防城港市	白浪滩景区	4A
	屏峰雨林公园	4A
	万尾金滩	4A
	百鸟乐园	4A

(续表)

所在地	景区名称	等级
百色市	通灵大峡谷风景区	4A
	古龙山峡谷风景区	4A
	靖西鹅泉风景区	4A
思茅区	龙潭公园	4A
	勐梭龙潭	4A
保山市	热海景区	4A
	和顺旅游景区	4A
文山壮族苗族自治州	普者黑风景区	4A
西双版纳傣族自治州	中国科学院西双版纳热带植物园	5A
	望天树景区	4A
	曼听公园	4A
	西双版纳原始森林公园	4A
	野象谷热带雨林景区	4A
	西双版纳勐泐大佛寺	4A
	孔雀湖	4A
	茶马古道	4A
德宏傣族景颇族自治州	勐巴娜西珍奇园	4A
	南甸宣抚司署	4A
	瑞丽莫里热带雨林景区	4A
	三仙洞风景区	4A

第二章 基于生计保障的桂滇边境民族地区贫困户旅游精准扶贫机制的理论内涵和属性特征

2.1 相关概念内涵与属性特征

2.1.1 贫困户

贫困问题是世界性难题，消除贫困是国际社会的共同追求。对于贫困的定义，国内外的解释颇多，界定贫困的标准也有很多，因此贫困概念也有相对性，在不同国家、不同时期，人们对于贫困的理解不同。狭义的贫困认为贫困是指收入水平低，无法满足基本的生活需求的状况称为贫困。1989年，国家统计局把贫困定义为：因物质资料的缺乏难以维持现有的最低生活生存状态，生活困难，则被定义为贫困。国家统计局从物质层面界定了贫穷，并以其为尺度来衡量贫穷。而随着经济社会的发展，贫困的定义范围不应该仅仅停留在物质资源的匮乏或经济收入不足，应该更多地考虑贫困人口的身心健康、文化生活、社会参与以及面临风险时的脆弱性等。因此，广义上的贫穷既包括经济上的贫穷，也包括自身能力的贫穷、健康的贫穷、教育的贫穷、机会的贫穷、发展权的贫穷等。所以说，贫困的概念具有相对性。

贫困的原因一直是国内外学者关注的焦点，而贫困的形成常常受多种因素的影响。一方水土养一方人，虽然有一方水土养活不了一方人的极端现象，但更多的情况是一个地方贫困落后往往由多种原因交织而成。桂滇边境民族地区的贫困人口致贫的内部原因主要有：因病、因学、缺乏劳动力、自身发展动力不足等，外部条件则与自然、社会、政治等条件密切相关。第一，土地生产能力弱。桂滇边境民族地区属于桂滇黔石漠化片区，大石山地居多，限制了建设发展用地；土壤以红壤和石灰土为主，水土保持肥力能力较弱，土地生产能力也较弱。第二，生产条件极为有限。可利用开发的耕地较少，由于地形地势问题，零星分布，农耕产量低且不稳定。第三，资金投入有限，资金来源单一。桂滇边境民族地区资金投入较少，政府财政投入主要用于基础设施建设，其他投入资金屈指可数，尤其缺失外来社会资金介入。第四，文化水平偏低。贫困人口中大部分文化程度处于初中文化水平及以下，发展家庭经济以外出务工为主，普遍缺技术、缺市场能力。第五，市场信息掌握及利用能力不足。贫困人口对市场信息掌握不足，产业效益风险大。

贫困线是衡量一个国家或区域在一定时期内个人和家庭的贫穷程度的一个衡量指

标。不同的贫困状态其贫困标准也不相同，绝对贫困线以满足个人或家庭的最低生存标准进行衡量，相对贫困线以资源分配指标进行衡量，测度贫困的方法主要有马丁法、恩格尔系数法等。马丁法由经济学家Martin Ravallion于1993年提出，该方法将非食物贫困线界定为"愿意放弃食品消费而获得的商品或服务"，即假定某个农户的全部收入恰好等于满足基本热量支出的食物贫困线，此时农户在食物支出外还有一部分非食物支出需要通过减少食物消费来换取，那么这部分宁可挨饿也要换取的非食物支出就是最低的非食物贫困线。恩格尔系数是指在总消费中食物消费所占的比例。国际上普遍认为，贫困的界限是60%，即恩格尔系数达60%以上为贫困，50%~59%为温饱，40%~50%为小康，30%~40%为富裕，低于30%为最富裕。以恩格尔系数法测算的非食物贫困线是根据食物支出占比60%，反推农户应该消费的非食物商品或服务（占总支出40%）。恩格尔系数法相比马丁法更重视非食物消费，因而所测算出来的贫困标准相对更高。除此之外，还可根据基本需求和比例法来测度贫困标准。我国的贫困标准是随着消费价格等相关因素不断变化的，先后采用过3个农村贫困线，分别为"1978年标准""2008年标准""2010年标准"。本研究整理各年度扶贫标准，汇总如表2-1所示。

表2-1 1985—2020年农户年人均纯收入国家扶贫标准

年度	1985	1990	1995	2000	2007	2011	2014	2015	2016	2017	2018	2019	2020
年人均纯收入/元	200	300	530	625	1 067	2 300	2 800	2 968	3 146	3 335	3 535	3 747	4 000

数据来源：国家扶贫开发领导小组办公室。

所谓贫困户，是指与同地区同等水平的人相比，缺少必要的经济资源，在物质生活和精神生活方面有较大差距的人口。在一般人的认知中，贫困户只是在经济收入方面不如绝大多数家庭。但由于不同地区的人口平均收入不同，生活成本也不同，社会发展程度更是不同，因此要根据具体情况具体分析。2014年，国务院扶贫办印发《扶贫开发建档立卡工作方案》，要求以2013年农村人均纯收入2 736元（相当于2010年2 300元不变价）的国家农村扶贫标准作为识别标准，通过建档立卡，对贫困户进行精准识别，了解贫困状况，分析致贫原因，摸清帮扶需求，明确帮扶主体，落实帮扶措施，开展考核问效，实时动态管理。因此，本研究的贫困户是指年人均纯收入低于国家扶贫标准的建档立卡贫困户，既包括已经达到建档立卡贫困户退出标准并且按照一定程序退出的脱贫户，也包括尚未退出的贫困户。

截至2015年底，广西农村建档立卡贫困人口452万，位居全国第4，贫困率10.5%；有5 000个建档立卡贫困村，417个贫困村，贫困县54个。贫困村、贫困人口分布在革命老区、民族地区、大石山区、边境地区和水库移民区，脱贫难度大。云南省贫困人口的43.4%为少数民族，其中有独龙族、德昂族、基诺族、怒族、布朗族、景颇族、傈僳族、拉祜族等9个"直过民族"聚居区，贫困人口66.75万人，贫困人口82.9万人，贫困人口占全省17.6%。桂滇边境民族地区基础设施薄弱，产业发展滞后，自然保护区面积大，发展空间有限，贫困人口自身发展能力差，是"贫中之贫、困中之困、难中之难、坚中之坚。因学、因病、因残疾、因灾、缺水等原因造成的贫困问题较为突出,地震、干旱、洪涝、泥石流等自然灾害时有发生,有"不灾不成年"的说法,使脱贫的压力很大。一方面,大部分的贫困人口居住在偏远地区,交通不便,环境封闭,信息不发达,生产和生活方式落后,思想观念落后,满足于现状,缺乏进取精神;另一方面,贫困人口文化水平低、科技文化水平低、整体素质差,缺少创新意识、发展意识、商品意识、竞争意识,自我发展能力差,"等靠要"意识顽固,需要进一步激发他们艰苦创业致富的内在动力。总之,桂滇民族地区贫困程度深,贫困人口比例高,解决好贫困问题,对中越边境民族地区的社会稳定、边疆安全、国家形象、民族团结与繁荣起到重要的作用。

2.1.2 生计保障

20世纪90年代初,Chambers[36]首先提出了"生计"的概念,他将生计视为一种以资产、能力和从事活动为基础的生活方式,目前这一概念被大多数学者所接受。在对生存问题的研究中,生计这一概念正处在一个不断发展的阶段,其可持续性已得到了普遍的认同。[37]此后,学者们不断接受、研究和探索可持续生计的思想,到20世纪90年代末,关于可持续生计问题的研究逐渐深入,英国国际发展署(DFID)提出了可持续生计分析框架,美国援外合作组织(CARE)提出了农民生计保障框架,以及联合国开发计划署(UNDP)建议了可持续生计方法[38-39]。目前,英国国际发展署所制定的可持续生计分析框架(SLA)得到了广泛的认可和接受,有助于了解和分析贫穷家庭的生活状况,评估现行的减贫措施的成效[40]。SLA框架主要包括5个部分,分别是脆弱背景、生计资本、结构和程序转变、生计策略、生计结果。在整个框架中,农民被视为存在于脆弱背景中生存或谋生,结构和流程的变化可能会对脆弱背景造成冲击,而农户则是在脆弱背景中寻求生计。生计资本是整个框架的核心,而农户则具有多种生计资本,因此,想要获得正面的生计成果,就必须采用相应的谋生战略。在此过程中,需要为农户提供多种多样的生计成果,单一的生计资本难以满足农户的需求。生计资本与社会结构和制度变迁是相互影响的,可以运用法律、政策、制度等对生计资本进行调整,进而使农户能依据政策制度等对生计资本进行优化,最后选择适当的生计策略,使生计结果可持续[29-30]。最后,生计成果能够回馈生计资本,从而提高农民的生计资本。因此,SLA框架是一个封闭的、循环的、以人为中心、以可持续性为中心的框架,确保农户生计的可持续性。

21世纪初,我国引进了可持续研究框架,其在国内多被应用于贫困问题、生态环境、乡村旅游、失地农民等领域的研究。本研究从减贫的角度,生计被认为是一种生活的手段和方式,它不仅包括了贫困人口赖以生存的收入,还包括了他们的生存方式,因此,它的内涵可以延伸到就业、自主经营等方面。生计保障则是贫困户在脆弱背景下,通过整合生计资本、优化生计策略,从而保障贫困户生计结果可持续,实现贫困户脱贫致富的生计目标。

桂滇边境民族地区地处东亚、南亚、青藏高原交会处,地形起伏,平均海拔2 600多米,土地资源贫瘠,自然条件恶劣,耕地品质低下,农业生产技术落后。由于交通条件十分落后,加之地处偏远的边陲,成规模的商品流通很难形成,并且在乡村中普遍存在着封闭式的自给自足，造成了区域内的积贫积弱。同时，由于该区具有限制和禁止开发区、少数民族聚居区、边境地区、生态敏感区等多种区域类型的重叠，贫困问题日益凸显。但桂滇边境民族地区又有着丰富的旅游资源，这些资源为该地区开展旅游扶贫提供了较好的发展根基。桂滇边境民族地区贫困户多因受到教育水平低下、健康缺陷、劳动力不足、跨境婚姻不合法造成户籍和社保等多重因素影响，生计方式单一，生计保障更为脆弱，返贫率高。因此，通过依托旅游业及依靠旅游扶贫所带动的经济效应的社会效应，有利于保障桂滇边境民族地区贫困户生计可持续。

2.1.3 旅游精准扶贫

在我国，旅游扶贫最早是由贵州省旅游局在1991年提出的。此后，随着旅游扶贫的实践经验积累，旅游扶贫在学术界的讨论越来越广泛。1996年国家旅游局则将旅游扶贫作为科研专题进行研究[81,86,163-164]。20世纪90年代末，英国国际发展署提出PPT概念，即有利于贫困人口的旅游，PPT强调的是贫困人口从旅游发展中获得经济、社会、文化和环境等方面的综合性收益[165-167]。2002年，在南非首都约翰内斯堡召开的世界可持续发展峰会中的世界旅游组织和联合国贸易与发展会议上首次提出ST-EP概念，即可持续旅游与消除贫困，ST-EP明确提出可持续旅游是解决贫困问题的有效工具[13,168-169]。2011—2015年，我国现行标准下农村贫困人口减少了1亿多人，脱贫攻坚的任务越来越艰巨。2013年，习近平总书记提出"精准扶贫"的理念。精准扶贫，是根据不同地区、不同发展水平、不同致贫原因的贫困人口，通过科学有效的手段方法对贫困人口进行精确识别、精准帮扶、精确管理的一种治贫方式。与传统的扶贫方式相比，精准扶贫更强调精准和效率。

2014年，国务院颁布的《关于促进旅游业改革发展的若干意见》首次提出"旅游精准扶贫"的概念。因此，旅游精准扶贫是精准扶贫理论在旅游业中的具体实践与应用。只有在旅游资源较丰富或者独特且经济不发达的地区，通过旅游的开发，获得经济效益以及社会效益，激发贫困人口的自我发展能力，从而达到减贫效果。同时，旅游精准扶贫也是旅游扶贫的进一步优化。旅游精准扶贫重在"精准"两字，在对是否具备旅游发展基础条件的识别上，对旅游精准扶贫对象的识别上，对旅游扶贫项目的选择上，对旅游收益的分配上，对旅游精准扶贫管理的考核上等，都要体现出"精准"[170-171]。旅游精准扶贫是旅游扶贫与精准扶贫的结合，目前学术界对此未能形成统一、明确的定义。借鉴已有文献[172]，本研究将旅游精准扶贫的概念定义为在具备旅游发展基础的贫困地区，以发展旅游业为手段，以贫困人口为帮扶对象，旨在提升贫困人口的自身发展能力，保障贫困人口生计可持续的一种全新的扶贫方式。

2017年6月，国务院办公厅印发《兴边富民行动"十三五"规划》明确提出"精准推进边境贫困人口居边脱贫、坚决打赢边境地区脱贫攻坚战及推进边境地区特色服务业发展"。2018年1月，国家旅游局在《2018年全国旅游工作报告》中将"落实乡村振兴战略，大力推进乡村旅游和旅游扶贫"列入未来3年我国18项旅游重点工作中。2020年，农业农村部办公厅、国务院扶贫办综合司联合印发《关于做好2020年产业扶贫工作的意见》，指出要全力应对疫情对产业扶贫的影响，加大"三区三州"等深度贫困地区产业扶贫政策倾斜力度，提升贫困地区特色产业发展水平等。诸多政策的提出表明旅游精准扶贫成为桂滇边境民族地区面临的跨越式发展和突破。旅游精准扶贫适合具有丰富特色旅游资源的边境民族地区的扶贫产业发展，具有投资少、见效快的明显优势，针对贫困人口的产业拉动作用明显，是效益较好的"造血"式扶贫类型之一，而且有利于沿边地区获得较大的经济收入，有利于沿边地区提供更多的劳动就业机会，有利于提高边民文化水平，有利于民族团结繁荣，其旅游扶贫的价值更加明显和突出。在桂滇边境民族地区发展旅游业是一项经济事业与社会文化并存的活动。通过提供旅游资源、设施和服务来满足边境民族地区旅游者的物质和精神需要等一系列活动，对沿边地区和民族地区的经济、社会、文化等各方面起重要的带动和促进作用，并通过其多方面的影响，推动沿边地区、民族地区脱贫致富。桂滇边境民族地区具有得天独厚的气候条件、奇特的地形地貌、丰富的自然资源，旅游精准扶贫成为该地区贫困户脱贫致富的重要手段和主要方式。

2.1.4 桂滇边境民族地区

我国桂滇边境民族地区地处西南边陲，与越南共和国、缅甸联邦共和国和老挝人民民主共和国接壤，包括广西壮族自治区的百色市、崇左市和防城港市，以及云南省的普洱市、临沧市、保山市、文山壮族苗族自治州、红河哈尼族彝族自治州、西双版纳傣族自治州、德宏傣族景颇族自治州和怒江傈僳族自治州，边境县详见表2-2。

表2-2 桂滇边境民族地区边境县

省（自治区）	地市州	边境县
广西	防城港市	防城区、东兴市
	崇左市	凭祥市、大新县、宁明县、龙州县
	百色市	靖西市、那坡县
云南	普洱市	澜沧拉祜族自治县、江城哈尼族彝族自治县、西盟佤族自治县、孟连傣族拉祜族佤族自治县
	临沧市	镇康县、沧源佤族自治县、耿马傣族佤族自治县
	保山市	龙陵县、腾冲市
	文山壮族苗族自治州	麻栗坡县、马关县、富宁县
	红河哈尼族彝族自治州	绿春县、金平苗族瑶族傣族自治县、河口瑶族自治县
	西双版纳傣族自治州	景洪市、勐海县、勐腊县
	德宏傣族景颇族自治州	芒市、瑞丽市、盈江县、陇川县
	怒江傈僳族自治州	泸水市、福贡县、贡山独龙族怒族自治县

桂滇边境民族地区内山高谷深，地势起伏，海拔高度相差悬殊，地势呈梯层式下降，北高南低，西高东低。该区域属热带亚热带季风气候，全年平均气温16～23.2℃，年日照时数1 500 h以上，全年年平均降水量1 400～1 650 mm，部分地区年平均降水量

2 200 mm 以上。桂滇边境民族地区水系发达，水能资源蕴藏量丰富，珠江、怒江、澜沧江、大盈江、瑞丽江、金沙江和元江—红河等江河干支流穿越其间。截至 2018 年，桂滇边境民族地区总人口 974.62 万人，其中少数民族人口 723.81 万人，占总人口的 74.3%。桂滇边境地区民族分布有汉族、壮族、京族、瑶族、苗族、彝族、回族、傈僳族、拉祜族、佤族、纳西族、傣族、藏族、景颇族、布朗族、布依族、阿昌族、哈尼族、锡伯族、普米族等 34 个世居民族，是典型的多民族聚居地。云南有 29 个少数民族自治县，其中 9 个自治县位于桂滇边境民族地区内，凭借其得天独厚的气候条件、奇特的地形地貌、丰富的自然资源，旅游业已成为桂滇边境民族地区经济发展的支柱产业、脱贫攻坚的重要依托、产业升级的关键抓手。从桂滇边境民族地区旅游业态组合来看，融民族旅游、边境旅游、观光旅游、康体养生、休闲度假、户外探险等多元形式为一体。其中，民族旅游与边境旅游是桂滇边境民族地区的特色旅游形式，富有独特吸引力和品牌标识性。拥有 14 个国家级自然保护区、6 个国家森林公园、6 个国家级风景名胜区以及大批特色旅游景区（表 1-5）。

桂滇边境民族地区在交通区位上是国际交通要道上的重要节点；在文化区位上是中华文化圈与南亚、东南亚文化圈的交融之地；在经济区位上是西南对外贸易的重要窗口；在旅游区位上是边境旅游主要旅游目的地。桂滇边境民族地区经济发展主要以传统农业为主，工业、建筑业和服务业发展缓慢，劳动力中农业劳动力占很大的比重，收入主要来源于农业。桂滇边境民族地区是集多山、多民族、生态环境恶劣于一体的复杂地带，贫困人口多、程度深、分布广，贫困发生率高，18 个国家贫困县、省贫困县散布其中。受恶劣地理环境和传统民族文化影响，贫困原因复杂多样、错综复杂，贫困户生计方式单一，以务农为主，在自然灾害频发的情况下，外出务工人员增加，农村"空心化"严重，孤寡老人、留守儿童越来越多，导致贫困程度越来越深。因此，要解决桂滇边境民族地区贫困问题，必须从根本入手，依靠本地旅游资源，发展旅游产业，吸纳外出务工人员返乡，通过旅游精准扶贫的方式带动贫困人口就业、增加收入，这不仅有利于促进边境贫困户脱贫致富，而且有利于维护边境国土安全、民族团结。

2.1.5 逻辑关系探析

2017 年，习近平总书记在深度贫困地区脱贫攻坚座谈会上的讲话指出：西部地区特别是民族地区、边疆地区、革命老区、集中连片特困地区贫困程度深、扶贫成本高、脱贫难度大，是脱贫攻坚的短板[①]。2019 年 6 月 26 日，国务院扶贫办副主任欧青平在"聚焦深度 攻坚克难"新闻发布会表示：现在离打赢脱贫攻坚战还有 554 天，深度贫困地区仍然是攻坚最薄弱的地方，是最突出的短板，也是打赢脱贫攻坚战的主战场[②]。深度贫困地区集革命老区、民族地区、边疆地区于一体，在全国 334 个深度贫困县中，

---

① 资料来源：中华人民共和国中央人民政府《习近平：在深度贫困地区脱贫攻坚座谈会上的讲话》，2017。

② 资料来源：中华人民共和国中央人民政府《新闻办就"聚焦深度 攻坚克难"情况举行新闻发布会》，2019。

革命老区县有 55 个,少数民族县有 113 个,还有一部分是边境县。自然地理、经济社会、民族宗教、国防安全等问题,边境、民族地区贫困程度深、有较多的贫困人口,为推进脱贫攻坚增加了复杂性和难度。2018 年我国出台了系列政策,坚持专项扶贫、行业扶贫和社会扶贫有机结合、互为支撑的"三位一体"大扶贫格局,为确保深度贫困地区和贫困群众同全国人民一道进入全面小康社会,需要集中力量攻坚深度贫困地区。

桂滇边境民族地区地处我国西南边陲,是典型的"老、少、边、山、穷"地区和滇桂黔石漠化片区之一,共有 18 个国家级贫困县、25 个省(自治区)级贫困县(表2-3)。其地处祖国边境地区,并且是革命老区、民族聚居区,再加上大部分地区都是地质灾害区,自然环境恶劣,生态脆弱,农民依靠种植业所产生的经济效益低下。另外,交通设施落后、公共服务设施水平差、受教育程度低等原因也导致了贫困状况突出、贫困发生率高。因此,本研究以桂滇边境民族地区为研究区域。由于边境地区交通通达性落后,地理位置封闭且信息闭塞,与外界的交流少,少数民族人口众多,以传统的生产方式为主,科学技术水平低下,抵御自然灾害的能力弱,且小农经济思想根深蒂固,经济增长方式难以转变。该区域贫困户意识落后,信奉"神灵",婚丧嫁娶、生病等事情请巫医帮助解决,因病致贫现象突出。除此之外,由于生产效率低,劳动力的产出不足以维持温饱问题,桂滇边境民族地区许多贫困户的孩子不上学,以务农为主,如此恶性循环,导致贫困户的受教育程度整体低下,缺乏基本的生存技能。

表 2-3 桂滇边境民族地区贫困县统计表

省(自治区)	地市州	省(自治区)级贫困县	国家级贫困县
广西	防城港市	防城区	
	崇左市	凭祥市、大新县、宁明县	龙州县
	百色市		靖西市、那坡县
云南	普洱市	澜沧拉祜族自治县、江城哈尼族彝族自治县、西盟佤族自治县、孟连傣族拉祜族佤族自治县	澜沧拉祜族自治县、江城哈尼族彝族自治县、西盟佤族自治县
	临沧市	镇康县、沧源佤族自治县、耿马傣族佤族自治县	镇康县、沧源佤族自治县
云南	保山市	龙陵县、腾冲市	龙陵县
	文山壮族苗族自治州	麻栗坡县、马关县、富宁县	麻栗坡县、马关县、富宁县
	红河哈尼族彝族自治州	绿春县、金平苗族瑶族傣族自治县	绿春县、金平苗族瑶族傣族自治县
	西双版纳傣族自治州	勐海县、勐腊县	勐腊县
	德宏傣族景颇族自治州	盈江县、陇川县	
	怒江傈僳族自治州	泸水市、福贡县、贡山独龙族自治县	泸水市、福贡县、贡山独龙族怒族自治县

资料来源:根据《国家扶贫开发工作重点县名单》、各省(自治区)扶贫开发办公室提供资料整理。

第二章 基于生计保障的桂滇边境民族地区贫困户旅游精准扶贫机制的理论内涵和属性特征

本研究从减贫的角度入手，为了保障贫困户在脆弱背景下，通过整合生计资本、优化生计策略，实现生计结果可持续，从而对桂滇边境民族地区旅游精准扶贫的机理进行了探讨。党的十八大以来，在党中央坚强领导下，认真落实中央脱贫攻坚决策部署，持续加大精准扶贫工作力度，扎实推进旅游发展与扶贫开发有机融合，旅游精准扶贫工作机制基本建立，政策体系日益完善，产品业态不断丰富，社会影响持续扩大，旅游精准扶贫工作取得了扎实成效，发展旅游业已成为许多贫困地区脱贫攻坚的有力抓手和重要支撑。在目前的精准扶贫工作中，贫困人口主要靠经营农家乐、经营乡村旅馆、销售农副特产等方式实现经济利益，或到景区景点、旅游企业等就业也会获得一定的收入，还有一些农户通过资产入股、资源入股等方式获得一些财政收入。旅游业作为一种生计手段，能否使桂滇两省少数民族贫困人口的增收、解决他们的就业问题；能否使得桂滇边境民族地区贫困户在实现脱贫之后能够将其生计资本或生计技能发挥最大效用；桂滇边境民族地区贫困户脱贫后的可持续生计是否能得到保障，避免出现返贫现象。因此，旅游精准扶贫成为当前研究桂滇边境民族地区脱贫的热点。

桂滇边境民族地区是以山地地形为主，有多个民族聚居且生态环境恶劣的复杂地带，这些复杂的自然环境使得导致贫困人口贫困的原因也极其复杂。贫困人口大部分思想观念比较陈腐、安于现状、进取精神差、生产和生活方式落后、受教育程度低、综合素质差、自身发展能力差，存在"等靠要"等思想，要让他们脱贫致富就要进一步激发他们艰苦创业致富的内在动力。贫困户生计方式单一，旅游产业作为一种既对生态环境的破坏较小，又可以带来经济收入的生态产业，适合桂滇边境民族地区实现脱贫，从而完成脱贫攻坚任务，其中旅游精准扶贫成为最适合的产业扶贫方式。自然环境的特殊性、贫困户的特殊性、生计保障的特殊性共同作用，决定了旅游精准扶贫成为桂滇边境民族地区的重要扶贫方式（图2-1）。因此，本研究以贫困户为研究对象，以发展旅游业为保障手段，以旅游精准扶贫为保障路径，以实现桂滇边境民族地区贫困户生计保障为最终目的来开展研究。这对于桂滇边境民族地区降低返贫风险、巩固扶贫成效具有现实意义，为国家在边境地区、民族地区发展旅游业和实现全面脱贫提供重要参考价值。同时，这不仅有利于桂滇边境民族地区社会稳定，而且有利于维护国家形象、国家安全、民族团结和繁荣。

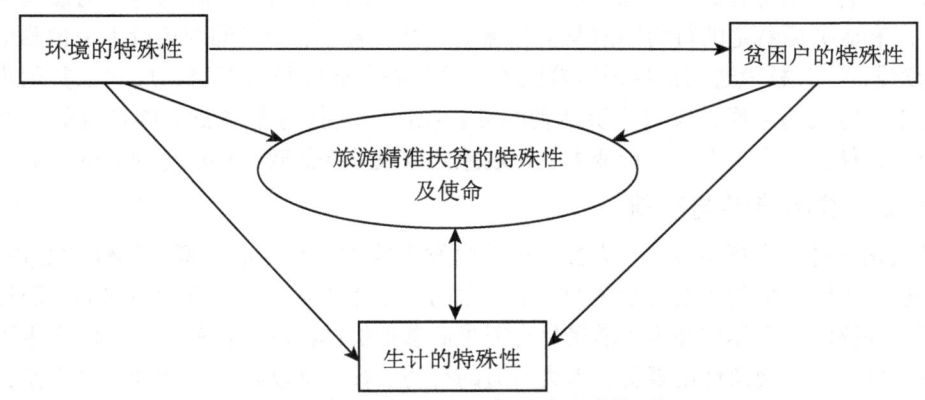

图2-1 桂滇边境民族地区旅游精准扶贫逻辑关系图

2.2　桂滇边境民族地区贫困户旅游精准扶贫影响因素分析

2.2.1　主观因素

党的十八大以来，在习近平同志的领导下，旅游系统认真落实中央脱贫攻坚决策部署，在加大精准扶贫工作力度的同时将旅游发展与扶贫开发有机融合，旅游扶贫工作机制基本建立，在政策体系逐步完善、产品业态不断丰富的背景下，社会影响也在不断扩大，使得扶贫工作取得了扎实的效果，发展旅游也已经成为了许多贫困地区脱贫致富的重要支撑产业。在当前旅游扶贫过程中，贫困户可开办农家乐、乡村旅馆或售卖农副产品，从而获得一定的经营收入，还有的贫困户到景区景点或者旅游企业就业来获取工资，或以资产入股、资源入股等形式获得财产性收入。内在动力实质上是人的主观能动性，从内在和外在的辩证关系中可以看出，内在因素是一切发展的基础，外在的因素则是一切事物发展的前提。这一原理和方法论运用在旅游精准扶贫的问题上同样适用，传统的扶贫方式主要是以政府主导的外部推动模式，具有粗放、松散的特征，这与激发贫困户内生动力、实现持续脱贫的模式有根本性的差别。俗话说，授人以鱼不如授人以渔，国家的政策扶持只可以一时支撑桂滇边境民族地区的旅游发展，却不能达到预期的发展成效，想要旅游业成为桂滇边境民族地区经济支撑产业，在产业发展中能实现可持续性，贫困户的积极参与和主动承担将起到重要作用。

2.2.1.1　贫困户参与意愿

意愿是某种对待或处理事务的活动，它反映了主体的欲望、愿望、希望等，也就是一种准备的行为，它能使人对目标做出相应的回应，因而是一种行为倾向，或者称为意图、意动。行为意愿是指在采取某种特定的、实际的行动前，人的内在行为倾向，也就是在采取行动前的心理准备。行为意志是个人主观态度、认知、外部环境等因素的作用。长期以来，许多学者对旅游者的行为意向进行了研究[173-174]。还有部分学者认为行为意愿是顾客购买产品和服务后特定的行为倾向及主观感受，可以通过消费者的购买行为来预测他们以后行为意愿[175]。桂滇边境民族地区贫困人口参与旅游业的行为意愿，反映了贫困户个体对家庭生计方式的选择、参与旅游活动的准备状况，其行为意愿受个体自身的受教育水平、家庭条件、收入水平、生计资本、主观感知以及外部的政策环境等因素的影响。

2.2.1.2　贫困户参与动机

动机是一种具有指向性、动力性、机体内发生性和对行为的外部诱导性的心理过程。动机心理学表明动机的产生是个体的需求导致的，个体的需求是由行为指向的，而行为由动机产生并决定。个体往往为了满足自身需求而参加群体活动，这就表明个体产生了参与活动的动机。社会交换理论表明，人类所有的行为、社会活动都可以视为一种交换，人们通过拿自己已有的东西来进行交换而获得对自己有价值的东西，而这种交换是具有目的性的。在心理学界，学者们认为人类的行为不仅由内部驱动力所激发，更是受到了外在各种诱因的驱使，据此人们的行为动机可以分为内部和外部两种不同属性的动机类型。

2.2.1.3 贫困户参与能力

个体拥有的在智力或者体力上的能力，比如个体的知识、技能和经验等，是能够影响个人行为的能力。后天能力的获得渠道多样，而有的能力则是天生的。能力影响着个体的日常活动，会对个体的动机产生直接的影响。能力可以按照功能划分为认知能力、操作能力和社交能力等，也可以按照影响范围来进行划分。通常来说，个体掌握知识和技能的速度与程度可以反映个体的能力，个体在参与活动时的表现可以看出个体的知识和技能水平。能力强的个体在完成活动时，可以获得更好的预期成果，而能力是行为产生的前提条件。具体到桂滇边境民族地区贫困户的参与能力，是指贫困户参与旅游管理、旅游经营和旅游服务等所需的主观条件，是贫困户对自我参与旅游能力的认知。参与能力是贫困户自身所具备的参与旅游的条件，包括旅游知识、旅游技能、个人文化水平以及自身所拥有的实物、资金等有助于参与旅游的资源。社区居民不具备参与旅游的知识与技能，参与旅游业将会受到阻碍，甚至不会发生。

桂滇边境民族地区的贫困户文化水平较低，就业选择相对狭窄，主要以农业为主，但受气候、自然环境的影响，农作物产量不稳定，因而贫困户的收入也不稳定。除了农业之外，还有许多贫困户外出务工，虽然可以获得相当的收入，但是远离家乡，无法照顾家人。参与旅游业能够拓宽贫困户的就业选择，增加就业机会，提供新的生计方式。对于桂滇边境民族地区贫困户而言，依托本地旅游资源，自主经营农家乐、餐馆等，出售少数民族纪念品，参与边关贸易，或者在本地旅游景区、酒店等工作，不但可以获得稳定收入，而且方便照顾家人，在旅游淡季还可以灵活安排时间务农、务工。通过参与旅游业，桂滇边境民族地区的贫困户有了较好的经济收入，并有了持续参加旅游的动力，并保持了与景区的交流关系。与此同时，目睹旅游业的发展，也让很多没有加入旅游业的贫困户不愿意错过这个赚钱的好机会，以积极的心态加入旅游业中。这种参与动机促使他们通过积极参加旅游业以获取收入，从而获取心理上的安全感。因此，贫困户自然会根据所具备的生计资本进行尝试，选择最符合自身、效益最大化的一种就业方式。与此同时，他们认识到个人能力的重要性，会努力提升个人文化水平、专业技能等。

2.2.2 客观因素

2.2.2.1 自然环境

1. 地理区位与地质地貌

我国深度贫困地区大部分地处偏远山区，地处偏远，远离政治、经济、运输、市场发展等不利因素，桂滇边境民族地区亦是如此。桂滇边境民族地区是中国面向东南亚和南亚的门户，位于中国与东南亚、南亚的交界处，有 37 个国家一类口岸、11 个二类口岸，毗邻缅甸、越南、老挝；该地区与泰国、柬埔寨之间有澜沧江—湄公河连接，毗邻马来西亚、新加坡、印度、孟加拉。该区域属山地高原地形，广西边境地区地处中国地势第二台阶中的云贵高原东南边缘、两广丘陵西部，南临北部湾海面，西北高、东南低，呈西北向东南倾斜状。云南边境地区高山峡谷相间，地势险峻，山岭和峡谷相对高差超过 1 000 m，25 个边境县有 22 个是山区，占 83%。就农业而言，地势每升高 100 m，平均温度就会降低 0.5~0.6℃，对作物生长不利，对农业、交通、农业都有很大的影响，桂滇两省区的农业生产受到了严重的影响。再加上交通通达性低，地理位置封闭且信息闭塞，与外界的交流少，当地贫困户以传统的生产方式为主，科学技术水平低下，抵御自然灾害的能力弱，且小农经济思想根深蒂固，经济增长方式难以转变，且土地面积有限、土质贫瘠、农业生产成本高，一旦遭遇自然灾害，他们的生产和生活就会变得非常脆弱，贫穷也会越来越多。

2. 气候条件

桂滇边境民族地区属热带亚热带季风气候，全年平均气温 16~23.2℃，年日照时数 1 500 h 以上，全年年平均降水量 1 400~1 650 mm，部分地区年平均降水量 2 200 mm 以上。从横向到纵向，桂滇边界民族区域因其复杂的气候类型、独特的自然地理环境、横断山脉及水系河流的长期作用而形成了复杂的结构类型和丰富的物种组成。美国经济学家托达罗认为："几乎所有的第三世界国家都位于热带或亚热带地区，而历史事实是，现代经济增长一切成功的范例几乎都发生在温带国家。这样一种分歧不能简单归之于巧合，它必然与不同的气候环境直接或间接引起的某些特殊困难有关。"尽管自然环境的恶劣并不是导致贫困的首要原因，但是，自然环境是经济发展的重要物质基础。桂滇边境民族地区旱季雨季分明，旱季在春季，播种困难，雨季期间，易发山洪和泥石流，毁坏农田和作物。气候恶劣，农业生产经营难以发展，一方水土养活不了一方人。

3. 水文条件

桂滇边境民族地区水系发达，水能资源蕴藏量丰富，珠江、怒江、澜沧江、大盈江、瑞丽江、金沙江和元江—红河等江河干支流穿越其间。由于大部分地区处于高山陡坡地带，山高水低，水资源未能被充分利用，许多山地、半山区、高山地区的人们，由于缺水、喀斯特化、石漠化等问题，生活条件十分艰苦。而且坝区面积小而山地多，地表支离破碎、坡度大，这就造成了人均耕地面积偏少，大部分土地都是荒地和难耕的草场，区域水资源的丰富和短缺的耕地资源之间存在着严重的不协调，水资源的稀缺性和水资源的配合度较差。同时，桂滇边疆区的农业、农业、水利等基础设施建设受到限制，大型农用机械也难以发挥作用。总体而言，桂滇边区基本农田少，农作物产量低，保水保肥力低，制约了该地区的发展。而且，地理条件的特殊性不但对农业生产造成不利影响，还造成了人口分布的散乱，造成了基础设施建设和建设费用的增加，极大地限制了交通运输的发展。

4. 旅游资源

桂滇边境民族地区气候条件优越、地形地貌奇特、自然资源丰富，旅游已经成为该地区的主要经济支柱、脱贫攻坚的重要依托、产业升级的关键抓手。从桂滇边境民族地区旅游业态组合来看，融民族旅游、边境旅游、观光旅游、康体养生、休闲度假、户外探险等多种旅游形式融合在一起。其中，民族旅游和边境旅游是桂滇边境民族地区特有的旅游方式，具有鲜明的吸引力和鲜明的品牌特征。桂滇边境民族地区的旅游核心资源主要分为自然旅游资源和人文旅游资源。自然旅游资源：高山峡谷，物种丰富；火山地热，休闲养生；大江秀水，野趣盎然；瑰丽溶洞，奇异石壁；秘境雨林，避寒胜地。人文旅游资源：边关风貌，国门风光，异域多彩；国界标识，内涵深远；边境购物，其乐无尽。复合文化旅游资源有：边关文化，异域突显；民族文化，结构鲜明；宗教文化，和谐共处；红色文化，薪火相传；古迹文化，历史见证。此外，还有丰富的非物质文化遗产旅游资源等。

2.2.2.2 社会经济

桂滇边境民族地区的经济以更高的速度和更大的经济规模在持续地发展。经济学界普遍认为，经济发展和贫穷有显著的负相关性，玛依拉·米吉提从经济发展和贫穷的关系出发，指出经济增长可以降低贫穷，而降低的幅度则取决于最初的分配。随着"一带一路"倡议、西部大开发，大力发展边疆富民、扶贫开发等一系列重要措施的深入推进以及自身的努力，桂滇边境民族地区经济增长速度快，这对贫困程度的减少起到了重要的作用。桂滇边境民族地区总体经济实力得到了明显的提升，基础设施得到了进一步的改善，对外经济贸易的规模不断扩大，教育、文化等社会发展迅速，形成了开放活边、改革兴边、发展富边的良好态势，呈现出经济发展、生态改善、民族团结、社会和谐、人民生活水平明显提高的良好局面，为加快桂滇边境民族地区的发展开放打下了坚实的基础。但是在经济增长的背后，农民的人均收入较低这一事实不容忽视。2017年，有些地方的人均GDP还不到全国的一半，农村居民的纯收入也比全国的平均水平低，农村居民人均纯收入反映出桂滇边境民族地区的经济发展与全国差距很大，说明了经济发展对扶贫和减贫的影响是有限的，同时，农民的人均纯收入水平也很低，其自身反贫困的能力也有限（表2-4）。

表2-4 2017年桂滇边境民族地区生产总值及结构和农村居民人均纯收入统计表

地区		GDP/亿元	第一产业产值占比/%	人均GDP/（元/人）	农村人均纯收入/（元/人）
广西	防城港市	741.62	12.04	79 351	13 373
	崇左市	907.62	19.97	43 866	10 860
	百色市	1 361.76	13.90	37 614	10 171
	全区	20 396.25	14.20	41 955	10 414
云南	普洱市	624.59	25.59	23 821	9 484
	临沧市	604.06	26.86	23 942	9 814
	保山市	678.95	23.43	26 058	10 321
	文山壮族苗族自治州	809.11	20.15	22 299	9 184
	红河哈尼族彝族自治州	1 478.57	15.22	31 479	10 356
	西双版纳傣族自治州	393.84	24.58	33 490	12 043
	德宏傣族景颇族自治州	356.97	22.93	27 427	9 464
	怒江傈僳族自治州	141.50	14.74	25 940	5 871
	全省	16 376.34	14.28	34 221	9 862
全国		827 122.00	7.90	59 660	13 432

资料来源：根据《中国统计年鉴2018》《广西统计年鉴2018》《云南统计年鉴2018》整理。

经济上的贫穷导致了文化上的贫穷，农民的经济负担能力受到限制，许多家庭无力负担非义务教育，这对本地区人民的文化素质造成了很大的影响。教育方面，受教育程度较低，学习和掌握农业生产技术对于大多数民族群众来说比较困难，这导致劳动的效率比较低。世界银行的一份研究报告指出，在相同的新投资下，接受过 4 年教育的农民劳动产出要比那些没有接受过教育的农民高出 13%。即使没有新的投入，也会有 6%的产出差。因为教育可以让农民掌握更多的知识和更高效的耕作方式，因此，人类自己的发展就成为改变贫穷的前提。桂滇边境民族地区反贫困的主要障碍就是该地区人口受教育较少。文化贫困人口较多。想让贫困人口具备反贫因能力，就要先让他们接受教育，将学到的知识和技能运用到农业生产生活中去，这才能真正让他们走出贫困。同时医疗条件和保健服务硬件和软件长期滞后，也会导致劳动力的健康水平下降，陷入贫困或返贫的局面。

2.2.2.3 民族文化

截至 2018 年，桂滇边境民族地区总人口 974.62 万人，其中少数民族人口 723.81 万人，占总人口的 74.3%。由于桂滇边境历史上族群生态智慧不平衡发展、族群势力的较量与族群主动选择等社会生态原因，桂滇边境地区民族关系复杂，分布有汉族、壮族、京族、瑶族、苗族、彝族、回族、傈僳族、拉祜族、佤族、纳西族、傣族、藏族、景颇族、布朗族、布依族、阿昌族、哈尼族、锡伯族、普米族等 34 个世居民族，是典型的多民族聚居地，其中云南境内以汉族、傣族、景颇族、阿昌族、傈僳族为主，广西境内则以壮族、瑶族、苗族、彝族、京族为多元主体。同时，桂滇边境民族地区地形起伏、垂直变化明显，形成了各民族地区在地域内垂直分布和水平分布的交错分布格局，如傣族、阿昌族多居于平坝地区，景颇族、傈僳族则多居于半山，佤族、苗族则多居于高山。各少数民族的服饰、吃、住、行、待人接物、节庆、婚丧习俗等方面都具有独特的民族特色。各级政府高度重视桂滇边境民族地区旅游产业的发展，且采取了行之有效的措施。各省（自治区）政府、市（州）政府、县（市、区）政府还制定了出台了一系列优惠政策，为桂滇边境民族地区旅游业的发展创造了良好的条件。

桂滇边境民族地区居住着多个跨境民族，同宗同源，通婚现象比较普遍。随着沿边地区的开放，跨境婚姻数量越来越多。由于边境农村人口性别比例不平衡以及家庭贫困等原因，导致跨境婚姻有以下特征：一是中国男性的跨境婚姻以越南、缅甸女性为主；二是中国男性往往经济条件相对较差；三是通婚的越南、缅甸女性文化程度较低；四是基本没有合法婚姻手续。因此，跨境婚姻为桂滇边境民族地区农户脱贫带来户籍和社保等问题，严重制约了通婚家庭的发展。

桂滇边境民族地区宗教氛围浓厚，信教情况比较复杂。以德宏州为例，各民族皆信奉民间宗教。其中尤以景颇族和傈僳族的民间宗教较为复杂。傣族、德昂族和阿昌族也信奉民间宗教，每年皆定期举行祭祀。随着内地和西方宗教的传入，德宏边境地区民众信奉佛教、道教、伊斯兰教和基督教。宗教文化在丰富精神生活的同时，也给生产和生活带来深远影响。例如对于信仰南传佛教的傣族来说，佛寺既是佛事活动的场所，也是教育的场所，佛寺教育与学校教育产生矛盾，适龄儿童接受正规义务教育受到较大冲击。

此外，桂滇边境民族地区与世界毒品重要来源地"金三角"相邻，特殊的地理位置使得桂滇边境民族地区成为毒品犯罪的沃土，尤其是滇缅边境地区毒品问题更为严重。

2.2.2.4 政策制度

1. 国家政策

贫困不只是中国才有，它是一个全球性的社会现象，是全世界都亟须解决的难题，世界各国将反贫困视为人类共同的任务，都为消除贫困做出积极的探索。时至今日，贫困问题在世界各国都尚未得到根本性的解决，尤其是发展中国家，如何克服贫穷已成为经济发展过程中需要同时面对的一项重大挑战。"消除贫困，改善民生，实现共同富裕"是社会主义的本质要求。改革开放以来，我国脱贫攻坚任务取得显著成效，农村贫困人口减少7.4亿人，从1978年到2018年，农村贫困发生率从97.5%降低到1.7%，年均减贫人口规模接近1 900万人[1]。特别是党的十八大以来，习近平总书记高度重视扶贫开发，提出一系列新思想新观点，动员全党全社会力量打响脱贫攻坚战。按现行贫困标准，2013年至2018年我国农村减贫人数分别为1 650万人、1 232万人、1 442万人、1 240万人、1 289万人、1 386万人，不仅每年减贫人数均在1 000万人以上，而且打破了以往新标准实施后脱贫人数逐年递减的格局[2]。一直以来，我国脱贫攻坚战都是自上而下推动，国家出台一系列政策文件对解决贫困问题给予支持。

1994年，国务院印发了《国家八七扶贫攻坚计划（1994—2000年）》，要求从1994年到2000年，集中人力、物力、财力，动员社会各界力量，力争用7年左右的时间，基本解决目标全国农村8 000万贫困人口的温饱问题，并且提出贫困人口主要集中分布在中西部的深山区、石山区、荒漠区、高寒山区、黄土高原区、地方病高发区以及水库库区，而且多为革命老区和民族地区，这些区域是脱贫攻坚的主战场。2015年，国务院颁布《中共中央 国务院关于打赢脱贫攻坚战的决定》，提出总体目标是，到2020年，稳定实现农村贫困人口不愁吃、不愁穿，义务教育、基本医疗和住房安全有保障。实现贫困地区农民人均可支配收入增长幅度高于全国平均水平，基本公共服务主要领域指标接近全国平均水平。确保我国现行标准下农村贫困人口实现脱贫，贫困县全部摘帽，解决区域性整体贫困。此外还提出要发展特色产业脱贫，依托贫困地区特有的自然人文资源，深入实施乡村旅游扶贫工程。2016年1月18日，中华全国工商业联合会、国务院扶贫办、中国光彩会、国家旅游局组织民营企业开展"万企帮万村"精准扶贫行动。同年，国家旅游局还印发了《乡村旅游扶贫工程行动方案》，提出乡村旅游扶贫工程的主要任务是科学编制乡村旅游扶贫规划、加强旅游基础设施建设、大力开发乡村旅游产品、加强旅游宣传营销、加强乡村旅游扶贫人才培训。

2016年12月3日，国务院印发《"十三五"脱贫攻坚规划》，规划范围包括14个集中连片特困地区的片区县、片区外国家扶贫开发工作重点县，以及建档立卡贫困村和建档立卡贫困户。要求立足贫困地区资源禀赋，以市场为导向，充分发挥农

---

[1] 资料来源：国家统计局《2018年全国农村贫困人口减少1 386万人》，2019。
[2] 资料来源：国务院扶贫办《刘永福在改革开放与中国扶贫国际论坛上的演讲》，2018。

民合作组织、龙头企业等市场主体作用，建立健全产业到户到人的精准扶持机制，发挥产业扶贫优势。对于中西部地区重点景区、乡村旅游、红色旅游、集中连片特困地区，要大力支持生态旅游交通基础设施建设，加快风景名胜区和重点村镇旅游集聚区旅游基础设施和公共服务设施建设。对乡村旅游经营户实施改厨、改厕、改院落、整治周边环境工程，支持国家扶贫开发工作重点县、集中连片特困地区县中具备条件的6 130个村的基础设施建设。与此同时，国务院在颁发的《"十三五"旅游业发展规划》中指出要积极发挥红色旅游脱贫攻坚作用，围绕脱贫攻坚目标，紧密结合集中连片特困地区扶贫开发和革命老区振兴发展，整合当地资源，拓展红色旅游扶贫富民功能。支持当地群众参与餐饮、住宿等经营服务，带动当地贫困人口就业。引导革命老区群众因地制宜发展适合老区的种养业和特色手工业，开发特色旅游商品，培育富有红色文化内涵的旅游品牌。

2017年5月28日，国务院办公厅印发《兴边富民行动"十三五"规划》，实施范围为我国陆地边境地区，包括内蒙古、辽宁、吉林、黑龙江、广西、云南、西藏、甘肃、新疆等9个省区的140个陆地边境县（市、区、旗）和新疆生产建设兵团的58个边境团场。与兴边富民行动"十一五""十二五"规划有所不同，此次规划对格局进行了调整和创新，提出"以沿边境乡镇为重点梯次推进"，并首次提出"将边境市作为规划联动区，增强对边境地区建设发展的支撑保障能力，形成边境地区夯实前沿、以边带面、从线到片的空间格局"。《兴边富民行动"十三五"规划》提出："依托民族文化资源，大力发展民族文化产业，打造边境民族文化品牌。在项目、资金和政策上对边境地区旅游业予以倾斜支持，大力发展'多彩边境'旅游和跨境特色旅游，积极扶持一批对脱贫致富带动力强的重点景区。推动建设边境旅游试验区、跨境旅游合作区和全域旅游示范区，开发具有边境地域特色、民族特色的旅游项目、主题酒店和特色餐饮，办好民族风情节。支持边境地区特色文化产业和旅游业融合发展，开发高品质特色旅游产品，提升文化旅游层次和水平。打造丝绸之路、茶马古道、环喜马拉雅等国际精品旅游线路，加强重点旅游城市和景点建设。"同年，中共中央办公厅、国务院办公厅印发了《关于支持深度贫困地区脱贫攻坚的实施意见》，在这一文件中对"深度贫困"的问题作出了全面部署，指出：西藏自治区和青海、四川、甘肃、云南四省藏区及南疆的和田地区、阿克苏地区、喀什地区、克孜勒苏柯尔克孜自治州四地区以及四川凉山州、云南怒江州、甘肃临夏州（简称"三区三州"）以及贫困发生率超过18%的贫困县和贫困发生率超过20%的贫困村，自然条件差、经济基础弱、贫困程度深，是脱贫攻坚中的硬骨头，补齐这些短板是脱贫攻坚决战决胜的关键之策。

2018年，国家旅游局印发《国家旅游局关于进一步做好当前旅游扶贫工作的通知》，指出国家旅游局重在做好顶层设计，在政策、资金、培训等方面为地方创造条件，总结推广典型经验，强化旅游扶贫宣传，加强脱贫效果监管。各省级旅游部门要对辖区内的旅游扶贫工作进行指导，制订重点工作，统筹协调、调动各方面力量，完善扶贫保障措施，实现承上启下，促进工作落地。各市、县旅游主管部门注重旅游扶贫项目的建设，要立足当地实际，在当地党委政府的领导下，着力完善旅游扶贫受益机制，推动各项政策措施落地生根。同年，文化和旅游部印发《关于组织推荐金融支持旅游扶贫重点项目的通知》《文化和旅游部办公厅关于大力振兴贫困地区传统工艺助力精准扶贫的通知》等文件，提出发挥旅游扶贫项目、传统工艺优势，以深度贫困地区脱贫攻坚为重点，注重目标对象精准，注重社会力量参与，注重激发内生动力，进一步提高旅游脱贫质量和成效，有效带动贫困人口脱贫增收。

2019年，中央网信办、国家发展改革委、国务院扶贫办、工业和信息化部联合印发《2019年网络扶贫工作要点》，指出要深入开展"网络扶贫深度贫困地区行"活动，推动更多网络扶贫举措和项目向深度贫困县、贫困村倾斜，促进深度贫困地区特色产业发展，支持深度贫困地区发展"互联网+旅游"，加大对深度贫困地区的政策资金支持等。2020年，农业农村部办公厅、国务院扶贫办综合司联合印发《关于做好2020年产业扶贫工作的意见》，指出要全力应对疫情对产业扶贫的影响，加大"三区三州"等深度贫困地区产业扶贫政策倾斜力度，提升贫困地区特色产业发展水平等。

通过梳理我国旅游扶贫和边境地区、民族地区扶贫的有关政策文件的历史脉络（表2-5），可以看出，我国对于桂滇边境民族地区提供产业扶贫、教育扶贫、金融扶贫等多方面的支持，对于推动该区域经济社会快速发展、提高各族群众生活水平、加强民族团结、巩固祖国边防、维护国家统一、增进中外睦邻友好具有特殊重要意义，并走出了一条具有中国特色的扶贫开发道路。

表2-5 我国旅游扶贫和边境地区、民族地区扶贫的相关政策文件

序号	标题	发文机构	发文字号	发文日期
1	关于印发国家八七脱贫攻坚计划的通知	国务院	国发〔1994〕30号	1994-12-30
2	中共中央 国务院关于与打赢脱贫攻坚战的决定	国务院		2015-12-07
3	全国工商联 国务院扶贫办 中国光彩会关于推进"万企帮万村"精准扶贫行动的实施意见	中华全国工商业联合会 国务院扶贫办 中国光彩事业促进会		2016-01-18
4	关于印发乡村旅游扶贫工程行动方案的通知	国家旅游局	旅发〔2016〕121号	2016-08-11
5	国家旅游局办公室关于实施旅游万企村帮扶专项行动的通知	国家旅游局	旅办发〔2016〕272号	2016-09-30
6	国务院关于印发"十三五"脱贫攻坚规划的通知	国务院	国发〔2016〕64号	2016-12-03
7	国务院关于印发"十三五"旅游业发展规划的通知	国务院	国发〔2016〕70号	2016-12-07
8	关于进一步加强东西部扶贫协作工作的指导意见	中共中央办公厅 国务院办公厅		2016-12-07

（续表）

序号	标题	发文机构	发文字号	发文日期
9	国务院办公厅关于印发兴边富民行动"十三五"规划的通知	国务院	国办发〔2017〕50号	2017-05-28
10	教育部办公厅关于印发《职业教育东西协作行动计划滇西实施方案（2017—2020年）》的通知	教育部	教职成厅〔2017〕4号	2017-09-25
11	中办国办印发意见 支持深度贫困地区脱贫攻坚	中共中央办公厅 国务院办公厅		2017-11-27
12	教育部 国务院扶贫办关于印发《深度贫困地区教育脱贫攻坚实施方案（2018—2020年）》的通知	教育部 国务院扶贫办	教发〔2018〕1号	2018-02-27
13	国家旅游局关于进一步做好当前旅游扶贫工作的通知	国家旅游局	旅发〔2018〕27号	2018-03-04
14	关于组织推荐金融支持旅游扶贫重点项目的通知	国家旅游局办公室 国务院扶贫办综合司 中国农业银行发展办	旅办发〔2018〕66号	2018-03-19
15	文化和旅游部办公厅关于大力振兴贫困地区传统工艺助力精准扶贫的通知	文化和旅游部非物质文化遗产司	非遗发〔2018〕40号	2018-06-27
16	中共中央 国务院关于打赢脱贫攻坚战三年行动的指导意见	国务院		2018-08-20
17	2019年网络扶贫工作要点印发实施	中央网信办 国家发展改革委 国务院扶贫办 工业和信息化部		2019-04-28
18	农业农村部办公厅 国务院扶贫办综合司关于做好2020年产业扶贫工作的意见	农业农村部办公厅 国务院扶贫办综合司	农办规〔2020〕3号	2020-02-28

2. 地方政策

地方政府作为中央政策的执行主体，需要依据国家基本政策，结合本地区的政策诉求和所拥有的政策资源来选择和决定具体的行动措施，充分发挥地方政府作为政策主体的作用。桂滇边境民族地区各级政府积极响应国家号召，在精准扶贫的大背景下，制订了一系列有关旅游和扶贫政策文件、规划。

1995年，在广西壮族自治区第八届人民代表大会常务委员会第十八次会议通过了《广西壮族自治区扶贫开发条例》；2002年，在广西壮族自治区第九届人民代表大会常务委员会第二十八次会议《关于修改〈广西壮族自治区扶贫开发条例〉的决定》第一次修正；2010年，在广西壮族自治区第十一届人民代表大会常务委员会第十七次会议

《关于修改部分法规的决定》第二次修正。《广西壮族自治区扶贫开发条例》主要就贫困地区的定义、管理部门职责、扶贫方式、扶贫资金使用等内容进行详细说明。2014年,《云南省农村扶贫开发条例》在云南省第十二届人民代表大会常务委员会第十次会议通过,主要就条例的适用范围,农村扶贫开发的主要对象、主要范围,管理部门职责,扶贫开发措施、项目和资金,监督和管理,法律责任等内容进行详细阐述。

2016年,广西壮族自治区人民政府办公厅印发了《广西旅游业发展"十三五"规划》,主要分析了广西旅游业的发展环境,制定了发展目标,并就当前的发展形势构建了新的发展框架,提出了旅游业发展的重点任务和保障措施。此规划提出,广西要抓住"一带一路"建设战略机遇,全面加强与泛北部湾地区各国的合作,形成广西与泛北部湾地区跨国旅游一体化发展格局。加强与越南的旅游合作,突出北海、防城港、崇左、百色,通过跨界旅游合作区和国际陆海旅游线路,共同开发出具有鲜明特点的国际边境旅游产品。积极发展中越边境旅游,加快中越德天—板约瀑布国际旅游合作区的建设,推动建立中国东兴—越南芒街边境合作区,中越友谊旅游合作区,同时以崇左市"全国红色旅游国际合作创建区"建设为契机,深入开展中越红色旅游合作。加快北海和防城港邮轮母港的建设,打造国际邮轮旅游的国际航线。加快防城港、崇左、百色等地的自驾营建设,大力发展跨境自驾车。通过推行便捷通关、联网通关、网上支付、担保放行等措施,进一步简化通关程序,以拓展边境旅游市场。此外,还重点推进旅游精准扶贫工作,通过改善生态环境,将旅游景点作为依托,着重提高贫困地区发展的内在动力,以发展乡村旅游为主要内容,从而达到增加农民就业和增加收入的目的,系统推进精准识别、精准帮扶和精准脱贫3个旅游精准扶贫阶段的工作,加强与新型城镇化、社会主义新农村建设相协调,全力打造"国家旅游扶贫示范区"。到"十三五"期末,扶持550个贫困村发展旅游业,通过乡村旅游扶贫带动80万以上贫困人口脱贫,完成235个重点村的乡村旅游扶贫发展任务。

2016年,云南省出台了《云南省旅游产业"十三五"发展规划》,分析了云南省旅游业发展的基础和形势,明确了发展思路和目标,并就总体布局和主要任务进行说明,提出要加大精准旅游扶贫力度。实施乡村旅游富民工程,分期分批建设乡村旅游扶贫重点村,重点扶持100个建档立卡贫困村,通过旅游扶贫开发,带动贫困群众脱贫致富。推进旅游规划扶贫公益行动,对口帮扶贫困村行动,加大旅游扶贫重点村政策、资金扶持力度,支持有条件贫困乡村发展乡村旅游,激发乡村旅游发展内生动力。要大力发展旅游特色村落。将发展旅游业与发展特色产业、带动农民增收、改善民生密切联系在一起,提升改造350个旅游特色村,新建300个民族旅游特色村寨、250个旅游古村落,力争"十三五"末,全省形成1 000个左右的"乡村环境美、文化特色浓、市场前景好、扶贫带动大、乡风文明美丽的宜居宜业宜游旅游特色村,提升乡村居民生活品质。要推动建设沿边跨境旅游合作区。重点建设中国磨憨—老挝磨丁、中国麻栗坡—越南河江、中国瑞丽—缅甸木姐、中国河口—越南老街、中国腾冲—缅甸密支那等5个跨境旅游合作区,启动建设西双版纳勐腊(磨憨)、德宏瑞丽、红河河口、保山腾冲、文山麻栗坡等5个边境旅游试验区,进一步带动其他沿边跨境旅游合作区建设发展。

2017年,广西壮族自治区人民政府发布了《广西脱贫攻坚"十三五"规划》,主要阐明"十三五"时期脱贫攻坚的指导思想、目标任务和重大举措，是指导和推进全区"十三五"脱贫攻坚工作的行动指南，是全区各市、县（市、区）及各有关部门制订扶贫规划的重要依据，提出要坚持开发式扶贫方针，将区域发展与精准扶贫精准脱贫相结合，一手抓扶贫政策到户，一手抓贫困区域发展，实行专项扶贫、行业扶贫、社会扶贫与贫困地区内生动力有机结合，帮助贫困人口加快脱贫致富步伐，提高自我发展能力，扶持石漠化片区、革命老区、少数民族聚居区、边境地区等贫困地区加快经济社会全面协调可持续发展，为推进广西全面建成小康社会奠定坚实基础。此规划还提出要充分发挥贫困地区资源禀赋，以市场为导向，以发展特色种养业和乡村旅游业为重点，以龙头企业等经营主体为依托，以发展农村电商服务、金融支持、推行资产收益扶贫和科技扶贫为支撑，深入实施乡村旅游富民工程，扩大农民就业，促进农业经济发展，改善农村人居环境，提升贫困人口综合增收，推动乡村旅游扶贫工作。

2017年，云南省人民政府印发了《云南省脱贫攻坚规划（2016—2020年）》。规划范围：包括集中连片特困地区、国家扶贫开发工作重点县和建档立卡贫困人口数量较多的非贫困县。规划期：2016—2020年。提出要以"两不愁三保障"和现行标准下建档立卡贫困人口脱贫、贫困村退出、贫困县摘帽为目标，创新机制，强化措施，着力实施产业发展、转移就业、易地安居、教育扶贫、健康扶贫、生态保护、兜底保障、社会扶贫和提升贫困地区区域发展能力等9项建设任务，坚决打赢脱贫攻坚战，努力提升贫困地区自我发展能力，确保小康路上一个都不掉队。乡村旅游是一种新型的产业扶贫形式，它是以贫困地区的旅游资源为基础，把建档立卡贫困户的脱贫工作和美丽宜居的乡村建设相结合，大力推动《云南省旅游扶贫专项规划》的实施，以推进乡村旅游产业发展。突出历史文化名镇名村、传统村落的保护，建设一批具有民族、地方特色的旅游景区，健全旅游扶贫重点村道路、步游道、停车场、厕所、供水供电、标识标牌、休憩、应急救援、旅游信息等基础设施和公共服务设施。围绕贫困地区的主要景点，建设文化观光、自然景观、度假区休闲体验、乡村生态民俗等旅游产品体系，建设星级乡村旅游区、星级农家乐示范户，发展乡村旅游商品加工。推动旅游与文化深度融合，提升旅游文化内涵，建设历史文化、民族文化、红色文化、乡土文化、非物质文化遗产旅游区，打造旅游节庆品牌和演艺精品，丰富乡村旅游产品。重点发展贫困县、贫困村和贫困户，推动15个旅游扶贫示范县、30个旅游扶贫示范乡镇、500个旅游扶贫示范村建设，培育1 000户旅游扶贫示范户，支持贫困农户采用参与旅游服务、农副土特产品经营、资产入股分红等方式实现脱贫。

除了省级层面的相关政策文件，各地市州及边境县也制定了相应的政策。如2014年普洱市人民政府印发《普洱市农村扶贫开发新十年行动计划（2011—2020年）》，2017年东兴市人民政府办公室印发了《东兴市脱贫攻坚"十三五"规划》，2018年，红河州人民政府印发《红河州脱贫攻坚规划（2016—2020年）》等，都是以解决贫困人口脱贫为重点，充分发挥部门资源，全力调动社会各界力量，形成了专项扶贫、行业扶贫、社会扶贫"三位一体"的扶贫开发战略，坚决打赢脱贫攻坚战。

2.2.2.5 市场需求

据统计，2019年广西全区接待国内外游客共8.76亿人次，同比增长28.2%，实现旅游总消费 10 241.44 亿元，同比增长 34.4%。其中，入境过夜游客达 623.96 万人次，同比增长 11.0%，外汇收入达 35.11 亿美元，同比增长 26.4%；国内游客达 8.70 亿人次，同比增长 28.4%，国内旅游消费 9 998.82 亿元，同比增长 34.5%。2018 年，云南共接待海内外游客 6.88 亿人次，同比增长 20%；旅游总收入达 8 991 亿元，同比增长 30%。2018 年海外到云南旅游人数在 700 万以上，同比增长 5%，全省旅游业总体增长速度超过全国的平均水平。可见，广西和云南的旅游市场正持续向好，市场前景广阔。

民族文化是中国传统文化的重要组成部分，是中华民族的宝贵财富。然而，在经济全球化的今天，在外来文化的冲击下，民族文化正面临着严重的生存危机，保护、发展少数民族传统文化成为当务之急。2009 年 4 月，国务院发布的《关于进一步繁荣发展少数民族文化事业的若干意见》中明确提出加快少数民族和民族地区公共文化基础设施建设、加强对少数民族文化遗产的挖掘和保护、积极促进少数民族文化产业发展等繁荣和发展少数民族文化事业的政策措施。在这一新的时代背景下开发利用少数民族传统文化资源，能够促使他们认识的自身的文化价值和独有特色，增强他们的民族自信心和文化自豪感，同时也有助于优化少数民族传统文化的生存环境，进一步拓展对外开放的力度，带动相关产业和区域经济发展。此外，地方政府还聘请有关科研人员编制边境民族旅游专项规划，大力推广边境民族地区旅游业发展。桂滇边境民族地区长期以来对外开放及各类资源开发程度较低，自然资源与人文生态环境保持较好，拥有优美的自然景观、独特的民族民俗文化和多彩的民族体育运动等资源，是难得一见的民族文化集中地。在国家大力推动文化建设和文化发展的大环境下，桂滇边境民族地区具有开发少数民族传统文化资源的明显优势。

随着社会的发展和城市化的加快，人们对物质生活的需求越来越大，对精神生活的追求也越来越强烈，更倾向于选择休闲、享受自然的方式来放松身心。而旅游者们倾向于选择具有独特的地理优势的边境地区和少数民族聚居区，因为这里既蕴藏着原生态的民族文化，同时也具有丰富的天然资源，是游客的理想去处。桂滇边境民族地区拥有优美的边境山水风光、神秘的边关风情和跨国特色，人类的破坏活动较少，原始的奇特的自然景观是这里最吸引人的地方，也是喜欢亲近大自然的游客们进行徒步旅行、野外生存和远足的理想场所。除此之外，在多个国家的边界地区出现了许多跨国民族，每逢节日期间，都会举行跨国界的传统文化交流，使人们对当地的风俗、风俗、历史文化有更深刻的认识。这为桂滇边境民族地区少数民族传统文化资源的开发创造了良好契机，更是为桂滇边境民族地区社会经济的发展寻找到一条合理有效的途径。

同时，在国家深入推进中国—东盟自由贸易区、澜沧江—湄公河旅游城市合作联盟、西部大开发、兴边富民行动、旅游扶贫、孟中印缅经济走廊建设以及边境经济合作区、"两区"等战略部署机遇下，发展边境旅游已成为国家发展战略的重要组成部分，发展边境旅游，是各国间、多边间的重要合作领域，也是各国旅游外交的重要内容。因此，在桂滇边境民族地区发展边境旅游是区域性国际旅游合作需要，也是国家发展战略的重要实践内容。

2.2.2.6 利益相关主体

利益相关者主要是指那些在完成旅游精准扶贫任务时，与之有着直接的经济、法律和道德的个人或群体，桂滇边境民族地区要实现旅游扶贫可持续发展，必须考虑各个利益相关者利益，分析他们的利益诉求。根据弗里曼对利益相关者的定义，在实地调研的基础上，确定桂滇民族地区旅游精准扶贫的相关各方，包括地方政府、旅游企业、旅游者、当地居民、旅游从业人员、非政府组织、科研人员等，如图2-2所示。

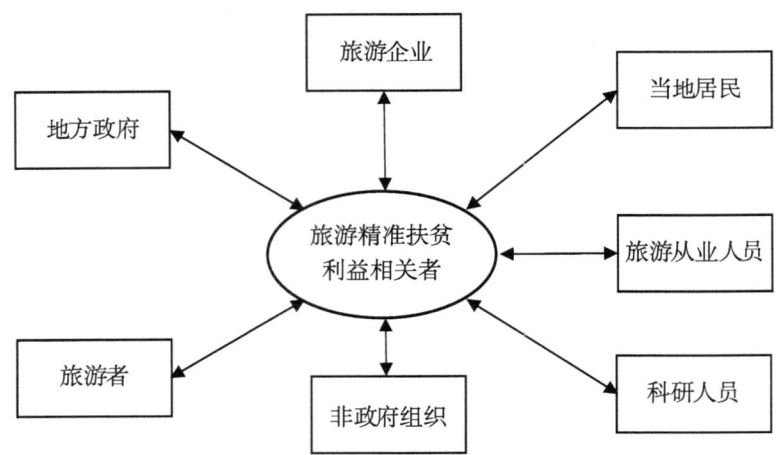

图 2-2 桂滇边境民族地区旅游精准扶贫利益相关者

地方政府是旅游精准扶贫的行政机关，一方面，想要旅游精准扶贫带来经济效益，希望通过增加政府税收，带动地方经济发展，促进就业，改善当地贫困人口的生活质量，另一方面，也希望生态环境和景区环境能够在精准扶贫的过程中得到保护。从桂滇边境民族地区旅游精准扶贫的发展情况来看，地方政府具有对旅游资源的监管与管理权力和义务，是旅游资源保护与利用的重要环节。其肩负着实现精准扶贫的责任，要吸引投资商发展当地旅游业，搞活当地经济，吸引更多的贫困人口参加旅游到旅游业中去，同时，作为监督者，要监督旅游企业、让现有资源发挥其最大的用处，让资源可以得到永续利用，还要考虑到旅游精准扶贫的经济、社会和环境的协调发展。因此，实现脱贫、解决当地就业问题、增加税收、促进社会进步、优化经济结构和推进区域经济发展等都是属于其责任和利益诉求。

旅游企业是桂滇边境民族地区旅游精准扶贫的生力军。对于企业而言，其重点不是提高当地居民的生活品质，而在于通过精准扶贫实现旅游的高经济效益。企业在参与精准扶贫项目过程中，扮演的是投资者的身份，他们为了以最快的速度获得更高的收益，采取了企业特定的经营方式和管理模式。企业的这种经营模式能够给企业带来收益，但是会忽视其他利益主体的利益，他们在制定和规划旅游项目时会把企业的利益放在首位，这是正常的现象，但是达不到理想的扶贫效果。这里分别说明本地企业与外来企业对桂滇边境民族地区旅游精准扶贫的作用。本地企业主要是由当地居民创办，他们拥有建设家乡、保护本地文化和资源的使命感，与当地贫困人口拥有直接的情感关联。而外来企业通常会雇用外地员工，更注重经济效益。因此，这些外来企业很难直接起到扶贫作用。但相较于本地企业，其资金实力雄厚、市场稳固、技术先进。

当地居民是旅游精准扶贫的参与者和承受者，他们非常重视从旅游扶贫中获得高额经济利润和改善当地生活质量。当前旅游精准扶贫过程中,当地居民有的到景区工作或者进到旅游企业就业,领一份工资;有的则自己在旅游区内开设民宿、农家乐或者售卖一些农产品和手工艺品等经营一些小本生意;有的以现有的资源、资产作为资本用于入股,从而获得收益。然而,在市场化的旅游业发展过程中,只有很少的当地居民能够参与到旅游业活动中,成为廉价的劳动力,其他的农民则只能徘徊在旅游业活动之外,承担旅游业活动开展带来的负面影响,却不能从中受益,只有旅游企业才是最大的受益者。因此,要使桂滇边境民族地区的旅游发展,必须充分考虑对当地居民的影响。

旅游从业人员是指为旅游者提供旅游服务的人员,既包括当地贫困户自主经营农家乐、餐馆、民宿等,也包括在当地旅游企业就业的贫困户。旅游从业人员处于接待工作的第一线,直接为游客提供服务。作为直接参与旅游精准扶贫利益分配的对象,旅游从业人员只有参与到旅游开发中才能获益,但由于桂滇边境民族地区文化水平低下、专业技能缺乏,参与层次较低。旅游行业发展迅速,对从业人员的素质提出了更高的要求。因此,旅游从业人员在参与旅游业的过程中不仅获得经济收入,而且他们会不断提高自己参与能力和参与水平,不断改变落后的思想。除此之外,旅游从业人员在利益分配时要更加注重初次分配和再分配的公平问题。

旅游者是旅游精准扶贫所生产的旅游产品的购买者,他们十分注重高质量的休闲度假体验和合理的产品定价。只有旅游者对桂滇边境民族地区旅游产品的认可度和消费水平高,该地区的旅游精准扶贫才会取得良好的经济效益。因此,来到桂滇边境民族地区的旅游者其消费内容除了该地区的民族文化、边关风情等之外,还包括秀丽的生态旅游资源等,以及旅游企业提供的旅游服务。所以,只有满足旅游者需求,吸引更多的旅游者前来消费,桂滇边境民族地区还能获得实际的经济效益。此外,旅游者在消费旅游产品的过程中,所带来的文化观念、金钱价值观、消费行为等均会对当地贫困人口产生一定的影响,影响他们参与旅游业的意愿、动机。

非政府组织(no-government organization,NGO)指的是一种既不以营利为目的,又有正规组织形式的组织,是一种具有自治性、自愿性、公益性或互补性的社会组织。由于这类组织不以获得收益为目的,他们更加地理解和贴近群众,更能代表群众的利益,为贫困人群的发展和要求代言。非政府组织进入旅游精准扶贫有3条路径:第一,扶持公益性旅游项目,带动本地的贫困人口就业,进而达到扶贫目的;第二,宣传推广桂滇边境民族地区的旅游资源和旅游项目,提升知名度;第三,定期举办员工的野外生存训练、奖励旅游和客户活动等,借助自身的公关活动宣传推广旅游资源和项目。根据实地调研可知,贫困户对非政府组织及其所开展的项目比较认可。但也存在一些问题,如贫困户之间的贫富差距拉大、矛盾加深、依赖程度加剧等。

科研人员在桂滇边境民族地区旅游精准扶贫中发挥着重要作用,他们往往以专业的视角直接引导着当地旅游业的发展走向。科研人员主要从宏观上、技术上支持桂滇边境民族地区旅游精准扶贫工作,并为他们提供咨询服务等。例如,当地政府邀请科研院所专家、高校研究人员编制旅游扶贫规划、旅游产业发展规划等,另外,政府对桂滇边境民族地区的旅游扶贫试验区给予很大关注,先后组织了博士考察团、专家考察团到了当地考察,对边境地区旅游扶贫提出获取成效的方法,找出存在的问题及提供解决办法。

2.3 基于生计保障的桂滇边境民族地区贫困户旅游精准扶贫机制的构成

2.3.1 结构和内涵

旅游精准扶贫是一种旅游化的扶贫模式，相较于传统旅游扶贫，"扶真贫"和"真扶贫"是其明确目标，具有精准识别、精准帮扶、精准管理和精准评估的等显著特征[176]。旅游精准扶贫属于产业扶贫方式之一，它的逻辑起点是产业，扶贫目标实现具有间接性和衍生性，因此在扶贫过程中并不排斥非贫困人口。旅游精准扶贫是旅游扶贫与精准扶贫的结合，目前学术界对此未能形成统一、明确的定义。本研究将旅游精准扶贫的概念定义为在具备旅游发展基础的贫困地区，以发展旅游业为手段，以贫困人口为帮扶对象，旨在提升贫困人口的自身发展能力，保障贫困人口生计可持续的一种全新的扶贫方式。

所有系统都有其特定结构与层次，旅游精准扶贫系统也是一样。由于贫困是一个多维概念，要想构建基于生计保障的桂滇边境民族地区贫困户旅游精准扶贫机制，需要纳入经济、政治、社会和文化等客观因素以及贫困户的参与动机、参与意愿等内驱动力等主观因素。透过系统思维，根据旅游精准扶贫发展目标指向，以及旅游的本质属性，本研究认为旅游精准扶贫机制主要由3个层面构成：一是源系统，即贫困地区和贫困人口的发展权利和利益需求，贫困人口参与旅游业的动机、意向，经济、社会收益的获取等；二是内生系统，扶贫对象系统内部支撑旅游发展的各种资源，包括贫困人口发展能力和素质、生计资本、当地旅游资源、基础设施建设等；三是外援系统，指贫困人口系统外部各种推动其发展的物质、能量、技术等，主要有政府的政策、资金、旅游景区带动、旅游企业开发、个人或团体智力支持、旅游客源市场需求等。源系统是旅游精准扶贫机制的前提，内生系统是旅游精准扶贫机制的必要，外援系统是旅游精准扶贫机制的基础，三者相辅相成、相互影响、共同作用，保障桂滇边境民族地区贫困户可持续生计。

从生计保障视角出发的桂滇边境民族地区贫困户旅游精准扶贫机制是一个开放型的系统。桂滇边境民族地区旅游发展长期与外部进行物质和能量的交换，外部能量注入引起内部发展条件与机制的变化[177]。因此，旅游精准扶贫机制表现出对内开发、对外开发、逐渐具备自组织能力3个方面。一是对内开放性。旅游精准扶贫是由相互联系、相互依赖、相互作用的源系统、内生系统、外援系统构成的有机整体，其内部子系统之间边界阻力弱化，使得子系统内各要素的流动性加强。二是对外开放性。旅游精准扶贫通过发展旅游，带动桂滇边境民族地区社会经济不断发展，为村民提供新的就业岗位，促进村民家庭经济收入增加，同时，还促进桂滇边境民族地区全面发展。三是具有自组织能力。通过接收外部输入的动力，并进行反馈和自我调控，引导外部动力推动桂滇边境民族地区旅游发展。

2.3.2 构成要素

2.3.2.1 源系统

源系统是指桂滇边境民族地区贫困户的参与旅游业的动机与意愿，是贫困户个体自身内部的真实想法，既不依赖于外部环境，也不受个人能力等因素制约，是良性互动、由内而外的一种发展模式。马克思主义认为内因是事物发展的根本所在，是持续发展的真正动力，外因最终要通过内因起作用。从发生学的角度，"内生"源自事物固有机理，是随机理的变化而生长的变化方式，固有机理是事物自身发展的逻辑，生长变化是必然结果。从本质上来讲，源系统是指人的主观能动作用，依据马克思主义哲学中关于内因与外因的辩证关系的阐述，即内因是事物发展的根本原因，外因是事物发展的必要条件，在旅游精准扶贫的问题上同样适用。

1. 参与动机

贫困户的动机可以归结为两种类型：一是需要驱动的动机，即个体在缺乏经济和社会资源的情况下，为了实现脱贫的期望而产生的目标导向的激励；二是意愿驱动的动机，即个体本身已经存在脱贫的意愿，但在经济和社会等因素的驱动下，需要某些具体引导才能实现。贫困户的动机是复杂的、多元化的，往往受到多种因素的影响。在旅游精准扶贫行为中，贫困户的动机可以分为想通过自己的努力脱贫和不想脱贫两个方面。

2. 参与意向

贫困户参与旅游业的意愿表现为自主创业意愿、非农就业意愿和学习意愿等。自主创业意愿表包括贫困户依靠自身家庭资源和个人能力直接开办农家乐、经营乡村旅馆、经营民宿等；非农就业意愿包括发展现代养殖、科学种植、特色农产品加工、民族特色旅游纪念品加工、利用电商平台销售等，或到景区景点、旅游企业打工、就业获得工资性收入，或是加入旅游精准扶贫合作社，以资产入股、资源入股等形式获得财产性收入，从而以此种方式参与旅游市场竞争；学习意愿包括贫困户学习和不间断更新现有技术的意愿，主动学习他人先进发展旅游业的经验，及时了解国家最新扶贫政策、旅游政策的意愿。

一般来说，给予贫困户的生产资料和资金支持是否物尽其用，产业和项目能否取得良好的效果与贫困户是否能主动参与密切相关。内生式发展理论强调内部的关键性力量和根本力量，认为系统的内生变量决定经济的进步，源系统具有决定作用。马克思主义中人的全面发展理论本质上是人的主体性发展的理论，重点在于激发贫困户的主体意识，形成自主脱贫的源动力，从而达到稳定脱贫目标。桂滇边境民族地区贫困人口居住地偏远，交通闭塞、环境封闭、信息不畅，生产生活方式有待提高，思想观念守旧，安于现状，进取意识不强；贫困人口受教育程度不高，科技、文化水平提升空间大，综合素质较低，创新思维、发展意识、商品思维和竞争观念不强，存在一定程度的"等靠要"思想，通过旅游业脱贫致富的参与动机、参与意向的内生动力需要进一步激活。

2.3.2.2 内生系统

内生系统是指桂滇边境民族地区贫困户的参与能力、生计资本和当地的资源禀赋及基础设施。马克思指出，生产力是人们解决社会与自然矛盾的实际能力。马克思十分重视教育和技能培训在提高工人阶级能力方面的重要性。马克思《资本论》第一卷中指出："要改变一般的人的本性，使它获得一定劳动部门的技能和技巧，成为发达的和专门的劳动力，就要有一定的教育或训练。"贫困户的内生能力是旅游精准扶贫的基本要求。

1. 参与能力

诺贝尔经济学奖获得者阿玛蒂亚·森认为：贫困不仅仅表现为收入低下，还表现为获取收入的能力和机会受到损失；收入是获得能力的手段，能力提高是获得更多收入的基础；良好的教育和健康的身体能提高摆脱贫困的能力，自由的限制、社会的歧视、软弱的社会保障加剧穷人收入能力丧失。此后，世界银行根据阿玛蒂亚·森的能力贫困理论提出："如果不对穷人的人力资本做较大的投资，从长远来看，减轻贫困的努力不大可能取得成功。"能力是指影响行为的自身因素，它包括在智力或体力上所拥有的能力，如个体掌握的知识、技能和拥有的经验等。这种能力除了是天生性的，也可能是后天学习取得的。一般来说，能够直接影响个体行为动机的心理特征是能力。个人完成活动的程度取决于能力的大小，是行为产生的前提条件。贫困不仅是缺少收入，更是缺乏基本生存与发展能力。由于禀赋资源不足，桂滇边境民族地区贫困户稳定脱贫能力差，因灾、因病、因学、因婚、因房返贫情况时有发生。即使贫困户在经济层面实现了脱贫，若参与能力较弱，仍然会随时返贫，脱贫成效存在较大不稳定性。从内生的角度来说，主体的内生能力包括体力、智力以及体力智力综合发挥的综合力3个方面。

从旅游精准扶贫角度来看，贫困户参与旅游业的参与能力不仅包括与生俱来的劳动能力，还包括贫困户后天学习获得的从事旅游职业、进行旅游创业的基本知识、参与旅游精准扶贫的专门技能等。而桂滇边境民族地区贫困人口受教育程度低，自我学习能力得不到提高，思想观念、发展意识得不到改善，难以适应当今社会发展的潮流。贫困户收入主要来自农业种植、养殖和外出务工等。边远贫困山区农民耕地少，农业生产结构单一，且农产品难卖，价格不稳定，家庭种养收入不高。因此，要根据桂滇边境民族地区贫困人口的物质条件、身体状况和智力水平，提升贫困人口自我发展能力。只有提升贫困人口的参与能力，旅游精准扶贫才有实施的必要，脱贫目标才有实现的可能。

2. 生计资本

贫困户脱贫后能否实现稳定致富奔小康，既取决于脱贫之前的生计状况，也取决于贫困户在脱贫过程中利用自身资产和外部支援的效果。如果贫困户脱贫过程中提高了生计能力，那么就会拥有较为稳定的经济收入，从而表现为恩格尔系数下降、生产投资增加、生计方式多样化。生计资本是可持续生计框架的核心，贫困户要达成生计结果可持续的目标，必须依靠生计资本支持，但贫困户多样化的生计结果只依靠单一的资本是不能满足的。SLA框架将生计资本可以分为5个部分，即自然资本、物质资本、金融资本、人力资本和社会资本。不同的资本组合使贫困户获得更多在经济和社会上的发展机会，才会充分满足贫困户生计需求。以知识、技能、健康和能力为代表的人力资本是最基础的生计资本。就贫困家庭而言，人力资本依赖于家庭劳动人口、掌握技能情况、规模大小以及身体健康条件等。自然资本是指自然资源的存量，包括无形资本、有形资本和生态服务。与自然资本关系最为密切的是脆弱环境。正如"一方水土养一方人",区域的自然资源条件决定农户生计资本,也决定农户面临可能的风险和不确定性。与此同时,自然资本在一年中变化也体现在季节性。物质资本包括生产资料和基础设施,是支持贫困户维持生计的物质部分。生计资料指的是生产所需要的工具、化肥、畜力等,可以是个人私有财产,或是集体公共所有,或是需要租借。基础设施包括交通道路、运输工具、水利设施、能源、通信设施等,属于公共财产,使用不需要收取费用。金融资本是指农户可使用和可筹措的现金,来源主要包括3个方面:自身的储蓄、信用贷款和外来援助。自身的储蓄是农户通过自身劳动创造,积蓄起来的资金,是农户最基本和最主要的金融资本来源。信用贷款是农户获得金融资本最困难的渠道,它来自银行等金融机构的借款。外来援助是指救助组织、政府或者亲友赠予的资金。社会资本是能实现农户生计目标的社会资源,它包含社会联系、社会关系和社会组织。与社会资本联系最为紧密的是结构和过程转变中的组织机构和程序规则,两者是双向关系。

桂滇边境民族地区贫困因为经济发展水平有限,财政收入不能满足基础设施建设的需要,交通信息迟滞,农田灌溉设施不健全,各种物质资本匮乏。经济发展水平低导致城镇化水平低,满足贫困户就业的岗位少、收入低,缺乏金融资本。产业吸纳就业的能力较弱,容易形成贫困陷阱。贫困户的社会关系是"熟人"关系,它是建立在血缘、亲缘和地缘基础上的,由于社会资本所具有同质、狭窄、封闭等特点,因此利用无形的社会资源有效为其获取有形的经济财产困难,社会资本匮乏。由于生产基础设施薄弱导致高成本的生活和生产,当地经济发展落后,可能会导致人力资本和物质资本逐利外流,从而导致贫困户的生计资本缺乏,发展能力减弱。不同类型贫困户的生计资本禀赋是有差异的,而且生计资本也是随时间、政策的改变动态变化。因此,贫困户只有根据现实条件,平衡不同类型的生计资本,选择恰当的生计策略才能达成正确的生计目标和依靠旅游业维持生计可持续。

3. 资源禀赋

旅游精准扶贫是在旅游资源比较丰富的贫困地区通过开发旅游资源和扶持旅游业来推动该地区经济的发展。桂滇边境民族地区致贫的大部分原因是其恶劣的自然环境导致贫困人口可用的耕地面积小,生计得不到保障。但其得天独厚的自然资源、优美的风光,以及资源保留的完整性,在交通水利等硬件设施改善后却是适合观光旅游的绝佳条件。实践证明,贫困村的资源禀赋加上桂滇边境民族地区贫困村人民远离世俗的淳朴天性和地域文化,常常能吸引游客的到来。因此,发展旅游产业,利用边境风光、民族风情和环境优势开展旅游业,可促进贫困人口脱贫致富和地方经济增长,此外,桂滇边境地民族区的地理环境在旅游开发中也将得到极大改善[178]。从具体的受益转化方式来看,桂滇边境地民族区资源禀赋的生态优势向经济效益的转化包括直接转化和间接转化。直接转化就是贫困人口直接参与到旅游产业的生产和运营中去,既包括土地、资源入股获得分红、开发经营型资产获得经营收入,也包括选择景区提供的就业岗位,参与导游、环境保洁和文艺演出等获得工资收入。间接转化指当地居民发展与旅游业相关的农业、手工业、交通运输业和其他商品贸易,通过景区辐射作用,形成以旅游为主体,农、工、商、贸、游有机结合的立体式产业延伸链条。在旅游资源对游客的聚集作用下，现代观光农业得以发展，特色手工艺产品的生产和销售被带动起来，与此同时，旅游基础设施完善后，与旅游业息息相关的交通运输业也将会提供更多就业岗位，此外，贫困人口还可以发展诸如边境贸易等形式的其他商贸活动实现创收。

桂滇边境民族地区融民族旅游、边境旅游、观光旅游、康体养生、休闲度假、户外探险等多元形式于一体。其中，民族旅游与边境旅游是桂滇边境民族地区的特色旅游形式，富有独特吸引力和品牌标识性。桂滇边境民族地区瑰丽的自然景观数不胜数，包括德天跨国大瀑布风景区、明仕田园、通灵大峡谷风景区、普者黑风景区、中国科学院西双版纳热带植物园等。民族文化传统是一个民族历代沉淀积累而成的精神财富，是民族永续发展的动力和源泉，各个民族的传统文化都有自己的特点，这些特点的综合丰富了人类的文明[179]。不同的民族有其独特的饮食习惯、服饰文化、建筑风格和节庆习俗等，是桂滇边境民族地区最具魅力的人文景观。自古以来，各少数民族以山为界，生产生活往往与世隔绝，少数民族多姿多彩的民俗文化得以保留。节庆文化如壮族的同歌节、花炮节；彝族举行的祈雨节、跳弓节；瑶族八月初八举行的庆丰节等。这些民族文化资源是桂滇边境民族地区最富有特色的旅游资源，挖掘和拓展的空间很大，颇具市场竞争力。此外，桂滇边境民族地区的边关风情、宗教文化等旅游资源也独具特色。总之，桂滇边境民族地区依靠其自身的资源优势和政府对市场的积极引导建立起完备的旅游精准扶贫机制，对于拉动地方经济发展和贫困人口脱贫致富有着重要的作用。

4. 基础设施

基础设施的建设对旅游业的发挥在那起着至关重要的作用，随着我国在基础设施上的不断优化，旅游业也随之得到了快速发展，为给各地的经济发展创造了新的活力。据统计，2019年旅游经济继续保持高于GDP增速的较快增长。国内旅游人数60.06亿人次，比上年同期增长8.4%；入出境旅游总人数3.0亿人次，同比增长3.1%；全年实现旅游总收入6.63万亿元，比上年增长11%。旅游业占GDP总量的11.05%，为GDP贡献了10.94万亿元，旅游直接就业2 825万人，旅游直接和间接就业7 987万人，占全国就业总人口的10.31%。① 由此可见全国各地逐渐意识到基础建设在旅游业发展中的重要作用，如2015年国家旅游局在全国范围内开展的"厕所革命"，在极大的程度上改善了中国的旅游基础设施。目前，我国进入旅游业发展的黄金阶段，是加强基础设施建设与完善的重要阶段，同时也是我国建设满足人民群众需要的现代服务业的攻坚阶段。张广瑞对于未来我国旅游业的发展认为："想要满足大众日益增长的旅游需求，就要重视基础设施的建设，改善旅游环境和提供旅游条件，满足公众对旅游服务的满意度。"总之，基础设施建设是旅游业发展的前提，是桂滇边境民族地区实施旅游精准扶贫的先决条件[180]。

交通、水利、能源、信息等基础设施薄弱，仍然是制约桂滇边境民族地区旅游发展的因素[181]。一是区域内交通建设严重不足，农村通达和便捷的公路网络尚在建设中，相当一部分自然村不通公路。广西区内沿边（境）公路修建于20世纪末，为边境地区

---

① 资料来源：中国旅游研究院. 2019年旅游市场基本情况［EB/OL］，［2020-03-10］. http：//www.ctaweb.org/html/2020-3/2020-3-10-16-48-64712.html。

发展带来巨大变化，可是现在年久失修，运输效率已经大大降低。另外，边境口岸贸易越来越发达，货物运输需求增加。再加上沿边旅游的兴旺，沿边公路已经远远不能满足需求。还有许多民族聚居区对外小道多是山间小路，出入只能人力或者畜力。云南省保山市、德宏州境内还没有铁路，无法适应现代旅游业发展的需要。二是农田水利基础设施、骨干水利工程及其配套设施明显不足，工程性缺水问题比较突出，基本农田有效灌溉面积比重低，养殖生产设备落后、农业机械化水平不高，严重制约农村经济的健康、高质量发展。桂滇边境民族地区许多农田水利设施还是20世纪六七十年代修建的，面对频发的泥石流等自然灾害，根本无法抵御，许多农田都是望天收。在饮水方面，边远的民族聚居村寨仍然有很多主要靠接田沟水或者到较远的山泉挑水，来解决日常生活用水。三是农村地区教育、卫生等基本公共服务均等化水平不高，科技对经济发展贡献率存在很大提升空间。桂滇边境民族地区偏远的山区里，村里教学点危房面积大，教学设施陈旧落后，由于生源分散，学校又没有住宿条件，老师和学生的很多时间都花在崎岖的山路上。医疗卫生方面，乡镇卫生院医疗人员严重不足，业务用房和生活用房年久失修，医疗设备不足，其他公共服务设施更是十分匮乏。落后的基础设施严重制约桂滇边境民族地区旅游业发展，是实施旅游精准扶贫的首要困难。

2.3.2.3 外援系统

旅游精准扶贫是一项浩大的系统工程，旅游精准扶贫目标的实现离不开社会各界的共同努力。相较于源系统和内生系统，外援系统是贫困户参与旅游精准扶贫的外在制约也是发展机遇，通过激发源系统动力，内生系统与外援系统发生积极响应，形成有利于贫困户生计可持续生计的策略。按照可持续生计框架（SLA），桂滇边境民族地区旅游精准扶贫机制的外援系统指贫困人口系统外部各种推动其发展的物质、能量、技术等，主要包括政府扶持、企业支持和市场需求。

1. 政府扶持

从根本上讲，扶贫是政府不可推卸的政治任务。从制度层面来看，目前我国实施的是"政府主导，社会参与"的扶贫模式，在旅游精准扶贫实践中也基本推行的是"政府主导"的旅游扶贫战略。国外PPT案例研究表明，政府在旅游精准扶贫的实施中发挥着重要的作用，主要表现在法规建设、制定政策、建立基金、制度设计等方面。在我国的旅游精准扶贫体系中，政府占据核心的地位，同时扮演着多重重要的角色。各地政府在旅游精准扶贫的过程中所扮演的角色，不但体现在旅游扶贫资金的提供上，还体现在旅游精准扶贫项目的规划、旅游精准扶贫项目的审批、旅游精准扶贫发展基金的建立、旅游基础设施的建设、旅游市场的规范等方面。政府作为旅游精准扶贫的核心利益主体，对于地区的旅游精准扶贫起着重要的支撑作用。它是旅游精准扶贫的管理者、监督者和调控者。一方面，在旅游精准扶贫的过程中，政府制定各种法律法规来促进地区经济的发展，建立起有效的监管制度来规范旅游市场和保障贫困人口的利益，在旅游精准扶贫初期，政府主要负责交通、水利、通信等旅游基础设施建设；另一方面，政府通过大力开展招商引资工作发展旅游业，带动相关产业的发展，让更多的人参与到旅游发展的大环境中，实现旅游精准扶贫目标。因此，政府在旅游精准扶贫中的作用不容小觑，是旅游精准扶贫外援系统的动力主体。当然，作为外援系统主体之一，政府要注意

"有所为和有所不为",要把握好在旅游精准扶贫过程中的范围与力度,在以经济发展为前提的指导下,增加地方的财政收入和贫困人口谋生就业机会,提高居民经济收入,改善生活质量,维护社会稳定,提高自然生态环境的保护力度,带动其他相关产业的发展,改善当地的经济状况,提升地区经济地位,最终实现经济效益、社会文化效益和环境效益的最大化。

桂滇边境民族地区各级政府积极响应国家号召,在精准扶贫的大背景下,制定了一系列有关旅游和扶贫政策文件、规划,需要在遵守国家基本政策的原则上,结合本地区实际的政策诉求和所拥有的政策资源来对具体的行动措施进行选择和决定,充分发挥地方政府作为政策主体的作用。如广西壮族自治区出台的《广西壮族自治区扶贫开发条例》《广西旅游业发展"十三五"规划》《广西脱贫攻坚"十三五"规划》,云南省出台的《云南省旅游产业"十三五"发展规划》《云南省脱贫攻坚规划(2016—2020年)》《云南省人民政府办公厅关于加快乡村旅游扶贫开发的意见》等。除了省级层面的相关政策文件,各地市州及边境县也制定了相应的政策。在贫困资金扶持方面,广西全区建立财政扶贫投入稳定增长机制,每年按20%的增长比例预算安排财政专项扶贫资金,各市、县每年按10%~20%的增长比例预算安排。2016—2017年,广西全区共安排财政扶贫资金443.9亿元。云南省政府高度重视东西部协作,成立沪滇扶贫协作领导小组,加大资金项目支持,促进产业合作,加大社会事业帮扶力度,探索了企业帮扶、产业帮扶、项目带动等多元化的扶贫模式。

2. 企业支持

旅游扶贫是典型的产业扶贫,要遵循旅游产业发展的基本规律,尤其是要遵循市场发展规律。随着我国市场经济体制的日趋完善,企业在旅游精准扶贫中作用日益凸显。旅游企业是旅游精准扶贫和旅游项目的资本投入者,为贫困地区旅游扶贫的开展提供技术、资金等方面的支持。作为旅游市场的主体,旅游企业以盈利和发展为目的,通过旅游产品创新、满足市场需求,推动和促进贫困地区旅游业发展。旅游企业主要包括旅游精准扶贫过程中的旅游开发商、本地旅游企业、旅行社、旅游公司、酒店、餐馆以及旅游商品经营商、销售商等。旅游企业在旅游精准扶贫过程中处于纽带和桥梁地位,把旅游精准扶贫的各个利益相关者全部联系在一起,是旅游精准扶贫外援系统中不可或缺的一部分。旅游企业是旅游精准扶贫的主体之一,扮演着参与者、合作者、执行者和受益者的角色。主要表现为:旅游企业参与旅游精准扶贫的主要动因是追求经济利益和企业的社会价值,以实现利益最大化为目标,容易与旅游精准扶贫目标发生冲突;旅游企业在实现经济利益的同时,通过向贫困地区提供资金、技术,带动贫困地区经济发展;在企业经营过程中,会给贫困人口带来就业机会和市场机会,从而推动旅游精准扶贫目标的实现。另外,由于当地贫困人口的态度会对旅游企业的经营活动产生直接影响,影响到旅游企业的项目开发的顺利进行,所以,旅游企业也需跟当地居民建立良好的合作关系,以争取贫困人口对旅游开发的支持和配合。

一般而言,旅游企业在旅游精准扶贫过程中的帮扶主要体现在:第一,通过对贫困地区旅游投资,改善贫困地区投资环境,带动贫困地区经济发展,为贫困地区基础设施提供建设资金,并为当地贫困人口提供就业机会;第二,在经营过程中,购买消费当地贫困人口的相关产品和服务，宣传和销售贫困人口的产品和服务，雇用当地贫困人口，提高贫困人口的技能，向当地提供技术转让支持，和当地小型企业建立长期稳定的业务关系，为贫困人口提供旅游精准扶贫参与资金以及旅游培训；第三，旅游企业还要履行依法纳税责任，增加地方财政收入；第四，企业还会基于伦理道德责任，对当地实施公益捐赠，帮助当地贫困人口。

2014年，广西壮族自治区启动了"千家民营企业扶助千个贫困村"（以下简称"千企扶千村"）活动，以结对帮扶的形式使5 000个贫困村和5 000个企业进行对接。"千企扶千村"为贫困村解决困难，村中劳动力也使企业可以较好利用优势资源发展。通过村企合作，企业和村民双方都获得了新的信息和先进的发展理念，对农民素质技能的提高以及企业的发展有着积极作用。广西百色市那坡县黑衣壮古寨旅游度假区是由百色客乐德旅游文化实业发展有限公司运营的乡村式旅游项目，度假区包括城厢镇龙华村、洞汉村、和平村、弄底村和龙合乡惠布村7个贫困村。近年来，客乐德旅游文化实业发展有限公司致力于打造弄底村弄表屯主景区，累计投入资金3 000余万元，逐步实现游、宿、食一体式观光风景点。2019年，依托客乐德旅游文化实业发展有限公司的深厚实力和弄底村自然资源优势，通过成立乡村旅游式扶贫车间，实现附近村民就地就近就业，带动村民增收脱贫。截至2019年5月，客乐德旅游文化实业发展有限公司贫困户长期雇用务工人11人，占所有长期雇用务工人员约25%，人均工资每月达2 000元。未来更多本地贫困人口将通过扶贫车间从景区管理、餐饮服务、住宿等方面就业。

云南省相关统计显示，云南省通过"沪企入滇"工程，2017年与上海经济合作项目217个，实现贫困人口脱贫7 955人，吸纳就业脱贫达2 950人。实施"沪企入滇"工程以来，上海市参与培植茶叶、石榴、橡胶、辣椒等云南特色产业，建成一批具有高原特色种植养殖基地，推行"公司+基地+农户"的经营模式，培植一批以光明集团云南石斛公司为代表的产业扶贫龙头企业，在新形势下探索出一套农村富余劳动力就近转移就业和农村产业帮扶新模式，农业扶持由传统单一产业培植向种养加一体化的转变，充分发挥优势实现规模发展。

3. 市场需求

我国旅游脱贫从自然脱贫到发展驱动式脱贫，再到精准脱贫，开拓了一条中国特色的脱贫道路。中国旅游脱贫模式强调农民的主体地位，突出政府与市场双重驱动，政府领导村寨内部力量整合与社会外部力量参与，企业运行包括直接的经营运作与间接的责任帮扶。中国过去的发展经验表明，旅游脱贫需要坚持以政府为主导力量，以农民为主体，在注重区域发展各自特点的同时，强调三大产业融合、开发与保护结合、扶贫与扶智融合。党的十九大报告指出，"我国经济已由高速增长转向高质量发展"，这一判断既指出了包括旅游业在内的我国经济发展的鲜明特征，也为今后的经济工作指明了方向。改革开放以来，我国旅游市场的主要矛盾从境外游客旅游需求旺盛与我国旅游产品供给不足之间的矛盾发展为国内外旅游者需求不断升级与旅游产品供给创新相对乏力之间的矛盾[182]。这对旅游精准扶贫提出了更高要求，不仅要求旅游市场的开放性、旅游产品的差异性，同时要求旅游精准扶贫要以经济为主向生计可持续转变。旅游精准扶贫是一场持久战，需要足够的耐心与"柔性"的操作。对旅游精准扶贫短期快速成效应当让位于长期持续的效果。由于在进行旅游精准扶贫过程中，旅游资源的开发和建设、旅游产品的创新和设计、旅游市场的开拓和发展需要一定的时间周期，贫困户在参与旅游业时也存在一定的观望期和适应期，并且要实现贫困人口的可持续生计，就必须保证旅游业的可持续发展，因此，在贫困地区发展旅游业是一个复杂的、综合性的战略，要注重产业发展速度和旅游精准扶贫效果的平衡。

中国桂滇边境民族地区地处西南边陲，与越南共和国、缅甸联邦共和国和老挝人民民主共和国接壤，陆地边境线长达 5 080 km，涵盖广西壮族自治区的百色市、崇左市和防城港市 3 个地级市和云南省的普洱市、临沧市、保山市、文山壮族苗族自治州、红河哈尼族彝族自治州、西双版纳傣族自治州、德宏傣族景颇族自治州和怒江傈僳族自治州 8 个地市州，共计 11 个地市州 33 个边境县。截至 2018 年，桂滇边境民族地区总人口 974.62 万人，其中少数民族人口 723.81 万人，占总人口的 74.3%。桂滇边境地区民族分布有汉族、壮族、京族、瑶族、苗族、彝族、回族、傈僳族、拉祜族、佤族、纳西族、傣族、藏族、景颇族、布朗族、布依族、阿昌族、哈尼族、锡伯族、普米族等 34 个世居民族，是典型的多民族聚居地。桂滇边境民族地区融民族旅游、边境旅游、观光旅游、康体养生、休闲度假、户外探险等多元形式于一体，种类齐全的旅游产品满足了国内游客需求。广西全区 2019 年接待国内外游客累计达 8.76 亿人次，比 2018 年增长 28.2%，实现旅游总消费约 1.02 万亿元，同比增长 34.4%。2019 年云南省接待国内游客 8.0 亿人次，增长 17.4%，实现旅游业总收入约 1.1 万亿元，增长 22.7%。可见，桂滇边境民族地区的旅游市场前景大，尤其是在新冠疫情的影响下，游客的旅游动机发生变化，更加青睐清净的边境地区、民族地区、乡村地区，这对桂滇边境民族地区的旅游业发展来说，既是一次机遇，又是一场挑战。

2.3.3 旅游精准扶贫机制系统

在科学研究中，机制泛指系统内部各构成要素的组织联系和相互作用的运行变化规律。桂滇边境民族地区旅游精准扶贫机制是系统所具有的，使系统整体保持正常运行所需要的各种功能的有机组合体，机制内的各个构成要素、各个部分、各个层级之间的关系交错复杂、相互关联、相互影响、相互制约。作为一个复杂的社会系统工程，旅游精准扶贫机制同其他机制一样，是一个有机统一的系统。本研究认为旅游精准扶贫机制主要由 3 个部分内容构成，即源系统、内生系统和外援系统。在旅游精准扶贫机制内，整个系统的扶贫主体取得竞争优势，进而实现利益最大化，原因在于关联效应和协同效应因各个扶贫主体扶贫的关联协同而取得，上下游各环节之间的交易内部化而获得交易成本的缩减。旅游精准扶贫的驱动程度、回应程度、精准程度在很大程度上取决于旅游精准扶贫机制是否科学合理。桂滇边境民族地区旅游精准扶贫机制由三大系统构成，旅游精准扶贫开发的正常运行、动力保障、功能调节和组织实现需要三大系统的共同作用。旅游精准扶贫机制的三大系统是相互作用、相互影响、相互制约的，源系统位于旅游精准扶贫机制的内层，内生系统和外援系统是旅游精准扶贫机制运行的良好基础，三大系统共同作用，保障桂滇边境民族地区贫困户可持续生计。

2.4 本章小结

本章在第一章国内外相关文献综述的基础上,第一节对基于生计保障的桂滇边境民族地区贫困户旅游精准扶贫机制的相关概念内涵与属性特征进行分析,主要阐述了贫困户、生计保障、旅游精准扶贫和桂滇边境民族地区4个概念的内涵和属性特征,并对相互间的逻辑关系进行探析,明确了研究对象为贫困户,研究区域为桂滇边境民族地区,将旅游精准扶贫作为保障路径,以实现贫困户生计保障为最终目的来开展研究。第二节对桂滇边境民族地区贫困户旅游精准扶贫的影响因素进行了分析。在主观因素方面,从贫困户参与意愿、贫困户参与动机、贫困户参与能力3个方面进行剖析;在客观因素方面,从自然环境、社会经济、民族文化、政策制度、市场需求和利益相关主体6个方面进行探讨,为后文构建基于生计保障的桂滇边境民族地区贫困户旅游精准扶贫机制理论模型提供现实依据。第三节首先厘清基于生计保障的桂滇边境民族地区贫困户旅游精准扶贫机制的结构和内涵;其次分析了源系统、内生系统和外援系统3个构成要素各自的内涵;最后依据旅游精准扶贫机制三大系统之间相互关系,即源系统居于旅游精准扶贫机制的中心层,内生系统和外援系统是旅游精准扶贫机制运行的良好基础,三大系统共同作用,保障桂滇边境民族地区贫困户的可持续生计。

第三章 桂滇边境民族地区贫困户生计现状与旅游精准扶贫现实表现

2013年精准扶贫理念的提出，标志着我国农村扶贫开始从资金、项目倾斜的"粗放式"扶贫转向瞄准农户的精准式扶贫[183]。自20世纪80年代开始，乡村旅游已成为我国农村扶贫的主要渠道之一，是"精准扶贫"的先行者与重要抓手。所谓精准旅游扶贫，是指基于政府营造良好的外部环境，提高贫困人口的技能和素质，以便更好地发挥贫困人口自身"造血干细胞"的作用，并得以最终实现贫困人口脱贫、永不返贫的目标。旅游精准扶贫既包括经济产业发展等经济性举措，也包括社会文化发展等社会性作为；既包括外部的"输血"支持，也包括内部的"造血"培养；既包括动员国家和社会各级组织起作用，也包括广泛个人参与；既包括争取立竿见影，也包括确保可持续发展等。作为旅游扶贫的重点区域，桂滇边境民族地区旅游精准扶贫的可持续生计效应如何？要确保桂滇边境民族地区贫困户摆脱贫困困扰并预防返贫与持续增收，破除阻碍贫困户可持续生计的关节点，就必须对桂滇边境民族地区当地贫困户的生计真实情况进行分析，了解该地区旅游精准扶贫现状。因此基于桂滇边境民族地区33个县（市、区）多年的原始数据及其中的大新县、龙州县和凭祥市贫困户、旅游企业等一手访谈资料，分析桂滇边境民族地区贫困户生计现状及当地旅游精准扶贫的现实表现，为后续章节的路径实现和对策建议提供现实依据。

3.1 桂滇边境民族地区贫困户生计现状

3.1.1 生计资本

生计资本是可持续生计分析框架的核心内容和关键要素。生计资本包括自然资本、物质资本、人力资本、金融资本、社会资本5个组成部分。在发展背景、制度、政策等内外部因素相互影响下，资本作为生计核心，其规模、结构和性质决定了贫困户采取何种生计策略及/或生计策略组合，从而产生相应的生计结果[115]。面对乡村旅游已成为乡村振兴的"生力军"、脱贫攻坚的"突击队"、生态产业的"排头兵"的新局面，桂滇边境民族地区各级政府扎实推进脱贫攻坚，将脱贫攻坚作为压倒一切的"头等大事"，坚持旅游精准扶贫基本方略，以开展乡村旅游为核心抓手推动旅游扶贫，贫困户的生计资本薄弱状况得以改善，可持续发展能力得到加强，贫困户的生计资本随着参与扶贫的程度加深而有了质的飞跃。然而由于参与旅游精准扶贫的贫困户受扶持程度大相径庭，因而贫困户生计资本改善状况也不尽相同。

3.1.1.1 自然资本

自然资本是用来描述自然资源存量状况的指标，指的是人们的生计所依靠的自然资源的储存和流动，包括无形的公共资产（大气、生物多样性）和有形可分的直接用于生产的资本（土地、树木等）以及生态服务[184]。在我国，土地作为农户最重要的自然资本，也是农户最传统的生计来源和最根本的生计保障。因此，本研究以地区人均耕地面积指标来反映贫困户自然资本现状。

桂滇边境民族地区自然条件恶劣，多山少平地，水土流失严重，并且随着退耕还林工程的不断深入，农民所拥有的耕地资源呈缓慢下降趋势，同时封山育林的严格要求使农民不可自由利用耕地资源。政府公布的数据显示，这一地区人均耕地面积约 0.59 亩①，这造成桂滇边境民族地区贫困户自然资本存量较低。为实现贫困户脱贫致富，增加就业机会，桂滇边境民族地区应顺应时代潮流，创新发展模式，不断加大农业产业结构调整力度，壮大水果、蔬菜等传统优势产业，成立果蔬种植扶贫合作社，大力发展特色种植产业，同时凭借独特的边境民族文化和丰富的乡村生态资源，全力构建生态环境优美、服务设施完善、文化底蕴丰富和产业特色鲜明的乡村旅游新格局，合作社的建立与旅游景区的发展势必需要土地，农民可以"土地入股"或"土地流转"方式参与。

[个案] 梁××，男，65 岁，福隆镇中山村村民，小学文化程度：我家土地不多，以前都是种水稻了啵，但是家里有大把嘴等着吃饭，有时候要死了啵，种的这点粮都不够吃。后面专家说我们这个土地是红壤，更适合种柑橘、甘蔗了啵，说村里也有人来专门收购这些了啵。然后我们就听专家的，种几多甘蔗，又自己再种点其他的瓜果蔬菜。就是有些时候种了那么多甘蔗，最后天气不好，得钱就少着点了啵。今年村来了个老板租我们的地种红米、葡萄这些，我就把耕地都租出去了，一年给我 3 000 元，我还能出去打零工一天赚个五六十元，日子比以前好。

3.1.1.2 人力资本

人力资本是指人体内存在的知识、技能、体力等具有经济价值的因素的总和。全面的人力资本应该包含健康、教育和工作经验等对生产活动有影响的系列因素。人力资本的数量和质量直接决定农户驾驭其他资本的能力和范围，对于贫困地区尤是如此。在家庭层面上，人力资本水平取决于家庭劳动力人数、家庭规模、技能水平以及健康状况因素。[115]本研究对于人力资本的测量有 3 个指标：第一个指标是家庭成年劳动力的受教育程度；第二个指标是家庭成年劳动力具备的相关技能；第三个指标是家庭成年劳动力的健康水平。

人口因素是桂滇边境民族地区致贫的主要原因，包括劳动力缺乏、因残、因病。2015 年，云南贫困户中人口因素致贫的有 587 173 户，占贫困户总数的 44.44%。桂滇边境民族地区由于历史原因，经济发展薄弱，生产方式落后，导致贫困户子女教育机会成本较高，主动接受教育的意识不强，甚至存在逃避义务教育、失学辍学等突出问题。

---

① 1 亩≈667 m²。全书同。

在2012年广西"千户村"调研的372份样本中,劳动力的文化水平大部分都集中在初中和小学文化程度,分别占比49.7%和46%,高中及以上文化程度的仅占4%。在旅游精准扶贫的大背景下,桂滇边境民族地区打通了其与外界的天然屏障,并升华了贫困户的意识思维,使贫困户从无意识受益到有意识地投资大规模旅游业,进而使贫困户的人力资本实现了从量变到质变的提升。一方面,地区旅游开发和旅游企业本身的经营活动为贫困户提供许多就业机会。另一方面,贫困户把土地资源租给旅游企业或政府统一规划可获得非农收入,自身可从事其余非农活动。与此同时,桂滇边境民族地区基础设施和服务设备得以改善,使得贫困户的教育、医疗和生活质量均有所改善,从另一个角度来看是间接促进了贫困户人力资本积累,继续提升人力资本质量和数量。

[个案] 金×,男,40岁,贵平村村民,小学文化程度,苗族:家里面还有两个老人,60多岁了,现在最害怕的就是他们生病。老人一生病的话,我们就要有人在身边照顾,没办法去赚钱,管田里的事啊。家里的小孩也是,现在读书也要花钱的,要交学费的,所以我和我老婆得出去打工啊,我们家就得我们两个可以去周围上点班啊,要赚钱养家啊,反正日子嘛过得要紧张点。

3.1.1.3 金融资本

金融资本主要是指农民可支配和可筹措的现金,包括3个来源,即自身的现金收入、从正规渠道和非正规渠道获得贷款、无偿援助。现金收入是指农民通过自己的个人劳动获得的收入,也是大多数农民金融资本的主要来源;正规渠道贷款是指农民从国家正规金融机构(农行、信用社)所获得的现金,而这是农民最困难的渠道;非正式贷款是指农民从亲朋好友或高利贷机构那获得的现金;无偿援助是指政府有关机构和社会爱心人士等无偿提供的现金援助[185]。因此,本研究以贫困户自身的现金收入、信贷获得情况(包括正式渠道和非正式渠道)和无偿援助获得情况作为衡量桂滇边境民族地区贫困户金融资本的3个指标。

受交通、自然资源、地理位置、村生产力、技术、工具、经济结构等综合因素的影响,桂滇边境民族地区贫困户的经济收入单一且不稳定,年人均收入不均衡,比如凭祥市有国家一级边境口岸,边境贸易较发达,会吸引很多贫困户前往边境口岸打工,贫困户收入水平有所提高;而一些市县虽然位于边境地区,但并不在边境的第一线,相对而言经济产业会以农业为主,因此该地区贫困户收入水平低于其他地区。此外,由于贫困户对正规信贷渠道了解较少,或知道正规信贷渠道但无法提供有效的抵押资产以证明其还贷能力。因此,贫困户往往选择通过亲朋好友借钱,只有极少数贫困户有机会获得正规渠道贷款。桂滇边境民族地区贫困户收到扶贫企业、民间组织和爱心人士的资助较少,其无偿援助往往是由政府部门发放一定的补助金额,如农村低保金补助、残疾人补助、基础养老保险等。但这些补助往往只能满足贫困户基本生活开支,而无法满足其他需求,如扩大生产等。

[个案] 龙××,男,45岁,恩城乡村民,初中文化程度,苗族:打比方说我现在小孩儿要读书,需要一笔经济,最简单的就是跟我的亲戚朋友去借钱,去亲哥亲姐那借点钱出来,然后供小孩儿上学。但借是可以借,就是说你要是全部的费用去靠借别人得来的,那肯定是不靠谱,最终你还是要还,你还得靠自己的双手对吧?要是想让小孩儿

的教育好一点，我们得努力地工作一点啊。当然，政府那边也可以去借点，有人是说贫困户如果上了大学有一笔资金的，是一年的有4 000~5 000元的土地款，国家可以直接给的，但是我们开始不是很懂这些啊，过了一年多吧我侄女去上大学的时候才懂，然后才去申请的。所以这些就是可能还是前期做的不太好。这个在我们乡下也没有一个人可以懂得了，所以就是说宣传得还是有点不太贴民意。

3.1.1.4 社会资本

在可持续生计的背景之下，社会资本意味着人们在追求生计目标的过程中所利用的社会资源，包括相互联系的3个部分：社会关系网和社会组织（宗教组织、亲朋好友和家族等），包括垂直的（与上级或者领导的关系）和水平的（与具有共同利益的人）的社会联系[186]。社会资本的作用是强化人们相互信任和合作的能力，并促使其他机构更能响应人们的需求。在本研究中，社会资本主要用家中是否有村干部、参与社区组织频繁程度和邻里关系状况3个指标衡量。

桂滇边境民族地区贫困户主要依靠血缘、地理、近邻或朋友之间所形成的非正式社会关系，其社会交往的范围往往在村内，社会关系网络狭窄。首先，桂滇边境民族地区村干部可利用的资源范围较小。而贫困户由于自身的畏难情绪和投身村屯建设意识不足，往往较少联系村干部或申请在村委会任职，进而影响其争取有限的发展资源。其次，贫困户多认为自身家庭条件不富裕，不愿再额外花费时间精力去参与社区组织，参与社区组织频繁程度不高。最后，贫困户的社会关系多是同村农民和家庭亲戚，但由于同村农民和家庭亲戚往往均长期生活在山区内，生活条件较为困难，所以能为贫困户所提供的帮助有限，彼此邻里关系状况一般。

[个案] 莫××，女，44岁，柳班村村民，初中文化程度，汉族：我家里面还有一个妹妹，她在外务工，她之前是我们村的宣传委员，我们全家都很骄傲的，她总共是劝我，不管怎样，要工作，得有一点收入，没有收入怎么生活生存，只有先去工作才给别人机会帮自己，她还是说得对，现在打扫房子的这份工作嘛，也是她听村里的干部在讲公司招人，我们就去报名嘛，不管怎样，先工作，反正也在附近，方便的。我家的话，亲戚都是互相关心互相照顾的嘛。村里其他人都很羡慕我家的氛围，每个星期六晚上或者给某个长辈过生日我家都会聚会，每个家庭做两道菜，这样大家都不会有困难。

3.1.1.5 物质资本

物质资本主要包括用以维持生计的基本生产资料和基础设施，其意在于提高贫困户的生产力[185]。基本生产资料是指人们为提高生产效率而使用的设施。基础设施是指可以更有效地满足人们需求的某种物质环境变化，这意味着将自然资本和其他类型的资本转化为物质资本，以维持生计和提高生产力。在本研究中，物质资本被设定为两个指标：第一个指标是家庭住房状况；第二个指标是家庭固定资本状况，包括生产工具和耐用消费品。

桂滇边境民族地区贫困户的住房条件较差，房屋大多建在山上，多为石木结构，安全性低，院落破旧。而拖拉机、摩托车、空调和电脑等大型消费品，几乎没有贫困户能负担。农用三轮车及拖拉机大型耕种机器极少在贫困户中出现，贫困户只能用人力或牛来耕地，而且并不是每个家庭都能养得起牛。因此，当一些贫困户需要耕田时，不得不向邻居或亲戚借牛。

旅游精准扶贫为桂滇边境民族地区扶贫开发提供了大量的项目资金，主要运用于山区内外交通、房屋修缮、通信、网络等基础设施建设，以便减少贫困户与外部交往的距离，使贫困户供水排污更方便。同时，旅游精准扶贫所提供的项目资金也奠定了贫困户发展旅游业的物质资本基础，如桂滇边境民族地区道路修建的村村通、户户通等不仅大大缩短了贫困户到市场、医院、学校的距离，也为贫困户接待游客带来了便利；原本生活和农业生产的基本生产资料（房屋、家用电器、农具、牲畜等），除其原有功能之外，也便于贫困户使用其从事旅游生产，提高经济收入，进而以旅游生产模式形成可持续的良性循环生计。

[个案] 张××，女，49岁，恩城乡村民，中学文化程度，侗族：我家住了23年的木瓦房，白天房子里也暗暗的，隔音也不好，有一面墙有裂缝，没修，冬天的时候就用油纸糊住，要不透风。2017年的时候下了四五天暴雨，山上滚下石头，把我房子的瓦砸碎了好多，门口的路都是坑，一下雨就没法走人。后来我就去合作社干活，做保洁，疏果，自己攒了点钱，政府也扶持我，前年我家盖了4间混凝土房，家里用的电器也是慢慢买回来了，电视机啊，冰箱啊，电热器啊，今年还买了台空调，太热了，要不然你睡眠不好。以前耕地都是拿米酒去和同村的借牛，农具也就镰刀、犁头，政府跟我讲我可以享受农机购置补贴，我就买了辆电动三轮车，我老伴载我去县里也方便。

3.1.2 生计策略

生计策略通过生计活动来实现，生计资本性质、数量、质量、结构决定个人或家庭采取生计策略的能力，生计策略的选择随生计资本状况和能力大小而动态变化，生计策略运用的结果最直接地体现为生计资本五边形的扩大、缩小或形状变化，间接通过接受外界新鲜事物的态度，以及应对风险时的理性度体现[187]。贫困户由于生计资本、生活环境和生计活动的不同，因而形成了各式生计策略。

有关桂滇边境民族地区贫困户生计策略，本研究将其分为传统社会时期、现代社会时期和发展旅游的现代社会时期。因此，有必要对各个时期时间节点做一个界定。改革开放后，中国开始了实现现代化的进程。而事实上，桂滇边境民族地区的现代化发展并未在那个时候就开始，而是在改革开放后的几十年，当地才迈出了现代化的步伐。在第一轮西部大开发中，桂滇边境民族地区充分利用有利机遇，推动边境地区建设，如云南自2000年开始实施"兴边富民"工程，2005年至2008年中央、省、州（市）三级财政投入边境地区建设资金54.24亿元；广西紧抓《兴边富民行动"十一五"规划》发展机遇，开展边境地区基础设施建设大会战，投入资金21.6亿元为8个边境县（市、区）建设项目17 927个。2008年，桂滇边境民族地区出现了第一次大规模的人口流动，农村劳动力的转移和流动得到快速增长。自2013年精准扶贫重要思想被首次提出以来，凭借民族文化独特、乡村生态资源丰富优势，桂滇边境民族地区积极探索旅游产业发展。旅游产业的快速发展，逐渐成为桂滇边境民族地区发展经济和脱贫攻坚的新渠道，并为当地贫困户创造了许多新兴生计方式。基于上述桂滇边境民族地区发展脉络及实地访谈资料，本研究将桂滇边境民族地区传统与现代的时间界定为，2008年之前为传统社会时期，2008年及往后为现代社会时期，将2013年界定为桂滇边境民族地区由现代化社会时期向旅游产业主导的现代化社会转变的时间。

3.1.2.1 传统生计方式

1. 作物轮种：养家糊口

桂滇边境民族地区大部地处北回归线以北，位于横断山区南部和滇南山间盆地内，区域内地势呈梯层式下降，北高南低，山脉连绵不绝，山地起伏变化大，陡坡面积较大，阳坡面积较多，因此用"七山三地"来形容一点也不为过。桂滇边境民族地区属热带亚热带季风气候，夏无酷暑，冬无严寒，春夏秋长，冬寒甚短，年平均气温介于16~23.2℃，受西南季风和东南季风的双重影响，因而雨量充沛，年平均降水量1 400~1 650 mm，雨热同期，干湿季分明，土质肥沃，使得作物全年均是生长季。优越的自然生态条件和原始生态环境为稻作文化的发展提供了条件，因而桂滇边境民族地区农业生产历来以粮食种植为主，其中以稻谷、玉米为主，其次为豆类、麦类和薯类。

（1）水稻种植。

1988年由张声震主编出版的《广西壮语地名选集》中，收入壮语地名5 500条，占广西壮语地名总数的8%，其中含有"那""纳"地名的有872条，占收入壮语地名总数的15.8%，尤其以桂西的左右江和邕江流域最为密集。覃乃昌认为，这些冠以"那"（壮语：水田）字的地名，形成一种独特的文化现象，称为"那"文化，其特征是以稻作为主以及在此基础上形成的以"那"（稻作）为本的传统生活模式。可见，桂滇边境民族地区是一个古老稻作农业地区。桂滇边境民族地区水稻播秧有早、午和晚稻之分，早稻于农历二月播种、三月插秧、七月收割；中稻于农历四月播种、五月插秧、八月收割；晚稻于农历六月播种、七月插秧、十月收割。插秧前，先犁田后耙田，耙田时大多以三五头牛，一字排行反复来回耙平。插秧蔸行株距为0.33~0.4 m，每蔸10~12株苗，插后一耘一追肥。插秧10天后，秧苗分出六七株就进行除草和施肥。农民们多年来长期扎根于当地特殊的自然地理环境和社会环境，已总结出相当成熟的农业生产技能，能培养出生育期短、抗旱性强的水稻，并通过及时栽植、贴膜、育苗等措施减少"倒春寒"和"秋风"的危害。

（2）玉米种植。

玉米因具有较强的耐旱性和极强的生存能力，能够种植在半山腰、山顶或是石头缝中，同时由于玉米的耕作方式属于粗耕，在耕作、灌溉以及管理等方面并无严苛要求，容易为当地农民掌握，因而玉米能得到广泛种植并成为农民的主要粮食作物。玉米有早玉米、中玉米和晚玉米之分。早玉米在春节前就要三犁三耙或人工碎土，立春至雨水前播种，亩种3 000穴，每穴播种3粒，种子摆成三角形（间苗后留1株），水粪垫种，上盖干粪，然后盖土，半个月后出苗，待苗长出4~5片叶子即可间苗补苗，此后追肥培土2次，夏至前后收获，紧接着犁田耙田要赶在大暑前插上晚稻，又收又种，实现夏粮入库，因此是农民一年中最忙碌的季节，称为"三夏大忙"。中玉米主要种在畲田，种植方法与早玉米相似，惊蛰至春分前播种，清明至谷雨前间苗补苗，接着培土除草施肥，未收获前小满套种甘薯，大暑收玉米，寒露收黄豆。晚玉米一般不超过立秋前播种，寒露前全部扬花授粉。

2. 畜禽饲养：保障生活

在农村，畜牧业和农业种植一直具有密切关系，农村经济的发展与两者的合理配置相关联。怀特（Leslie A. White）曾指出："农业和畜牧业是使每一个人类能量单位生产出比狩猎、捕鱼或采集所能获得的更多的食物或其他有用物品的方法。农业一旦同畜牧饲养业结合那么提供给文化建设的能量资源无疑比只培植植物的时代要大得多。"[188]农业种植为养殖业的发展提供了有利因素，养殖业已逐渐成为桂滇边境民族地区农民的传统生计方式之一。桂滇边境民族地区的养殖业以饲养猪、牛与家禽为主，既能满足农民日常肉类需求，又能为农业种植提供必要的肥料。

（1）猪牛养殖。

新中国成立前，桂滇边境民族地区的一般农民家庭每年只能喂养1~2头猪，主要是便于消化家里的泔水，家庭养猪业不发达；农业合作化后，牲畜养殖贯彻以户养为主，公私并举的方针，家庭养猪业发展进入一个新阶段；党的十一届三中全会后，整个地区实行"任务包干，派购到队，落实到户"的生猪收购政策，执行派购任务一定三年不变，此时，家家户户都至少养一头猪，重点户甚至能养数头猪[188]。一般农民家庭养猪的成本很低，可利用家庭剩余的泔水或采摘米糠、玉米、甘薯叶、猪草等喂养。酿酒的农民可用酒渣拌玉米粉或米穗喂，一般5个月即可出栏。时至今日，村内养猪主要以散户为主。每年腊月二十三、二十四，都要杀年猪过大年，壮语俗称杀"猪德"。"猪德"很大，200~300斤①膘重，一家人吃不完就留一半自家过年用，另一半拿到市场上去卖换得钱回来补贴家庭生活或供孩子学习所用。

在许多经典民族志作品中，人们的大部分社会活动是与牛有关的。对桂滇边境民族地区农民来说，牛是农业生产中的重要畜力。在解放初期只有极个别农民会自养耕牛，一般贫困农民只能向地主和富农大户租用耕牛；20世纪60年代，地区政府认真落实有关饲养耕牛政策，实行户养、养用合一及繁殖小牛奖励等政策，来调动群众养牛的积极性；党的十一届三中全会后，畜牧产品收购价格进一步放开，原先被收归集体的耕牛也回归农民所有，此外，政府也制定了一些立足实际的养牛政策，如发放养牛扶持资金以扩大母牛繁殖基础等，种种有利的方针政策为养牛业营造了良好的发展环境[188]。进入21世纪以来，农业技术发展迅速，各种混合饲料产品推广与使用，农田机械犁地推广，使得牛不再是农业劳动和生产的必要工具，进而导致一些农民家庭停止养牛。

（2）家禽养殖。

桂滇边境民族地区农民饲养家禽有着悠久的历史和丰富的经验。鸡是农民主要的养殖家禽，其次是鸭和很少的鹅。新中国成立前平均每户农户就养有家禽5只左右；成立后，家禽饲养量更是得到快速提高；1978年后，桂滇边境民族地区落实党的农村政策，推广科学饲养，加快家禽养殖业的发展，家家户户都养有十多只[188]。当地养鸡一般都是自孵自养，以自己家庭食用为主，饲料一般是谷米和米糠，多为放养。养鸡周期较长，一般在半年左右，部分品种甚至需要一年才能出栏。养鸭周期一般集中在每年的

---

① 1斤=500 g。全书同。

3—9月，一般农民家庭平均有10只左右，少数家庭会分批饲养，最多可达100只。每逢养鸭时节，农民们多是把鸭子赶到田野和池塘里饲养，黄昏回家时喂它们粮食和米糠。在传统社会里，人们饲养猪、牛、鸡鸭等家禽畜，"是为了满足自己的生产和生活需要而饲养的"[189]。大多数农民家庭畜牧业都是小规模养殖，较少向外人出售。农民往往是选择在节日和宴会，将自家饲养的猪肉、鸡肉和鸭肉摆在餐桌上供家人或亲属一起食用。

[个案] 杨××，男，58岁，桃城镇宝新村村民，小学文化程度，侗族。我上学的时候，家里就种稻，养几只鸡鸭，肯定不够吃，人口多，地瓜干都抢着吃，我阿妈都把口粮让给我们吃，乡里鼓励我们养猪，没钱给猪买饲料，都给猪吃草、吃红薯藤，猪怎么能长膘，长不到120斤政府不收，少1两都不行。那时候最怕猪生病啊，我家本来就没几多钱，万一猪没治好死了怎么办，那样我们的损失就大着了。所以那时候每家也不会多养猪，一般就只养1头。后来实行国家搞家庭联产承包责任制，我家就有条件多养几只，养了1头牛，3头猪，还有20多只鸡鸭，过年留几只鸡鸭，剩下的都卖了，牛不会杀来吃的，得耕田，卖来的钱得攒起来给我弟弟妹妹交学费，我记得耕地太少，还得拿钱买米。

3. 副业加工：生计补充

（1）酿制米酒。

作为古老的稻谷民族，桂滇边境民族地区当地农民在很久以前就掌握了一定的精通酿酒技术，往往是用粮食制作一些度数较低的米酒，长此以往，形成了家家户户喝米酒的习惯。尤其是在冬天，农民总是在餐桌的边缘，点上一盆火盆，然后喝一些米酒来取暖，因为酒不太浓，男女老少都能喝。此外，当地很多日常场合都离不开酒，没有酒就没有仪式，比如满月酒、生日酒、婚礼酒、祭拜酒等。当地的饮食特色和酒文化现象为酿酒生产提供了重要的支撑。酿酒生产过程一般包括7个工序，即泡粮、蒸饭、摊凉、拌酒饼粉、入缸糖化、发酵、蒸馏。米酒除了卖给村里的村民外，也可以送到其他乡镇去进行售卖。

（2）个体手工业与工商业。

由于闭塞的交通条件以及薄弱的生产基础，桂滇边境民族地区农民制作加工手工艺品的历史由来已久，但整体发展规模小，过程缓慢，以家庭为单位的民间小作坊式加工生产为主。

20世纪80年代的时候，几乎家家都兴竹编，多是利用早晚、农闲时间在自家悠然劳作，工艺精良，产品优质。农民编制工艺有扁蔑和方蔑之分，有日用竹编、农用竹编和艺术竹编三类，包括箩筐、竹筐、撮箕、筛子、竹帽、谷囤、锅盖、鱼篓，以及灯笼、竹编龙头等多种品种。妇女也会纺纱、捻线、织布和做衣，为全家老少提供制作服装、被褥等的原料，均以擅长织布为荣。然而这些手工制品大部分是农民自用的，只有一小部分在市场上出售，然后用来添置一些生活必需品。

3.1.2.2 现代生计方式

1. 现代农业与养殖业

为脱贫致富、增加就业，桂滇边境民族地区根据区域自然社会条件和政策支持，顺应时代潮流，创新发展模式，大力发展农业生态循环经济，壮大果蔬传统优势产业，提高农民经营收入。在各级党支部的指导下，地方政府坚持科学发展观，不断加大农业产业结构调整力度，成立专业果蔬种植扶贫合作社，大力发展火龙果、柑橘、百香果、三七—花卉—果蔬轮种等特色产业。

农民通过"土地持股""土地流转"或入社务工等方式参与特色经济建设。实行"家庭承包种植、统一经营管理"模式，将农产品统一商标、统一包装、定点直销，进而有效促进优质特色农产品朝着规模化、区域化、规范化发展。果蔬种植扶贫合作社的进入和退出是完全自由和自愿的，其发展成员主要是长期从事农业生产、加工、购销、流通经营等贫困户和普通农民等，并向其成员提供产前、中期和产后服务，如种植技术培训、病虫害防治等。同时，各果蔬种植扶贫合作社按照"合作社+基地+农户"的组团经营模式，将新品种的推广、新技术的引进、试验与成员紧密联系在一起，充分利用"互联网+"扶贫试点办公室优势，依据国内主要大中城市农产品市场需求组织成员进行生产。

同时，为了响应国家号召发展生态农业循环养殖，发展生态养殖，实现贫困户可持续增收，桂滇边境民族地区积极创办生态养殖合作社，采取自繁、自养、自销一条龙服务。合作社中的养殖能人带领其他社员一起养殖肉龟、肉蛇、东涛鸡、黑山羊等，并且承诺每增重一斤便给予不同价格，保障养殖产品保底回收。一般来说，农民每只肉龟可以获得300~400元的收入，一条肉蛇的最终收入可以达到400元以上。农民在学会这门手艺后，可以选择"自立门户"，也可以选择继续留在合作社进行合作养殖，但条件是不能再享受保底回收的优惠条件，并向合作社缴纳租金。

[个案] 林××，女，39岁，夏石镇板属屯村民，高中文化程度。屯里这几年搞百香果，食用菌种植，挺感兴趣的。我们周边的邻居些，都把地租给外面专门搞食用菌的公司了，公司都是签了十多年的合同了，每亩地每年付给他们800元，五年付一次租金。我觉得还是很划得着捏，你想嘛，它这么大个公司，搞这种食用菌种植，肯定是有比较好的销路，不然也不会租他们的地租了这么多年了咯。有时候食用菌生意好的时候，这个公司也会在我们屯里直接招人去帮忙，一天80多元钱。而且2008年之后，我们这边好多人都出去打工了，好多地都没人种了，都成了荒地了。有人租地的话，就相当于帮忙把地养着肥力捏。万一到时候大家想回来种地了，等合同期到了，就不租了嘛，又不是多麻烦的事。我跟我老公没把地租出去，是因为我们现在养肉龟。我们这里老话说"养一只龟等于养一头猪，种十亩地不如养一池龟"，合作社免费给你龟苗和饲料，有老师免费培训你怎样养龟，要是龟生病，合作社会派老师过来看病，养到七八斤，合作社帮你卖。我们是觉得销路不得发愁，已经有不少跟合作社做生意的商家都已经打过电话给我们了，说是想要长期收购的，一斤70~80元，一只肉龟能卖500~600元，合作社要扣掉200元成本，还能赚300多元。

2. 务工

现代社会时期的桂滇边境民族地区农民把生活水平的提高视为奋斗的目标，其生产规模也有所增加，生计方式也进一步拓宽。在这些现代生计方式中，务工居于首位。而务工又分为外出务工与在乡务工两种方式。桂滇边境民族地区在没有积极探索旅游产业发展之前，以外出就业为主的工资性收入在家庭收入结构中所占的比重逐年加大，外出务工人员寄回或带回的现金收入已逐渐成为农村家庭改善生计的重要来源。常年在外谋生的农民多是20~45岁的男性劳动力，其中20~30岁的年轻劳动力多为初中和高中学历，以从事建筑工程和服装玩具等生产加工、电子厂等体力劳动工作为主。从分类上看，有的家庭出门在外，把空房子留给同村的亲戚照看；有的年轻人在外劳动，将子女托付给家庭老人照顾；有的家长和孩子都在外务工经商等，各种情况均有。选择在乡务农的农民主要是50~60岁的留守老人，他们往往是为了照顾孙子而留在村里。为改善生活质量，大多数老人都想通过自己的劳动挣些零用钱，但由于年龄问题和家人担心，外出务工不现实，无法继续从事建筑工程、服务行业等体力劳动。因此，许多岁数大的农民会选择在当地打零工。随着桂滇边境民族地区开始实行承包经营，农忙或产品销量大时需要大量短期劳动力参与，一般日收入80~120元等。这样，农民既可以通过出让部分土地赚取出让金，又可以利用业余时间打零工补贴家庭。

[个案] 农××，男，54岁，下冻镇那宋屯村民，小学文化程度。我两个小孩，学习成绩都不好，毕业后原先在家干农活，我们心里不痛快，小孩也天天哭，我没啥本事，只有这点活计，夏天再热也得去砍甘蔗，一家几口人全拴在土地上一年也不了多少钱。孩子叔叔在广东做厨师，打电话给我让孩子去他那，我舍不得，可是舍不得也得出去啊，大儿子初中毕业，小儿子高中毕业，出去的时候还不到20岁，我不怕他们在外面吃苦，我怕他们受别人欺负，原先他俩在餐馆端盘子，挣得少，吃饭也不准时，给我打电话说脚都磨起水泡，后来就去建筑工地，挣得多，我让他俩攒点钱回来做个小生意，心跑野了，都不愿回来，说出去打工这么多年，村里都不熟悉，回来自己做生意没人帮忙，担心做不来。我现在每天到镇上接送孙子上下学，闲着没事就去找点零工，一天也能挣八九十元，现在年纪大了，没力气了，耕地都交给我弟弟，每年他给我几袋米就行。

3.1.2.3 旅游产业主导的现代生计方式

面对国家聚力脱贫攻坚，千方百计巩固和扩展产业扶贫成果的契机，桂滇边境民族地区凭借独特的边境民族文化和丰富的乡村生态资源，扬长避短，打造以观光、休闲、健康、娱乐、度假、餐饮、农业体验、体育等为主或相结合的乡村旅游产品。以创建A级景区工作为契机，依托龙头景区的带动作用，探索实施"龙头景区+农户经营"旅游扶贫模式，有效提升景区对周边贫困村的带动力。创新实施"农户入股+公司运作"和"农宿协会+贫困户"等模式，探索出了旅游发展、公司获益、农民脱贫的良好路子，农民以土地、树木、鱼塘等实物折算人民币入股，公司以资金投入基础设施建设，以8%的比例分红，按股份获得收益，帮助贫困户获得经营性收入、工资性收入等多种收入。乡村旅游的发展不仅有效促进了农业产业结构调整，还带动了交通、建筑、服务、农副产品销售与加工等相关产业的发展，并延伸了旅游产业链，有效带动和促进了农村经济多元化和可持续发展。现如今，这个集"老、少、边、穷"为一体的桂滇边境民族地区贫困户，在得天独厚的自然环境条件和历史文化资源的深入挖掘基础上，已开始向以旅游活动为主的多元生计方式转变。

本研究依据贫困户与景区之间的距离关系将贫困户类型划分为重叠型、比邻型和分离型3种基本类型。所谓重叠型贫困户意味着贫困户位于旅游景区的地理边界范围之内，依附旅游景区建设中的大量基础设施和公共服务设施实现脱贫致富。贫困户生产生活范围内的地理要素构成的地理资本是其实现可持续生计的重要的旅游资源，并在旅游开发过程中转化为贫困户的经济资本。重叠型贫困户较另两种类型贫困户受旅游业影响最大，其生计活动主要包括房屋租赁、土地流转、房屋资产入股分红、门票分红、手工艺品制作与销售、土特产加工与销售、餐馆与住宿经营、景区工作等多个与旅游业密切相关的行业。比邻型贫困户位于距离景区的边缘1 km到向外延伸5 km左右之间的空间距离范围，在这个空间范围内具有明显的地缘优势。比邻型贫困户对所在区域的历史文化和风俗习惯等较为了解，并在旅游景区及其辐射范围内拥有可观的社会交往资源，因此可以灵活地接受旅游景区的辐射功能，将文化资本、社会资本转化为经济资本，从而直接或间接地从旅游业中获得经济效益。该类型贫困户相较于另两种贫困户，处于可进可退的灵活境地，其生计活动主要包括土地流转、稻作农耕、饲养畜禽、手工艺品制作与销售、土特产加工与销售、餐馆与住宿经营、景区工作、现代种植业与养殖业、外出务工等。分离型贫困户位于距离景区边缘5 km之外到能够接收到旅游功能辐射的空间范围。在这样的空间距离下，旅游业对此类型贫困户的直接带动作用以及该类型贫困在旅游业中获得收入较另两种类型贫困户最小，其生计活动主要包括稻作农耕、现代种植业与养殖业、手工艺品制作、土特产加工、外出务工等。

1. **房屋租赁**

时光荏苒，桂滇边境民族地区以小农经济为主导的村落逐渐暴露出了产业结构单一、基础设施较差的缺点，再加上广东、福建等地制造业的快速成长，大多数农民都选择出门务工经商，劳动力和人气的流失，古村逐渐落寞，房舍破败，牛粪当道，只有上了年纪的老人选择留下来。随着桂滇边境民族地区旅游业的发展不断加速，市场逐渐升温，各类招商引资和旅游项目纷至沓来，住在村里主干道上的农民成为旅游开发最直接的受益者，享受着旅游开发所带来的最直接的收益，"老屋"或被改造成供游客休憩食宿的主题农家小院，或被改造成土特产售卖店。对于那些拥有"老屋"的农民来说，出租"老屋"的收入可以占到他们家庭总收入的一半乃至更多。桂滇边境民族地区旅游开发，既可以保护农民的老房子，保存宝贵的特色建筑文化资源，又可以盘活闲置的宅基地，增加农民的财产性收入，使这些最早、最直接的受益者逐步走上脱贫致富道路。而那些凝聚农耕智慧、具有深厚历史文化底蕴的传统古村落，经过短短几年的时间，也实现了精彩蜕变。

[个案] 张××，女，35岁，逐卜乡逐卜村村民，大专，距离樱花谷旅游区小于1 km。我同你讲，我家原先住的房子是我老公他爸年轻时候盖的砖瓦房，他以前到广东建筑工地打过工，回来后就种甘蔗，还走街串寨做建筑活，好不容易才得，在村里算是气派的。我有两个小孩嘛，想着小孩能离学校近点，我自己在樱花谷景区做售票员，就在附近盖的新房。感谢党和政府扶贫帮扶的好政策，这几年我们这旅游发展得很好，节假日都人挤人，车都走不了，去年有外地老板来樱花谷这玩，想搞农家乐，就把我家老屋租了。租金我也不懂多少钱，和邻居商量，还问了我们景区的王总，最后要24 000元一年，一年签一次合同，我一年都挣不出这些钱。我们村里都很欢迎外地老板来，租

给他们,又修好了房子,又有钱收,何乐而不为呢。

2. 餐馆经营

随着桂滇边境民族地区旅游业的兴盛,在家中开办农家菜馆、农家乐等小型旅游经营实体逐渐成为当地农民深入参与旅游活动的象征。这种经营实体的劳动力以自家家庭成员为主,只有在生意忙碌时会雇佣部分附近农民。餐馆经营活动的开展,有利于当地民族特色美食链开发和提高传统农作物产品附加值,在增加家庭收益的同时,也助力特色食材、烹饪配方、衍生商品等产品的开发,有利于当地旅游业进一步发展。

[个案] 陆××,男,49岁,武德乡保卫村村民,初中文化程度,距离欢来谷景区小于1 km。最开始想的是我们家老房子空着嘛也是浪费,离景区还这么近,那还不如我们搞点生意做做,反正自己做的话,又不要房租的,还就在家里面做生意,不用辛苦跑到外面去打工。现在我这个店大约90平方米,同时容纳10桌客人是没问题的,招牌菜是武德当地的肉糕,再加上其他的本地特色家常菜。我们这边的肉糕,大家都会做的,以前都是逢年过节的时候吃的多,现在成了我这边的招牌菜,店里的白切鸡、竹笋、腊肉、螺蛳、烧鸭也很受欢迎。做餐馆之前,不晓得这么累啊,每天一大早要去集市上买好菜,把菜洗洗理理才得空闲时间吃早饭,有时候节假日游客多,别说早饭了,连中午饭和晚饭都不知道什么时候得啊。我母亲、妻子同我大女儿包肉糕,有些客人会提前预定,一个打包盒能装2个粑粑,每天都能用掉打包盒50多个。我还请了两个本家亲戚来帮忙,主要负责洗碗、打扫卫生、洗菜等,一个月给她们2 200元,表现得好就发红包。现在做这个生意,家里的几亩地都没种了,都拿给亲戚去种甘蔗、砂糖橘这些了。只在自家附近一点空地种点蔬菜啊,有些城里来的游客喜欢我们这种自家种的小菜。以前我在福建干建筑活,但是常年不在家,我心头也晓得留小孩在家里不好,还麻烦父母七八十岁还照顾小孩,但是以前要养一家人,我也没办法啊。现在有这个机会回村创业,既可以和家人团聚,陪伴小孩成长,也能有稳定持续的收入来源,我们真的是很感谢政府发展这个旅游业啊。

3. 土特产加工与销售

随着旅游业的不断发展,桂滇边境民族地区迎来了越来越多的游客,不仅有广西、云南本地游客,还有很多广东等外省游客。旅游结束后,大多数游客还会购买一些当地的土特产,带回去自己吃或送给亲朋好友。土特产包括两类,一类是当地的无公害农产品,如红米、蔬菜、南瓜、食菌类等。大多是村里闲散的老人在景区门口和前往景区的必经之路上,销售这类农产品。另一类是当地特产,诸如桄榔粉、老窝火腿、姜葱酒、酸嘢等,游客可在专门从事此类土特产品加工与销售的店铺或者零售商店等购买此类特产。

[个案] 梁××,女,43岁,彬桥乡清明村村民,初中文化程度,距离板潭壮营旅游区1~5 km。我们当时很穷的,公婆年轻的时候出苦力,年纪一大浑身疼,瘫了,家里的钱全都花在医院里,孩子的学费都是我从娘家姐姐借的,没办法出去打工,就想学点手艺挣钱,可是没人愿意教给你的,我就去偷偷看别人做腐竹,慢慢摸索出来的。最开始做腐竹的时候,不晓得这个水该加好多,最后嘛,做出来的要么太干,要么太湿,不得哦。后面我还是去跟人家学哦,慢慢地才得这个做的技巧哦。原先一天只能做40

斤黄豆，现在我们最多一天能做两百斤，儿子也没出去上班，就留在家里帮我俩做腐竹。这几年这里旅游搞得很好，游客一直不断，节假日的时候道堵得死死的。我们自己纯手工制作的腐竹，肯定是没得哪样添加剂和色素嘛，干净卫生，口感好，价格也和城里差不多，所以买的游客还是多的。有些买1~2袋，有些嘛，买个10几袋咯，还有些嘛，留了我的电话，说是吃完之后好找我直接邮寄。做的话，主要是从我们村子和隔壁村收购黄豆，价格也还好，2.5~3元1斤，差不多用1斤黄豆可以做半斤腐竹。然后我们一般是按斤包装好腐竹的，零售价就是20元。我现在不只自己卖，附近的商店、农家乐、粉店、土特产店都从我这里拿货，批发1袋17块。我们年纪大了，身体也吃不消了，不过我还是希望能在板潭壮营景区附近开一家腐竹店。

4. 零售商店

随着市场经济的发展，游客和农民消费需求也随之增加，桂滇边境民族地区也开始逐渐发展个体经济和私营经济，以家庭为基本单位的个体工商户为主。在旅游扶贫工程的推动下，贫困户选择在景区附近建立农家自选商店，出售日用百货、快消、烟酒、游泳装备等，种类齐全、价格便宜。

[个案] 沈××，男，50岁，浓沙村村民，初中文化程度。这个商店也是在2017年的时候才开张的，当时是发展旅游嘛，建的游泳池，客人得买泳衣泳裤，饮料什么的，村里原先也只有一个阿婆卖油盐酱醋调料这些，别的就不得，很不方便。既然每家每户都需要过日子，旅游现在又搞得这么火，村里开起小超市也是迟早的事儿，还不如自己家先开，我借了我哥4万元把老屋重新装修一遍，周主任又说我是贫困户，可以贷3年5万元的免息贷款，这个商店才开张，现在商店一年能挣5万元左右。我现在土地都租给附近的一年合作社种火龙果、茂合柑这些，去年租金给了我600元，当时签的合同，一年租金涨5%，我每年还养40来只土鸡土鸭，除了留10来只自己吃，剩下的都卖给餐馆了，这几年村里多了三四家农家乐，他们需要，客流量大的时候，土鸡土鸭很紧俏的，1斤能卖出25元。我们老两口子很感激现在的好政策，替我们贫困户着想，希望再多做两年，如果发展得不错的话，到时候让在外务工的儿子儿媳能回家帮忙，一家人共同经营。

3.1.3　生计风险

3.1.3.1　教育风险

教育风险起源于教育资源的缺乏。桂滇边境民族地区由于发展水平严重滞后，导致教育经费投入方面捉襟见肘，对于教学设备、图书资料的添置，校舍的改扩建工程以及实验室、图书馆建设等，只能暂时搁置，从而阻碍学生的教师深入学习和健康成长。同时，基层教师专业化成长的自主意愿不高、教育主管部门和学校缺乏资金支持教师培训等综合因素促使桂滇边境民族地区基层教师专业能力和整体素质堪忧。此外，桂滇边境民族地区在基础设施、交通条件、生活环境和工资等方面都不具备城市学校的优势，新进教师引入工作十分曲折，少有知名教师群体投身于此。更加雪上加霜的是，教育系统实行评聘相结合和岗位设置限制导致符合条件的教师因名额限制不能晋升，晋升通道狭窄。部分优秀教师思想动荡，想方设法调往区内外发达地区，骨干教师流失严重。特别是随着农村学校的取消和整合、农民向城镇聚集，使得原本稀缺的农村教育资源逐渐向城镇转移，学校教育更加薄弱。农村学校教育需求得不到满足，致使教育风险增大。

[个案] 滕××，女，40岁，硕龙镇临江村村民，小学文化程度。我和我老公现在都在景区里工作，我做游泳池售票员，我老公做游泳救生员。这几年收入翻了几番，政府也很照顾我们，要说有担心的就是我两个小孩上学的问题吧。我俩现在只能在乡下工作，村里连育红班都没有，孩子只能在镇里上学，每天5点半就得起床，要是下雨下雪也得送去读书啊，我也心疼小孩，对不对，我也想想让自己小孩能去县里读书，可是我家没那个条件，要去县里上学你得有学区房啊。唉，说起来就愁人，我大儿子读书的硕龙中学就建在悬崖边上，篮球场旁边有护栏，护栏外边就是悬崖，整天担心，学校里原先就一张乒乓球台，早晒褪色了，后来用砖头搭了几张出来。内课桌都不知道用了多少年，破破烂烂，书包都没法放进去，将就着用。我大儿子回家同我讲经常有打架的，老师年纪也大了，都不敢管，哪有年轻老师来哦，来一个走一个，人家年轻老师来我们镇上待一个星期就走了，嫌工资低，住宿条件不好，交通也不便利，教室连风扇都没有，夏天怎么熬啊，我大儿子学校里现在就剩下些老教师，不得法，我儿子班主任教着数学还教思想品德，他的数学老师去年去广州做生意，再也没回来。我小儿子在育红班里，没几个老师会弹钢琴，也不知道他们有没有教师资格证。我也希望孩子能走出去，能在外面见世面，可我们这的教育环境实在不行的，我小孩读初中才接触英语，以前我在广东打工的时候，那边好小的小孩就说英语，还学跳舞、学弹琴，我的孩子到现在什么都接触不到，我同我老公讲，为了孩子要努力赚钱，要读大学的，不读大学不行。

3.1.3.2 自然风险

自然风险引发农业减产，影响贫困户收入。桂滇边境民族地区自然条件恶劣，洪涝灾害、风灾、山体滑坡和泥石流等自然灾害频繁，导致农业减产，甚至颗粒无收。此外，各种农作物病虫害的繁殖和流行，水稻稻瘟病、玉米大斑病、烤烟花叶病等病虫害危害较大。抵抗旱灾、洪涝灾害的方法之一是修建农田水利工程，但在实施小农户家庭承包经营以后，农户组织化程度下降，原子化经营形成，不能有效地维护农田水利设施，导致其抵抗旱灾和洪涝灾害的能力减弱[190]。随着大量劳动力外出务工，农村逐渐空心化，农业收入占总收入的比重持续下降。农民个体既没有能力也没有热情去维护和重建农业水利设施。同时，自然灾害使得贫困户系统性脆弱性上升。如果发生较大的地质灾害，基础设施遭到严重破坏，需要耗费巨大成本修复。自然灾害还会破坏教育和医疗设施，这将进一步扩大桂滇边境民族地区教育和医疗公共服务的短缺，影响公共服务的正常供给。此外，贫困户的住房保障和耕地也容易受到地质灾害的影响。一旦破坏，不仅会影响贫困户的住房问题，导致其住房资产价值的损失，而且还会进一步恶化贫困户的生产条件，破坏其生计资本，使其因灾害而陷入贫困或返贫。

[个案] 吕××，男，43岁，平给村村民，小学文化程度。种这个甘蔗，我们真的是累死累活呀，本来指望甘蔗熟了人家老板来收，可以给我家小孩凑点学费嘛，但是你看这个天气呀，真的是很奇怪啊，现在我们这里就是一个多月了，都没有下雨呀，之前是下雨天太多，我们还要搞一个抽水机把水抽出来，有好多我们种的甘蔗都要死掉了。

就这种天气，还不晓得今年小孩学费怎么搞。

3.1.3.3　就业风险

由于桂滇边境民族地区交通闭塞、自然灾害频发、生态环境恶劣，部分贫困户主要劳动力常年务工，劳务收入成为家庭收入的主要来源。近年来，国际经济形势波动，贸易争端频发，国内经济形势下行压力增大，长期积累的风险隐患有所暴露，中小企业受影响较大，同时由于贫困户自身文化素质水平低、劳动技能单一、可替代性强，主要从事建筑业、加工业等劳动密集型工作，或多为非正规部门就业，如街头小贩、个体工商户等因素共同作用，致使贫困户面临诸多就业风险，诸如职业缺失风险、被边缘化风险、就业资本缺失风险等。

[个案] 葛××，女，30岁，宝圩乡村民，初中文化程度。我们这个在景区上班，不是说我们都能常年在这里，有时候家里有事，我们就没办法来这边了，就是说像去年我也是在托管上班的一段时间，但是今年疫情过后了，托管人家不能开，学校人家还没能开，但是这个景区先开早了一点，我们就只能马上进来工作，你得有一点收入，你没有收入你怎么生活生存对吧？

3.1.3.4　经济风险

随着农村市场化、商业化程度的提高，农村市场日益融入全国乃至全球市场。宏观经济波动对贫困地区的影响越来越明显，桂滇边境民族地区贫困户面临的经济风险也日益增加。农产品价格波动会对农业经营收入产生负面影响。虽然桂滇边境民族地区在脱贫攻坚中强调特色产业的发展，但在实践中却经常出现贫困户因农产品价格限制而成群栽植某些农产品的现象。由于农业生产对价格的滞后效应，某种农产品大量种植会导致收获季节农产品价格下降，进而影响贫困户农业收入。此外，即使贫困户不聚集种植某些农产品，宏观层面上的农产品价格波动也会影响桂滇边境民族地区贫困户的农业收入，导致贫困户脆弱性的增加。同时，桂滇边境民族地区虽依赖旅游业发展，精准助力贫困户脱贫致富，实现可持续生计，然而旅游活动的季节性特征也极大影响贫困户收入。桂滇边境民族地区旅游市场发展不成熟，缺乏调节外部冲击干扰的缓冲机制，难以有效平抑市场需求的不稳定波动，抵御波动风险的能力明显不足，因此，受乡村旅游自身特点影响以及疫病、自然灾害等非正常波动因素的冲击，桂滇边境民族地区的乡村旅游业必然会出现较大的震荡，从而给贫困户带来一定的经济危机。

3.1.3.5　健康风险

健康风险影响一个家庭的再生产能力。在桂滇边境民族地区，因病致贫和因病返贫现象极为普遍。受医疗条件有限、医疗可及性差、医疗水平低的影响，该地区贫困户易面临较大的健康风险，这将影响家庭的再生产能力，增加贫困户的脆弱性。健康风险的负面影响如下：第一，疾病影响了家庭劳动力的就业，直接导致家庭收入的减少；第二，疾病增加了家庭消费，成为家庭的重要负担；第三，照顾病人导致青年劳动力外出工作机会减少，间接减少家庭收入；第四，贫困户在面临健康风险时更有可能借款，这不仅增加了当前的负担，而且对家庭产生长期影响——贫困户不仅需要动用他们的储蓄，而且未来的收入也需要用来偿还债务；第五，贫困户抵御健康风险影响的能力不足，这直接制约了农民人力资本水平的提高，影响了家庭的再生产能力。

[个案] 莫××，女，46岁，那岭乡村民，初中文化程度。我带队进山的话，危险的话还是有的呢。我们这边山里很大的哦，有时候会出现一些问题，像那些草啊蛇啊虫啊，有些有毒有些没有毒，有时候摸了碰了会全身痒全身肿的，这方面我们景区也没有培训过，那等一下到医院去都全身都肿完了，又得花钱唉。

3.2 桂滇边境民族地区旅游精准扶贫的现实表现

3.2.1 驱动程度

3.2.1.1 政府方面

1. 旅游精准扶贫政策自身合理性不足，宣传不到位

旅游精准扶贫的发展需要政府政策支持引导，而精准扶贫政策功能的缺失是桂滇边境民族地区旅游精准扶贫成效不高的主要原因之一。首先，旅游精准扶贫任务重、时间紧，政策制定者有时为了完成工作任务而疲于应付，同时部分政府基层决策干部没有做到准确把握旅游精准扶贫政策的理论逻辑和当地实际情况，不能准确合理地规划旅游发展，这容易造成旅游精准扶贫政策与桂滇边境民族地区的实际情况不匹配，使旅游精准扶贫政策在短时间内无法实现，造成旅游精准扶贫政策缺乏连续性和稳定性。为了解决这一困境，新的精准扶贫政策又将出台，这很容易形成恶性循环。扶贫工作人员每天都在忙着学习新的精准扶贫政策，叫苦不迭。其次，政府在角色定位上不够"精准"。在市场经济理论中，政府通常以"守夜人"的身份出现。如果政府占据了市场经济的主体功能，控制着旅游资源的配置，就会导致旅游开发主体性太强，资源利用效率低、政策有效性低。此外，由于政策制定者的奖惩机制和监督制度不完善，对扶贫政策的认识和脱贫致富的必要性了解不够充分，导致政府的一些扶贫政策偏离了实际，"服务型"政府的定位也还没有落实。

旅游精准扶贫政策的宣传对于贫困户真正了解政策的目的至关重要，而政策宣传的媒介主要取决于执行机构、人员和相关媒体的宣传。旅游精准扶贫作为一种新型扶贫方式，跟许多农民以往所认知的"输血"扶贫是不同的，其目的是以扶贫为核心点，通过旅游来让农民脱贫致富，更多的是促成"造血"援助，要让农民真正地理解政策的主旨，帮助他们参与到旅游扶贫当中，而不是只知其名不知其意[191]。在实地调研的过程中了解到，大部分贫困户对旅游扶贫政策持观望态度，对于具体的执行和操作还不了解、不清楚。虽然桂滇边境民族地区采取了结对扶贫的方式，实现了扶贫干部和贫困户一对一的直接接触，通过这样的沟通方式达到政策宣传的目的。但相应的大型政策宣传活动相对不足。很多政策宣传活动在召开时，多是等待农民的咨询和提问，使得宣传活动处于比较被动的局面，农民参与积极性较低。除了相关执行机构和工作人员宣传外，新闻、广播等媒体平台的政策宣传，由于考虑到宣传成本和宣传后的实际效果，相关宣

传投入较少，对媒体平台的宣传重视不够。

[个案] 黄××，男，56岁，礼贤村村民，文化程度不详。相关政策的话，就是给我们做对接工作的都比较了解，具体旅游扶贫工作，一般都是工作人员下来跟我们讲解，你要说理解吗，我也说不清，有些时候能懂有些时候听不懂，太复杂的嘛我也不好意思去问，像你们年轻人好理解嘛，因为你们毕竟是年轻，对于我们这种年纪大一点的，有时候搞不懂啊，还有我父母他没来过这里，他应该也不懂，也不是很懂。

2. 旅游精准扶贫政策执行监管不足，资金监管不规范

旅游精准扶贫政策执行后需要第三方进行行政监管来保证扶贫政策执行过程不出现"虚监""弱监"的现象，如果缺乏专门的行政部门进行监管，将导致政策执行者在执行旅游精准扶贫政策时存在无人监督的心理，会抱着一种执行效果好坏无人管错误思想[192]。当前桂滇边境民族地区旅游精准扶贫政策执行监管主要存在以下几个问题。一是行政监督主体内部化。监督机制要想有序运行，必须具有权责明确、分工清晰、制度严格、功能稳定的内部结构。旅游精准扶贫政策的有效实施有赖于多元化的监督主体，但目前监督主体中的舆论监督、立法监督和司法监督尚未充分发挥应有的作用。其次，监督者之间的沟通不够充分，导致监督的整体合力形成困难，使得行政监督在预防权力腐败、促进廉政建设方面不能充分发挥作用。二是缺乏群众机制和响应机制。群众监督的广泛性和透明度对扶贫政策的实施起着极其重要的作用。群众监督机制的建立要有畅通的反馈渠道和平稳的响应机制，如电话、信件和来访等形式。目前，桂滇边境民族地区各级政府及相关部门的政策咨询机制和信访受理制度还不完善。由于农民的文化水平较低，因此与扶贫工作人员沟通常面临困难。与此同时，各级政府的监管部门对贫困户举报的问题也没有及时接收和处理。少数干部对贫困户上访问题拖延甚至不处理。

桂滇边境民族地区旅游扶贫资金监管不规范主要体现在两个方面。一是旅游扶贫资金多部门共同管理，由财政、扶贫办、发改委、民委、林业等部门按各自对口的要求各行其是，缺少全盘考虑、统筹安排，没有形成规范的管理制度和相关部门，对旅游扶贫资金的申请、监督和使用进行专门管理，造成旅游扶贫资金在整个使用过程不能做到职责明确、管理健全，扶贫资金交叉使用、重复申报等问题严重，从而出现了多部门推诿的不良现象，难以使旅游扶贫资金发挥最大的扶贫效果。二是扶贫资金使用不公开、不及时。扶贫资金信息披露制度和扶贫项目公告公示制度的建立并不完善，在发达的互联网时代，在桂滇边境民族地区各县（市、区）扶贫办门户网站以及微博等自媒体中搜寻扶贫资金的来源、使用情况是很难得到相应结果的。政府发布信息往往只会涉及扶贫资金到位情况，缺乏具体扶贫项目资金数额和资金使用规划等，使得扶贫资金难以监督。与此同时，第三方监督和社会监督方式在桂滇边境民族地区的监督体系中还不能有效发挥作用。由于农民素质普遍，其监督作用有限。设想扶贫户成为监督扶贫资金使用与建设的重要主体，在现阶段，几乎不可能实现。

[个案] 农××，女，34岁，板任村村民，小学文化程度。有些时候也烦啊，比如说我们去找政府办事的时候，经常有那种踢皮球的现象发生，比如说让我们去找这一个，这个又让我们去找那一个这样的。对国家这些扶贫政策不清楚啊，我们都是农民，

下班都回家，都不知道。你说的那种他们工作不好，国家下发的扶贫资金怎么安排的，每一笔钱的去向啊，这种是没有给我们看的，我们也不知道去找哪个看的。

3. 旅游精准扶贫责任机制不健全，绩效考核不够完善

合理的组织结构、合理的人力资源配置、合理的政府与部门之间的安排及明确的职责、权限和工作程序的划分，这些都是高效组织的必须具备的特征。各部门之间是否良好配合，权责界限是否明确都是政策执行力高效的重要参考因素。当前，为更加高效推进旅游精准扶贫工作，各地纷纷成立在政府领导指挥下的扶贫开发领导小组，扶贫开发领导小组作用的发挥直接影响到旅游扶贫开发工作的成效[193]。据调查，桂滇边境民族地区的扶贫工作领导小组由12个部门共同组成。但由于领导小组组织协调能力有限，部门之间出现职能重叠、权责不清、相互推诿的现象，并导致了缺乏监督、合作薄弱等问题。

扶贫考核既是明确脱贫实效导向的"指挥棒"，也是检验脱贫质量的"质检仪"，更是传导压力、压实责任的"推进器"，而做好考核评估工作，是立导向、严规矩、压责任、促进扶贫工作上台阶的关键环节[194]。当前桂滇边境民族地区扶贫绩效考核不够完善主要体现在3个方面。一是考核指标较为单一，与目标要求脱节。在实际考核过程中，政府的绩效诉求明显，往往重点关注人均生产总值、人均财政收入、扶贫地区农牧民人均收入等经济指标，将脱贫摘帽工作纳入干部扶贫考核管理，对扶贫产业与扶贫项目精准度、贫困发生率、扶贫资金利用率和扶贫目标精准度等指标关注不足。二是扶贫绩效考核过程形式化。由于深度贫困地区地理位置偏远、贫困户居住分散、交通不便等客观条件使得上级扶贫考核部门力不从心，上级扶贫考核部门为了省时省力，直接将基层扶贫部门负责人报送的扶贫总结报告作为考核和评分的对象，可能在一定程度上扭曲考核结果。更有甚者，部分地区仍然存在以扶贫工作报告的形式而不是实地考察，以"听"代"做"，是一种对扶贫工作不负责任的绩效考核，最终造成扶贫开发工作的考核流于形式。三是考核结果运用不足，激励作用不明显。精准扶贫考核的目的是发现考核过程中存在的问题，分析问题，最后找到解决问题的方法；其次是要及时对脱贫攻坚成效突出的地区进行表彰和奖励，并作为调整领导班子和选拔任用干部的重要参考。然而桂滇边境民族地区不能很好地运用精准扶贫的考核结果，只是将考核结果进行简单的数据整理，形成扶贫工作情况通报下发至各个被考核的部门和地区，这样简单的通知和表扬往往没有明显的激励效果，长此以往，反而会让扶贫工作者感到"漠然"。

3.2.1.2 企业方面

1. 参与扶贫积极性不高，参与企业实力不足

企业是桂滇边境民族地区脱贫攻坚的重要外部援助力量，但部分旅游企业忙于自身的经营管理，对旅游精准扶贫工作以及相关扶贫政策的态度不温不火，缺乏主动参与社会扶贫的意愿，尤其对帮助贫困户发展经济和旅游业不感兴趣，其中大多认为参与旅游扶贫"太麻烦""不划算"。公司是一个营利性组织，面对目前的经济形势，只有做好经营才有机会去实现更高的社会价值。精准扶贫政策通过地方官员的关键绩效指标来进行评价考核，这使得精准扶贫很容易变成政府与企业合作的公关活动，而旅游项目本身并没有得到充分的开发。同时，桂滇边境民族地区对旅游企业扶贫设立的目标偏宏大，

且目标的设立不一定适合旅游企业在市场经济中的发展,许多旅游企业的管理者都在衡量自身的发展与参与旅游扶贫的关系,担心企业自身因为盲目参与旅游扶贫,导致主业的效益滑坡,甚至害怕因为完不成政府所定的扶贫目标,而受到政府的"另眼相看"。

企业实力影响企业参与旅游扶贫的规模和质量,其中的企业资源、企业能力等企业实力因素影响企业在旅游精准扶贫中的投资和项目选择,决定企业参与旅游扶贫的规模和程度,并最终影响旅游精准扶贫开发的产业绩效[195]。企业产业基础、人才技术、创新能力和市场资源等资源的丰富程度,直接决定了企业参与旅游精准扶贫的广度和深度,进而影响到旅游开发相关收入的实现和贫困户收入的保障。参与旅游扶贫的企业主要有三大类:一是外来投资者经营管理的旅游企业;二是农民参股为主要组成部分建立股份制合作的旅游企业;三是农民个体经营的旅游小企业[196]。目前,桂滇边境民族地区参与旅游精准扶贫的企业,以外来投资者经营的旅游企业和本地农民个体经营小企业为主,大部分整体实力不够雄厚,数量偏少,规模不大,内部治理机制不够完善,因此带动贫困户脱贫的能力相对有限。同时,企业也面临着资金、技术和人才的问题,如投资大、见效慢、风险大的特征使企业发展面临巨大的融资困境。

2. 企业运营模式单一,忽略长期利益产业共建

企业运营模式影响企业参与旅游精准扶贫开发的产业综合效益。企业的组织管理、发展模式等经营因素不仅影响贫困户的参与程度,还影响企业资源整合、特色旅游产品打造和品牌建设的水平,从而最终影响企业的综合效益[195]。多元企业运营模式可以有效提高旅游扶贫效率,如"企业+基地+合作社+农户"模式中,企业将特色农业与乡村旅游相融合,不仅可以获得特色农产品的销售收入,还可以依托独特的旅游资源如休闲农业景观等,增加门票、餐饮、娱乐等旅游服务收入,并借助旅游开发平台实现生产、加工、销售一体化。但实际过程中,企业参与旅游扶贫的模式较为单一,减贫效应容易受到合作社、产业融合程度的影响,无法有效实现土地、人力等资源的整合,缺乏和当地合作社、农民的有效配合,地方产业发展程度有限[197]。

此外,不少扶贫企业对旅游精准扶贫的思想觉悟存在着不到位,认识简单化、程序化的问题。例如,企业把扶贫作为一项需要完成的"政治任务",实行"形式主义",或者认为企业参与旅游精准扶贫仅仅是捐赠物资,不愿意参与产业投资和生态农业建设等。从总体上来看,旅游企业与桂滇边境民族地区在经济上的融合力度较低,较少根据自身产业发展规划进行扶贫开发,多采用捐赠式、救济式扶贫方式,一对一结对帮扶,解决因学致贫、因病致贫等问题,极少与桂滇边境民族地区进行利益对接扶贫,长期旅游产业建设不足,对桂滇边境民族地区的内部力量不够重视,呈现出明显的被动扶贫特征。

3. 过分追求经济效益,削弱旅游扶贫效益

企业经营是以盈利为目标,而非慈善机构。一些旅游企业参与扶贫的动机是功利的、盲目的,例如,有的企业参与扶贫是为了从政府获得潜在的政策支持,实际上是一种"以小换大"的利益交换关系;有的企业是为了企业公关宣传甚至业务推广的需要,获取大众的好感支持;有的企业完全是跟风从众。同时,桂滇边境民族地区旅游企业扶贫过程中,存在"偷工减料",只关注完成扶贫的"量"不注重扶贫的"质",能打折

就打折，能讨价还价就不多花一分钱。

旅游精准扶贫进程中，扶贫企业主要运营相对贫困户参与经营机制，这就要求参与旅游精准扶贫的企业要有较强的社会责任感，在保证企业经济效益的同时兼顾企业的社会效益，要把巩固贫困地区脱贫攻坚成果、助推乡村振兴作为企业的主要目标之一，优先雇用当地相对贫困户参与旅游经营，只有这样，才能真正做到旅游精准扶贫的"效率优先、兼顾公平"[85]。桂滇边境民族地区的部分企业过度强调旅游精准扶贫中的经济效益，进而忽视社会效益。在扶贫过程中，企业容易因为目标不明确而失去责任，把自身的经济利益作为参与扶贫工作的首要条件，把贫困人口放在次要地位，从而被动地承担了扶贫责任，这也会在一定程度上削弱旅游精准扶贫效益。

3.2.1.3 贫困户方面

1. 参与意识淡薄，参与权限不足

因长期处于贫困地区，闭塞的信息，落后的教育导致桂滇边境民族地区思想观念落后，大部分贫困户思想观念还停留在老一辈"种田放羊"的观念当中。贫困户难以跟上经济社会发展新常态，不了解或不重视发展乡村旅游对脱贫致富的重要性。因此，旅游精准扶贫过程中缺乏贫困户的参与，主要表现为贫困户参与意识淡薄。参与意识的缺乏直接导致部分贫困户一直以局外人的态度对待旅游精准扶贫，缺乏参与扶贫的积极性，出现"给钱我才干"，甚至"给钱我也不干"的现象[198]。尽管当前桂滇边境民族地区旅游精准扶贫已实现精准到户，但由于贫困户缺乏主体责任感，使得部分旅游扶贫项目无法准确对接贫困户的真实需求，扶贫资金使用效率低下。同时，贫困户所拥有的知情权、发言权和决策权受限，导致其缺乏了解旅游精准扶贫政策和表达诉求的渠道，更无法参与旅游开发项目的精准扶贫决策和资金管理。相反，非贫困户中的精英阶层凭借其明显的人力资本和资本优势，更容易满足旅游精准扶贫项目的刚性要求，从而更容易获得扶贫资源。最后，扶贫资源的话语权、执行权和处置权基本掌握在这些精英手中。相反，非贫困户中的精英阶层凭借其明显的人力资本和金融资本优势，更容易满足旅游精准扶贫项目的刚性要求，从而更容易获得扶贫资源及扶贫资源的话语权、执行权和处置权。

[个案] 陆××，女，33岁，逐卜村板弄屯村民，距离景区3 km。我自己的自身能力也是有限的，因为毕竟我虽然文化程度在这个景区看来的话，文化程度还是可以的，但是就是说我对于电脑方面啊或者说统计方面呢我还是不会的，所以说这项业务的话我做不来的。我参与不了那种扶贫项目的，我们都是些打工的，又没有多少钱，我就是老板喊我做啥我做啥，政府有啥子事的时候通知下，我没啥子权限的，主要是听人家安排。我现在想去考驾驶证，要不然只能在景区做体力活，我很喜欢开车，但是笔试那方面还是我有困难的，我识字不多的，答卷我怕直接被灭灯。

2. 依赖思想严重，进取能力欠缺

扶贫资源的无补偿分配必然会助长部分贫困户的依赖性，给贫困户的意识形态带来负面激励作用。近几年国家对桂滇边境民族地区等边远贫困山区扶贫工作的高度重视，加大了对贫困户财力物力上的救助，持续的"输血"式、"慰问"式扶贫以及对发展乡村旅游脱贫致富的不理解、不重视、不配合，使得部分贫困户产生政策的依赖心理，在一定程度上助长了部分贫困户"等、靠、要""等人送小康""只要我仍是贫困人口，国家仍会继续帮扶我"的惰性思维，将旅游精准扶贫工作异化为国家"要我脱贫"。甚至有的扶贫干部"被绑架"，帮着好吃懒做的贫困户干活。此外，由于基础文化设施的匮乏，如文化主题公园、阅览室等场所很少不利于贫困户陶冶情操、扩展素质。与此同时，一些政府领导干部"优亲厚友"，进一步助长了消极懒惰之风的传播，贫困户闲暇时往往采用闲聊、打麻将、打牌等方式打发时间，缺乏进取心。

3.2.2 回应程度

构建旅游扶贫投入产出指标体系，运用 DEA 和 Malmquist 指数对桂滇边境民族地区 2011—2018 年旅游扶贫效率进行静态与动态分析，并借助 ArcGIS 软件从投入产出效率角度分析桂滇边境民族地区旅游扶贫空间演化状态，从而进一步理解桂滇边境民地区旅游精准扶贫现实回应状况。

3.2.2.1 综合效率分析

根据 2011—2018 年相关原始数据，利用计算 DEA 模型的 DEAP2.1 软件，计算出桂滇边境民族地区 33 个县（市、区）8 年的旅游扶贫综合效率（表3-1），纵观整体数据，2011—2018 年桂滇边境民族地区旅游扶贫综合效率平均值为最优水平的 48.2%，该区域旅游扶贫综合效率处于中等偏低的水平，表明相对于桂滇边境民族地区旅游扶贫的 DEA 最佳生产前沿而言，51.8%的资源投入未能发挥其应有作用。

表 3-1 2011—2018 年桂滇边境民族地区主要县（市、区）旅游扶贫综合效率

县（市、区）	2011年	2012年	2013年	2014年	2015年	2016年	2017年	2018年	均值	排名
靖西市	0.861	0.637	0.437	0.546	0.415	0.288	0.357	0.359	0.488	12
宁明县	0.550	0.670	0.516	0.520	0.464	0.908	0.432	0.387	0.556	10
龙州县	0.357	0.417	0.324	0.289	0.294	0.345	0.266	0.258	0.319	24
大新县	0.388	0.508	0.262	0.270	0.330	0.345	0.259	0.325	0.336	22
凭祥市	0.101	0.108	0.109	0.137	0.107	0.186	0.141	0.169	0.132	32
防城区	0.197	0.300	0.168	0.186	0.231	0.307	0.356	0.412	0.270	27
东兴市	0.222	0.104	0.147	0.126	0.138	0.248	0.133	0.257	0.172	30
澜沧拉祜族自治县	0.895	1.000	1.000	0.930	0.675	1.000	0.653	0.594	0.843	4
江城哈尼族彝族自治县	0.590	0.690	0.711	1.000	0.310	0.812	0.318	0.533	0.621	8
西盟佤族自治县	1.000	1.000	0.365	0.439	0.281	0.870	0.344	0.707	0.626	7
孟连傣族拉祜族自治县	0.223	0.426	0.223	0.269	0.224	0.694	0.200	0.478	0.342	20
镇康县	0.538	0.780	0.728	0.581	1.000	0.665	0.321	0.892	0.688	6
沧源佤族自治县	0.395	0.298	0.331	0.384	0.737	0.722	0.233	0.472	0.447	15
耿马傣族佤族自治县	0.712	0.798	1.000	1.000	0.762	0.847	0.603	0.615	0.792	5

第三章 桂滇边境民族地区贫困户生计现状与旅游精准扶贫现实表现

（续表）

县（市、区）	2011年	2012年	2013年	2014年	2015年	2016年	2017年	2018年	均值	排名
龙陵县	0.603	0.674	0.339	0.312	0.313	0.697	0.287	0.427	0.457	14
腾冲市	0.243	0.301	0.218	0.243	0.208	0.608	0.19	0.236	0.281	26
麻栗坡县	0.691	0.184	0.210	0.212	0.261	0.334	0.369	0.845	0.388	19
马关县	1.000	1.000	1.000	1.000	1.000	1.000	1.000	1.000	1.000	1
富宁县	0.403	0.505	0.494	0.569	0.298	0.739	0.515	0.946	0.559	9
绿春县	1.000	1.000	1.000	1.000	1.000	1.000	1.000	1.000	1.000	1
金平苗族彝族自治县	0.830	1.000	1.000	0.852	0.759	0.928	0.672	0.721	0.845	3
河口瑶族自治县	0.159	0.164	0.155	0.255	0.302	0.392	0.122	0.157	0.213	29
景洪市	0.686	0.366	0.271	0.147	0.180	0.280	0.250	0.330	0.314	25
勐海县	0.388	0.317	0.276	0.251	0.281	1.000	0.240	0.692	0.431	17
勐腊县	0.246	0.274	0.170	0.191	0.269	0.289	0.182	0.519	0.268	28
芒市	0.290	0.332	0.339	0.339	0.315	0.541	0.603	0.688	0.431	16
瑞丽市	0.239	0.346	0.264	0.268	0.148	0.339	0.194	0.902	0.338	21
盈江县	0.485	0.660	0.419	0.292	0.324	1.000	0.234	0.280	0.462	13
陇川县	0.249	0.415	0.334	0.411	0.279	0.570	0.218	0.920	0.425	18
泸水市	0.220	0.275	0.278	0.326	0.281	0.502	0.300	0.380	0.320	23
福贡县	0.890	0.659	0.462	0.407	0.310	0.648	0.376	0.424	0.522	11
贡山独龙族怒族自治县	0.131	0.218	0.116	0.091	0.107	0.153	0.192	0.212	0.153	31
那坡县	1.000	1.000	1.000	0.604	0.594	0.709	1.000	1.000	0.863	2
均值	0.509	0.528	0.444	0.438	0.400	0.605	0.381	0.550	0.482	

从时间维度看，桂滇边境民族地区旅游扶贫综合效率呈现出先下降后提升而后再下降的趋势，期间有明显波动，由2011年的0.509降至2015的0.400，而后迅速提升至2016年的0.605，最终降至2018年的0.550。整体旅游扶贫效率呈上升趋势，综合效率值由2011年的0.509上升至2018年的0.550，增加了0.041，旅游扶贫效率提升明显。2011年广西与云南相继在本区与本省的国民经济和社会发展第十二个五年规划纲要中提出充分发挥特色民族文化、历史文化、地域文化和自然资源优势，继续推进旅游二次创业，把旅游业培育成战略性支柱产业，实现由旅游大省向旅游强省跨越。建设之初，在政治环境的影响下，各种生产要素逐渐涌入桂滇边境民族地区。由于经济基础薄弱，基础设施不完善，各种社会因素之间的矛盾和隔阂导致旅游业对区域发展的促进作用不显著，因而2011—2015年桂滇边境民族地区旅游扶贫效率明显下降，并且2013—2015年整体旅游扶贫效率低于平均水平。然而随着各级政府充分挖掘域内特色旅游资源，完善旅游配套设施，开发适销对路的旅游产品，增强旅游发展效能，扩大旅游发展的益贫

效应。与此同时，各种因素的矛盾不断抵消和整合，使得桂滇边界民族地区作为经济协作区的规模效应不断增强，旅游产业的繁荣发展不断推动着该地区的发展，使得2016年旅游扶贫综合效率提升至0.605。而后随着年份增长，规模效应持续增强，旅游市场无序竞争导致资源配置效率低下，投入产出冗余加剧，最终导致2018年桂滇边境民族地区旅游扶贫综合效率降至0.550。

从空间维度分析，2011—2018年桂滇边境民族地区旅游扶贫综合效率水平总体偏低，然而存在地区分布不均衡，地域间相差程度大的现象，综合效率的均值最高为1，最低仅仅达到了最优水平的13.2%。在县域层面上，马关县和绿春县为旅游扶贫综合效率表现最为优异的两个地区，表明此两县的旅游扶贫始终既达到技术效率有效，又达到规模效率有效；澜沧县和那坡县除个别年份外始终处于扶贫有效状态；江城县、西盟县、镇康县、耿马县、金平县、勐海县、盈江县在个别年份的旅游扶贫具有有效性。从平均水平来看，除了靖西市、宁明县、澜沧县、江城县、西盟县、镇康县、耿马县、马关县、富宁县、绿春县、金平县、福贡县、那坡县旅游扶贫的平均综合效率高于均值外，超过半数的县（市、区）的旅游扶贫综合效率还徘徊在中等水平甚至远低于中等水平，这就意味着桂滇边境民族地区旅游扶贫综合效率主要得益于少数综合扶贫效率高的县（市、区）带动，表明旅游产业的发展推动桂滇边境民族地区实现脱贫攻坚并不明显。总体来看，2011—2018年，旅游扶贫综合效率介于0.101至1之间，整体处于中下水平，县域分布不均，区域发展差异较大。

3.2.2.2 分解效率分析

根据DEA效率评价原理可知，纯技术效率、规模效率与综合效率之间是相互影响与制约的，即综合效率=纯技术效率×规模效率（Crste = Vrste×Scale），据此可判别分解效率的相互关系及其对总效率的贡献[199]。为分析2013年纯技术效率和规模效率对综合效率的贡献，分别绘制桂滇边境民族地区旅游扶贫综合效率与两分解效率的有序坐标对散点图，根据散点图中的点与45°对角线的接近程度判断两者分别对综合效率的影响程度。由图3-1可知，综合效率-规模效率的散点图中点的分布趋势明显更接近于45°对角线，故相比于纯技术效率，规模效率对于综合效率的影响力度更大，表明桂滇边境民族地区旅游扶贫综合效率主要受到规模效率驱动，这意味着现阶段综合扶贫整体效率低下是该地区旅游业自主发展、难以形成有效规模所造成的。未来应该加强桂滇边境民族地区旅游产业发展规模，扩大该地区旅游客源市场，提升旅游接待能力，实现旅游发展的规模集聚效应。

3.2.2.3 Malmquist指数动态分析

DEA模型对效率只能基于单个年份进行测度，然而由于每一年的前沿面有所不同，因而效率值不能进行比较，为比较同一县域单元效率值在不同年份之间的变化趋势[200]，运用DEAP2.1软件计算2011—2018年桂滇边境民族地区33个县（市、区）旅游扶贫MI指数及其变化趋势，计算结果如表3-2与表3-3所示。采用MI方法，计算公式为

$$\text{Tfpch} = \text{Effch} \times \text{Techch} = \text{Effch} \times (\text{Pech} \times \text{Sech}) \tag{3-1}$$

式中，Tfpch 是全要素生产率指数，反映各种生产要素的有效利用程度；Effch 是综合效率变化指数，可反映国内制度因素（市场化程度、产权制度、基础设施、金融市场发育程度、贸易开发程度、政府对市场的干预程度等）对生产效率提高产生的影响；Techch 是技术进步效率变化指数，反映因技术进步、创新、引进等引起的生产工艺改进，资源利用率的改变率；Pech 是指纯技术效率变化指数，反映管理、技术等变化的原因对生产效率的影响；Sech 是指规模效率变化指数，反映企业规模效应、集聚效应对生产效率产生的影响[201]。

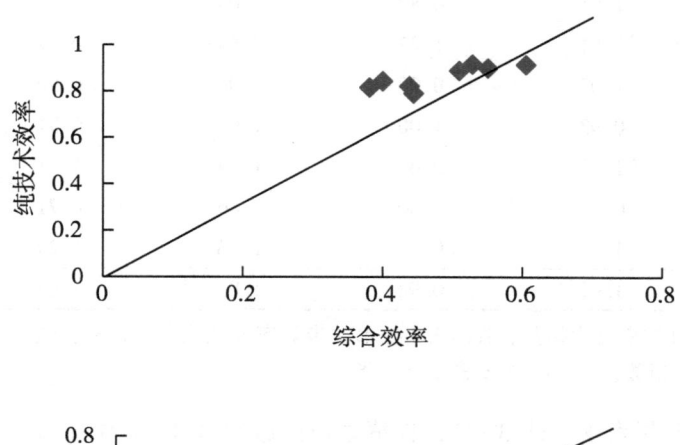

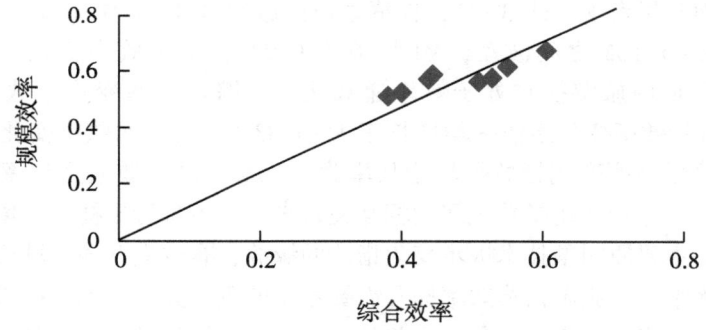

图 3-1　旅游扶贫分解效率对综合效率贡献图

分时段来看，桂滇边境民族地区全要素生产率指数各年度均小于1，表明总体处于衰退阶段。从结构上看，在旅游扶贫效率评价的 7 个时期内，除了 2012—2013 年、2014—2015 年与 2016—2017 年，其余时期综合效率变化指数均值大于 1，其平均增长率为 5.23%。与此同时，仅有 2012—2013 年、2014—2015 年与 2016—2017 年这 3 个时期内技术进步效率变化指数大于 1，且平均增长率为-4.83%。由此可知，综合效率变化指数对旅游扶贫效率的提高具有巨大的推动作用，而技术进步效率变化指数则是制约旅游扶贫效率的主要因素，表明桂滇边境民族地区旅游扶贫仍存在旅游体制、旅游模式的技术创新不高等问题。综合效率变化指数可进一步分解为纯技术效率变化指数和规模效率变化指数，其中纯技术效率变化指数仅有 2 个时期小于 1，其平均增长率为 1.71%，而规模效率变化指数则仅有 3 个时期小于 1，其平均增长率为 3.41%。由此得知,旅游扶贫近8年中,依靠旅游产业规模来提高旅游扶贫效率是行之有效的方法,规模效率变化指数是影响桂滇边境民族地区旅游扶贫效率提升的主导因素。则各个变化指数对于旅游扶贫全要素生产率指数的贡献程度总体上表现为规模效率变化指数>纯技术效率变化指数>技术进步效率变化指数。

表3-2 桂滇边境民族地区主要县(市、区)Malmquist指数及其分解(按年度)

年份	Effch	Techch	Pech	Sech	Tfpch
2011—2012	1.05	0.82	1.03	1.02	0.86
2012—2013	0.81	1.22	0.84	0.97	0.99
2013—2014	1.00	0.97	1.04	0.96	0.97
2014—2015	0.93	1.00	1.02	0.91	0.93
2015—2016	1.60	0.60	1.14	1.41	0.96
2016—2017	0.60	1.60	0.86	0.71	0.96
2017—2018	1.50	0.58	1.16	1.29	0.87
平均值	1.02	0.92	1.01	1.02	0.93

注:Effch,综合效率变化指数;Techch,技术进步效率变化指数;Pech,纯技术效率变化指数;Sech,规模效率变化指数;Tfpch,全要素生产率指数。

从区域层面分析发现(表3-3),桂滇边境民族地区33个县(市、区)MI指数基本保持在0.722~1.165之间波动,MI均值为0.933,小于效率变化临界值1,表明2011—2018年区域内旅游扶贫处于效率递减状态。综合效率变化指数平均增长率为5.23%,技术进步效率变化指数平均增长率为-4.83%,纯技术效率变化指数平均增长率为1.71%,规模效率变化指数平均增长率为3.41%。从全要素生产率指数与综合效率变化指数、技术进步变化指数之间的相互关系来看,不难看出桂滇边境民族地区旅游扶贫效率衰退的主要原因是技术进步变化指数的缘故,有效提升该区域旅游资源利用和旅游产业管理水平,是旅游扶贫效率提升需要考量的重要方面。如凭祥市、防城区、东兴市、孟连县、镇康县、麻栗坡县、马关县、富宁县、绿春县、勐海县、勐腊县、瑞丽市、陇川县、泸水市、那坡县等15个县(市、区)综合效率变化指数、纯技术效率变化指数以及规模效率变化指数均大于或等于1,归因于技术进步变化指数影响,其MI指数仍小于1,旅游扶贫效率下降。究其原因,桂滇边境民族地区地处我国西南贫困地区,集"老、少、边、山、贫"于一体,受经济、环境等因素影响,其对旅游市场把握不够,旅游扶贫机制不完善,旅游扶贫实践运用方法和新技术不足的一个地区。

表3-3 广西边境民族地区主要县(市、区)Malmquist指数及其分解(按区域)

县(市、区)	Effch	Techch	Pech	Sech	Tfpch	排名
靖西市	0.883	0.818	1	0.883	0.722	33
宁明县	0.951	0.904	1	0.951	0.86	25
龙州县	0.955	0.852	0.992	0.962	0.813	31

（续表）

县（市、区）	Effch	Techch	Pech	Sech	Tfpch	排名
大新县	0.975	0.879	0.96	1.015	0.857	27
凭祥市	1.077	0.964	1.04	1.035	1.038	7
防城区	1.111	0.918	1.066	1.043	1.02	9
东兴市	1.021	0.946	1	1.021	0.966	14
澜沧拉祜族自治县	0.943	0.929	0.929	1.015	0.876	22
江城哈尼族彝族自治县	0.986	0.891	1.009	0.977	0.878	21
西盟佤族自治县	0.952	0.94	0.952	0.999	0.894	19
孟连傣族自治县	1.115	0.977	1.087	1.026	1.089	3
镇康县	1.075	0.831	1.067	1.008	0.893	20
沧源佤族自治县	1.026	0.822	1.038	0.988	0.843	28
耿马傣族佤族自治县	0.979	0.877	1	0.979	0.859	26
龙陵县	0.952	0.919	0.948	1.004	0.875	23
腾冲市	0.996	0.943	0.956	1.041	0.939	16
麻栗坡县	1.029	0.889	1	1.029	0.915	17
马关县	1	0.909	1	1	0.909	18
富宁县	1.13	0.923	1	1.13	1.043	6
绿春县	1	0.803	1	1	0.803	32
金平苗族彝族自治县	0.98	0.85	0.958	1.023	0.833	29
河口瑶族自治县	0.998	0.866	0.943	1.058	0.864	24
景洪市	0.901	1.105	1	0.901	0.996	11
勐海县	1.086	0.951	1	1.086	1.033	8
勐腊县	1.113	0.896	1	1.113	0.997	10
芒市	1.131	0.944	0.963	1.175	1.068	4
瑞丽市	1.209	0.964	1	1.209	1.165	1
盈江县	0.924	1.074	0.961	0.961	0.992	12
陇川县	1.205	0.95	1.126	1.07	1.145	2
泸水市	1.081	0.899	1.067	1.014	0.972	13
福贡县	0.899	0.905	1	0.899	0.814	30
贡山独龙族怒族自治县	1.071	0.985	1.132	0.946	1.055	5
那坡县	1	0.962	1	1	0.962	15
均值	1.02	0.915	1.005	1.015	0.933	

注：Effch，综合效率变化指数；Techch，技术进步效率变化指数；Pech，纯技术效率变化指数；Sech，规模效率变化指数；Tfpch，全要素生产率指数。

3.2.2.4 空间格局演化分析

将 DEA 模型测算结果导入 ArcGIS 10.0,运用自然断裂法,对比 2011 年与 2018 年桂滇边境民族地区各县(市、区)综合效率、规模效率、纯技术效率,以探讨桂滇边境民族地区旅游扶贫效率空间分异特征,将其按效率的高低分为 4 个区间分别为高值区、次高值区、次低值区和低值区。

2011—2018 年综合效率空间分异差别甚大。具体而言,2011 年综合效率的高值区为福贡、西盟、澜沧、绿春、金平、马关、那坡 7 县以及靖西市,其旅游扶贫效率值均高于 0.713,其中西盟、马关、绿春、那坡 4 县综合效率达到了 1,表明在给定投入条件下实现产出最大化,而其余各县(市、区)实际产出与最佳前沿面相差悬殊,从空间格局来看整体分布星散,西北部、中部、东部皆有零散分布。次高值区分布在龙陵、镇康、耿马、江城、麻栗坡、宁明 6 县以及景洪市,其旅游扶贫效率值均高于 0.486,从空间格局分析大体分布于中部与东部边缘地区。次低值区为盈江、沧源、勐海、富宁、大新、龙州 6 县,综合效率值介于 0.291~0.485,较为匀称地分布于高值区的两侧。低值区包括贡山、泸水、腾冲、陇川、孟连、勐腊、河口 7 县及凭祥、瑞丽、潞西、东兴、防城 5 市(区),所占比例 36.4%,主要分布于西部以及西北部边缘地区,中部与东部也有零星分布。2018 年综合效率高值区演化至陇川、镇康、马关、绿春、富宁、麻栗坡、那坡 7 县以及瑞丽市,在空间分布上与 2011 年高值区空间格局极为相似。次高值区分布在耿马、澜沧、西盟、勐海、金平 5 县与芒市,相对于 2011 年次高值区零星分散的空间特征,2018 年次高值区出现集聚西部的空间特征。次低值区包括福贡、泸水、龙陵、沧源、孟连、勐腊、江城、宁明 8 县和防城、靖西市(区),占比 30.3%,其综合效率值介于 0.331~0.533。低值区包括贡山、腾冲、盈江、河口、大新、龙州 5 县与凭祥、东兴、景洪 3 市,其旅游扶贫效率值均低于 0.330。次低值区与低值区从空间结构分析除了区域面积有所调整,空间分布方位与 2011 年比较相似。

基于上述分析不难看出,综合效率空间分布整体分散,总体格局呈现中部强东西弱的点状局面,高值区主要集中在中部与西北部且数量保持稳定,低值区在区域内零星分散且数量不断减少。两个时间节点均处于低值区的贡山、腾冲、河口 3 县以及凭祥、东兴 2 市,由于地理位置偏远,资源配置不合理,旅游扶贫综合效率始终处于低价值。两个时间节点均位于高值区的马关、绿春、那坡 3 县,依托其丰富的生态旅游资源和文化旅游资源,不断加大资源投入,完善资源配置,在桂滇边境民族地区旅游扶贫工作中发挥了示范引领作用。

2011 年桂滇边境民族地区旅游扶贫纯技术效率高值区分布在福贡、腾冲、盈江、龙陵、耿马、西盟、澜沧、勐海、勐腊、江城、绿春、金平、河口、马关、麻栗坡、富宁、那坡、大新、龙州、宁明 20 县以及瑞丽、潞西、景洪、靖西、东兴 5 市,25 县(市)的旅游扶贫纯技术效率值都达到 1,为区域最优水平,占比达 75.6%。次高值区仅为凭祥市,次低值区包括泸水、镇康、沧源 3 县以及防城区,其纯技术效率值均高于 0.422。低值区分布在贡山、陇川、孟连 3 县,纯技术效率值介于 0.340~0.421,从空间结构分析次低值区与低值区大多数分散于西北部。2018 年桂滇边境民族地区旅游扶贫纯技术效率高值区演化至福贡、贡山、泸水、盈江、陇川、镇康、耿马、勐海、勐腊、江城、绿春、马关、麻栗坡、富宁、那坡、龙州、宁明 17 县以及瑞丽、景洪、靖西、东兴、凭祥、防城 6 市（区），其纯技术效率值均高于 0.838。次高值区由凭祥市演化至沧源、盈江、金平、大新 4 县以及芒市，与 2011 年次高值区聚积东部相比，次高值区出现分散于东西的空间特征。次低值区分别为腾冲、龙陵、西盟、河口 4 县，所占比例为 12.1%，低值区为孟连、澜沧 2 县，其纯技术效率值均低于 0.597。

综上对旅游扶贫纯技术效率的时空分析不难看出，纯技术效率高值区呈现出由片状集中分布逐渐向四周不断分散分布的演化态势，且逐渐呈现由效率强县向四周距离衰减，区域内高值区数量相对保持稳定，低值区数量不断减少。三个节点年份均处于高值区的有福贡、耿马、勐海、勐腊、江城、绿春、马关、麻栗坡、富宁、那坡、龙州、宁明 12 县以及瑞丽、景洪、靖西、东兴市，说明该些县（市、区）旅游扶贫纯技术效率较高，对该地区旅游扶贫发展的技术、管理水平、创新能力等具有较好的资源配置效果，未来其他县域应积极借鉴其先进的开发模式和管理经验，提高旅游扶贫纯技术效率。

2011 年桂滇边境民族地区旅游扶贫规模效率高值区分布在福贡、镇康、西盟、澜沧、绿春、金平、马关、那坡 8 县以及靖西市，其中西盟、马关、绿春、那坡 4 县旅游扶贫规模效率达到了 1，为区域最优水平，占比 12.1%，次高值区为陇川、龙陵、耿马、沧源、孟连、江城、麻栗坡、宁明 8 县以及景洪市，占比 27.3%，次低值区包括贡山、泸水、盈江、勐海、富宁、大新、龙州县 7 县以及防城区，占比 24.2%，低值区包括腾冲、勐腊、河口 3 县以及凭祥、东兴、潞西、瑞丽 4 市，占比 21.2%。2018 年桂滇边境民族地区旅游扶贫规模效率高值区演化至陇川、镇康、西盟、澜沧、孟连、绿春、金平、马关、麻栗坡、富宁、那坡 11 县以及瑞丽、潞西 2 市，占比 39.4%，其中马关、绿春、那坡 3 县旅游扶贫规模效率达到了 1，为区域最优水平。次高值区为龙陵、耿马、沧源、勐海、勐腊、江城 6 县，占比 18.2%，次低值区为福贡、泸水、腾冲、盈江、大新、宁明 6 县以及景洪、靖西、防城 3 市（区），占比 27.2%，低值区包括贡山、河口、龙州县以及凭祥、东兴 2 市，占比 15.1%。

综上对旅游扶贫规模效率的时空分析不难看出，旅游扶贫规模效率与综合效率的空间分布较为类似，总体上也呈现中部强东西弱，高值区主要集中在中部与西北部且数量保持稳定，低值区在区域内零星分散且数量不断减少。从而再次说明桂滇边境民族地区旅游扶贫综合效率主要受规模效率的驱动。值得注意的是，河口县、萍乡市和东兴市 2011 年和 2018 年旅游扶贫规模效率均处于低值区，说明这些县（市、区）在旅游扶贫发展过程中旅游规模投入与技术进步不匹配。此类地区，后期需要加大对旅游扶贫项目的投入，提高旅游扶贫能力。

3.2.2.5　旅游扶贫效率类型分布

参考相关学者研究成果，可通过扶贫效率绝对值大小与相对变化程度两个维度实现旅游扶贫效率的测评[202]，故而以二者为横纵坐标绘制四分散点图。并以扶贫效率均值 0.482 作为旅游扶贫效率大小的临界值，以全要素生产率指数的均值 0.933 作为旅游扶贫效率变化的临界值，将桂滇边境民族地区各县（市、区）按旅游扶贫效率状态分为四类，即潜力型、崛起型、黄金型、夕阳型。根据各县（市、区）均值的原始数据绘制的旅游扶贫效率形态分布如图3-2所示。

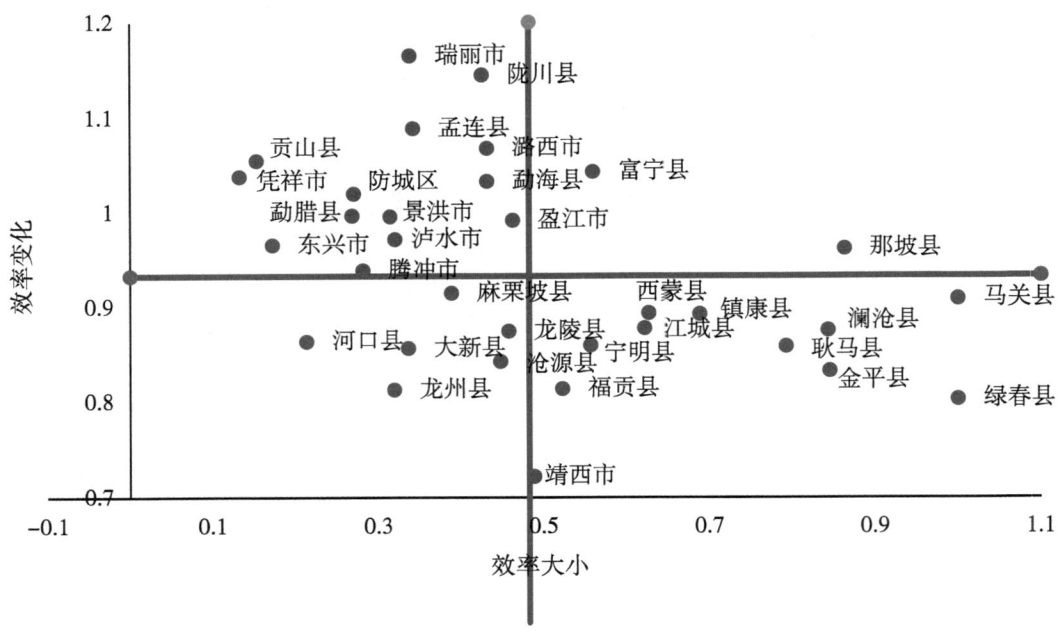

图3-2 桂滇边境民族地区主要县（市、区）旅游扶贫效率类型分布

潜力型县（市、区）位于左下象限，包括麻栗坡县、龙陵县、沧源县、大新县、龙州县、河口县等。此类型县（市、区）旅游扶贫效率大小与变化程度均处于双低状态，表明其旅游扶贫效率大小与变化程度低于同时期桂滇边境民族地区内平均水平，处于低扶贫效率水平且扶贫效率递减状态。此种结果往往被归结为旅游资源竞争力弱或旅游发展动力不足，应适当采用产业借力发展模式，即在旅游发展薄弱的市场环境下，利用旅游产业链上下游产业和周边产业，加强产业合作，实现旅游植入及联动发展。

崛起型县（市、区）位于左上象限，包括贡山县、凭祥市、东兴市、防城区、勐腊县、景洪市、泸水市、腾冲市、瑞丽市、陇川县、孟连县、芒市、勐海县、盈江县等。较潜力型相比，此类型的县（市、区）仍处于低扶贫效率状态，然而其扶贫效率变化程度高于同时期地区平均水平，旅游扶贫效率呈现增长态势。表明此类型县（市、区）在旅游资源禀赋匮乏和公共基础设施不完善情况下，暂时未达到理想状态，然而发展潜力强劲，有望向黄金型或更为高级阶段转变。适宜采用旅游产业战略联盟发展模式，既要保持原有优势，又要从区域邻接、文化融合、市场需求、服务互补等多个维度寻求战略合作伙伴，取长补短，构建多元稳定的区域旅游战略联盟。

成熟型县（市、区）位于右上象限，包括富宁县、那坡县等。较崛起型相比，此类型的县（市、区）旅游扶贫效率达到二维数据的双高水平，不仅扶贫效率居于较高水平，同时扶贫效率正在不断增长。表明旅游业发展对经济推动和脱贫攻坚工作效果明显，且其作用程度持续加强，不管是在旅游扶贫实效上还是未来发展趋势上都是比较乐观。适宜采取政府、企业、社会合作的发展模式，即充分把握自身发展机遇，充分协调和拓展各方力量，扩大受众群体，丰富旅游产品种类，提高旅游服务质量，延伸产业链，扩大市场份额和影响力。

夕阳型县（市、区）位于右下象限，包括龙陵县、沧源县、福贡县、宁明县、江城县、西盟县、镇康县、澜沧县、耿马县、金平县、马关县、绿春县等。此类县（市、区）扶贫效率相对较高，然而扶贫效率变化低于同时期地区平均水平，扶贫工作进展裹足不前甚至出现倒退的现象，前景令人担忧。表明此类县（市、区）旅游资源基础好，旅游发展平台好，但是随着时间推移，旅游资源的开发已经超出经济效益产出最具有规模化的阶段，逐步进入边际效益递减阶段，从而导致旅游扶贫效率逐年下降。适宜采用点对点帮助模式，即开发重点从整体旅游资源转移到单个项目，从而延长一些优质项目的经济寿命。

3.2.3 精准程度

3.2.3.1 精准识别

旅游精准扶贫作为一种见效快、成果明显的扶贫方式，可以带动一二三产融合发展，通过几种产业相互融合发展的手段使贫困户们摆脱贫困的困境。贫困地区旅游扶贫工作的开展需要确定几个先决条件，首先是确定贫困地区旅游资源和环境是否能保障旅游开发和发展；其次是确定什么样的旅游项目适宜在各贫困地区开发；最后还要确定贫困户们的参与意愿和参与能力，因地制宜、因材施教是对贫困地区和贫困户开展旅游精准扶贫的重要策略。由此可见，旅游精准扶贫识别是正式实施旅游扶贫项目前非常重要的步骤，它是整个旅游精准扶贫系统运行的基础。具体来说，旅游扶贫精准识别就是针对不同贫困区域环境、不同贫困户状况，运用合规有效的程序和方法对旅游扶贫项目、旅游扶贫对象进行精确区分、辨别的过程[203]。迄今为止，桂滇边境民族地区的旅游精准扶贫工作已经取得优异成绩，但美中不足的是，在旅游精准扶贫识别的过程中仍有一些漏洞存在。

1. 识别维度单一

旅游精准扶贫识别是正式实施旅游扶贫项目前非常重要的步骤，对整个扶贫政策执行成效起着关键作用。扶贫的核心关注群体是扶贫对象，因此，只有先精准把握扶贫对象，明确其致贫原因和帮扶需求，才能制定适当可行的帮扶计划。然而，在旅游精准扶贫识别过程中，桂滇边境民族地区的识别标准十分单一，缺乏多维度的识别体系。目前，我国已进入中上等收入国家行列，收入不足不再是贫困的唯一制约因素。《中国农村扶贫开发纲要（2011—2020）》提出，要使贫困户能够拥有良好的生活环境。可见，我国的扶贫已经不再是单一经济上的扶贫，而是多个维度的扶贫，因此仅以收入维度信息作为评判贫困的唯一标准是不符合时宜的。然而现阶段桂滇边境民族地区贫困衡量指标仍然是"唯收入论"，没有透过现象看本质，贫困户的家庭收入水平依然是衡量贫困户是否具备建档立卡或者脱贫条件的主要衡量标尺，导致旅游扶贫精准识别对象缺位。

2. 识别机制欠缺

作为由众多环节和要素构成的动态有机系统，任何一个环境和因素的变化都会对旅游精准扶贫产生一定影响[204]。精准识别作为旅游精准扶贫有效开展的前提条件，对其更是至关重要。因此，建立完备的精准识别机制，明确划分其归属责任显得十分关键。据了解，目前桂滇边境民族地区负责旅游发展事宜的主要是当地的旅游部门，而扶贫工作却是由扶贫办主管负责。旅游精准扶贫对象、扶贫项目和扶贫资源等识别事宜，尚未设置专属机构和部门，这使得桂滇边境民族地区旅游精准扶贫实践过程中，容易出现职模糊不清，交叉管理，责任落实不明等问题，进而直接影响旅游精准扶贫资源配置效率，很大程度上增加了实践工作的管理难度。

3. 识别成果衔接不足

实施旅游精准扶贫的对象需要具备明确的适用条件，并不是所有的贫困村都可以开展。因此，在旅游扶贫过程中必须通过精准识别进行全面摸底，并结合其资源属性、基础设施等，明确具体扶贫对象，为精准帮扶和精准管理等后续事宜的开展奠定基础。但在桂滇边境民族地区旅游精准扶贫实践中，政府相关部门以贫困户的甄别为主要任务，并建立贫困户数据库，对旅游资源、旅游项目等其他方面关注度较少。精准识别过程侧重于贫困户识别，容易导致多方位识别成果衔接程度不够，贫困户、旅游企业与旅游项目等有机结合机会减少，从而降低桂滇边境民族地区旅游精准扶贫效率。

3.2.3.2 精准帮扶

旅游精准扶贫帮扶是指在对贫困地区旅游扶贫开发条件、旅游扶贫开发项目以及旅游扶贫目标人群实现有效识别的前提下，根据贫困地区和贫困户的特点和需要，确定旅游精准扶贫帮扶的形式，明确帮扶的主体与客体，制订旅游帮扶的计划与方案，指导目标人群完成旅游活动，实现旅游精准扶贫的目标[12]。旅游精准扶贫帮扶是实施旅游精准扶贫的关键一环，对提升旅游精准扶贫目标对象自我造血具有重要意义。

由于受到环境和自身能力的各种限制，同时贫困户没有外援支撑以摆脱贫困，且如果仅仅依靠外援而不提升自身造血能力，那么这种脱贫很可能只是一种"虚假的繁荣"，脱贫难以实现可持续，一旦帮扶力量撤出，脱贫人口又会很快陷入贫困中。因此，在精准帮扶贫困户时，要妥善处理好内部造血和外部支援的关系，有意识帮助贫困户走上生计可持续的道路。目前，桂滇边境民族地区在旅游精准扶贫帮扶过程中，存在帮扶主体单一化、帮扶载体层次低和帮扶的针对性不强等亟待解决的问题。

1. 帮扶主体单一

旅游精准扶贫是一个复杂的工程，要实现脱贫这一目标，需要全社会的共同努力，其帮扶过程更需要多元主体共同参与协调。根据已有的研究和实践，旅游精准扶贫的主体应包括各级政府部门、旅游企业、社会团体、当地社区、贫困户和旅游者等。然而，桂滇边境民族地区长期以来实施的旅游精准扶贫是以政府为主导模式，政府是最主要的帮扶主体，导致人们在对旅游精准扶贫主体的认识上存在较大误区，"只见树木不见森林"。旅游精准扶贫被认为是政府的事情，忽视了其他社会力量在旅游精准扶贫中的作用。事实上，贫困户要想从旅游发展中长期稳定获益，需要旅游精准扶贫各个利益相关主体的广泛参与，主要包括政府地方政府、社会团体、旅游企业、旅游者、当地社区、贫困户等。但在桂滇边境民族地区旅游精准扶贫实践中，政府"大包大揽"的现象普遍存在，政府部门在旅游精准扶贫中扮演着无所不能的角色，从探究旅游精准扶贫开发的可行性、扶贫战略谋划、扶贫开发机构设置、扶贫项目资金筹集、基础与服务设施建设、景区形象管理到旅游人才培养等一系列旅游精准扶贫实践，政府承担了过多的责任且没有充分利用社会资源，扶贫模式变成"政府主干"和"政府主宰"的局面。当地旅游企业又以获取利润作为主要经营目标，没有主动承担起帮助贫困户脱贫的责任，缺乏对贫困户的关注，在具体实践中，很大程度上忽略了贫困户是否真正从旅游精准扶贫中获益。由于贫困村的位置都相对偏僻，非政府组织能力有限，需要通过一定时间的考察再实施旅游精准帮扶，帮扶的力度较小且持续性较差。综上可知，桂滇边境民族地区缺乏多元化的旅游精准扶贫帮扶体系，各帮扶主体联动意识薄弱。

2. 帮扶载体层次低

由于人们对贫困本质的认识存在很多误解，普遍认为贫困地区在经济上得到了援助和救济就可以直接使该地区摆脱贫困的现状。受这种错误认识的影响，桂滇边境民族地区在开展旅游扶贫帮扶过程中，相关管理部门大多是采取简单的资金扶持措施，又或是通过鼓励当地贫困户发展以农家乐、乡村旅游区为主的单一旅游经营活动，贫困户收入来源面临转向但收入来源依然单一，并且贫困户在开展旅游经营活动之前没有经过专业培训，政府部门也没有对农家乐和乡村旅游区等乡村旅游景点实行统一管理和规划，导致桂滇边境民族地区的乡村旅游活动整体质量不高，乡村旅游后续发展面临一系列问题。事实上，旅游精准扶贫要实现可持续发展，培养贫困地区的自主造血能力非常重要，而在桂滇边境民族地区的旅游精准扶贫工作中，政府部门往往忽视了当地贫困人口能力的提升，忽视了给予他们自主创新的权利和机会，只是单一在资金上给予支持，没有充分发掘当地贫困户的能力，这些因素都导致了扶贫效率的低下甚至会带来返贫的不良后果。

3. 帮扶针对性不强

由于导致贫困发生的原因存在地区差异，所以精准帮扶要根据各贫困村和各贫困户的具体情况进行具体分析，遵循由村到户再到人的扶贫策略，因地制宜，因地施策。然而桂滇边境民族地区的各地方政府在开展旅游精准扶贫工作时，往往实行"一刀切"的帮扶举措，只看到了矛盾的普遍性而忽视了矛盾的特殊性，使得扶贫举措存在同质性，贫困村和贫困户自身的问题难以得到真正解决，旅游精准扶贫政策的实施效果也难以显现。此外，相关部门也没有充分认识到贫困户与贫困户之间的贫困现状和脱贫能力存在不同程度的差异，对于有一技之长的贫困户和完全依赖政府的贫困户没有进行明确区分，有劳动能力的贫困户和生活缺乏自理的贫困户的帮扶措施基本相同，这种平均化、普惠化的扶贫方式造成了扶贫资源的浪费，难以激发贫困户脱贫的内生动力，距实现真正意义上惠民扶贫的目标存在一定差距。

3.2.3.3 精准管理

旅游精准扶贫管理指的是运用各种方法，对旅游精准扶贫的各个环节和各种要素进行计划、组织、协调、控制的活动[203]。它对于旅游精准扶贫目标的实现具有保障作用，在旅游精准扶贫中的各个环节都发挥着重要作用。旅游精准扶贫是一个复杂、动态的综合有机系统，它由众多环节和要素构成，且每个环节和要素的变化都会对旅游精准扶贫最终成效产生重大影响。因此，旅游精准扶贫工作要想沿着预期的轨道顺利开展，并且达到旅游精准扶贫预想的效果，就应该对旅游精准扶贫全过程实施精准管理，切实提高旅游精准扶贫效率。

采取科学有效的旅游精准扶贫管理手段，不仅有利于提高旅游精准扶贫的效率，也能保障旅游精准扶贫目标的顺利实现。因此，旅游精准扶贫管理要达到精准化和高效性，充分发挥其在旅游精准扶贫工作中的决定性作用，健全和规范旅游扶贫管理体制，这对于有效实施旅游精准管理不可或缺。而当前桂滇边境民族地区的旅游精准扶贫管理体制尚不健全，主要体现在以下几个方面。

1. 缺乏动态监控管理

旅游精准扶贫是一个动态有机系统，由多因素、多环节共同构成。旅游精准扶贫的每一个环节都包括了精准甄别、精准帮扶和精准管理3个方面，每一个要素都涉及旅游扶贫目标对象、旅游扶贫项目和旅游扶贫资源等内容，而这些环节和要素都处在不断变化之中，其中任意一个环节和要素发生变化都会给旅游精准扶贫成效带来重大改变。因此，在开展旅游精准扶贫工作过程中，必须要对旅游精准扶贫的各个环节、各个要素实行严格的监控与管理，以备及时发现问题和解决问题，确保旅游精准扶贫工作的顺利推进和高效完成。目前，桂滇边境民族地区并没有成立专门的旅游精准扶贫管理机构，也没有设置独立的旅游精准扶贫监控机构，同时第三方监督体系尚未健全，致使桂滇边境民族地区旅游精准扶贫动态监控环节存在缺失。由于动态监控的缺失，桂滇边境民族地区旅游精准扶贫的具体实施情况，如旅游精准扶贫目标人口的界定、旅游精准扶贫资源的配置、旅游精准扶贫项目开发、旅游精准扶贫效益评判等不能准确掌握，出现的问题不能及时得到解决，从而导致桂滇边境民族地区内部普遍存在旅游精准扶贫项目立项随意、旅游扶贫资源随意分配，旅游扶贫资金申报和审批把关不严等问题，最终影响该地区旅游精准扶贫目标的实现。

2. 旅游精准扶贫管理分散化

据了解，当前桂滇边境民族地区在旅游精准扶贫管理过程中，主要采取的是"行政+公式化"管理的双管理模式，这种管理模式虽有一定好处，但在具体实践过程中，直接导致了旅游精准扶贫管理的分散化。在行政管理模式中，各部门之间由于长期缺少必要的沟通和合作，直接导致了旅游精准扶贫工作的责权分离。扶贫和乡村开发办公室侧重于管理贫困村以及建档立卡贫困户等细碎的工作，其工作人员主要负责采集当地贫困人口的信息并实施动态管理，也包括对所有旅游精准扶贫项目进行总体规划以及监督和验收，对旅游精准扶贫管理人员进行技能培训等，他们的工作包括但不仅局限于旅游精准扶贫这一项内容。旅游管理部门的职责与扶贫和乡村开发办公室相比则有所不同，它是旅游精准扶贫项目管理的主要力量，负责旅游精准扶贫项目的制定和管理人员的调配问题，旅游精准扶贫项目的具体落实工作则是由各乡镇的主要领导人直接负责。同时，教育部门发挥的作用也有所不同，主要负责对从事旅游经营和服务活动的当地贫困人口开展专业的旅游培训活动，推动他们不断提升自身的服务技能水平。而城建部门在整个旅游精准扶贫过程中，主要承担了改造当地贫困村的基础设施和环境改善等相关工作。上述可知，桂滇边境民族地区各部门的管理趋于分散化，导致该地区旅游精准扶贫管理机构重叠，出现职权交叉重叠、责权不清、跨部门合作困难和行政效率低下等问题，大大降低了旅游精准扶贫管理的效率。

3. 扶贫效应评估指标单一

随着桂滇边境民族地区旅游扶贫效果评估体系的不断完善，其指标的设置也日趋多元化。但与其他地区的评价体系相比，都有一个共同点：即经济效益已成为评估扶贫效果的关键，几乎可以取代旅游扶贫效果的评价体系。而其他效益的评价则没有统一的标准。在经济效益评价方面，仅从扶贫效率贡献的评估标准出发，除了区域生产总值、年总收入、家庭和个人平均收入、减贫次数、贫困消除率等一般指标外，缺乏对经济效益的进一步量化处理和数据分析。由于缺乏定量分析，扶贫效益评估结果往往难以有效指导后期工作规划。从社会效益评估的角度来看，目前桂滇边界民族地区旅游精准扶贫项目的社会效益评价更偏向于生态环境效益调查。生态环境效益调查是桂滇边界民族地区旅游精准扶贫效益评价的重要内容，需要引起重视。但是，桂滇边界民族地区有许多少数民族自治县，其社会效益也应展现民族团结、社会稳定和文化传承等方面。将社会效益单一定义为生态环境效益调查的做法，使得桂滇边界民族地区的社会结构变化、生活方式变化、土地流转等内容没有得到应有的重视，最终使得扶贫效果评价结果缺乏真实性和科学性。

3.2.4 面临困难

3.2.4.1 政府方面

1. 精准识别难度大，临界贫困户难以甄别

精准识别是整个旅游精准扶贫工作的前提，扶贫工作的开展必须建立在准确识别贫困户的基础之上，然而桂滇边境民族地区地方政府想要对贫困户进行精准的识别，彻底掌握贫困户的真实情况，并将这些信息录入系统，是有很大难度的。由于桂滇边境民族地区贫困户致贫原因复杂多样，且贫困户的具体情况也在不断更新，因此基层工作人员在准确识别工作上进展缓慢。此外，基层工作人员对收集到的贫困户信息进行准确的分类并不容易。有时贫困户的信息数据稍有变化，就可能影响到扶贫工作的准确性。贫困户考察流程繁复，其建档立卡需回答17页不同类型的具体问题，除了家庭成员的姓名、贫困人员的数量、家庭致贫原因等必须填写的数据数量，还包括不同类型的耕地、种植面积、动物养殖品种、家庭住房信息等，具体到生活的各个方面。这些都需要基层工作人员详细走访了解，来准确把握贫困户的真实情况。一旦国家贫困线被上调或下调时，基层工作人员就要对核实过的数据进行新的调查，走访贫困户，获取更新的数据，确保政府补贴真正惠及贫困户，防止贫困户被拒补贴或被重复救助。有时候上级要求的时间很紧，基层工作人员很难准确判断谁的贫困程度更高，而为了完成任务，不得不代替贫困户填写情况。

根据国家的贫困线标准和认定程序，最贫困的贫困户很容易被认定，但在贫困线边缘徘徊的农民很难确定他们是否符合标准的贫困户，以及是否可以得到扶持。根据收入标准，一些临界贫困人口被判定为贫困线以上。但由于医疗和教育带来的经济负担，即使从多维度衡量贫困程度来确定临界贫困人口，也难以界定。同时，许多处于临界贫困

边缘的农户收入水平普遍相似，导致基层工作人员在实际的扶贫工作中很难确定谁符合条件，谁不符合。

2. 帮扶队伍力量薄弱，担当责任意识欠缺

人才是旅游业发展的关键，是旅游精准扶贫目标实现的保障，从旅游扶贫项目的开发实施到旅游扶贫效果评价以及贫困人口的参与等，无不需要旅游专业人才的参与指导[204]。乡村旅游精准扶贫需要既懂旅游又懂扶贫的复合型人才，而对于现阶段作为脱贫攻坚主战场的桂滇边境民族地区而言，旅游专业人才极度稀缺。从政府机构到科研院所，普遍缺乏青年旅游专业人才，扶贫工作方法和创新动力不足。同时桂滇边境民族地区基层工作忙碌琐碎，往往一名县级干部分管着十几项工作内容，一项工作内容甚至对接七八个上级部门。人手不足与精力短缺，使得旅游精准扶贫工作虽然为桂滇边境民族地区现阶段发展的优先级但并没有得到很好的落实。虽然旅游扶贫合作领导小组已经成立，但多存在挂名之嫌，很难做到始终有力的统筹各个部门与项目。因此，区县领导无暇关注扶贫工作，而开展扶贫工作的基层工作人员往往工作繁忙，文化水平较低，思想、方法和能力上尚存在许多不足，无法持续带领贫困户脱贫致富。

与此同时，桂滇边境民族地区个别村党支部队伍薄弱涣散，支部书记和村主任年龄大、教育水平低，村两委权威不足，在扶贫理念、政策把握、组织开展、技术指导和服务群众等方面跟不上形势需要。少数基层工作人员对工作缺乏热情和责任感，他们的一举一动都是基于政策要求，遇到困难和问题时存在畏难情绪，没有很好地起到团结带领贫困户脱贫致富的作用。

[个案] 张××，男，33岁，金龙镇板梯村村民，壮族。和你聊一聊，你就是说在这里的话，政府方面上的话，政府在这里那么远的地方，我们在做的事情，每一样东西都是亲自那么老远拉进来，就是工人的误工问题了，他不懂得做，有时候是外面的人来也不懂得我们怎么样来做，没有专家来指导啊，这里的话只能是靠我们周边的人来做。一开始都是难的，原来这里是荒地，设施建设也比较麻烦，一开始建设的时候政府那边也没有派专家过来指导，是自己开荒，建到2017年的时候旅游局下来指导，主要还是自己摸索。

3. 劳动力外移空心化，产业扶贫项目选择难

随着我国工业化、城镇化的深入发展，桂滇边境民族地区大量适龄劳动力特别是精英人才逐渐向城市流动，由此出现农村地区人口年龄结构和知识结构比例失衡，人力资源流失的困境，加之长期的城乡二元体制及户籍制度限制，导致桂滇边境民族地区农村外延的异常膨胀而农村本身的急剧荒芜，因此，桂滇边境民族地区农村在空间分布上呈空心分布现状。农村空心化对精准扶贫的实施带来一定的困难，首先，农村空心化导致农村建设主体的缺失和弱化。农村公共物品的提供和公共基础设施的建设，不仅需要广大村民集体协商筹划，而且也需要足够数量的村民共同参与，而大量青壮年劳动力的外流致使农村建设主体的极度匮乏，严重影响了农村基本公共物品的供给和公共基础设施建设的正常开展[205]。同时，农村空心化使精准扶贫过程中识别出的贫困人口多是缺乏劳动能力的老弱病残群体。另外，桂滇边境民族地区的村"两委"改选中，由于劳动力过度外流，导致改选选民不足；大量精英人才外流，导致缺乏素质高、能力突出的人

来担任村干部。而村"两委"既是扶贫任务的最终承担者,也是具体扶贫工作的组织者,其弱化和涣散势必会影响到扶贫工作的最终绩效。

当前,随着贫困人口大幅减少的同时,目前贫困户主要集中于老弱病残群体中,贫困群体老龄化现象严重、劳动能力低。对于这样的贫困群体而言,"造血"功能已基本丧失,更多的是社会兜底保障,但现有的扶贫资金更多的仍是投入到旅游产业发展中,如何实现该类群体与旅游产业发展的结合成为桂滇边境民族地区各级政府与扶贫部门的主要困惑,也是目前桂滇边境民族地区旅游扶贫工作开展过程中的主要瓶颈问题,想要有适合这类贫困户的高收益、低风险旅游项目非常困难。

[个案] 黄××,男,47岁,平给村村民,汉族。现在人也少了,我们是需要的人也不是说最多,关键是我们这周边的年轻人都就从外面去工作,剩下的都是老人跟小孩。像我们这里就这条江开船了,最少都要然后4个人,如果外面的话,真正的要30多岁的人肯定是男的,现在都是老人在我们这里,就是他没有人来做,也是因为当地有很多人外出打工了,在我们这里的话做做那些不懂的话肯定是不懂得做了,好多人年轻人不懂得做,稍微做一下。现在一个人我们这里的话要印东西,是各方面的话,开船你说老人肯定不行,安全问题,但是现在我们缺的有头脑的青年在今年以后的发展,现在你也懂,这是乡村旅游肯定要有,同理这样的都已经过来,你们来到这里肯定待过了几天你就跑了,如果是青年人他不想他在大城市里面不要钱他都无所谓。但是来到我们这里,他肯定是蒙的,在这里要做的功是我们的工是从以前的老人做的工,我们在这里如果是青年人的话,不懂得做了,人才缺人才,缺务农的。

3.2.4.2 企业方面

1. 直面政府主导模式压力,缺乏健全合理的政策引导

在旅游企业眼中,政府凭借其扶贫资金和税收优惠政策在扶贫中拥有话语权,形成了政府主导的扶贫模式。政府不但参与旅游企业帮扶旅游项目的选择,批准扶贫产业的发展方向,而且还过分突出政绩要求。由于旅游企业大多处于发展阶段,希望可以通过自身努力参与扶贫,提高自身社会责任,但往往因为政府参与过多而阻碍其帮扶步伐,最终处于消极的帮扶状态,因而降低了自身参与扶贫工作的积极性,阻碍参与扶贫的进程[206]。

旅游企业在旅游扶贫领域属于第三方力量,在桂滇边境民族地区旅游精准扶贫领域,目前还缺乏系统有效的法律法规来保障旅游企业在扶贫开发中的地位。首先,由于教育、医疗、养老和文化建设等基础薄弱,桂滇边境民族地区的许多贫困人口知识贫乏、视野狭窄,安于现状,不愿意接受旅游企业的扶贫,甚至抵制扶贫。与此同时,由于信息的闭塞,很多贫困户只把扶贫看成是单方面的钱或物的集合,而不需要自己去努力,形成了"等、要、靠"的不良依附思想。由于缺乏健全合理的政策引导,当贫困户抗拒精准扶贫项目时,旅游企业往往无能为力。其次,旅游企业扶贫激励不足。旅游企业参与扶贫缺乏健全的政策激励机制,使得旅游企业在桂滇边境民族地区扶贫中缺乏创造性、可持续性和主动性。最后,旅游企业往往受到外部框架的制约。例如一些扶贫干部不配合、不作为、不敢做的现象时有发生,甚至一些政府官员或村委会工作人员,为了自己的利益或减少"不必要的麻烦",影响了旅游扶贫项目的实施,甚至放弃了旅

游扶贫项目的实施，这都给旅游企业开展旅游扶贫项目增加了很多阻力。

2. 参与扶贫硬性要求高、创建项目流程复杂

桂滇边境民族地区对于参与旅游扶贫的旅游企业有着严格的硬性要求：一是必须是合法的民营企业，并且经营规模相对较大，带动能力较强，可以吸纳周围 2~3 km 的贫困人口；二是企业从业人员中建档立卡贫困人口比例达到 50%以上，直接吸纳 20 名以上建档立卡贫困人口就业；三是企业需与就业的贫困人口签订 3 年以上劳动合同；四是企业就业人员中，贫困人口年人均收入达到 2 万元以上。而扶贫项目的创建程序而言同样较为复杂，包括申报、考察、公示、资格认定等，整个程序审批下来，需要几个星期甚至数月。虽然这些要求会在一定程度上避免个别旅游企业为套取政策优惠、资金补助而参与企业扶贫，然而"门槛"过高也同样会阻断旅游企业参与扶贫。

3. 面临贫困户阻滞，缺乏扶贫专业人才

贫困户是旅游精准扶贫的重要参与者，同时也是旅游精准扶贫的受益者，其自身素质水平高低直接影响旅游精准扶贫成效[207]。旅游企业在参与桂滇边境民族地区旅游精准扶贫的过程中，会发现贫困户的思想还处于依靠政府提供物资的"输血"期，贫困户仍然希望继续获得物资的支持，而不是依靠自己的积极努力来创造价值，摆脱贫困。其次，贫困户多因病致贫，身体素质和专业技能不强，难以把握旅游企业提供的就业机会，难以参与旅游企业的项目，给旅游企业增加了障碍。此外，旅游企业在为贫困户提供就业岗位帮助他们的时候，贫困户偶尔也会迟到早退，工作不认真，因此受到企业的惩罚。旅游企业在签订订单和合同时，部分贫困户会因为懒惰而减少了对经济作物浇水、施肥、除草等方面的日常管理，导致产品不合格，企业难以按指定价格进行收购。

从桂滇边境民族地区旅游企业扶贫开发的发展现状来看，旅游企业难以吸引和留住人才，且企业内部缺乏将旅游与扶贫的专业人才。企业内部人才专业性强，但缺乏一定的群众工作基础，社会使命感和公益理念有限，其最终目的是为企业创造利润。而基层扶贫工作牵涉面广，要在深入了解群众的基础上对贫困户进行政策宣传、组织动员、思想及情感交流，倾听群众的诉求，既要解决群众现实利益，又要考虑群众长久发展；既要熟悉国家相关扶贫政策法规，又要了解农村工作实际；要耐心、细致地做不同利益群体的调和者[208]。而这些与一般企业内部人才的日常工作内容与工作标准等有所区别。另外，由于企业内部人才流动性大，难以满足扶贫项目运营管理的需求，对旅游企业整体运营流程的改善和运营效率的提高作用不大，甚至影响旅游企业的运营模式。

[个案] 何××，男，41 岁，隘江村老木棉景区，管理人员。困难，有啊，像一部分贫困户既想要轻松又想要高薪水的工作，思想上跟不上。我们公司，还有政府和这些贫困户对接，有些会说感觉工作难度大，学不会等。但是这块的话，那我们也会说去多担待一点，比较也是贫困户，多一点扶持他们，降低要求，有些贫困户不符合我们这个岗位的标准，也会放宽标准照顾他们。这个过程还是得慢慢来啊。

3.2.4.3 贫困户方面

1. 文化素质低下，思想观念陈旧

就健康的贫困户和非贫困户而言，收入差异的大小和增减趋势在很大程度上取决于劳动力的教育水平。长期以来，民族贫困地区教育投入不足，教育质量低下，导致地区教育水平低，尤其是贫困户，教育水平低、文盲率高的问题十分突出。据《2019年中国农村贫困监控报告》数据显示，2018年贫困地区常住劳动力中，初中及以下文化程度的占85.8%，高中文化程度的占10.4%，大专及以上文化程度的占3.8%。尽管目前桂滇边境民族地区通过建设教育信息网络扶贫服务平台，优化教师资源配置，实施"两免一补"政策和学校资助制度完善学生扶贫机制促进教育公平。但是，目前桂滇边境民族高中和大学教育普及率仍然较低，并对地区社会生活的各个方面都产生了深刻而直接的负面影响。在知识贫困与落后生产生活方式的相互叠加下，一方面使贫困户难以产生有效的知识需求，切断了地区经济社会发展机制与外部社会的有效耦合；另一方面弱化甚至化解了外部社会的先进思想文化浪潮对农村贫困的影响，更强化了桂滇边境民族地区的信息封闭与贫困落后的实际状态，形成恶性循环。

长期处于贫困地区、交通封闭、教育资源缺乏等造成广西和桂滇边境民族地区的一些贫困户陈旧观念根深蒂固，思想落后保守。第一，满足于现状，缺乏旅游参与意识。贫困户受传统祖辈生存方式和生活习惯影响，往往偏好用个人直观的感受和经验来对新事物进行判断，对非传统的信息经验则带有排斥的本能，这导致贫困户缺乏参与旅游精准扶贫的主动性和积极性，直接忽视甚至排斥旅游业的存在。第二，只考虑短期利益，缺乏长远眼光。旅游精准扶贫是一种可持续的扶贫方式，是长期扶贫的基础所在。然而，一些贫困户目光短浅，急功近利，只局限于眼前和局部的利益，渴望追求有形的回报。如果贫困户在短期内未感受到切实的经济收益，将放弃对旅游项目的投资和参与，最终无法收获旅游扶贫成效。

[个案] 莫××，女，38岁，德天村村民，高中文化程度。我感觉我们那老龄化思想还是特别夸张，有些时候还是很严重，像我家那个村现在要搞美丽乡村，甚至有几个贫困户还在抵抗，说我不做，为什么你做？我在想你不做，你的后代能享受跟人家一样好的东西吗？他说我不做这句话的时候，他其实他已经带有老龄化思想，他跟不上时代了，因为他没出外面去，不知道外面的好，然后你就靠那么一点甘蔗的话，对于整个家庭来说他是支撑不下去的，所以他只能外面去务工。就像现在主要的是种甘蔗，你要是想跟老人说拿你的土地来种别的，他会说有什么保障吗？那你能给他什么保障吗？所以就是说很难的，就像我们整个乡，二级路准备建过来了，高铁路也准备建过来了，你去问那些年纪比较大的贫困户知不知道好处有什么，老人家肯定不懂，他就死守那块地，只会关心碰到他的耕地政府会怎么处理？也有的老人说我不要你这个一次性的钱，我的土地祖祖辈辈都可以耕种的，他想要一份长久的钱。但是对于我们年轻人来说，我们可以做别的生意，可以不仅仅依靠种地，我们可以卖一些水呀什么呀这样子都可以的。

2. 信息利用能力缺失，科学技术应用能力匮乏

一般来说，知识贫乏的人实际上是信息贫乏、财富贫乏的人。贫困户除了知识贫困的制约导致信息渠道狭窄外，还普遍缺乏识别和选择信息的敏感性和处理信息的预见性。贫困户在信息博弈中处于劣势地位，主要表现在贫困户精打细算却很难找到大的商机，亦容易出现风险损失。此外，由于理解能力较差，一些贫困户经常对精准扶贫政策产生误解，将政府扶贫误解为政府救济，将政府补贴视为理所当然。

目前，我国科技成果的生产和应用水平还不高，还没有完全转化为有效的实际生产

力。事实上，资源的开发与转换、生产方式的选择与调整、农业生产的拓展、先进技术的生产运用等都受到农村劳动力科技素质水平的制约。贫困户科技素质是指贫困户所掌握的科学文化、技术知识、劳动经验和生产技能等达到的程度以及运用于农业生产实践的熟练程度[198]。受长期二元经济社会结构的影响，桂滇边境民族地区贫困户长期以自然经济模式和传统农业劳动模式为主。与此同时，该地区的基础教育呈现出单一的应试、城乡分离性质，未能准确连接贫困户的生产实践，使他们缺乏学习科学文化技术的积极性。此外，资金投入不足，技术培训形式过于单一，亦造成了桂滇边境民族地区贫困户科技素质薄弱、技术应用能力不足的现状，给地区经济增长和贫困户脱贫致富带来了诸多障碍。

[个案] 农××，男，34岁，硕龙镇宣传委。有20~30户贫困农户在德天瀑布景区和周边景区工作，多数是做保安或者清洁工作这样的，还有是一些导游这样的，大部分是临时工这样的。是有几个方面的原因，因为景区内的员工数量是有限的，而且贫困户的个人实际情况，比如年龄、学历，还有相应技能都是有限的，受到一定限制，有一些工种是没办法去做的，比如管理层、司机、导游这些都没办法，没法在这种岗位就业。多是做保洁、安保这些技术要求相对较低的工作。只有极少部分刚毕业的中职、大专的贫困户的小孩有了一些相关知识和技术，也让他们参与了进来，做一些中等技术水平的工作。

3. 青壮劳动力流失，增收后劲不足

随着当今社会的不断进步和发展，人们的生活水平有了很大的改善和提高。根据马斯洛的需求层次理论，人们不仅需要温饱的物质需求，更需要精神上的满足。在旅游精准扶贫政策的帮助下，桂滇边境民族地区大多数贫困户现在不需要担心吃饱穿暖问题，他们开始希望改善后代生存生活条件，走出大山，在繁华的大城市上学工作。所以一些贫困农民选择把孩子留给年迈的父母，带妻子出去挣钱供孩子上学；一些贫困农民会带孩子到城市打工，送孩子上学；一些贫困农民由于没有老人照顾孩子，便将孩子独自留在村里，留下大的孩子照顾小的孩子。外出务工是贫困户获得资金来源的最直接、最快速的途径。村里的贫困户走出家乡，涌向工厂、企业、工地，寻找资金来源，实现自我需求，增加知识。但与此同时，由于贫困户中青壮年是主要的劳动力资源，大量青壮年外出，徒留老人和儿童等弱势群体，造成了土地撂荒严重、房屋无人居住等现象。因此，当桂滇边境民族地区大力发展生态种养合作社和乡村旅游时，贫困户往往因缺乏青壮劳动力而有心无力。

[个案] 韦××，女，36岁，派道屯村民，高中文化程度，壮族。我老公在佛山那里的瓷砖厂里干活，一个月能赚3 500多元吧，老板人好，知道他是贫困户节假日能比别人多发200元，我原先也想去的，脏活累活我都能干，可我小孩要照顾啊，公婆也要人照顾，家公中风偏瘫了，家婆眼睛看不见。内边有个旅游景点，可以摘果，人很多的，韦主任（扶贫干部）说我菜做得不错，让我在景区附近开农家乐，政府给我补助10 000元，我还可以申请三年五万元的免息贷款，我当然想干啊，可我能干活的就我自己，小孩谁照顾，公婆谁照顾，不现实的。我也想请人帮忙，可要是亏了，哪还得起嘛，家里现在就我一个女人，我讲给我老公听，他不愿意回来。

3.3 本章小结

本章在本研究第二章分析基于生计保障的桂滇民族地区贫困户旅游精准扶贫机制的理论内涵和属性特征的基础上,以大新县、龙州县和凭祥市贫困户的实地调研访谈等一手资料为依托,在第一节对桂滇边境民族地区贫困户生计现状进行分析把握,主要阐述了桂滇边境民族地区具体的生计资本,生计策略及生计风险情况。在第二节从旅游精准扶贫对贫困户生计保障需求的回应程度、旅游扶贫驱动程度、精准程度以及阻碍旅游扶贫精准脱贫攻坚的障碍4个层面对桂滇边境民族地区旅游精准扶贫的现实表现进行了总结,并提出其面临的主要困难,为后续章节的基于生计保障的桂滇边境民族地区旅游精准扶贫机制的理论模型构建和旅游精准扶贫路径实现和对策建议等提供现实依据。

第四章 基于生计保障的桂滇边境民族地区贫困户旅游精准扶贫机制理论模型构建

4.1 相关依据

4.1.1 相关文献支持

旅游精准扶贫是贫困地区通过开发利用旅游资源，发展旅游业，带动当地经济社会发展，促进脱贫致富的一种产业扶贫方式。旅游精准扶贫系统是一个复杂的系统，是一个多维的概念，涉及政府、旅游企业、贫困户、非政府组织等多个主体，诸多学者对旅游精准扶贫系统进行研究。王兆峰等[209]以雪峰山区社区居民为研究对象，从参与动机、参与机会和参与能力三个维度，利用MOA模型建立了影响社区参与旅游扶贫的因子模型，运用结构方程模型对社区居民参与旅游扶贫的影响因素进行分析。赵世钊等[80]认为，外部信息能量的变化导致了旅游扶贫体系中各方面的力量发生变化，从而打破了传统的平衡状态。因此，基于协同学理论将民族地区旅游扶贫的动力系统分为源动力系统、内生动力系统和外援动力系统。陶恒[210]借鉴新结构经济学的理论，从目标甄别、产业运作、动态调整、人力保障、综合评价5个系统层面构建民族地区旅游精准扶贫体系。徐平[211]认为，旅游扶贫的动力系统是由旅游者、企业、社区居民、政府和中介机构等五个子系统组成的，它们在旅游扶贫的过程中的角色定位和基本利益诉求是旅游扶贫的需求动力、供给动力、社区参与动力、扶持动力和中介动力，从而构成了旅游扶贫发展的动力系统。罗正琴[212]采用层次分析法构建了基于精准扶贫的乡村旅游驱动力指标评价体系，依照四川省旅游扶贫主要问题和专家意见归纳出影响四川省乡村旅游的驱动力主体现在政府推广力、乡村旅游吸引力、游客需求力等3个方面。

一般而言，由政府为旅游精准扶贫工作提供政策和资金支持，营造发展旅游业的大环境。所以，大多数学者主要从政府、社区、企业、非政府组织和贫困人口等5个方面研究旅游精准扶贫。第一，政府在旅游精准扶贫中主要起主导与协调作用，给予贫困户、社区和企业等参与旅游业的政策支持，同时要协调好各方利益。第二，社区作为贫困户的基层组织，能够引导贫困户参与旅游业，弥补政府、企业和贫困人口在旅游精准扶贫方面的局限性。第三，企业也是旅游精准扶贫的参与者，通过政府的政策支持，吸收贫困人口参与旅游业，开发旅游产品与市场。第四，非政府组织是旅游精准扶贫的重要支持者，能为旅游精准扶贫提供物质、技术、资源等保障，还能在一定程度上提供资金保障和舆论支持,为贫困户参与旅游提供更加便利的条件。第五,贫困人口在旅游精准扶贫过程中既是扶贫的对象,又是扶贫的主体。政府、社区、企业和非政府组织在旅游精准扶贫过程中所有的政策、资金、项目和措施都以贫困人口为中心。贫困人口要实现脱贫除了对帮扶主体进行帮扶,还需要贫困人口自我帮扶,扶贫先扶智,脱贫先立勤。本研究运用MOA理论,从参与机会、参与动机、参与能力3个层面对贫困人口参与旅游精准扶贫的动力机理进行梳理,并对桂滇边境贫困户旅游精准扶贫机制的内生动力、外生动力等驱动力进行分析,将贫困户参与动机、参与意愿归纳为源系统,参与动机、生计资本以及当地旅游资源禀赋、基础设施归纳为内生动力,从而结合外援系统构建桂滇边境民族地区贫困户旅游精准扶贫机制理论模型。

学术界对于可持续生计的研究始于20世纪90年代,目前,英国国家发展署所制定的《可持续生计分析框架》(SLA)得到了普遍的认同和接受,其有助于了解和分析贫穷家庭的生活状况,评估现行的减贫措施的成效。在SLA框架下,可持续生计的结果是在脆弱环境下,以生存资本为依托,在政策、制度或程序的作用下,实现生计的可持续。农民希望获得的生计结果包括:收入提高,福利提高,脆弱性降低,食品安全性提高,以及更持久地利用自然资源等。

斯丽娟等[172]利用可持续生计分析框架,对甘肃省花桥村从事旅游业农户与从事非旅游业农户的可持续生计水平进行对比,并对旅游扶贫的效果进行了定量评估。结果发现农户的金融资本与社会资本得到显著提高,旅游扶贫的经济效益和社会效益显著,农户的文化素质普遍较低成为提升可持续生计水平的瓶颈。尚前浪等[213]从生计变迁的微观视角分析了旅游发展前后云南西双版纳景来村生计策略、生计资本、生计结果的变化过程和表现,并对社区内不同家庭的生计策略选择和旅游参与程度进行了剖析。研究发现:旅游业的发展推动了居民生活方式由传统向以旅游经营为主的方式转变,而家庭旅游的谋生策略也发生了"从无到有"的变化。崔晓明等[146]通过构建农户可持续生计水平综合评价模型,实证分析秦巴山区农户生计情况,结果表明,发展乡村旅游可以改善农户的自适应能力和生计保障,农户的生计资本得到增加。王振振等[214]从能力角度,以"可持续生计"为衡量精准扶贫成效的指标,将其分解为发展能力、经济能力和社会能力,构建了贫困户可持续生计能力评价指标体系,结果表明,精准扶贫在提高贫困人口的可持续生活水平方面没有明显的效果,但在提高其经济和社会技能方面却有明显的效果。

基于前人的研究成果,将经济能力、发展能力、社交能力引入旅游精准扶贫系统的机制,从而对贫困户可持续生计进行诠释。经济能力、发展能力、社交能力是生计资本与可持续生计的连接的桥梁。根据SLA分析框架中的五大资本,将贫困户的自然、物质与金融资本归纳为经济能力,将人力资本归纳为发展能力,社会资本以及与外部环境等要素归纳为社交能力。3种能力相互转化、相互影响,平衡各个能力之间的关系,为贫困户选择合适的生计策略才能达到可持续生计的目标。

4.1.2　探索性实证研究支持

为了清楚地掌握桂滇边境民族地区贫困户生计保障机制和可持续生计,以形成高度符合本土化的测量指标,本研究采用深度访谈的方法对旅游部门、扶贫办,旅游精准扶贫专家、村干部、旅游企业管理人员、贫困户、游客等进行一对一深度访谈。为了使访谈样本具有一定代表性,访谈内容更加真实可靠,在选择受访者时,尽可能选择对家庭成员有决策权力、对家庭情况非常熟悉的户主,以保证其具有一定的代表性和真实性。为保障被调查者的个人隐私,所有受访者匿名处理,基本信息如表4-1所示。访谈的主要内容包括对旅游精准扶贫的认识、旅游精准扶贫的效果、从事旅游的困境等内容,详细问题见附录一。深度访谈过程主要包括访谈地点确定、访谈对象选择、访谈提纲拟定、访谈内容记录、资料整理。

表4-1 受访者基本资料

序号	受访者	年龄	性别	民族	受教育程度	工作	居住地
1	农老师	41	男	壮	高中	公务员	硕龙镇
2	何经理	32	男	汉	高中	旅游企业部门经理	堪圩乡
3	陆阿姨	46	女	壮	小学	旅游景区清洁工	堪圩乡
4	莫主任	35	男	壮	大专	旅游企业主任	响水镇
5	张阿叔	44	男	壮	小学	旅游景区建筑工	逐卜乡
6	梁队长	38	男	汉	初中	旅游企业员工	彬桥乡
7	沈哥	27	男	壮	初中	旅游景区管理人员	硕龙镇
8	滕阿姐	40	女	壮	小学	酒店客房保洁员	硕龙镇
9	农阿叔	34	男	壮	小学	旅游景区维修工	响水镇
10	葛哥	26	男	壮	初中	旅游景区救生员	逐卜乡
11	韦阿姨	39	女	壮	小学	旅游景区清洁工	彬桥乡
12	农阿姨	43	女	壮	初中	个体户	硕龙镇
13	林总	54	男	汉	高中	个体户	夏石镇
14	吕老板	45	男	壮	大专	个体户	彬桥乡
15	农阿姨	47	女	壮	小学	旅游景区清洁工	夏石镇
16	莫阿姐	29	女	壮	小学	旅游景区售票员	逐卜乡
17	黄阿叔	43	男	壮	初中	旅游企业经理助理	逐卜乡
18	黄经理	46	男	汉	高中	旅游企业经理	夏石镇

访谈结束后,课题组对访谈得到的音频资料进行整理、转录、编码,将原始文本中所有的语句改为陈述句,合并近义词,总访谈时长达9 h,最终得到3万字符的访谈文本。网络文本分析法也称内容分析法,是一种将文本内容进行系统、量化的科学研究方法。它能够将定性的文本信息转化为定量的数据,在社会学、传播学、情报学等领域被广泛使用。本研究选用武汉大学信息管理学院沈阳教授设计研发的ROST Content Mining

第四章 基于生计保障的桂滇边境民族地区贫困户旅游精准扶贫机制理论模型构建

软件作为分析工具。该软件是一款可以进行内容挖掘的软件，针对网页、博客、微博、聊天记录等网络信息，可实现分词处理、高频词汇统计、语义网络及社会网络分析、聚类分析、情感分析、趋势分析、共现分析等分析。本研究通过 ROST Content Mining 软件对已经进行预处理的访谈文本进行分词，使用"词频分析（中文）"功能对分词后的文本进行统计，提取出前100个高频特征词。同时，利用"语义网络与社会网络分析"功能，进行语义网络分析，借助 NetDraw 生成可视化图形，然后通过"情感倾向分析"功能获取文本中的情感分布统计，以此来了解贫困户旅游精准扶贫机制要素。

首先使用 Rost Content Mining 6 对访谈文本进行词频分析。高频词分析能够直观反映受访者的认知意象。为提升主观编码结论的准确性与科学性，对访谈文本进行整合、分词、归并同义词、过滤无意义词等处理，将访谈中受访者对旅游精准扶贫的感知、旅游精准扶贫成效以及从事旅游业的困难等描述的高频特征词按出现的频次由高到低选取与研究主题相关的所有词汇，提取并统计前100个相关高频词汇制成高频词表（表4-2）并进行分析。从排名前100位的词语来看，排名靠前的"贫困户""旅游""政府"反映受访者对旅游精准扶贫集中体现在扶贫的期待和获得感提升方面。从高频次的类别来看，受访者重点关注以"政府""扶贫""资金""贷款""补贴""政策"等为主的政策支持，分别位列第3、8、16、21、69、79位；以"上班""土地""工资""收入""入股"等为主的个体参与能力和旅游收益，分别位列第4、10、11、17、38位；以"景区""农家乐""旅游区""合作社"等为主的商业模式，分别位列第6、24、33、82位。此外，其余高频词汇还反映了受访者对旅游扶贫规划、技术培训、旅游及游客影响等方面的诉求和期待，对现有旅游精准扶贫当中存在的问题和改善建议也较为集中。

表4-2 访谈文本高频词汇表

序号	词汇	词频	序号	词汇	词频	序号	词汇	词频	序号	词汇	词频
1	贫困户	162	26	在家	23	51	单位	16	76	照顾	12
2	旅游	71	27	甘蔗	23	52	周边	16	77	环境	12
3	政府	67	28	疫情	22	53	每个	16	78	壮族	12
4	上班	65	29	乡村	22	54	愿意	16	79	政策	12
5	小孩	65	30	发展	21	55	帮助	16	80	长期	12
6	景区	64	31	回来	21	56	租用	16	81	去年	12
7	家里	61	32	国家	20	57	亲戚	15	82	合作社	12
8	扶贫	52	33	旅游区	20	58	初中	15	83	四星级	12
9	培训	45	34	时间	20	59	建设	14	84	村里	12
10	土地	39	35	影响	20	60	文化	14	85	年纪	12
11	工资	38	36	问题	20	61	每年	14	86	原因	11
12	困难	37	37	玉米	19	62	就业	14	87	乡下	10

(续表)

序号	词汇	词频	序号	词汇	词频	序号	词汇	词频	序号	词汇	词频
13	脱贫	35	38	入股	19	63	出去	14	88	分红	10
14	外面	34	39	员工	19	64	附近	14	89	年轻	10
15	企业	32	40	老公	18	65	租金	14	90	宣传	10
16	资金	31	41	当地	18	66	优先	13	91	技能	10
17	收入	30	42	办法	18	67	农户	13	92	本地	10
18	地方	29	43	老人	18	68	想法	13	93	参与	10
19	游客	28	44	项目	18	69	补贴	13	94	能力	10
20	岗位	26	45	事情	17	70	安排	13	95	孩子	10
21	贷款	26	46	越南	17	71	上学	13	96	学校	10
22	打工	26	47	读书	17	72	朋友	13	97	养殖	10
23	老板	24	48	村民	17	73	开发	13	98	临时工	10
24	农家乐	24	49	经营	16	74	贫困	13	99	一亩	10
25	今年	23	50	不够	16	75	房子	13	100	实际	10

语义网络是通过概念和语义关系来表达知识的一种网络图，由一组节点和一组连接节点的弧构成，其中节点用来表示事物、概念、属性、动作、状态等，弧用来表示所连接的节点之间的语义联系。为挖掘高频词之间的关联指向属性，使用语义网络分析功能通过高频词表、行特征词表和共现矩阵词表构建可视化语义网络（图4-1）。

图4-1中将共现频率的高低用线条指向的密集程度来表示。共现次数越多，该图中的线指向越密集，说明两个共现字间的关联度越高。从整体上来看，访谈的内容以"贫困户"为核心圈，并形成了以"旅游""扶贫""景区""政府"等为次核心圈，同时"贫困户"与"旅游""政府""扶贫""景区""小孩"等几个高频词也有很强的关联性，表明贫困户对"旅游""政府""扶贫""景区""小孩"等词汇最为关注。"工资""就业""农家乐"等词汇处于最外层的扩散圈，将受访者对旅游精准扶贫的其他关注点也展现出来，体现了旅游精准扶贫丰富的机制要素。通过三层结构，立体式地展现了旅游精准扶贫的多角度多方面要素，为清楚地掌握桂滇边境民族地区贫困户生计保障机制和可持续生计提供了良好的视野。

通过ROST Emotion Analysis Tool情感倾向分析工具对预处理的txt格式文本文档进行情感倾向分析（表4-3），发现39.85%的受访者对旅游精准扶贫感知以积极情绪为主，其中高度积极情绪占所有情绪总数量的24.94%，而23.96%的受访者持有消极情绪，比例相对较小。持积极情绪的受访者认为帮扶措施"景区在招聘的时候，在符合对应的岗位的同等条件下，优先考虑让贫困户实现就业的""而且像不同自身状况的贫

第四章 基于生计保障的桂滇边境民族地区贫困户旅游精准扶贫机制理论模型构建

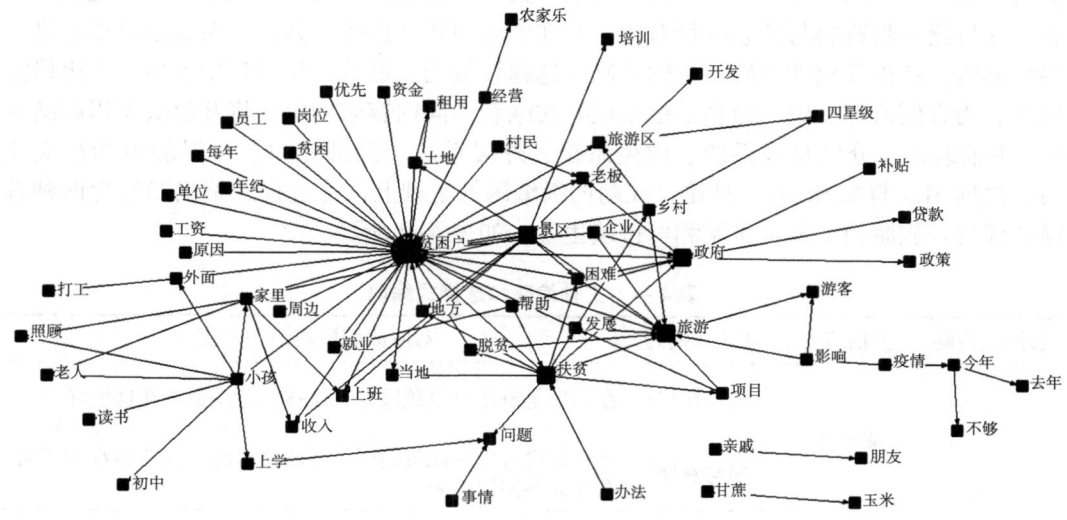

图 4-1 访谈文本语义网络分析

困户，都会提供不同的工作、适合他们实际情况的工作给他们""比如我们也是跟这边成立的那个农宿协会的业主要求过多照顾一下贫困户"，工资待遇"大概的数来说可以给你们个区间就是 2 000 多到 3 000 多，不算低，比我们县的平均工资高了很多了"，可以发现受访者对旅游精准扶贫的认同感知较高。持消极情绪的受访者认为"现在这个疫情也卖不出去东西，那些小酒店都没有开门""这边游客来的话会乱扔垃圾这些"，可以发现受访者认为旅游精准扶贫没有达到预期水平、旅游影响人居环境质量等。除此之外，还有 36.19% 的游客对龙胜旅游形象感知持中性态度。总体而言，受访者对旅游精准扶贫感知还是以积极情绪为主。

表 4-3 访谈文本情感倾向特征

情感倾向	数量/条	比例/%	分段统计	数量/条	比例/%
积极情绪	163	39.85	一般（0~10）	102	24.94%
			中度（10~20）	42	10.27%
			高度（>20）	19	4.65%
中性情绪	148	36.19	—		
消极情绪	98	23.96	一般（-10~0）	72	17.60%
			中度（-20~10）	12	2.93%
			高度（<-20）	4	0.98%
总计	409	100.00			

在对原始采访数据的整理基础上，根据扎根原理对原始采访数据进行编码。扎根理论研究法是由哥伦比亚大学的 AnselmStrauss 和 BarneyGlaser 两位学者共同发展出来的一种通过系统化的程序，发展和总结出一个具体的现象的一种研究方法，不仅保持了原始

· 113 ·

资料的真实性，而且体现出理论的科学性，其步骤包括：首先，从原始资料中提炼出概念，并持续地将资料与概念进行对比，并在概念间建立连接；其次，系统地对资料进行逐级编码，获得开放性编码、主轴编码和选择性编码；最后，建构理论模型，提出研究假设。为方便研究，编码命名是根据现有文献和访问内容来确定，将开放式编码归纳为6个主轴编码，分别是源系统、内生系统、外援系统、经济能力、发展能力和社交能力。根据 SLA 框架和 MOA 理论，在前两级编码的基础上，将选择式编码归结为两种选择式代码：旅游精准扶贫机制和可持续生计，如表4-4所示。

表 4-4 主轴编码和选择式编码

选择式编码	主轴编码	开放式编码	对应原始资料语句示例
旅游精准扶贫机制	源系统	参与动机	在这里上班还可以照顾老人小孩。还是愿意在这里好点
		参与意愿	基本都没有那种说我们叫了不愿意来的，除非是没空或者在外面确实回不来
	内生系统	参与能力	我自己在家里，看到人家开的农家乐，有了个信心，借朋友亲戚还有政府钱呀，就筹备了
		生计资本	前年我家盖了4间混凝土房，家里用的电器也是开始慢慢地买回来了
		资源禀赋	明仕田园很好的，环境很好，空气也好
		基础设施	在搞旅游以前通往这里没有路的，都是我们自己修的，开车进不来，都是烂泥路
	外援系统	政府扶持	政府会根据我们企业聘请的贫困户人数来给予一定的补贴
		企业支持	我们会相对根据政府的一个标准，可能也会高于政府一个标准来给贫困户征收这个地。
		市场需求	很多游客的，旺季的时候房间都不够住，来不及打扫房间还会被客人说
可持续生计	经济能力	经济收入	我们给这里员工开的工资大概都是 2 000 到 3 000 多元一个月这样子，已经是北县里面的平均工资高了不少
	发展能力	技能掌握	拿到证才能上岗，像我是救生员，没有培训连基本救生技能都不懂
	社交能力	沟通交流	现在我们的员工都是有自信的，然后都可以跟客人自主交流

4.1.3 相关理论运用

4.1.3.1 系统动力学理论

系统是由具有一定目标、特定功能且相互作用、相互依赖的若干部分所组成的整体，系统内的各要素之间并不是静止不动，而是经过不断地流动与交换，将原来相互独立的各部分有机地融合在一起，以达到系统的目的与功能。Webster 大辞典对系统的定义是："系统是一个有组织或组织化的总体，一个组合在一起的总体构成的多种概念性原理合成，由有规律的相互作用和相互依赖的情况构成的诸种要素之间的契机等。"学术界对系统的概念也进行了界定，国外学者 Bertalanffy 认为系统是一个由各因素相互作用、相互联系的整体。

系统动力学是一门分析研究信息反馈系统的学科，是系统科学中的一个分支。从系统方法论来说，系统动力学的方法是结构方法、功能方法和历史方法的统一。1956 年，美国麻省理工学院 Forrester 教授首创系统动力学（system dynamics，SD），它是在系统科学和管理科学两学科交叉基础上产生的，综合了系统论、控制论、信息论等多领域的内容，研究的本质是系统的行为方式与特性[215-216]。系统动力学通过计算机建立模型并基于现实数据对系统进行仿真，善于处理涵盖多领域，跨多行业，高阶次和非线性的复杂时变系统。系统动力学方法的特点主要有：第一，系统动力学可用来处理高度非线性、高阶次、多变量、多反馈的复杂系统，如经济、社会和生态环境等，能够从宏观与微观两个层面对系统进行全面研究；第二，系统动力学强调要从系统、联系、发展以及动态的角度来研究开放系统并得出其行为模型在很大程度上依赖于其内部动态结构与反馈机制；第三，系统动力学以定性与定量结合来解决问题，模型建立与模拟运行以"结构-功能"为依据；第四，系统动力学模型是为政策分析的模型实验室，其建模过程辅助方程的建立或许具有某种半定量和半定性描述，但从整体看，本模型仍然是描述复杂大系统动态行为特性的规范化数学模型；第五，系统动力学实质上就是一个结构模型，在建模过程中，除依据各种历史数据与信息外，也有效地融合了专家、决策人员以及建模学者等多方面的经验与知识[217]。

经历了构建社会环境分析系统的高速发展期，20 世纪 90 年代末至今，系统动力学开始广泛应用于各个社会领域。国内最早运用系统动力学研究旅游问题的是徐红罡，他构建了城市旅游地生命周期的系统动态模型[218]。唐晓云[219]运用宏观经济学、产业经济学、区域经济学和计量经济学等多学科理论对我国旅游经济发展的内在规律性进行了研究，并运用系统动力学方法对进行仿真和预测，提出相应政策建议。王旭科[220]利用系统动力学理论及软件，构建城市旅游发展动力系统的仿真模型，并对该仿真模型进行模拟、预测城市旅游发展趋势、分析系统的运行效果。武春友等[221]利用系统动力学基本原理和方法对区域旅游生态安全体系进行了研究，建立了区域旅游生态安全系统的模型，对模型进行调控并提出辽宁旅游业发展的不同模式。张佑印[222]借助系统动力学模型分析了旅游流所受动力之间的内在耦合关系。

本研究借助系统动力学理论，分析桂滇边境民族地区贫困户旅游精准扶贫机制，从贫困户参与旅游业的源动力、内生动力和外部动力 3 个方面入手，构建了包含源系统、内生系统、外援系统的理论模型，通过 3 个系统的相互作用、相互依赖，有机整合旅游精准扶贫机制的各个要素，从而实现贫困户可持续生计的目标。

4.1.3.2 利益相关者理论

利益相关者理论的有关思想最早出现于 19 世纪，其缘起与发展是对股东中心理论的质疑与创新。1959年，Penrose在出版的《企业成长理论》中提出"企业是人力资产和人际关系的集合"，为利益相关者理论奠定基础，直到20世纪60年代，美国斯坦福研究所首次采用"利益相关者"这一术语，将其界定为：对于企业而言有一些利益群体，没有这些利益群体的支撑，企业将不能生存下去。Freeman于20世纪80年代在《战略管理：一种利益相关者的方法》一书中将利益相关者这一概念定义为：所谓利益相关者就是那些可以影响一个组织团体实现目标进程的个人或者组织群体，他们的既包括组织内部的股东，供应商和消费者等客体，也包括政府有关部门及其他可以影响一个组织或者团体成长的组织或者机构。利益相关者理论重视企业剩余索取权与剩余控制权的再分配以及管理中的社会责任与伦理问题。就社区旅游而言，其实质就是将社区集体所有土地和其地上物、民俗风情和农耕文化作为旅游吸引物进行旅游。因此，依托于当地农耕文化知识与技能专用性资产而成为其核心旅游资源所有权主体的社区及居民应该理所当然地参与到社区旅游开发决策与收益分配中去，并取得对社区生态旅游经济体应有的剩余索取权与剩余控制权。

国外学者在20世纪80年代中后期将"利益相关者"概念引入旅游研究，随后对其进行相关研究，主要应用于旅游规划与开发、旅游企业经营、旅游项目管理等方面，强调当地居民、社区参与旅游业的决策权、管理权，并公平分享旅游收益。随着研究不断深入，与可持续发展的理念相结合，利益相关者越来越受到学术界关注，"旅游利益相关者"这一概念也随之产生。国内将利益相关者引入旅游领域的时间较晚，但与国外研究较为相似。21世纪初，保继刚等国内学者均将利益相关者理论应用于旅游发展规划中。此后，利益相关者的研究逐渐引起国内学者关注，利益相关者视角成为学者们研究的一个热门。

桂滇边境民族地区旅游资源丰富，通过发展旅游业使贫困人口脱贫将必然牵扯到众多的利益团体，只有充分考虑到各方面的利益，才能使其得以可持续发展。因此，可以通过利益相关者理论分析桂滇边境民族地区旅游精准扶贫过程中各利益相关者之间的关系及其作用。由于这是一项综合性的经济活动，其相关利益者涉及众多人群和许多部门，包括政府、旅游企业、游客、旅游从业人员、当地社区等。而在东道国的各个利益相关者中，有当地的贫困户、旅游开发商和当地政府。但在旅游开发过程中，因开发商、政府等因素的干预往往导致贫困户的利益未受注视，由此导致贫困户对政府、旅游开发商的抵制，一些原本好的规划、措施得不到贯彻和执行，严重阻碍了当地旅游的健康持续发展。因此桂滇边境民族地区旅游精准扶贫的开发利用过程中，有必要引入利益相关者理论，协调处理各利益相关体之间的关系。

4.1.3.3 可持续生计框架

"可持续生计"（sustainable livelihood，SL）概念最早出现于20世纪80年代末，由世界环境和发展委员会首次提出。目前，应用最为广泛的是由英国国家发展署建立的可持续生计分析框架（SLA），它包括5个部分：脆弱背景、生计资本、结构和程序转变、生计策略、生计结果（图1-5）[223-225]。

脆弱背景指人赖以生存的外部环境（主要有趋势、冲击及季节性等），这些因素对农民生计和生计资本产生根本影响。通常情况下，冲击通常是导致农户贫穷的重要因素。诸如洪水、干旱和飓风之类的自然灾害以及社会动荡和冲突、金融危机和农作物或牲畜健康受到的影响对农民的生计造成了严重的影响。趋势变化与冲击相比，具有一定的预测性，如人口趋势、资源趋势、经济趋势、科技趋势等。而季节性主要体现在价格、产量、就业和健康方面。这些因素对于农民生计的作用并不全是消极的，而是具有积极的一面，如经济趋势的良性发展和技术进步等均能给农民带来收益。

在可持续生计框架中，生计资本处于核心地位。生计过程就是对资源进行合理配置、获取各种收入以维持生存的过程。农户作为一种特殊的生产经营主体，在农业生产中占有重要地位。农户想要获得可持续的生计结果，就必须依赖生计资本的支撑，然而单一资本无法满足其多样化生计结果。SLA 框架把生计资本可划分为 5 个组成部分，分别是自然资本、物质资本、金融资本、人力资本及社会资本（图 4-2）。不同资本的结合才会满足农民生计需求，并为他们提供更多经济社会发展机会。人力资本是最基础的生计资本，它表征了知识、技能、健康与能力。对农户家庭而言，人力资本决定了家庭劳动力的数量，技能水平，规模和健康状况。自然资本是指自然资源存量，可以分为无形的资本和有形的直接用于生产的资本以及生态服务。自然资本和脆弱性环境之间联系最紧密。正所谓"靠山吃山，靠水吃水"，一个地区的自然资源决定着农民的生计资本以及他们所面对的风险和不确定性。同时，季节性也是自然资本在年内变动的表现。物质资本是为支撑着农民谋生所需的生产资料和基础设施。生计资料是指为了生产所需要的工具、设备和肥料等，属私有财产或集体所有或者需要出租。基础设施主要包括道路、运输工具、水源、能源和通信，属于公共财产，在使用过程中无须收取任何费用。所谓金融资本，就是农民能够支配并能筹集到现金的资本。金融资本主要有 3 个来源，即自己的储蓄、信用以及无偿援助等。自己的储蓄就是农民自己创收，这是农民最根本、最主要的收入。信贷以金融机构贷款为主，是农民获取金融资本难度最大的渠道。无偿援助是由社会救助组织或亲友提供。社会资本是农户为达到生计目标所需要的社会资源，它主要由社会关系、社会组织以及社会联系等构成。社会资本与结构和过程转变中同组织机构及程序规则之间关系最密切，二者具有双向关系。各类农户持有的生计资本存在差异，且生计资本随时间和政策变化而动态变化。所以，只有结合具体情况，权衡不同种类生计资本并选择适合的生计策略，才有可能达到积极的生计目标。

在 SLA 框架中，所谓结构与过程转变，就是指对农户生计产生影响的制度、机构、政策、法律等外部环境，它可确定农户生计资本所有权与使用权、生计策略选择、资本间兑换等。政策是指各国，各级政府和国际机构，机构是指政治、立法和司法及民间组织等，程序规则是指决策过程、等级制度、阶层和风俗。它们可能会妨碍农民生计，也可能通过改革来扶持农户生计发展。

生计策略就是农户在生计资本利用、分配以及经营活动中所进行的结合、选择（包括生产劳动、投资和生育等）。生计策略试图通过对农户生计方式的改进以达到生计目标和生计结果的可持续性。

生计结果就是生计策略是否达成或者是否有成果。作为该框架的一部分，生计结果表现为脆弱背景下以所掌握的生计资本为基础，受政策、机构或程序规则等因素影响而选择最佳生计策略以实现生计结果可持续。农民预期的生计结果可能包括收入提高、福

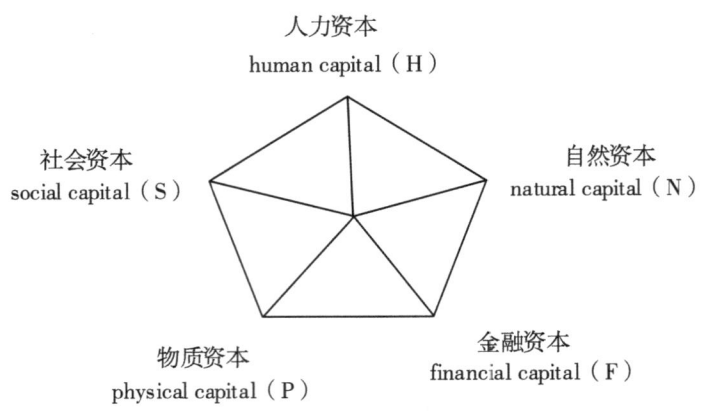

图 4-2 生计资本组成部分

利改善、脆弱性下降、食物安全性提高和自然资源利用更可持续等。农户生计结果不仅表现为经济收入的提高，还表现为生计结果的多样化和丰富。

本研究基于可持续生计框架，考虑桂滇边境民族地区贫困户的脆弱性背景，结合桂滇边境民族地区实际情况，通过整合贫困户参与旅游精准扶贫的生计资本、机制要素，将贫困户旅游精准扶贫可持续生计归纳为经济能力、发展能力和社会能力3个方面。

4.1.3.4 MOA 理论

MOA 理论是由心理学的基本概念动机（motivation）、能力（ability）、机会（opportunity）综合而成的。MOA 理论与动机理论、组织行为学、传播理论紧密相关，用于描述个体对信息的处理、对信息的接收与分析和处理行为的理论模型[226]。随着研究的不断深入，MOA 理论已不再局限于市场营销，而是应用于社会学、管理学、传播学、政治学等多个学科，用于解释与个体行为相关的动机问题，个体行为（behavior）的产生依赖于动力、能力和机会，三者相互关联、共同作用，推动某种特定行为的发生，具有较好的稳定性和对行为的预见性[227]（图 4-3）。

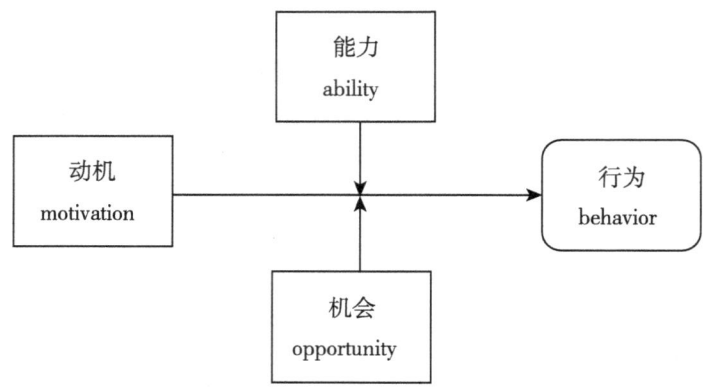

图 4-3 MOA 理论核心概念与行为的关系

MOA 理论在研究具体问题的时候，可以将其核心概念转化成可操作的概念，从而为行为动力提供了理论框架。从某种意义上来说，MOA 理论就像一种模型，用于解决行为动机的模型。MOA 理论的核心概念与行为的关系如图所示，动机对行为直接产生影响，能力和机会对影响过程进行调解[228]。

MOA 理论中"M"是"motivation"（动机）的缩写，"O"是"opportunity"（机会）的缩写，"A"是"ability"（能力）的缩写。动机是一种目标导向的激励，以需求为基础。个体认识到自己需要或缺乏，就在诱因推动下为实现目标而激发动机。动机是行为得以发生的先决条件，也是行为发生的意愿、兴趣和愿望的综合体现。个体的动机具有复杂性、多样性和变化性等特点，学者们在研究中可从不同的视角将动机进行划分。

只有对个体的动机有明确的研究，才能更好地了解个体的行为，理解产生行为的内在驱动力。机会指良好的、适宜的或者有利的情况，它是刺激个体行为的外部环境中一个有效成分。在组织行为学看来，个体行为除了受其自身心理的作用外，还受社会环境和自然环境等因素的作用。机会是个比较抽象概念，它可以随时空的扩展而变化，并对个体行为产生促进或者抑制作用。机会以其客观性、有利性、主体性等特征为主体行为的发生提供能力与动机的客观条件。能力就是对行为产生影响的个体因素，它主要包括个体在智力或者体力方面所具有的才能，比如个体的知识、技能以及经验，能力可以是先天或后天的。能力是一种心理特征，它对个体的行为动机有着直接的影响。能力分为很多类型，按作用可分为认知能力，操作能力，社交能力，按影响范围也可划分。通常情况下，能力反应个体知识和技能的水平，通过知识和技能可以反映个体在活动中所达到预期水平。能力决定着一个人完成其活动的水平，它是行为发生的先决条件。MOA 理论中将动机作为行为产生的内在动力，将机会作为个体行为产生所需要的环境，将能力作为刺激个体产生行为所需要的内在可能，这 3 个方面交互作用共同促进了行为产生。

本研究基于 MOA 理论从参与机会、参与动机和参与能力 3 个方面梳理贫困户参与旅游精准扶贫的动力机制，通过分析桂滇边境民族地区贫困户旅游精准扶贫机制的内生动力、外生动力等驱动力，将贫困户参与动机、参与意愿归纳为源系统，参与动机、生计资本以及当地旅游资源禀赋、基础设施归纳为内生动力，从而结合外援系统构建桂滇边境民族地区贫困户旅游精准扶贫机制理论模型。

4.1.3.5 社会交换理论

社会交换理论产生于 20 世纪 50 年代中后期，当时美国国内社会矛盾激化，针对功能主义"过于强调宏观、结构、秩序、均衡，忽视微观、行动、变迁、冲动"的缺陷，把研究视角重新拉回到微观、行动、变迁以及冲突之上。在社会生活中，人们开始寻求个性的发展，推崇个体的力量，反对仅仅将个体看作是团体的一个组成部分而忽略了人是社会个体行动者。社会交换理论所研究的内容属社会学范畴，它融合和吸纳了古典功利主义、人类学、行为心理学以及社会学等学科的观点，将人们的交往视为计算得与失的理性行为，认为人的所有行为交往都以谋求最大利益为目的。社会交换的基本思想是：人的行为是一种交换，人们为了获得某种报酬而去和他人进行交往。

美国著名社会学家乔治·卡斯伯·霍曼斯于1958年在《美国社会学杂志》中，首次提出交换理论。1967年他出版了《社会交换的性质》，开创了行为主义的社会交换理论研究。霍曼斯社会交换理论以社会交往行为层面为重点，并综合运用经济学、心理学等理论。在他看来，人类在社会上的一切活动均属于社会交换范围，所以社会交换是无界限的，而社会上的行动又有赖于交换才能进一步加强。霍曼斯的《人类群体》一书中特别强调小群体间活动的规律，认为通过对小群体进行研究能探视大群体甚至全社会。为解释人的行为，他又提出包括原因、表现与目的成分在内的"成功""刺激""价值"等6个命题，其核心的内容包括两个规律。一是客观交换规律。具体表现在人们倾向于期望以最小的成本得到最大的回报。二是社会交换规律。就社会交往活动而言，若双方能够就某一特定活动结成互惠互利的关系，那么彼此的接触与交往就会增强，否则就会渐减以至终止。要注意的是交换活动一定要让双方感到公平并从中受益，而任何一方不满的经历都可能影响到他们之间进一步的接触。

霍曼斯社会交换理论是建立在微观层面的特定交往行为基础之上。彼得·布劳吸收霍曼斯社会交往行为理论的思想并结合马克思关于交换概念的观点，把研究角度扩宽到宏观层面，研究范围也由个体延伸到群体，总结出结构交换理论的主要内容与观点大部分体现在他的著作《社会生活中的交换与权力》中。在他看来，一个身处于社会中的人，总想利用现有资源去交换更多的新资源，所以人们在交往中普遍有交换成分。布劳结构交换理论的核心思想可归纳为：社会交换其实是某种利益与回报的交换，是随着交换次数的增加，所获报酬会逐渐减少，即边际效用原理。布劳认为"社会吸引力"是社会交换最初的动因，行动者在相互寻找到对方有其需要的社会资源并确认对方愿意提供这种资源的过程中，相互间形成了一种吸引力。从宏观社会结构分析中，人们之间的交往、组织以及群体之间既存在直接相互作用也存在间接相互作用，根据宏观社会交换的特点，布劳引入了共享价值观和制度化的概念。

社会交换理论在各个学科研究中有着广泛的应用，是一个被广泛认可的理论因，其研究对象是个体行为与社会行为，所以更多地被运用在旅游、社区、企业管理等社会学相关领域。本研究借助社会交换理论，分析贫困户依靠自身所拥有的生计资本，在脆弱性背景下，为了获得某种报酬而发生的社会交换行为，以达到可持续生计的目的。

4.1.3.6 旅游乘数理论

旅游乘数理论由经济学家们在旅游活动研究中，借鉴经济学乘数理论以及旅游学中有关理论提出来的，它是旅游行业发展的必然产物，对分析、理解旅游经济所产生的影响有着十分重要的作用[229]。乘数（multiplier）又称倍数，是指某一经济投入量的变动会影响经济总量相应变动的一种倍数关系。乘数这一经济学基本概念体现了现代经济的特征，即国民经济各部门间存在着相互关联，无论哪一部门的最终需求均能自发地导致整个经济在产出、收入和就业层面上发生变化，后者的变化量占导致这一变化的最终需求变化的比为乘数[230]。随着旅游产业的飞速发展以及所带动的巨大经济效应，国外诸多学者开始对旅游产业的经济效应进行研究。1955年意大利经济学家特洛伊西对旅游经济进行研究，出版了《旅游及旅游收入的经济理论》，开创了旅游乘数理论的先河。随后，凯恩斯以边际消费倾向为基础，建立了乘数模型，形成了乘数理论，其公式为

$$K = \frac{\Delta Y}{\Delta A} = \frac{1}{1-\varepsilon} = \frac{1}{1-(\text{MPC}-\text{MPM})} \tag{4-1}$$

式中，K 表示自发支出乘数；ΔY 表示国民经济总量的增加量；ΔA 表示自发支出的增加量；ε 表示的是边际支出倾向，边际支出倾向在 0~1 之间变动；MPC 表示边际消费倾向；MPM 表示边际进口物资倾向。

此后，英国经济学家阿彻尔（Archer）等根据凯恩斯的乘数理论，提出了旅游乘数理论，依据乘数模型对收入乘数、就业乘数等进行了测算[231]。阿彻尔认为："旅游乘数是一种度量工具，它所度量的是单位旅游支出会给当地带来多大的收入。与此同时，旅游乘数还可以视为一种数学表示，它代表每多增加一单位旅游收入，会使当地住户得到的直接、间接和诱导性收入的数量"。阿彻尔将旅游乘数划分为 4 类，即旅游产出乘数，旅游就业乘数，旅游收入乘数和旅游交易乘数，它们之间有内在联系。旅游乘数因其综合性、无形性、同步性和不可转移性而区别于经济学中乘数的概念。旅游产出乘数测量的是每一单位旅游消费会带来旅游目的地企业经济增长的程度。具体而言，旅游产出乘数考虑的是旅游消费以直接和间接两种方式使旅游目的地内所有企业收入的增长总额，产出乘数则不仅要考虑本地企业营业额增长情况，还要考虑到企业库存实际变化情况。

旅游乘数理论作为研究旅游活动对旅游目的地经济影响的关键性理论，有助于政府与组织对旅游活动的产生经济作用进行客观地把握与认识。因为旅游业是个综合性和关联性非常强的产业，旅游企业接待游客所取得的营业收入就变成了外来资金注入旅游目的地进行经济运作，这一部分资金来源就变成了旅游活动所带来的直接影响。另外，旅游企业通过对本地企业及居民所提供的商品和服务进行采购和消费，给本地居民带来了福利，拉动了本地经济发展，从而产生了间接效应、诱导效应等一系列连锁反应。旅游活动的间接效应、诱导效应和直接效应共同组成了旅游乘数效应。旅游乘数大小和游客对旅游目的地的消费支出相关，通常情况下，旅游乘数和区域经济水平呈正向关系，其数值和游客消费额呈正向关系。

旅游乘数可划分为 3 个阶段。第一阶段为直接效应阶段。旅游收入最初的某些部门与企业（如旅行社、餐饮业、交通运输部门、参观游览部门）将受益于旅游收入的初次分配。旅游者产生的直接消费给旅游企业带来的产出、收入和就业的效应叫作旅游消费直接效应。第二个阶段为间接效应阶段。直接收益的各个旅游部门及企业在再生产过程中都要从的其他部门或行业购买原料、材料和设备，而政府则将旅游税收投入到其他企事业或福利事业中去，从而让这些部门得到收入，也就是通过旅游间接实现利润。因此，旅游消费的间接影响远远大于直接影响。第三个阶段为诱导效应阶段。在旅游部门或者其他企事业单位中直接或者间接地为旅游者服务的员工，将所得工资、奖金等用于购买生活消费品等，从而推动有关部门及企事业发展。因此，旅游收入经过多次分配和再分配在国民经济各个部门中产生连锁经济作用。

由于旅游产业的综合性，桂滇边境民族地区实施旅游扶贫具有综合效益。本研究借助旅游乘数理论，通过发展旅游业，每增加一个单位的旅游收入，均会使得当地贫困户获得的直接收入、间接收入与诱导性收入增加，为桂滇边境民族地区旅游精准扶贫提供理论支撑。

4.2 理论模型

可持续生计分析框架（SLA）包括脆弱性背景、生计资本、结构和程序转变、生计策略与生计结果5个组成部分。在可持续生计框架中，生计资本处于核心地位。SLA框架把生计资本可划分为5个组成部分，分别是自然资本，物质资本，金融资本，人力资本以及社会资本。人力资本是生计的最基础资本，它表征了知识、技能、健康与能力。自然资本指自然资源的存量，可分为无形资本与有形资本和生态服务等。物质资本作为一种生产资料和基础设施支撑着农民维持生计。生计资料是指为生产所需的工具、设备和肥料等，属私有财产或集体所有或需要租赁。基础设施主要有道路、运输工具、水源、能源和通信等，属于公共财产，使用过程中不收取费用。所谓金融资本，就是农民能够支配的和能够筹集到的现金，它主要有3个来源，即自身积蓄、信贷以及无偿援助。自身积蓄就是农民自己创造的收入，这是农民最根本和最主要的收入来源。信贷以金融机构贷款为主，是农民获取金融资本难度最大的渠道。无偿援助由社会救助组织或亲友提供。社会资本是农户为实现生计目标所需要的社会资源，它主要包括社会关系、社会组织以及社会联系等。社会资本与结构和过程转变过程中的组织机构及程序规则之间的关系最密切，二者为双向关系。各类农户持有的生计资本存在差异，且随时间和政策变化生计资本也动态变化。

本研究在斯丽娟等[172]、王振振等[214]的研究基础上，通过引入经济能力、发展能力和社交能力对桂滇边境民族地区贫困户的可持续生计进行诠释。贫困户可持续生计是一种综合能力，这3类能力在生计资本和可持续生计之间起着桥梁作用。发展能力是体力和脑力的结合，是个体所具有的成功地完成某一活动的能力，主要由人力资本组成；经济能力就是家庭为了支撑家庭成员的生存与发展而获取收入的能力，如自然资本、物质资本和金融资本；社会交往能力包括家庭获取社会资本以及与外界环境的良好互动能力。另外，因为在可持续生计分析框架下各生计资本间是不断变化的，所以资本之间也可相互转化，这意味着3种生计能力是处于不断变化和互相转化的。各类农户具有的生计能力存在差异，且生计能力随时间和政策变化而动态变化。所以只有结合具体情况，权衡各种生计能力并选择适当的生计策略，才有可能达到合适的生计目标。

综上，本研究在已有文献的研究基础上，结合访谈资料分析，构建了包括旅游精准扶贫机制和可持续生计的研究理论模型。在模型中，旅游精准扶贫机制主要由源系统、内生系统和外援系统3个部分内容构成，源系统指的是贫困地区和贫困人口的发展权利和利益需求，贫困人口参与旅游业的动机、意愿，所能获得的经济收益、社会收益等；内生系统指的是扶贫对象系统内部支撑旅游发展的各种资源，包括贫困人口发展能力和素质、生计资本、当地旅游资源、基础设施建设等；外援系统指的是贫困人口系统外部各种推动其发展的物质、能量、技术等，主要有政府的政策、资金、旅游景区带动、旅游企业开发、个人或团体智力支持、旅游客源市场需求等。

第四章 基于生计保障的桂滇边境民族地区贫困户旅游精准扶贫机制理论模型构建

在旅游精准扶贫机制系统中，源系统是旅游精准扶贫机制的先决条件，内生系统是旅游精准扶贫机制的前提条件，外援系统是旅游精准扶贫机制的基础保证，三者相辅相成、相互影响、共同作用，保障桂滇边境民族地区贫困户可持续生计（图4-4）。内生系统通过激发源系统中贫困人口的参与动机与参与意愿，提高贫困人口参与旅游业的积极性，源系统反过来挖掘内生系统中贫困人口的参与能力、生计资本和当地的旅游资源、基础设施，确保贫困人口参与旅游业的前提条件得以成立；源系统通过表达贫困人口的真实诉求，外援系统为贫困人口参与旅游业提供政府扶持、企业支持和市场需求等决策信息，进一步激励贫困人口积极参与；内生系统以外援系统所提供的政策、市场等支持为依托，并且通过外援系统对各项要素的整合，强化旅游精准扶贫机制的系统性、整体性、协调性。在旅游精准扶贫机制的保障下，贫困人口通过提升自身的经济能力、发展能力和社交能力，从而巩固旅游精准扶贫成效，实现可持续生计的目标。

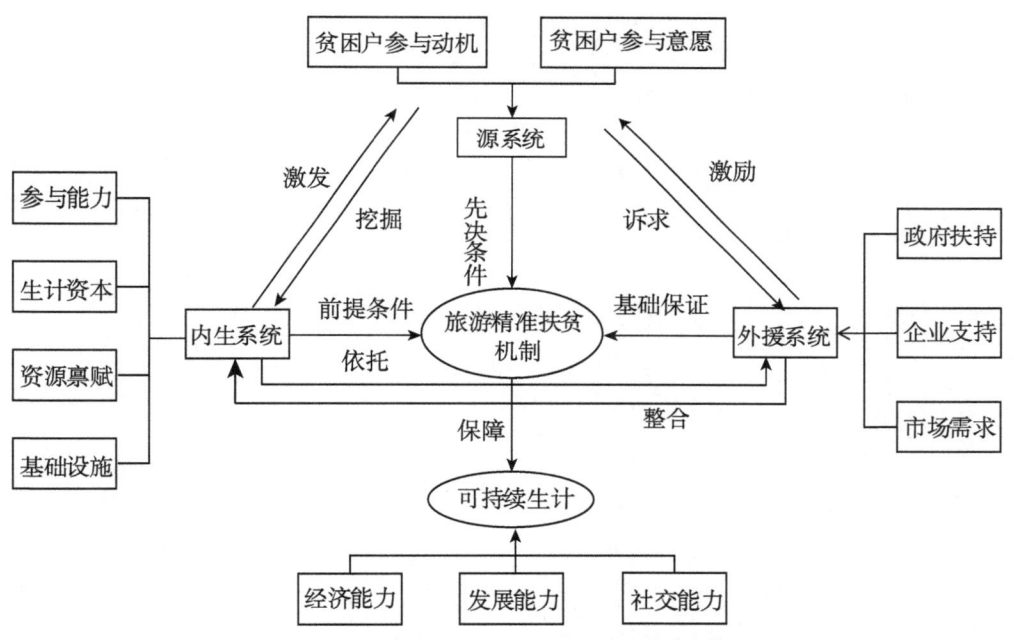

图 4-4　基于生计保障的桂滇边境民族地区贫困户旅游精准扶贫机制理论模型

4.3　本章小结

本章在前文国内外研究综述和对桂滇边境民族地区贫困户生计现状与旅游精准扶贫现实表现分析的基础上，依据相关文献、探索性实证研究，借助系统动力学理论、利益相关者理论、可持续生计框架、MOA理论、社会交换理论和旅游乘数理论等理论基础，构建了包含源系统、内生系统和外援系统的理论模型，在旅游精准扶贫机制系统中，源系统是旅游精准扶贫机制的先决条件，内生系统是旅游精准扶贫机制的前提条件，外援系统是旅游精准扶贫机制的基础保证，三者之间相辅相成，相互影响，共同作用，保障桂滇边境民族地区贫困户可持续生计。在旅游精准扶贫机制的保障下，贫困人口通过提升自身的经济能力、发展能力和社交能力，从而巩固旅游精准扶贫成效，实现可持续生计的目标。

第五章 基于生计保障的桂滇边境民族地区贫困户旅游精准扶贫机制的实证与案例研究

5.1 实证研究

5.1.1 研究假设

为了明确保障机制各要素与可持续生计之间的关系，根据研究理论模型，提出旅游精准扶贫的源系统、内生系统、外援系统对可持续生计产生显著的正向影响。具体假设如表5-1所示。

表 5-1 研究假设

假设	假设内容
H1	源系统对可持续生计产生显著的正向影响
H2	内生系统对可持续生计产生显著的正向影响
H3	外援系统对可持续生计产生显著的正向影响

5.1.2 本土化量表开发

为了更好地测度保障机制各要素和可持续生计两者之间的关系，本文采用规范量表开发程序，并根据王兆峰等[209,232]、钟晖等[233]学者分别就MOA模型和托马斯决策模型对农户参与旅游扶贫的研究，以及结合旅游学和社会学相关专家的指导形成初始测量项目。在完成各项目信息内容分析后，对题项资料进一步归类和统计分析，然后选择重要的条目组成各维度的测量题项，以此编制出初始量表；结合初始量表编制预调查问卷，并进行预调查。通过预调查发现，当地贫困户对于旅游利益分配存在着很大的争议，并且对政府和旅游企业开展的旅游项目有一定的意见，认为本村农户土木结构的房屋没有得到相应的保护，生活条件虽然有所提高，但却对民族文化造成了一定的破坏。基于此，需要进一步优化量表，编制出正式量表。经过整理，最终形成了包含15个题项的旅游精准扶贫机制量表和5个题项的可持续生计量表（表5-2）。

表 5-2 量表测量题项

一级指标	二级指标	三级指标
保障机制	源系统	旅游精准扶贫能够使贫困户获得经济效益
		旅游精准扶贫能够提升贫困户职业技能
		参与旅游精准扶贫能够获得就业机会
		贫困户愿意参与旅游精准扶贫
		贫困户支持本地开展旅游精准扶贫
	内生系统	贫困户具备参与旅游业的知识和技能
		贫困户拥有参与旅游业的经济基础
		贫困户拥有参与旅游业的社会基础
		当地旅游资源丰富
		当地基础设施完善
	外援系统	政府及相关部门为贫困户提供旅游精准扶贫的各项政策支持
		政府及相关部门为贫困户提供旅游精准扶贫的各项资金支持
		旅游企业租用或收购贫困户土地、住房、农产品等物质资本
		旅游企业为贫困户提供各项旅游就业支持
		游客喜爱本地区旅游产品
可持续生计	经济能力	贫困户有稳定的经济收入
		贫困户居住、医疗、教育等有保障
	发展能力	贫困户参与旅游业的综合素质能力提升（如职业能力、健康、教育等）
		当地生态环境得到改善
	社交能力	贫困户能够参与当地旅游发展的决策

5.1.3 问卷设计

通过整理量表测量题项，形成基于生计保障的桂滇边境民族地区贫困户旅游精准扶贫机制研究调查问卷（预调研），详见附录二。调查问卷主要包括：问卷首语、问卷主体和问卷结束语。问卷主体由 3 个部分组成。第一部分为保障机制量表，总共 3 个维度 15 个题项。第二部分为可持续生计量表，总共 5 个题项。调查问卷中的所有量表都要采用李克特五点量表法，用 5~1 分别来表示，即"非常同意""比较同意""一般""不同意""非常不同意"。第三部分为调查对象的基本信息，主要包括性别、年龄、民族、文化程度、人均年收入、外出务工人员、距离景区的距离、生计资本、致贫原因、家庭人口数与参与旅游业人数、建档立卡时间与脱贫时间 11 个题项。

5.1.4 前测分析

软件使用 SPSS 19 版本实现信度和探索性因子分析的检验过程如下。

5.1.4.1 CITC 值和信度分析

对题项进行测试可知，量表的 Cronbach's α 系数为 0.790，大于 0.7，且 4 个维度的 Cronbach's α 系数皆高于 0.7 的标准；4 个维度的 CITC 值均大于 0.5 的标准，（表 5-3），表明量表具有良好的内部一致性信度，题项不需要改动。

表 5-3 量表测量题项的 CITC 值和信度分析

测量题项		CITC 值	项目删除后的 Cronbach's α 系数	Cronbach's α 系数
源系统	PS1	0.670	0.830	
	PS2	0.682	0.827	
	PS3	0.768	0.803	0.858
	PS4	0.592	0.850	
	PS5	0.675	0.828	
内生系统	PE1	0.694	0.829	
	PE2	0.687	0.831	
	PE3	0.677	0.834	0.862
	PE4	0.659	0.838	
	PE5	0.684	0.832	
外援系统	PF1	0.747	0.814	
	PF2	0.699	0.827	
	PF3	0.648	0.841	0.861
	PF4	0.696	0.828	
	PF5	0.615	0.848	
可持续生计	PL1	0.536	0.823	
	PL2	0.671	0.788	
	PL3	0.608	0.805	0.832
	PL4	0.693	0.780	
	PL5	0.651	0.792	

5.1.4.2 探索性因子分析

通过探索性因子分析，结果表明 KMO 值为 0.742，Bartlett 的球形度检验的显著性为 0，表明参与度量表的测量题项是适合进行因子分析的。经过因子分析旋转后，得到了 4 个因子，其累积解释方差为 64.979%，可以很好地解释各个题项包含的信息（表

5-4)。同时，预设题项分别对应源系统、内生系统、外援系统及可持续生计4个维度。因此，说明量表具有良好的结构效度，保留所有题项。

表5-4 参与度的探索性因子分析

变量	题项编码	因子载荷				各因子解释方差/%	累计解释方差/%	KMO	Sig
		1	2	3	4				
源系统	PS1	-0.006	0.010	0.773	0.197				
	PS2	-0.061	-0.101	0.798	0.113				
	PS3	-0.053	-0.031	0.853	0.084	16.741	16.741		
	PS4	-0.007	0.005	0.744	-0.048				
	PS5	0.029	-0.082	0.796	0.034				
内生系统	PE1	0.797	-0.019	-0.110	0.181				
	PE2	0.806	0.191	0.024	0.002				
	PE3	0.797	0.095	0.005	0.059	16.706	33.447		
	PE4	0.780	-0.129	-0.050	0.107				
	PE5	0.808	0.040	0.029	-0.099			0.742	0.000
外援系统	PF1	0.019	0.850	-0.105	0.072				
	PF2	0.053	0.823	0.066	0.103				
	PF3	-0.069	0.757	-0.077	0.147	16.214	49.661		
	PF4	-0.007	0.800	-0.050	0.139				
	PF5	0.261	0.687	-0.052	0.230				
可持续生计	PL1	0.104	0.223	0.028	0.639				
	PL2	-0.066	0.234	0.032	0.777				
	PL3	0.168	0.028	0.147	0.759	15.318	64.979		
	PL4	-0.129	0.261	0.010	0.795				
	PL5	0.150	-0.023	0.166	0.784				

5.1.5 量表修正

通过整理预调研数据，将样本进行前测分析，并对量表进行CITC值检验、信度分析和探索性因子分析后可知，量表总体信度良好，且具有较好的结构效度，因此，所有题项保持不变（表5-5）。

表 5-5 量表测量题项

变量	题项编码	题项
源系统	PS1	旅游精准扶贫能够使贫困户获得经济效益
	PS2	旅游精准扶贫能够提升贫困户职业技能
	PS3	参与旅游精准扶贫能够获得就业机会
	PS4	贫困户愿意参与旅游精准扶贫
	PS5	贫困户支持本地开展旅游精准扶贫
内生系统	PE1	贫困户具备参与旅游业的知识和技能
	PE2	贫困户拥有参与旅游业的经济基础
	PE3	贫困户拥有参与旅游业的社会基础
	PE4	当地旅游资源丰富
	PE5	当地基础设施完善
外援系统	PF1	政府及相关部门为贫困户提供旅游精准扶贫的各项政策支持
	PF2	政府及相关部门为贫困户提供旅游精准扶贫的各项资金支持
	PF3	旅游企业租用或收购贫困户土地、住房、农产品等物质资本
	PF4	旅游企业为贫困户提供各项旅游就业支持
	PF5	游客喜爱本地区旅游产品
可持续生计	PL1	贫困户有稳定的经济收入
	PL2	贫困户居住、医疗、教育等有保障
	PL3	贫困户参与旅游业的综合素质能力提升（如职业能力、健康、教育等）
	PL4	当地生态环境得到改善
	PL5	贫困户能够参与当地旅游发展的决策

5.1.6 问卷调查

正式调研阶段时间为 2019 年 10 月 18—27 日，为期 10 天，2020 年 7—8 月，为期 35 天。调研地点涉及桂滇边境民族地区广西靖西市、那坡县、凭祥市、大新县、宁明县、龙州县、防城区、东兴市 8 个县（市、区）与云南勐腊县、景洪市、勐海县。调研组由旅游管理专业的研究生构成，在进行问卷调查之前，笔者先对调研组成员进行培训，要求在调研过程中要使用简单易懂的语言和调查对象进行交流，对于年龄较大的调查对象，则采用问答的形式，调研组成员要耐心解释题项并提问，调查对象进行回答，然后由调研组成员帮助调查对象填写问卷。调研组分成两人一组，一人负责观察旅游脱贫户家庭环境，并进行拍照、录像、录音等，另一个人负责提问和填写问卷。为了提高调查对象的积极性，调研组为调查对象准备了公仔、擦手巾等礼物。根据结构方程模型的要求，普遍认为样本量应该是变量的 10 倍。研究对象以贫困户为单位，问卷题项共 20 个，在实际调研过程中，总共发放问卷 500 份，回收 491 份，其中有效问卷 484 份，回收率为 98.2%，有效率为 96.8%。

5.1.7 数据分析

5.1.7.1 描述性统计分析

整理好调查问卷后,将调查所获得的数据录入 Excel 表格,然后导入 SPSS 软件,进而对样本人口的基本信息进行描述性统计分析,以判断样本的代表性。样本人口的基本信息包括性别、年龄、民族、文化程度、人均年收入、家庭成员中是否有外出务工人员、家庭住址与景区的距离、参与旅游业的生计资本、致贫的主要原因、家庭人口总数、参与旅游业人数、建档立卡时间和脱贫时间,统计结果如表 5-6 所示。

在本次调查中,受访对象以女性居多,有 300 人,占 61.98%,男性 184 人,占 38.02%,主要是因为各村中大多数的男性青年劳动力选择外出务工,留在家中的多是妇女、老人和儿童,而且目前在参与旅游业的村民中女性最多;从年龄上看,41~60 岁之间的人数居多,占 58.68%,这表明当前各村的旅游脱贫户主要是以中老年人为主,而年轻人则大多外出求学或务工;在民族方面,由于龙华村和中山村以壮族为主,达腊村是壮族和彝族的聚居地,所以在受访对象中壮族人数最多,占 91.74%;在文化程度方面,拥有小学和初中学历的人数最多,共 452 人,占 93.39%,硕士及以上学历 0 人,主要是因为受访对象大多是中老年人,他们所处的年代经济条件差,教育水平落后,整体上反映了旅游脱贫户的受教育程度低,缺乏高层次学历人才。

在人均年收入方面,有 116 人年收入在 3 000 元以下,占 23.97%,40 人年收入在 3 001~4 000元,占 8.26%,2019 年,全国扶贫标准约为年人均纯收入 3747 元,而样本数据中大约有 1/3 的旅游脱贫户年人均纯收入低于全国扶贫标准,通过和村干部交流得知,当提及家庭收入时,大部分村民都选择采取保守的态度,尽可能地降低其家庭收入标准,以此希望得到更多的帮助;在家庭人口总数方面,有 328 户家庭人口总数在 4~5 人,占 67.77%,而每户参与旅游业人数的有 1 人、2 人和 3~4 人,分别占 63.33%、35.54% 和 4.13%;在家庭主要收入来源方面,164 户主要以务农为主,其次是通过销售农产品、土特产品等方式获取收入;旅游脱贫户的生计资本主要以劳动力为主,共有 428 户认为有足够的劳动力从事旅游业;2015 年和 2016 年是旅游脱贫户建档立卡的主要集中时间,共有 224 户,占 46.28%;2018 年和 2019 年是脱贫的主要集中时间,脱贫户共有 192 户,占 39.67%。

表 5-6 样本人口基本信息统计表 ($N=484$)

人口统计变量	类别	样本数量/人	比例/%
性别	男	184	38.02
	女	300	61.98
年龄	20 岁以下	42	8.68
	21~40 岁	141	29.13
	41~60 岁	284	58.68
	61 岁以上	17	3.51

（续表）

人口统计变量	类别	样本数量/人	比例/%
民族	汉族	20	4.13
	壮族	444	91.74
	彝族	20	4.13
文化程度	未上学	0	0
	小学	300	61.98
	初中	152	31.41
	高中或中专	12	2.48
	本科或大专	20	4.13
	硕士及以上	0	0
人均年收入	3 000 元以下	116	23.97
	3 001~4 000 元	40	8.26
	4 001~5 000 元	112	23.14
	5 001 元以上	216	44.63
家庭成员中是否有外出务工人员	是	214	44.21
	否	270	55.79
家庭住址与景区的距离	0~1 km	112	23.14
	1~5 km	208	42.98
	5 km 以上	164	33.88
参与旅游业的生计资本	劳动力	428	88.43
	土地	92	19.01
	住房	32	6.61
	技术	40	8.26
	农产品、土特产品	72	14.88
致贫的主要原因	因学	212	43.80
	因病	92	19.01
	因残	32	6.61
	因灾	0	0
	缺资金	132	27.27
	缺技术	120	24.79
	缺劳力	260	53.72
	缺土地	108	22.31
	自身发展动力不足	40	8.26

(续表)

人口统计变量	类别	样本数量/人	比例/%
家庭人口总数	2~3 人	64	13.22
	4~5 人	328	67.77
	6~7 人	72	14.88
	8 人以上	20	4.13
参与旅游业人数	1 人	292	60.33
	2 人	172	35.54
	3~4 人	20	4.13
建档立卡时间	2014 年	20	4.13
	2015 年	124	25.62
	2016 年	100	20.66
	2017 年	72	14.88
脱贫时间	2016 年	20	4.13
	2017 年	72	14.88
	2018 年	92	19.01
	2019 年	100	20.66
	2020 年	12	2.48

5.1.7.2 分布检验

为了检验样本是否满足结构方程模型的正态分布要求，对量表的题项进行平均值和标准偏差分析以及偏度和峰度检验，以检验样本是否符合正态性假设的要求。如表 5-7 所示，各指标的样本均值较为均衡，说明调查对象的选择具有较好的一致性。同时，所有偏度与峰度绝对值均小于 1，根据数据正态准则：偏度绝对值均小于 3，峰度绝对值均小于 8，表明样本数据的分布满足正态性要求，可以进行结构方程建模分析。

表 5-7 量表测量题项正态性检验

题项	平均值	标准偏差	偏度	峰度
PS1	3.1653	1.01212	−0.192	−0.410
PS2	3.1942	1.07652	−0.073	−0.614
PS3	3.0207	1.12729	−0.058	−0.693
PS4	3.1074	1.00764	0.003	−0.568
PS5	2.8347	1.09844	0.087	−0.691
PE1	2.9587	1.01252	0.131	−0.486
PE2	3.0289	1.01907	−0.105	−0.450
PE3	2.9669	1.10286	−0.009	−0.696

(续表)

题项	平均值	标准偏差	偏度	峰度
PE4	2.884 3	1.085 88	−0.042	−0.790
PE5	2.905 0	1.066 75	−0.180	−0.681
PF1	2.900 8	1.079 87	−0.119	−0.685
PF2	2.855 4	0.996 76	−0.085	−0.474
PF3	2.971 1	1.187 93	−0.033	−0.943
PF4	3.078 5	1.102 43	−0.063	−0.730
PF5	2.979 3	0.952 05	0.128	−0.362
PL1	3.078 5	0.922 48	0.098	−0.369
PL2	3.231 4	0.939 23	−0.205	−0.095
PL3	2.466 9	0.941 86	0.230	−0.350
PL4	3.264 5	1.019 63	−0.077	−0.543
PL5	3.066 1	0.973 65	−0.106	−0.545

5.1.7.3 信度及效度检验

1. 信度分析

利用 SPSS 24.0 工具，通过可靠性分析项目中的 α 值检验调查问卷的信度，α 值越高，说明评价结果越可靠，具体的衡量标准上文已详细介绍，不再赘述，结果见表5-8。

表5-8 量表测量题项的 CITC 值和信度分析

测量题项		CITC 值	项目删除后的 Cronbach's α 系数	Cronbach's α 系数
源系统	PS1	0.670	0.830	
	PS2	0.682	0.827	
	PS3	0.768	0.803	0.858
	PS4	0.592	0.850	
	PS5	0.675	0.828	
内生系统	PE1	0.731	0.541	
	PE2	0.711	0.510	
	PE3	0.706	0.503	0.886
	PE4	0.743	0.556	
	PE5	0.735	0.542	

(续表)

测量题项		CITC 值	项目删除后的 Cronbach's α 系数	Cronbach's α 系数
外援系统	PF1	0.739	0.845	0.878
	PF2	0.722	0.850	
	PF3	0.705	0.855	
	PF4	0.715	0.851	
	PF5	0.679	0.860	
可持续生计	PL1	0.710	0.870	0.890
	PL2	0.735	0.865	
	PL3	0.716	0.869	
	PL4	0.754	0.861	
	PL5	0.741	0.863	

2. 效度分析

根据以上研究要求，得到问卷整体的 KMO 值为 0.875，大于 0.6。近似卡方值为 5 138.452，自由度为 190，Bartlett 球形检验中 $p<0.05$，表明本研究问卷所收集到的数据信息具有良好的效度，满足学术要求，适合进行下一步的因子分析。其次得到源系统、内生系统、外援系统、可持续生计共计 4 个因子的 KMO 值均大于 0.7，Bartlett 球形检验中 $p<0.05$，问卷变量通过效度检验。探索性因子分析如表 5-9 所示。

表 5-9 探索性因子分析

变量	题项编码	因子载荷				各因子解释方差/%	累计解释方差/%	KMO	显著性
		1	2	3	4				
源系统	PS1	0.043	-0.013	0.107	0.788	17.427	17.427	0.875	0.000
	PS2	0.002	-0.047	0.149	0.825				
	PS3	0.038	0.063	0.104	0.790				
	PS4	-0.037	-0.088	0.137	0.781				
	PS5	0.074	0.001	0.081	0.801				
内生系统	PE1	0.819	0.001	0.179	-0.032	17.106	34.533		
	PE2	0.803	0.041	0.151	0.001				
	PE3	0.813	0.019	0.070	0.082				
	PE4	0.833	0.031	0.120	-0.002				
	PE5	0.827	-0.039	0.101	0.074				

第五章 基于生计保障的桂滇边境民族地区贫困户旅游精准扶贫机制的实证与案例研究

（续表）

变量	题项编码	因子载荷 1	因子载荷 2	因子载荷 3	因子载荷 4	各因子解释方差/%	累计解释方差/%	KMO	显著性
外援系统	PF1	-0.023	0.821	0.159	-0.071				
	PF2	0.033	0.828	0.107	0.026				
	PF3	-0.073	0.796	-0.177	-0.054	17.081	51.613		
	PF4	0.018	0.823	0.105	0.016				
	PF5	0.097	0.765	0.210	-0.005			0.875	0.000
可持续生计	PL1	0.109	0.124	0.807	0.077				
	PL2	0.118	0.212	0.789	0.119				
	PL3	0.211	0.149	0.760	0.171	16.000	68.094		
	PL4	0.109	0.215	0.798	0.160				
	PL5	0.147	0.134	0.807	0.147				

5.1.7.4 验证性因子分析

验证性因子分析（confirmatory factor analysis，CFA）是一种建立在探索性因子分析基础上的研究方法，用来测量因子与测量项（量表题项）之间的对应关系是否与研究者预测保持一致，主要包括结构效度、聚敛效度和区分效度。

1. 结构效度

模型拟合指数是考察理论结构模型对数据拟合程度的统计指标。根据分析结果，选择绝对拟合指数 χ^2/df、GFI、RMSEA，选择相对拟合指数 NFI、TLI、CFI，选择信息指数 AIC、CAIC 来对模型进行适配度评估。一般来说 χ^2/df（卡方自由度比）比值越小，表明假设模型的协方差矩阵与观察数据越适配，一般取值范围为 1~3，表示模型适配良好。RMSEA（渐进残差均方根），其值小于 0.05 表示模型拟合较好，在 0.050~0.080 之间表示模型拟合尚可。GFI 为适配度指数，一般认为其值大于 0.900 表示模型的适配度良好。NFI、TLI、CFI 值介于 0~1 之间，其值越高，模型适配度越佳，一般认为这 3 个值大于 0.900，表示模型与数据适配性较高。信息指数 AIC 值和 CAIC 值越小越好。具体的评定标准如表 5-10 所示。

表 5-10 结构方程模型拟合指数及评价标准

指数名称		评价标准
绝对拟合指数	χ^2/df	越小越好
	GFI	大于 0.900
	RMSEA	小于 0.080，越小越好
相对拟合指数	NFI	大于 0.900，越接近 1 越好
	TLI	大于 0.900，越接近 1 越好
	CFI	大于 0.900，越接近 1 越好
信息指数	AIC	越小越好
	CAIC	越小越好

利用 AMOS 软件验证模型，其结果如表 5-11 所示，所有题项在对应的因子载荷都比较高，并且所有因子的相关系数在 0.05 显著水平上达到显著。根据 AMOS 软件输出的参与度量表拟合结果（表 5-11）可知，在所有的拟合结果中，为 2.196，符合 1~3 的取值标准，RMSEA 为 0.050，小于 0.080 的取值标准，其他 GFI、NFI、TLI、CFI 均大于 0.9，表明结构方程模型拟合效果良好，模型较为合理。验证性因子分析测量模型结果如图 5-1 所示。

表 5-11 模型拟合结果

指数名称	绝对拟合指数			相对拟合指数			信息指数	
	χ^2/df	GFI	RMSEA	NFI	TLI	CFI	AIC	CAIC
数值	2.196	0.931	0.050	0.931	0.955	0.961	452.115	690.491

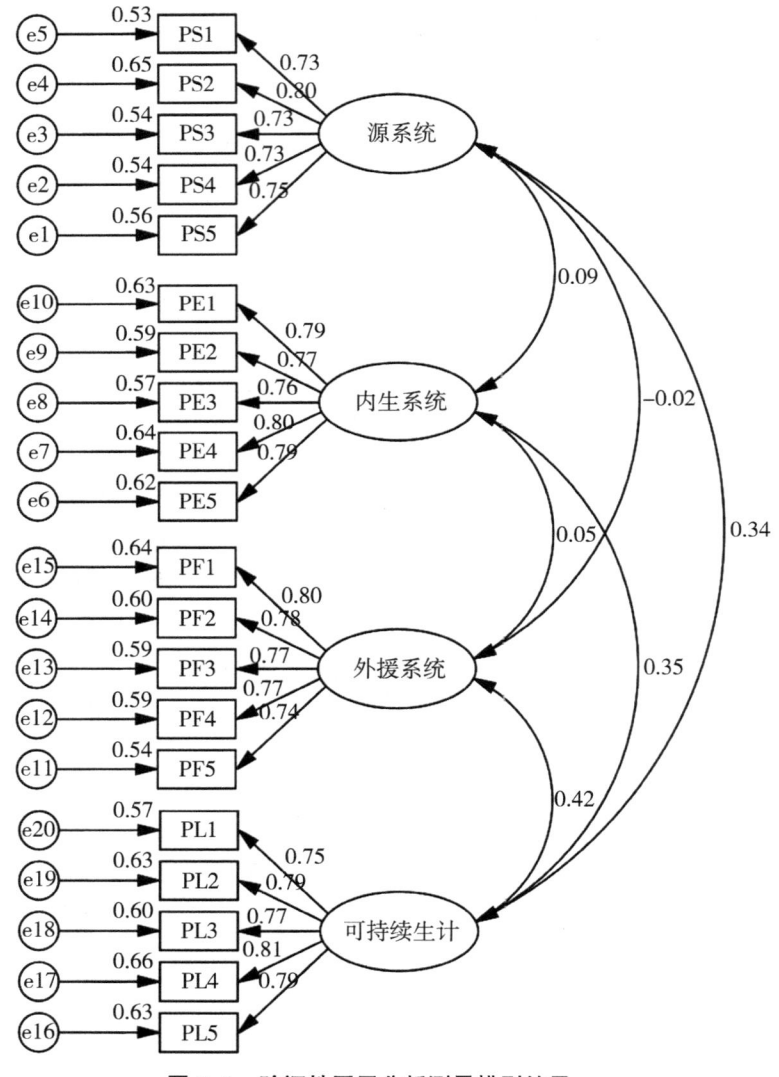

图 5-1 验证性因子分析测量模型结果

2. 聚敛效度

聚敛效度的评价指标是组合信度 CR（critical ratio）值和 AVE 值，CR 是一个 Z 统计量，使用参数估计值与其标准差之比构成，反映了每个潜变量中所有题目是否一致性地解释该潜变量，当该值高于 0.70 时表示该潜变量具有较好的建构信度。AVE 是平均提取方差值，或者称平均变抽取，是统计学中检验结构变量内部一致性的统计量。参与度的聚敛效度检验结果如表 5-12 所示。表中，各个潜变量对应各个题项的因子载荷 Estimate 都大于 0.7，说明各个潜变量对应所属题目具有很高的代表性。另外，各个潜变量的平均方差变异 AVE 均大于 0.7，而且组合信度 CR 值均大于 0.8，说明该量表的聚敛效度理想，具有较好的内部一致性信度，从而表明模型的适配性较好。

表 5-12 聚敛效度检验结果

	路径关系		Estimate	AVE	CR
PS1	←	源系统	0.731		
PS2	←	源系统	0.805		
PS3	←	源系统	0.733	0.563 6	0.865 7
PS4	←	源系统	0.735		
PS5	←	源系统	0.747		
PE1	←	内生系统	0.792		
PE2	←	内生系统	0.767		
PE3	←	内生系统	0.757	0.610 2	0.886 7
PE4	←	内生系统	0.802		
PE5	←	内生系统	0.787		
PF1	←	外援系统	0.800		
PF2	←	外援系统	0.777		
PF3	←	外援系统	0.768	0.594 2	0.879 8
PF4	←	外援系统	0.771		
PF5	←	外援系统	0.737		
PL1	←	可持续生计	0.754		
PL2	←	可持续生计	0.792		
PL3	←	可持续生计	0.774	0.617 6	0.889 7
PL4	←	可持续生计	0.815		
PL5	←	可持续生计	0.793		

3. 区分效度

将各个潜变量的 AVE 值与各个潜变量之间的相关系数输入表进行比较，其中潜变量的 AVE 值位于对角线的位置，相关系数位于矩阵的左下角部分，并计算出 AVE 值的平方根。从表 5-13 可以看出，矩阵中各个潜变量的相关系数小于 AVE 平方根，即说明各个潜变量之间具有一定的相关性，且彼此之间又具有一定的区分度，表明量表数据的区分效度较为理想。

表 5-13 区分效度检验结果

变量	源系统	内生系统	外援系统	可持续生计
源系统	0.563 6			
内生系统	0.082	0.610 2		
外援系统	-0.015	0.047	0.594 2	
可持续生计	0.297***	0.312***	0.369***	0.617 6
AVE 平方根	0.750 7	0.586 4	0.452 1	0.355 3

5.1.8 假设检验

5.1.8.1 模型路径系数分析

为验证前文贫困户旅游精准扶贫机制中源系统、内生系统与外援系统对可持续生计的影响，基于理论模型，把样本数据代入，计算出路径载荷系数，输出的结构方程模型路径系数结果见图 5-2。

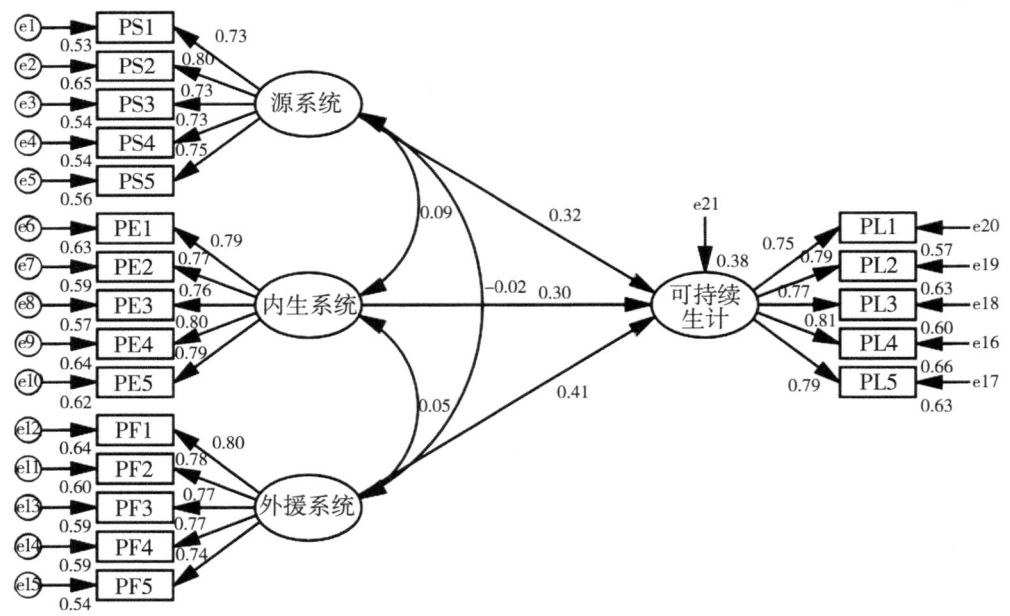

图 5-2 结构方程模型路径系数图

源系统中5个题项的标准化路径系数分别为0.731、0.805、0.733、0.735、0.747，除了题项PS1，其余所有题项$p<0.01$。其中题项PS2的路径系数与载荷系数最高，表明旅游精准扶贫机制对于贫困户来说，通过参与旅游业，显著提升其职业技能，更能够激发贫困户参与旅游的动机。该结果体现了马斯洛需求理论，贫困户通过参与旅游获得足够的经济收益以满足其物质需求后，会产生更高层次的需求，即对于自身技能提升的需求，以实现自我价值。在参与意愿的题项中，题项PS5的路径系数与载荷系数均高于PS4，表明贫困户的学习意愿相较于其自主就业创业意愿更加强烈，能够主动学习发展旅游业的宝贵经验，并且能够积极关注国家最新政策。因此，提升自身技能从而通过自己的努力实现脱贫成为贫困户参与旅游精准扶贫的重要原因。

由结果可知，贫困户的参与能力、生计资本和当地的资源禀赋及基础设施皆对贫困户参与旅游精准扶贫产生重要影响，5个题项的标准化路径系数分别为0.792、0.767、0.757、0.802、0.787，除了题项PE1，其余所有题项$p<0.01$，其中题项PE4的路径系数与载荷系数最高。由此可知，资源禀赋对内生系统的影响最大，其次是基础设施与生计资本。当地是否具有丰富的旅游资源是评判地区能否发展旅游的一大重要因素，旅游的发展是建立在旅游吸引物的基础之上，当地居民对于能否通过参与旅游业实现脱贫这一问题的考虑，更多会客观地通过对于地方旅游资源进行评估，综合考虑是否具有参与旅游业发展的条件。由此可见，桂滇边境民族地区贫困户在相关旅游政策以及培训的影响下，能够客观地考量当地的旅游资源状况，结合自身与实际情况，而不是仅仅以短暂的经济收益为导向。在生计资本所涉及的题项中，贫困户认为相对于社会基础来说，拥有足够的经济基础对于参与旅游的助力更大，其经济基础成为贫困户评判自身是否具有通过参与旅游实现脱贫的重要内容。通过自营等方式参与旅游业，前期需要大量的资金投入，以满足参与旅游业的要求。

在外援系统中，5个题项的标准化路径系数分别为0.800、0.777、0.768、0.771、0.737，除了题项PF1，其余所有题项$p<0.01$，其中题项PF2的路径系数与载荷系数最高。根据结果可知，政府扶持、企业支持和市场需求皆对贫困户旅游精准扶贫产生重要影响，其中政府扶持对于外援系统的影响最大。旅游精准扶贫作为国家大力支持的一份"减贫"方案，政府相关部门为旅游精准扶贫提供的各项支持，是旅游精准扶贫有效实施重要保障，贫困户相信通过政府的帮扶能够更好地带动当地旅游业的发展，带动当地居民实现脱贫致富。在实际调研中发现，贫困户认为政府对于旅游业的重视以及相关政府对于旅游业的扶持，是激励贫困户参与旅游精准扶贫的一大重要原因，贫困户希望通过参与旅游业获取政府更多经济与技术上的支持。在外援系统中，市场需求相对于政府扶持与企业支持对于外援系统的影响相对较小，其主要原因是桂滇边境民族地区的旅游发展仍处于起步阶段，更多需要政府"无形的手"支撑引导以及企业提供更具实质性的帮助，从而获取经济效益。

在贫困户的可持续生计中，5个题项的标准化路径系数分别为0.754、0.792、0.774、0.815、0.793，除了题项PL5，其余所有题项$p<0.01$，其中题项PL4的路径系数与载荷系数最高。根据结果可知，经济能力、发展能力、社交能力皆对贫困户可持续生计产生重要影响，其中贫困户认为当地生态环境的改善对于可持续生计的影响最大。

贫困户认为通过发展旅游不仅能够实现脱贫，更重要的是，对于当地生态环境的提升、当地居民环保意识的提高，也为当地经济的可持续发展提供了保障。旅游精准扶贫也能够给予当地居民更多话语权，增强当地居民的主人翁意识，为游客带来便利服务的同时，也为贫困户提供了居住、医疗、教育等方面的保障。由于旅游自身所具有的脆弱性以及周期性，较少贫困户能够通过参与旅游获取稳定的收入。通过实地调查可知，由于新冠疫情的影响，许多贫困户的旅游收入骤减，并且因各地旅游淡旺季的影响，对于贫困户而言，旅游收入无法作为一项稳定的收入，较难将发展旅游作为唯一的收入来源渠道。

5.1.8.2 假设检验

在结构方程模型中，临界比值 C.R. 是检验回归系数是否显著的标准，当 C.R. 的绝对值大于或者等于 1.96 时，则表示达到了 0.05 的显著性水平。因此，当 C.R. 值符合标准时，各变量间具有显著性水平，假设成立，反之亦然。根据基于 AMOS 软件运算的标准化参数估计值（表 5-14），分别对研究假设进行一一验证，假设检验结果如表 5-15 所示。

在结构方程模型中，检验回归系数是否显著的标准是临界比值 C.R.，当 C.R. 的绝对值大于或等于 1.96 时，则表示达到 0.05 的显著性水平。因此，当 C.R. 值符合标准时，各个变量之间具有显著性水平，假设成立，反之亦然。根据基于 AMOS 软件运算的标准化参数估计值（表 5-14），分别对研究假设一一验证，假设检验结果如表 5-15 所示。

表 5-14 结构方程模型估计参数结果

路径关系			标准化路径系数 Estimate	均值标准误差 S.E.	临界比值 C.R.	显著性 p
可持续生计	←	内生系统	0.301	0.044	6.605	***
可持续生计	←	外援系统	0.408	0.042	8.604	***
可持续生计	←	源系统	0.321	0.049	6.825	***

表 5-15 假设检验结果

假设	假设内容	检验结果
H1	源系统对可持续生计产生显著的正向影响	接受
H2	内生系统对可持续生计产生显著的正向影响	接受
H3	外援系统对可持续生计产生显著的正向影响	接受

由表 5-15 可知，研究提出的 3 条假设均成立，即旅游精准扶贫机制中源系统、内生系统以及外援系统均对贫困户的可持续生计产生显著的正向影响，其中外援系统对可持续生计的影响最大。

H1 表示源系统与可持续生计之间的显著正向影响关系,由表可知,源系统对可持续生计结果感知具有显著的正向影响。因此,假设获得接受。源系统对可持续生计的标准化路径系数为 0.321 ($p<0.01$),呈正相关,表明贫困户的参与动机与参与意愿越强,对可持续生计结果感知越强。即贫困户参与旅游业的意愿越深,其所获得的经济、发展和社交方面的生计结果越多,从而可持续生计结果感知越强。

H2 表示内生系统与可持续生计之间的显著正向影响关系,由表可知,内生系统对可持续生计结果感知具有显著的正向影响。因此,假设获得接受。内生系统对可持续生计的标准化路径系数为 0.301 ($p<0.01$),呈正相关,表明贫困户对旅游精准扶贫的参与能力越强,对可持续生计结果感知越强。即贫困户具备较强的参与能力,他能够在旅游精准扶贫过程的收益也就更多,其实现可持续生计目标的可能也就越大,使得可持续生计结果感知更强。

H3 表示外援系统与可持续生计之间的显著正向影响关系,由表可知,外援系统对可持续生计结果感知具有显著的正向影响。因此,假设获得接受。外援系统对可持续生计的标准化路径系数为 0.408 ($p<0.01$),呈正相关,表明政府、企业对当地旅游业的扶持越大,贫困户的可持续生计结果感知越强。即政府高度重视旅游业的发展,希望通过发展旅游带动当地经济的发展,企业通过技术、资金等方式协助当地旅游的发展,为地方旅游业的发展保驾护航,贫困户对于可持续生计结果感知会更强烈。

5.1.9 结果与讨论

5.1.9.1 研究结论

第一,旅游脱贫户人口统计学特征。在参与调查的旅游脱贫户中,年龄在 41~60 岁的女性居多(占 61.98%),主要是因为各村中大多数的男性青年劳动力选择外出务工,留在家中的多数是妇女、老人和儿童;贫困户以壮族为主,其中拥有小学和初中学历的人数最多,总体上受教育程度低;在人均年收入方面,3 000 元以下占 23.97%,大部分贫困户对经济收入都采取保守的态度,希望能够获得更多的帮扶;家庭人口总数 4~5 人的家庭最多,且主要以务农、销售旅游纪念品、土特产等方式获取经济来源;其中劳动力是主要的生计资本,共有 428 户认为有充足的劳动力参与旅游业;建档立卡的时间主要集中于 2015 年和 2016 年,脱贫时间主要集中于 2018 年和 2019 年。

第二,源系统中 5 个题项的标准化路径系数分别为 0.731、0.805、0.733、0.735、0.747,参与动机对源系统的影响最大,表明提升自身技能从而通过自己的努力实现脱贫成为贫困户参与旅游精准扶贫的重要原因;内生系统中 5 个题项的标准化路径系数分别为 0.792、0.767、0.757、0.802、0.787,资源禀赋对内生系统的影响最大,其次是基础设施与生计资本。由此可见,旅游资源禀赋是贫困户参与精准扶贫的重要因素;外援系统中 5 个题项的标准化路径系数分别为 0.800、0.777、0.768、0.771、0.737,政府扶持对于外援系统的影响最大。旅游精准扶贫作为国家大力支持的一份"减贫"方案,政府相关部门为旅游精准扶贫提供的各项支持,是旅游精准扶贫有效实施的重要保障,贫困户相信通过政府的帮扶能够更好地带动当地旅游业的发展,带动当地居民实现脱贫致富；可持续生计中 5 个题项的标准化路径系数分别为 0.754、0.792、0.774、0.815、0.793，经济能力、发展能力、社交能力皆对贫困户可持续生计产生重要影响，贫困户认为当地生态环境的改善对于可持续生计的影响最大。

第三，旅游精准扶贫机制中的源系统、内生系统以及外援系统均对贫困户的可持续生计产生显著的正向影响，其中外援系统对可持续生计的影响最大。即贫困户的参与意愿、参与能力和外部动力都会对可持续生计产生显著正向影响，而政策扶持、企业支持以及市场需求更能够助力旅游精准扶贫，实现贫困户的可持续生计。

5.1.9.2 研究不足与展望

第一，在研究准确度方面。调查问卷主要是发放给坡县龙华村、中山村和达腊村的贫困户，因为问卷的内容包含家庭收入等敏感信息，调查对象可能会有意地将收入报低，加上调查期间并非旅游旺季，多数户主外出务工或者下地务农，因此，调查对象大部分以中老年人且女性居多，而选取样本的随机性多多少少都会带来一些不确定性因素，这些都会影响数据的准确性，造成认识上的差异，使得研究准确度稍有欠缺。

第二，在研究设计方面。考虑到时间、财力和安全问题，本研究只选择了 3 个旅游发展水平较高和比较贫困的村作为研究区域，因此，研究结论的普适性具有一定的局限性。

由于受到诸多因素的制约，研究区域选择有限，尽管样本量最终达到了统计学的要求，而且还揭示了旅游精准扶贫机制与可持续生计结果感知之间的内在作用机制，但仍然需要进行适用性的推广和研究。因此，后续的研究可以扩大研究范围，选择其他桂滇边境民族地区的村庄进行比较分析，以发现研究结论是否存在差异。

在后续的研究中，可以对贫困户进行细分，反映某一类特定的贫困户对参与旅游业的可持续生计结果感知和行为意向。以民族为例，可划分为壮族、彝族、瑶族等，因生计资本和生计方式的不同，他们对可持续生计行为感知和行为意向也存在着一定的差异。因此，将调查对象进行分类对比研究，可以进一步理解贫困户参与旅游业的行为，同时可以获得更加精准和丰富的研究结论。

5.2 案例研究

5.2.1 大新县个案分析

5.2.1.1 大新县基本概况

大新县位于广西壮族自治区西南部的崇左市中部偏北，东北方向与隆安县相邻，北和天等县相接，西北靠近靖西市，西南同龙州县相近，西面与越南相接壤，国界线长超过 40km。大新县历史悠久，较早的人类活动可以追溯到新石器时代早期的 4 500 多年前。

大新县地处云贵高原南端，地形形态呈北高南低，有许多山间小盆地。土山、丘陵面积约占全县总面积的20%，是大新县重要的林业发展区，峰丛、峰林和孤峰地形约占全县总面积的25%，发育于溶蚀小平原和圆洼地、槽谷地中的黏土、亚黏土、亚砂土约占全县总面积的25%，是大新县主要的农业耕作区。大新县所处气候区为亚热带季风性湿润气候，年平均气温为21.3℃，夏季降水丰沛，年平均降水量达1 362 mm，会在不固定的时间段出现汛期。

大新县为多个少数民族聚居地区，县境内有壮族、瑶族、苗族、水族等少数民族，少数民族以壮族为主体。大新县有着悠久的文化历史，自解放以来，发掘并保护起来的自新石器时代至今的生物化石及文物约百件。

5.2.1.2 大新县贫困状况概述

由于大新县地处云贵高原，以喀斯特地貌为主，山地多耕地少，且土质不易进行大面积、大使用率的耕作方式，同时离广西主要政治核心区和经济核心区距离较远，远离主要交通干线，加之当地居民总体受教育程度低，人口成分复杂，由此造成大新县整体经济水平落后，各项基础设施建设水平较差，成为一个老少边穷的山区。

据统计，我国"十三五"规划期间，大新县全县贫困村数量共计48个，为广西区级贫困县。2015年底，大新县建档立卡的贫困户约有17 000户，建档立卡贫困人口近6.5万人，贫困人口占全县行政村总人数的33.1%。

大新县从2015起全面落实精准扶贫工作，通过多种渠道筹集资金1.1亿元来推动当地开展边贸扶贫、旅游扶贫等帮扶工作。此外，大新县还不断推动"千企扶千村"活动，共计30多家民营企业共同参与，实现规划的帮扶项目近140个，投资2.3亿元，惠及8.57万人，当年即便获得收效，减贫约10 000人。到了2016年，在大新县40余个贫困村中，有15个已经全部实现脱贫摘帽，4 100户贫困户的17 000个贫困人口实现脱贫；2017年又有15个贫困村完成脱贫任务，贫困人口数量下降至1.39万人；2018年有14个乡（镇）146个村（社区）有7 943户（30 453人）符合脱贫摘帽标准；2019年正式退出贫困县。

5.2.1.3 大新县旅游发展现状

大新县的喀斯特地貌、少数民族聚居区、边境地区的地方特点虽给大新县造成了一定程度的贫困，但这也是大新县开展旅游扶贫的一大优势。

从自然旅游资源上看，大新县是著名的"龙眼之乡""苦丁茶之乡"，拥有亚洲第一/世界第四的德天跨国瀑布、有小桂林之称的明仕田园、"中国最具原生态景区"的安平仙河景区、"中国天然的龙文化博物馆"龙宫仙境、核心项目"中国南疆第一冰洞"、"全国特色景观旅游名镇"硕龙镇、崇左第一个信用景区"老木棉·紫园"、有"云霞千丈峰"之美誉的金狮峰、沙屯的多级叠瀑、黑水河湿地公园等。人文旅游资源中，大新县境内的土司遗迹诸如土司衙门、墓葬、寺庙等有160多个，其规模之大、数量之多，在广西乃至全国是都少见的。大新县是骆越森林部落发源地，拥有着被称为"南国长城"的侬王城和位于城中的"帝京庙"、石雕艺术、天然彩色棉纺技术及椰木琴的古乐器演奏艺术。当地侬侗文化也具有地域特点和民族特色，三月三、短衣壮、高腔诗雷等民族文化项目内容丰富，由古至今不断传承，极大地突出了当地民俗文化的特点。

近年来大新县成功申报了"中国长寿之乡""中国最具原生态景区""最值得向世界推荐的旅游县"等一批品牌称号，吸引了大批游客前来大新县旅游观光。据当地政府的统计数据表明，因大新县旅游开发带来的经济增长，旅游收入占当地GDP的比例在不断上升，2015年当地旅游综合收入比2010年增加了4倍，2015年旅游接待人数是2010年的3倍。2016年前三个季度，大新县全县共接待游客近410万人，相较于2015年增长了16.5%，由此带来的旅游综合收入达到近33.5亿元，相较同期增长了16.8%。到2017年，大新县游客人数为650.7万人次，同比增长11.4%，旅游总消费高达50.54亿元，同比增长14.84%。当前，大新县已跻身广西六大特色旅游名县行列，据《广西统计年鉴2019》发布的数据显示，大新县已建成5A级景区1家，4A级景区6家，3A级景区2家。

5.2.1.4 大新县旅游精准扶贫现状

大新县有"百里画廊、世外桃源、天然氧吧""边关百里山水画廊""处处是景"的美誉，当地政府依托其类型多样、数量丰富、具有地域民族特色、生态绿色和开发较好的旅游资源开展旅游精准扶贫，采取了诸如党和政府方向（大新县旅游旺县战略）、企业投资、村民贫困户自身行动的多种手段、多种措施共同推动当地旅游精准扶贫的发展。自2015年起，大新县以中共中央精准扶贫精神为指导，推动旅游精准扶贫，2017年当地旅游部门决定贯彻这一目标，积极推动将德天瀑布建设成为国家级5A旅游景区，并于2018年实现这一5A级旅游景区的评级建设；创新实施"龙头景区+农宿协会"的旅游扶贫模式。大新县着眼于各村贫困户和各贫困村，结合地方的现实状况，对旅游扶贫模式进行创新，创造性地实现了"三个模式"有针对性地推动旅游精准扶贫，以旅游产业促脱贫，以扶贫开发兴旅游，使旅游精准扶贫的成效达到最大化。

1. "农户入股+公司运作"模式

创新开展"农户入股+公司运作"模式，以公司和农户双方合作来推动乡村旅游的实现。该模式下的农户除了有股东身份之外，同时也是经营者，与进行旅游开发的公司共同成为利益获得者，在此模式下令农户的年人均收入增长到了1万元以上，相较于其他未开展乡村旅游开发的村屯人均收入高了一倍；此外，这一模式还带动了农户集体筹措资金、企业或个人赞助和吸引政府投入物资，令当地的各类基础设施、文化设施以及旅游景观开发得以建设和完善，推动并提高了采取这一模式地区的居民生活水平和旅游开发机会。

大新县桃城镇浓新屯、浓沙屯开展了"农户入股+公司运作"的模式，以村屯中的农户合作共同出资成立乡村旅游发展公司，集体抱团、共同出钱出力发展乡村旅游。在这一模式下，浓新屯、浓沙屯的全屯农户是股东也是经营户，在通过入股获得的分红之外，还有通过旅游体验活动获得的劳务经济收入、经营性收入。此外，浓沙屯中有近10户贫困户的近30人通过将自家所有的土地入股进乡村旅游发展公司，从而获得分红，同时又有6名贫困户在管理岗位上进行工作，在这一模式下，浓沙屯实现了全屯年人均现金收入近10 000元。

2. "公司+农户"模式

创新开展"公司+农户"模式，由村屯或农户个人或集体建设、提供相关旅游设施，引入公司合作，与公司开发的旅游景区进行捆绑式营销，在营销时注重提升品质和服务质量，尽力满足游客各项需求，提升游客的旅游满意度，打造高品质、高质量的旅游服务，以此来促成品牌效应，打响品牌。在这一模式下，在广西12个国家旅游扶贫项目中，采用"公司+农户"模式的就有大新县明仕旅游发展有限公司。

隶属于大新县堪圩乡的明仕五星级乡村旅游区，鼓励当地农民共同协作组建"农宿协会"，并与大新县明仕旅游发展有限公司进行合作，将明仕田园景区与堪圩乡建成的农民民宿在网络上进行捆绑营销，形成"明仕农宿"品牌，其中的28家农家乐农户结对帮扶2~4户建档立卡贫困户，以此带来的是当地参与进来的农户月纯收入最高达2.5万元，有效带动了100多户建档立卡贫困户的内生动力，激发了这些建档立卡贫困户通过自身劳动脱贫致富的积极性。从2015年起实施这一模式推动当地乡村旅游进行旅游精准扶贫至2017年，堪圩乡成功实现了近460户贫困户的帮扶，令当地贫困户的收入模式从原本的种植甘蔗的单一形式转变成多元化的收入模式。进行乡村旅游发展的堪圩乡主要是依托了明仕村为主体打造成为农家乐的模式，建成明仕"农家乐一条街"。明仕农家乐一条街在品质较高的4A旅游景区明仕田园风景区内，弄斗、叫茶、弄朋、那乙、那都、地板等数个屯也包含其中，由多个村屯共建成50多家农家乐旅馆，共计有400多间客房，同时接待就餐人数可达到5 000人。不仅如此，公司带头挖掘边关文化特征，根据当地的具体情况，打造民俗风情体验节，发展明仕河鱼、明仕烤猪和明仕珍珠烤鸭等具有浓郁壮族特色美食。为支持该模式继续发展，截至2017年中下旬，大新县有关部门在资金上共投入650万元，给予300多万元的贷款贴息政策，为近40户村民和建档立卡贫困户的农家乐开发建设提供了充足的资金支持，在一定程度上解决了建档立卡贫困农户自主创业的资金缺乏问题，这些农家乐建设完成后提供了近300人次的就业岗位，让当地居民的经济增收得以实现，同时推动建档立卡贫困户的脱贫步伐。

公司开发旅游带动当地经济增长，实现居民经济增收的收效，依靠的是明仕旅游发展有限公司在明仕景区20 km范围内将旅游资源进行统一、有效的规划和管理，以标准化模式整合加入农宿协会的农家乐，采取了统一的外观识别系统，如统一门牌、字符、标志、色彩，统一悬挂农宿协会的牌匾、旗帜，由此令旅游消费者直观认识到这些加入农宿协会并由明仕旅游发展有限公司共同开发建设的农家乐的产品质量是有一定标准、保障的，在保障堪圩乡农家乐的民宿等乡村旅游开发产品的开发品质和效率的同时，能够提升游客消费意愿，也便于公司和农宿协会的产品品质监督的管理，降低诸如人力、时间等成本，提升了当地乡村旅游开发和旅游精准扶贫的效率。通过标准化的管理，推动了农家乐的规范化品质建设和品牌化的效益，加入农宿协会的农家乐会有相应的条件规范来对其进行管理评价，通过各项条例中对应的积分来管控农家乐的服务水平和设施建设，用积分的高低来进行对应的奖惩，以奖惩措施来鼓励做得好的农家乐业主继续努力，并以此作为典例促进其他农户向其学习，督促在农家乐营业中有缺陷的业主主动进行整改，对在日常运营中搅乱价格体系、对客服务等违反农宿协会规定者强制退出农宿协会，以此为案例警示其他业主，从而在整体上提升营业规范，调整市场秩序；在不断提升的品质之后，高标准、高质量的农家乐设施和服务，以及规范的市场秩序之下，所带来的品牌化是推动旅游精准扶贫的有效助力，品牌化的发展能够在很大程度上强化对明仕农家乐一条街的宣传。能够令游客整体满意度提升，可让游客主动为明仕农家乐品牌进行宣传，开发潜在市场，实现农家乐为农户的可持续经济收益，从而进一步实现建档立卡贫困户通过旅游精准扶贫的可持续生计。

3. "龙头景区+农户经营"模式

大新县创新开展"龙头景区+农户经营"模式，依托当地旅游建设和开发层次较高、水平较高、品质优良的旅游景区为主体，农户借由龙头景区的高游客量来发展乡村旅游。在这一模式下，大新县硕龙镇作为最靠近大新县乃至全广西最知名瀑布的乡镇级单位，其下所属的德天屯便以此A级旅游景区为依托，依靠前来德天瀑布旅游的游客量，开展农家乐的乡村旅游方式，为游客提供餐饮、民宿为主的旅游产品；同时，依托德天瀑布景区内的瀑布主体，向游客提供乘坐竹排近距离观赏瀑布、电瓶车游览景区观光等有偿附加服务；此外，也有当地农户向游客兜售质量精美的与德天瀑布景区相关或富有当地民俗文化特色的旅游纪念品实现增收。在2018年，德天瀑布由4A级旅游景区升格为5A级旅游景区成为广西壮族自治区6家5A级景区中之一后，德天瀑布这一龙头景区的知名度更向上提高了多个层次，随之而来的是为当地带来了更高的国内外游客数量和当地农户获得更高的收入。

4. 多模式旅游扶贫的效益

旅游扶贫是旅游精准扶贫的重要方式，即推动旅游扶贫惠及的范围广、层次多，以使建档立卡贫困户在旅游扶贫中也能够很容易地获得发展机遇，相应的旅游精准扶贫也会得以实现。总体上看，大新县各地以三种模式为主体开展旅游扶贫，对推动大新县的旅游精准扶贫的效果是不容忽视的。

在旅游扶贫过程中势必要对当地进行旅游开发，大新县多数地区的旅游开发需要依托当地的自然景观，而优美的自然风光必须要在生态环境良好的地区才能出现。近年来，绿水青山就是金山银山的理念是大新县进行旅游扶贫开发所一直在坚持的。自大新县开展旅游扶贫尤其是2015年开展了旅游精准扶贫以来，大新县对全县县域的节能减排、生态保护力度进一步加大，对超标排污、污水处理、垃圾无害化的治理和监督力度进一步提升，在各类环境保护的政策制定和实施下，大新县当地的自然生态环境进一步向好，县森林覆盖率达到了65%。更要注意的一点是，借由旅游扶贫开发的东风，大新县石漠化治理进程向着更好更快的层级推进，生态状况得以明显改善，原先因为生态破坏的石漠化土地现如今已重新覆盖上了植被，在植被恢复得较好的区域中，植被的蓄水能力得以加强，如大新县五山乡断流泉水又恢复原貌；大新黑水河成为国家湿地公园的试点后，于2019年底正式通过验收，成为国家湿地公园。

旅游扶贫开发带来的效益，更多体现在对当地居民经济增收、基础设施建设改善、边境安全之中。在当地开展旅游扶贫，当地旅游行业不断发展，2016年已在新兴、浓沙、浓新、乔苗等村屯建设成主打乡村旅游的"旅游专业村"40多个，实现了在这些村域中"处处都是景点，人人都是导游"，推动村民主动出资或政府企业提供贷款资金建设农家乐、民宿等800多家，共计乡村旅游接待床位6 000张，除经营户能够获得收益之外，以此提供就业岗位共让5 000多户贫困户吃上"旅游饭"，通过旅游扶贫开发带来的直接脱贫人口达1万多人。至2017年能够提供3 000多个乡村旅游相关就业岗位，在不同程度上惠及近2 000户的建档立卡贫困户的7 000多人，当年，大新县因旅游扶贫推动得以脱贫的人数达3 675人。旅游开发需要依托基础设施，自大新县进行旅游扶贫开发以来，许多旅游景区都抓紧旅游基础设施建设，包括当时还是4A级景区的德天瀑布景区、3A级景区的龙宫仙境景区等，这些旅游景区扩大了停车场面积，增加生态化停车位；响应"厕所革命"，加大力度改造并增加景区中的旅游厕所；投入资金改造旧旅游集散中心周边风貌或建设新的游客集散中心；县域内规划多条省道、高速路直通旅游景区，各级各类落实道路硬化，建设景点的电瓶车道路。同时，大新县属于我国与越南的交界线，尤其是德天瀑布景区更是一跨国景区，旅游扶贫开发带来了国内更多的游客，能够更大程度地保障了我国的边境国土安全，同时还推动了中越双方的边境贸易，在一定程度上也加强了中国与东盟国家的联系；旅游扶贫开发的同时，大新县当地的民俗文化也被深入挖掘，通过旅游开发带来经济收益的同时保证了许多可能面临失传的具有民俗特色食品、音乐、节庆等体现当地民族文化特点的传承，这是对民俗文化的传承和保护，并且能够提升我国民众对这一文化的文化认同感，提升地方民俗文化知名度，在另一方面也保证了文化安全。

5. 旅游扶贫存在的问题和不足

伴随大新县的旅游扶贫开发，当地旅游行业也在迅猛发展，在行业发展的同时，许多原先存在的不足也不断凸显。

一是政策投资体系不完善导致的人力物力分配不合理、发展不均衡问题。如为将德天瀑布景区从4A级升至5A级，政府部门联合企业斥巨资对景区进行建设改造，并在许多渠道加大了宣传力度，打算以这一"龙头景区"带动周围乡村发展，以"龙头景区"作为示范引导其他景区建设发展，这一初衷虽好，但因此导致政策、人才、资金等旅游开发资源向着德天瀑布景区建设倾斜，在一定程度上出现了极化效应，受政策照顾、高知名度、高品质的景区会遮蔽相对级别较低景区对游客的吸引力；有限的人力物力更多投入到这一景区和周边景区、乡村中，而同一县域内的其他景区和其他乡村能够获得的物资和技术愈发减少，最终导致旅游扶贫开发好的地方越好、差的地方越差的两极分化现象，虽能让"龙头景区"照顾到的贫困户迅速脱贫乃至致富，但未被照顾地区的贫困户则更难以通过旅游扶贫得以脱贫，让旅游扶贫的效益大打折扣。

二是人才队伍建设不完善导致的从业者整体素质偏低、缺乏旅游专业知识问题。大新县是一个集老少边山穷等不利因素于一身的广西区级贫困县，在多项基础设施建设中都是较为落后的，一方面是偏远的边境地区乡村较为闭塞，农户整体文化水平较低，缺乏旅游服务意识；另一方面是这些偏远地区教育资源匮乏，学校硬件设施落后、缺乏较强的师资力量，办学条件较差；此外，一些农家乐、小景点和乡村旅游的开发主要是以当地乡镇级、村屯级干部主导，缺乏旅游开发和规划的相关专业知识，种种因素叠加最终导致参与到旅游工作中的农户尤其是贫困户的旅游服务素质不足，旅游扶贫开发同质化严重，影响了当地旅游服务品质，在一定程度上破坏了当地旅游口碑和对游客的吸引力。

三是旅游开发不规范导致的旅游开发深度、地方民俗文化保护力度不足。大新县各类旅游资源虽然非常丰富，但由于旅游资源空间分布较为分散，多呈点分布，少有多个景点相连成线、成面状的规模化多日游、深度游的旅游规划路线，如许多游客将明仕—德天路线游览结束后便离开大新县，这对于明仕及周边加入农宿协会的村屯农户，乃至大新县的旅游发展都不是一个好事；同时，由于当地农户受限于受教育水平，在自主进行乡村旅游开发时一味模仿现代化建筑或其他地方典型乡村建筑，破坏了原先具有地方民俗特色的民居建筑、村落风貌，致使当地文化旅游开发失去了地方民俗特色，降低对游客的吸引力的同时，更是对多彩民俗文化的一种破坏。

四是投资和收益分配不合理导致损害农户参与积极性、拖累脱贫进程问题。大新县主要采取的3种旅游扶贫模式中，有两种是会依靠企业投入资金或投入技术人才的，相关部门对这些企业都会在政策上提供一定的补助和便利，反而对缺少资金的农户尤其是贫困户的补助不足，虽在开发过程和开发完成后会给农户提供一定的工作岗位和提供物资入股的分红，但这些岗位提供的收入和红利相对于农户自主进行旅游开发的少，极大地打击贫困户参与旅游扶贫开发的积极性，并在一定程度上剥夺了致富机会。此外，部分企业为获得更高利润，利用农户自身水平受限而与企业之间出现的信息差，在一定程度上以欺骗的性质与农户签订不平等合约，减少了农户本应获得的利益，出现的这些状况，反而导致了旅游扶贫开发的初衷得不到实现。

5.2.1.5 解决相应问题的措施

应对在旅游扶贫开发中出现的各类问题，可采取多种方式解决。

第一，必须完善政策投资体系。完善这一体系，改善受关照较少乡镇获得的人力、财力、物力投资现状，令旅游扶贫开发政策惠及全县域内具有旅游资源禀赋较好的乡镇，推动全县的旅游扶贫开发，以此实现旅游精准扶贫。完善这一政策投资体系并非意味着完全减少对龙头景区、重点旅游发展区的投资与关注，应继续坚持以核心带动整体的以点带线、以线带面的旅游扶贫开发方式，即在继续坚持明仕—德天一带为标杆带动周边区域的旅游扶贫开发模式之外，统筹推进以明仕—德天为核心联合其他大新县域内景区的旅游线路产品规划。此外，政府应当拓宽资金来源渠道并加大资金投入，让旅游扶贫开发资金这块"蛋糕"做大，使一些发展落后、各项资本不足的贫困乡镇和贫困户也都能够获得较多的扶持资金。

第二，应加大人才和技术投入。对于大新县贫困地区农户整体文化素质水平偏低的现象，需要增加人才储备和人才技术的投入。政府和企业向进行旅游扶贫开发的乡镇引进旅游开发与规划方面的人才，通过投入的旅游人才来给当地的乡村旅游开发进行指导和给予建议，推动当地乡村旅游开发更趋于合理。同时，以聘请的人才为核心，以其所拥有的旅游开发和规划以及旅游经营相关知识作为指导，对当地参与到乡村旅游开发和经营的农户进行职业技能、职业素养的培训，改善贫困经营户的职业素养和技术条件，以推动脱贫进程，并实现长期的增收和远期的致富。虽然对到了一定岁数的贫困户再进行素质教育或许较为困难，但要防止贫困的代际传递，则需要加大对适龄儿童、青少年的素质教育，大新县政府应当增加对地方教育资源的投入，投入资金完善各乡镇中小学的建设；改善当地教师待遇并提高教师职业水平；落实对贫困户精准扶贫"三保障"中的义务教育保障；鼓励条件适宜农户就读与旅游行业相关的职业技术学校，并适当予以补助；对就读旅游相关方向高校专业并来到本地从事旅游开发行业工作的青年予以奖励。

第三，合理调整旅游开发方式。对分布在大新县域中的各旅游点进行整合，分清各个乡镇或各个区域所具有的旅游资源类型，通过整合的旅游资源合理设计旅游路线，旅游路线需要突出该路线所具有的特色，如自然景观特色、民俗人文风情特色，并在一定程度上将自然生态景观与民俗风情有机结合，提高设计的路线对游客吸引力，以此成线、成片带动大新县域内各地旅游开发。在整合旅游资源并进行开发的同时，政府部门需要联合当地农户深入了解当地的民俗文化，将具有地方特色的民俗文化加以保护传承，在不改变文化原义的基础上推动民俗文化的时代性，以期保证民俗文化的原汁原味并适于旅游市场。此外，还要对原村落所有的民俗建筑等民俗文化物质遗产进行保护，选择适宜的民族房屋、祭祀道具等建筑进行保护性修复后向游客开放；在农户新建房屋时予以政策性的金融补助保留能突出民族特征的建筑，转变部分农户"拆旧建新"的观念，使民俗文化建筑得以保留传承，并可以其作为载体用于开发民俗文化旅游。

第四，健全收益分配机制并加强监管。针对企业一味逐利的现象，需要依靠当地政府和相关部门进行调控，一方面需要加大力度向企业高层和企业职工宣传企业在旅游扶贫开发中的社会责任，转变企业的主要利益获得者的思维方式，提高企业工作人员的社会责任感，令其主动参与到旅游扶贫开发中；另一方面需要乡镇政府加强监督，以旅游开发和旅游经营经验的人才为核心，对企业向农户提供的合作旅游开发合约各项条款进行监管，抓出收益分配不合理之处，改变收益分配不合理，杜绝企业在收益分配中占据主导地位。

5.2.1.6 大新县经验模式总结及借鉴

广西大新县虽是一偏远边境县，集"老""少""边""山""穷"于一身，一直以来极大地影响了当地的各项事业发展。但当地政府转变思路，利用当地本身所具有的"老""少""边""山"特质，将其作为资源进行开发，化劣势为优势，走出了一条依托自身条件，自力更生的旅游扶贫致富发展道路。

大新县虽是喀斯特山区难以纯粹依靠耕作业、林业脱贫致富，但大新县政府利用当地良好的自然生态环境和独特的自然风光，依托自身优越的旅游资源禀赋进行旅游开发，极大地激活了当地旅游业发展。同时，大新县境内聚居有许多不同的少数民族，每个少数民族都有着自己的民俗文化，不同民俗文化又有着不同的生活饮食习惯、价值观念、民族建筑，当地旅游开发部门紧密围绕这一民俗文化特征推动旅游发展。此外，作为中越边境地区和中越自卫反击战的革命老区，大新县充分发挥这一特点，开展边境旅游和红色旅游，加强与越南的经贸往来。

在进行旅游开发的过程中，大新县主要是以政府主导的形式，联合企业、乡村社区和贫困户进行乡村旅游和旅游精准扶贫开发，依据当地旅游资源丰富但贫困户自身各项基础较差的特点，创新开展了"龙头景区+农户经营""农户入股+公司运作""公司+农户"3种模式以推动当地的旅游精准扶贫工作。通过当地政府部门的主导、企业的协助和贫困户自身的努力，大新县在2019年脱贫工作的实现很大程度上依靠了旅游精准扶贫工作的良好发展。旅游产业是可持续性极强的产业，大新县政府的旅游开发模式完全遵循着旅游可持续发展，旅游精准扶贫工作惠及的贫困户基本都能够依靠着当地旅游产业发展而获得收入，许多贫困户正是依靠着旅游产业实现脱贫，加之旅游产业的可持续性，大新县在很大程度上保证了贫困户在脱贫后的可持续生计，以确保贫困户不返贫，甚至让贫困户有机会在未来得以凭借旅游产业的发展实现致富。但在依托政府主导的这些模式进行旅游精准扶贫工作的同时也要及时纠正出现的问题，预先防止未来可能发生的问题。如旅游扶贫开发政策和规划出现不合理之处，当地政府部门必须及时修改和完善，且尽快将完善的旅游扶贫开发政策规划落实到各乡镇；合作企业若出现不诚信的合作、经营行为，则需要政府严格监管并对这些行为进行处罚，提高企业的社会责任感；对于贫困户自身能力不足、动力不足问题，需要政府和企业共同参与进来，提高贫困户脱贫内生动力，加大对贫困户的旅游相关行业培训，以提高贫困户的各项水平。

5.2.2 龙州县个案分析

5.2.2.1 龙州县基本概况

龙州县位于广西壮族自治区西南部的崇左市西部，东北向与大新县相邻，南与宁明县、凭祥市相接，西北与越南接壤，边境线长184 km。根据2019年龙州县人民政府门户网站相关统计数据显示，龙州县总面积2 311.19 km²，辖5镇7乡，2019年户籍总人口274 987人，其中城镇人口54 723人、乡村人口220 264人。龙州县境内有壮族、汉族、瑶族、苗族、回族、侗族等少数民族，是多个少数民族聚居地区，少数民族以壮族为主体，壮族人口占总人口95%以上。自秦建象郡以来，龙州县一直是我国的边防重镇，与邻国在边关有着悠久的商贸历史，是广西壮族自治区最早对外开放的通商口岸。

龙州全县整体地势北部、南部较高，水口河、平而河于中部县城核心区相汇形成左江贯穿龙州县全境，故而中部形成河谷平原地势较为低平。龙州县北部为典型的喀斯特岩溶地貌，多峰丛洼地、谷地以及峰林谷地，喀斯特山地以北西——南东为走向，海拔500~700 m，龙州县南部则以红壤山地、喀斯特峰林谷地为主。由于龙州县地处低纬，且在亚热带季风气候的影响下，龙州县全县热量充足，降水丰沛，光照充足，夏炎多雨，秋季温凉，干湿季分明，湿热、干冷同季，年无霜期不低于340天，年平均气温21~22℃。

5.2.2.2 龙州县贫困状况概述

地处中越边境的龙州县地形地貌较为复杂，位于全国滇黔桂石漠化片区，水资源匮乏，山地所占面积比重较大，而耕地所占面积比重较小，当地农户难以单靠种植实现致富。此外，龙州县是革命老区、民族聚居区，并且大部分地区地质灾害频繁发生，自然环境十分恶劣，生态脆弱，直接影响农民的生产生活，当地经济发展水平落后。另外，由于交通设施落后，公共服务设施水平差，受教育程度低等原因，导致因病、因残、因学、因灾贫困户约占全县贫困户的46.67%，故而龙州县全县贫困状况仍然突出，截至2017年年初，龙州县仍存在贫困村47个、贫困户14 018户、贫困人口50 828人，贫困发生概率为20.75%。

在广西壮族自治区的工作计划中,龙州县作为2017年预脱贫摘帽的重点县,成为"十三五"规划期间国家第一个计划脱贫的扶贫工作重点县。在国家扶贫进程中,由于龙州县所在区域自然环境、人文社会背景的限制,生态环境脆弱,难以进行大刀阔斧的改良开发,且贫困居民居住分散、思想较为保守,县域各类产业发展水平较低,返贫现象的发生、资金的缺乏都使得扶贫难度不断加大。根据龙州县制定的全县扶贫工作三步走计划,龙州县计划于2016年实现响水、逐卜、上龙3个乡镇的脱贫,于2017年实现水口、下冻、龙州、武德、彬桥、上金6个乡镇的脱贫,最后于2018年实现金龙、上降、八角3个乡镇的脱贫,最终实现全县的脱贫摘帽工作。

自精准扶贫工作实施以来,龙州县采取多种手段并重的方式推进扶贫工作的进行。其中,龙州县以种植、养殖、商贸、旅游、工业五大产业作为核心产业来助力扶贫,以"异地搬迁+"模式、"第一书记产业联盟"抓党建促扶贫模式,以党建促扶贫推进易地搬迁以及创新生态旅游扶贫等新模式为龙州县的扶贫增加思路。伴随精准扶贫工作的进行,到2017年,龙州县贫困人口由2015年的50 828名减少到37 554名,贫困率降低到1.88%,低于3%,较2015年降低27.04个百分点,全县于2018年顺利通过国务院扶贫开发领导小组组织的第三方评估,并经广西壮族自治区人民政府同意,正式脱贫摘帽退出贫困县序列,实现了精准扶贫工作的规划预期,成为广西乃至全国精准扶贫工作的典范。其中,旅游产业为龙州县的精准扶贫工作注入了强大的动力。

5.2.2.3 龙州县旅游发展现状

经龙州县对当地旅游业的全力支持,在2018年12月的广西全域旅游发展工作现场推进会上,龙州县荣获了"广西特色旅游名县"称号。根据广西壮族自治区发布的《广西统计年鉴2019》中的数据,龙州县范围内的国家A级旅游景区数量达9家,这一数量多于其所辖地级市——崇左市的7个县级地区的国家A级旅游景区平均数量,并与广西壮族自治区内的旅游业重点县——大新县持平。自2014年该县被广西壮族自治区旅游发展委员会认定为创建广西特色旅游名县后备县起,龙州县便开始依托自身优越的旅游资源,通过对自然旅游资源、人文旅游资源的有效整合和合理规划,并重点打造精品旅游线路,扎实推进整个县域的旅游行业发展。

龙州县优越的旅游资源一方面是体现在其自然生态资源上。最突出的便是龙州县的广袤的绿色森林,2018年龙州县的森林覆盖率高达59.52%,在以喀斯特地貌为主的地区属于较高水平,且森林覆盖率相较于2017年增加了2.22%,更表明了龙州县以贯彻"绿水青山就是金山银山"为理念发展旅游业的行动落实。在水热条件充足的自然地理环境背景下,优越的生态保护政策和落到实处生态修复行动,也十分有效地提高了当地生物多样性,"发现弄岗景区"是龙州县将生态资源运用于旅游产业发展中最为典型的例子。"发现弄岗景区"是依托广西弄岗国家级自然保护区,经过合理规划,在保证不影响保护区内的生态环境且符合国家用地标准的背景下,在自然保护区的边缘地块进行国家4A级旅游景区的建设,极大地推动了龙州县旅游业的发展。

龙州县优越的旅游资源还体现在其社会人文资源上。自秦汉时期,龙州县就得以建制,其作为"中原之国"的南国门已历史悠久,在龙州县建制以来的2 200多年历史中，有一半以上的时间是作为我国边关商贸的重要地，是我国文化、商贸与东南亚各国进行交往的重要窗口，在1889年开始作为通商口岸后更是有着"小香港"的称号。龙州县也是与巴马县齐名的"中国长寿之乡"，伴随着养生经济的发展和龙州县国际山水生态休闲养生养老度假目的地的建设，该县养生游、长寿游深受中老年游客和高压人群的喜爱。作为龙州起义事件发生地，龙州县也有着浓厚的红色记忆、爱国情怀，最具有代表性的便为"龙州起义纪念园景区""龙州小连城景区"以及"龙州（水陇—甫茶）红军路景区"，这些高A级的国家旅游景区是依托龙州县在历史上抗击外敌、反帝国主义、反封建主义斗争的物质、非物质遗产上所建立的，与爱国主义文化高度契合，不仅推动了红色旅游在龙州县的扎根，也是该县实现文旅融合发展的重要示范平台。

此外，在信息化时代的大背景下，龙州县结合全域旅游格局的构建，大力发展智慧旅游，自2017年起投入使用龙州智慧旅游平台（http：//www.gxlongzhouly.com/web/index.do），将龙州县的全域旅游做成"一张图""一朵云""一个App"，在平台中综合推出龙州旅游资源和旅游攻略，提高旅游影响力、吸引力和便捷性。

5.2.2.4 龙州县旅游精准扶贫现状

自龙州县将特色旅游名县作为其旅游产业的重要发展目标以来，全县始终秉持着以生态立县、旅游旺县、文化兴县的战略路线，将旅游投资的重点放在了最具有地方特色的左江花山岩画、天琴文化、红色文化上，将龙州特色旅游资源凝聚成"红色边关·天琴古韵·岩画瑰宝·秀美龙州"的十六字旅游主题形象，并以"好吃好玩好龙州"作为旅游宣传口号吸引国内外游客前来旅游。通过旅游业的大力发展，龙州县旅游知名度提高带来的是游客数量逐年增长，旅游产业经济收益逐渐提升，龙州县旅游在从"景点景区游"逐步向"全域游"迈进的同时，带动了该县的乡村旅游、生态旅游和文化旅游。

相关数据显示，截至2019年，龙州县共有28家乡村旅游区，累计实现了2 000多万元的营业额，1 500多户农民通过到景区入股和就业来实现增收。截至2020年6月，龙州县全县乡村旅游区和农家乐共31家，其中广西四星级乡村旅游区5家（到2020年9月新增1家）、三星级农家乐2家；广西休闲农业与乡村旅游示范点1家；广西生态旅游示范区1家。龙州县政府扶贫办抓准时机、看准机遇、用准力量，依托发展势头良好的县域旅游产业，推动乡村旅游和生态文化旅游在旅游精准扶贫领域中发挥重要力量，开创了富有龙州当地特色的旅游精准扶贫模式。

从整体县域的角度看，乡村旅游、生态旅游和文化旅游是龙州县旅游精准扶贫的核心力量。而在政府旅游精准扶贫的带动下，各个关联主体呼应政府部门的相关政策，旅游景区、旅游企业以结对、定点、精准帮扶的模式，在帮助贫困户实现就业的同时，也解决自身"用工难"的问题，实现双赢。部分贫困户或以改变生产模式，主动对接旅游业在地方的发展，由从事第一产业劳动主动转换为从事第三产业劳动，提升经济收益效率。

1. 龙州县乡村旅游助推精准扶贫

作为广西首个脱贫国定贫困县，在龙州县脱贫摘帽的推动力量中，乡村旅游在精准扶贫工作中起到的效果功不可没。龙州县政府抓准县域丰富和特色鲜明的乡村旅游资源，精准发力，通过科学编制，出台了《加强产业扶贫工作实施方案》，其中明确提出，要以培植打造乡村旅游区或农家乐为主，大力发展特色旅游业，带动形成一批规模化、规范化经营的乡村旅游区（农家乐），优化龙州县旅游产业结构，促进农民增收，并对接国家旅游部门印发的《乡村旅游扶贫工程行动方案》，以多模式并举实现乡村旅游对贫困村、贫困户的脱贫助力。在政府推动下，2016年上半年，龙州县全县乡村农家乐开设至20多家，直接实现100多人在"家门口"就业。2017年，为推进县域乡村旅游精准扶贫开发，龙州县投入3.35亿元至下辖40多个贫困村，涵盖包括乡村旅游在内的多个扶贫产业、道路改善、水利电路、危旧房改造、村容村貌亮化等基础建设。龙州县旅游精准扶贫的推动下，带动龙州县乡村旅游区连续3年收益达1 000万元以上，让480户建档立卡贫困家庭劳动力在家门口实现就业。伴随着整体县域基础设施水平的提升，龙州县因势利导，开创适于当地的新型乡村旅游精准扶贫开发模式和路径。

其一，是开展乡村旅游扶贫合作社模式。起初龙州县被列入国定贫困县的重要原因，即为当地村民贫困程度深、文化水平有限，加之当地自然环境限制，与外界信息交流能力差，村民们即使有自主脱贫的动力也仍然缺乏一定的资金和能力。为克服此类原生难题，龙州县各级政府作为牵头带动者，紧紧围绕旅游精准扶贫的理念，引导并扶持旅游资源禀赋高的地区以当地村民为主体组建乡村旅游扶贫合作社，并鼓励贫困户参与其中，给予为贫困户解决就业、经济收入问题的乡村旅游扶贫合作社相应的优待政策，为合作社的成员提供各项物资补助，令乡村旅游扶贫合作社在当地旅游产业开发中各方面的能力和影响力得以加强，以提升当地基础设施水平、改善村落景观环境并大力发掘地方乡村文化，让参与到乡村旅游扶贫合作社的村民实现了经济增收、地区生态环境保护水平得以提高，更让龙州县以乡村旅游推动精准扶贫得到了更高水平的认可，兼顾了经济效益、社会效益和环境效益。

响水镇鸣凤村板省农家乐即为典范，在2015年板省屯全屯61户农户共同成立乡村旅游合作社来打造板省农家乐的基础上，龙州县政府于2017年投入600万元人民币助力当地建设板省游客服务中心、停车场、民宿等设施。且在政府的引导下，该合作社实行每月例会制度，以集体讨论、民主商议的方式来制定每一条管理细则和管理办法，形成严格的自我管理模式和有序的运行机制。经过大力宣传、有效运营，板省农家乐在开业两年间便已实现包含贫困户在内的60多户农户实现每年近2万元的收入。

其二，龙州县还鼓励有能力的村屯自主发展乡村旅游，或以"乡贤"牵头来实现乡村旅游在当地的精准扶贫。诸如龙州县上金乡联江村陇那屯、洞埠屯，彬桥乡清明村板潭屯，逐卜乡逐卜村板弄屯等村屯，部分村民有较好生计资本的水平，由金融资本基础较好的村民自发集资，或由"乡贤"以个人名望、个人投资为主，围绕当地山水林田湖等自然资源进行旅游开发，并合理完善、改造原生村容村貌和发掘当地村落的民俗文化，打造服务质量水平高、项目种类数量多、突出当地优美环境的精品农家乐，并以此为延伸、拓展成为优质的乡村旅游区。在进行当地乡村旅游开发的同时，村集体或"乡贤"拉动贫困户，有针对性地让贫困户采取人力资本、自然资本为主，物质资本、社会资本为辅，贫困户"有什么力就出什么力"，通过入股或合作的形式加入当地的旅游产业发展之中，令当地乡村旅游开发带来的经济增收直接惠及贫困户，实现乡村旅游扶贫的精准化、规模化。

逐卜乡逐卜村板弄屯的樱花谷乡村旅游区、彬桥乡清明村板谭屯的板谭壮营乡村旅游景区依托我国经济水平发展不断提高，且国民旅游需求从单纯"游景点"转向"体验游""快旅慢游"的大背景，在实现自身经济收益的同时推动了旅游精准扶贫。逐卜村在村支书带领下，自筹约400万元人民币，围绕板弄屯独有的泉水、山田等自然资源，为樱花谷乡村旅游区打造泉水泳池、水上木桥、乡野垂钓等特色项目，并建设水滨餐厅、小卖部等配套，并直接邀请或聘请该村及周边村屯中的200多名贫困户入股和务工，良好的经济效益成为参与其中的贫困户脱贫的一大助力。致富能人梁志喜为清明村板谭屯引入养殖、农机服务等专业合作社，并以个人提供近百万元的资金，在该屯投资建设农家乐，并依托其"壮营文化"，实现农家乐的规模化，将其打造成富有地方少数民族文化特色的板谭壮营乡村旅游景区，除直接吸引数十户建档立卡贫困户入股外，还专门针对不同状况背景的贫困户，设置相应的工作岗位聘用贫困户，或通过租用贫困户土地、带领贫困户种植养殖等方式增加其经济收入。

其三，是引入"企业+农户"的理念实现旅游精准扶贫。龙州县政府依托旅游开发企业所拥有的旅游开发资金、技术和社会资源，对接包括贫困户在内的当地农户所拥有的自然资本、人力资本来实现规模化的乡村旅游开发，再通过专业化的发展模式推进旅游业在当地实现经济收益，令参与其中的贫困户得到脱贫助力。在龙州县人民政府和崇左市旅游发展委员会的引导下，位于左江花山岩画世界文化遗产的核心区内的上金乡卷逢村白雪屯与广西泰龙国际旅行社和南宁民间国际旅行社等企业"结对子"，在对该屯的村屯道路拓宽硬化、旅游公厕建设并开发特色旅游小商品的基础上，将白雪屯规划至旅游线路中的重要节点上，为该屯引入游客，赏民族歌舞、品特色农家饭、购特色小商品，通过旅游业带动了包括白雪屯及周边村屯近50户的贫困户的经济增收。

有规模化的推动并结合乡村旅游具有的可持续性以及较好的经济效益，龙州县多数开展乡村旅游的村屯在投资落实后的一至二年间逐步"收回"投资成本，并实现盈利。其中贫困户由于不多的投资仍能获得不少的经济回报，多数贫困户对乡村旅游开发的满意度较高，且参与到乡村旅游开发的贫困户继续"吃旅游饭"的意愿不断增强，也带动了更多的贫困户加入其中，极大地转变了龙州县贫困户原先普遍的等、靠、要思想，主动地将自身投入到自我扶贫中。可见，龙州县的乡村旅游精准扶贫不仅仅是让乡村旅游业直接让贫困户得到经济上的收益，更是让贫困户转变思想，以此带动以其他产业或方式的精准扶贫工作，加快了龙州县整个县域脱离贫困的步伐。

2. 生态旅游和文化旅游视角下的龙州县旅游精准扶贫

由于地形地势的特殊性，龙州县的非城市地区少被人们所关注，得到投资和受到的开发力度极弱，这是龙州县贫困户的贫困程度较深的重要诱因，也是龙州县难以通过第一产业和第二产业提升县域经济一大劣势。但又因为开发力度较小的缘故，龙州县的森林覆盖率、生物多样性较高且能够保持原始的生态风貌，拥有弄岗国家级自然保护区、大青山自治区级自然保护区、左江、金龙湖等自然景观，县境内的动物种类高达281种，其中不乏珍稀野生动物白头叶猴、黑叶猴、猕猴、大灵猫、果子狸、冠斑犀鸟等。同时，龙州县作为边关重镇、民族文化交汇地区，在建制以来长达千年的历史上，蕴含着种类丰富且数量极多的地方文化，如金龙侬峒节、二月二龙元节、"壮族三月三·边关风情秀龙州"暨中法文化艺术交流活动、中国·龙州——越南·复和长定首届传统情人节、龙州·红途中越跨国山地越野赛等。龙州县政府牢牢抓住这一大背景，大力发展龙州县的生态旅游和文化旅游，且将二者结合，实现了生态文化旅游对旅游产业经济发展"1+1>2"的成效，并依托生态旅游和文化旅游发挥的经济效益来带动旅游精准扶贫。

龙州县"发现弄岗景区"依托弄岗国家级自然保护区的生态优势，在龙州县政府与旅游企业的共同协作和努力下，提高该景区的基础设施和服务水平，于2018年末被评定为国家4A级景区，使该景区的知名度、美誉度在崇左地区、广西地区乃至全国得到了进一步提升，前来游玩的游客更是络绎不绝。负责景区运营的广西龙州老木棉投资有限公司在景区开发建设和运营的过程中，都专门设置有面向当地农户的工作岗位，并在相等的条件下优先聘用贫困户，直接地为当地农户创造就业机会，增加了当地农户的收入。虽2020年新型冠状病毒带来的肺炎疫情对旅游业造成了极大的冲击，但在国内疫情稳定后，该景区率先响应复工复产，在保证安全的情况下推出研学游、亲子游、科普游等吸引游客，并继续进行在原有规划范围内的景区扩大和基础设施建设，优先让贫困户回到建设和服务的工作岗位中，且继续按照原有标准为就业的农户发放劳务工资。

从2017年起，中国·龙州"秘境弄岗"国际观鸟节连续举办了四届，观鸟节是基于弄岗生态观鸟科普基地举办，而这一观鸟基地依托着弄岗国家级自然保护区所建立。弄岗生态观鸟科普基地在最初建设时囊括了逐卜乡弄岗村陇亨、汪那、坡那、楞垒、陇广5个自然屯，优越的生态环境加上特色节庆的宣传，有机将生态环境与社会科学文化相结合，观鸟基地围绕生态文化旅游开创旅游市场，周边166户730人（其中贫困户47户，贫困人口231人）通过为游客提供交通、食宿、向导等服务实现增收。到2020年，观鸟经济已逐步辐射到响水、上降等多个乡镇村屯，龙州县开展观鸟生态经济的村屯已达10个，建有观鸟水坑30多个。与2017年相比，专业"鸟导"由17名增加至近40名，观鸟线路由8条增加至12条，观鸟生态农家客栈由9家增加至20余家，大大提高了贫困户的就业机会和经济收入。

爱国文化和红色文化之于龙州县的地方文化是不可分割的一部分，也是龙州县政府实现文化旅游精准扶贫在龙州县落地生根的重要推手。除龙州起义纪念园景区之外，作为龙州县4个国家4A级旅游景区之一的小连城景区，承载着清朝晚期广西提督、抗法名将苏元春为抵御外夷入侵、保卫边疆安定的爱国记忆。近年来爱国旅游、红色旅游的兴盛，龙州（水陇—甫茶）红军路景区、龙州起义纪念园景区和小连城景区成为崇左红色爱国旅游路线的三个重要节点，许多游客来到景区感受爱国文化和红色文化的熏陶。伴随游客数量增多，景区的用工需求增大，在龙州县政府主导、北京东方园林文旅集团协助下，景区聘请贫困户务工。且由于龙州（水陇—甫茶）红军路景区和小连城景区靠近村屯，游客的到来带动其周边多个村屯包括贫困户在内的近600户农户参与旅游经营与服务，其中红岭村农户依靠小连城景区带来的游客量，每年收入近2万元，大大地推进了周边村域旅游精准扶贫的步伐。

5.2.2.5 龙州县旅游精准扶贫成效

依托县域独有的自然生态资源和社会文化资源，加之我国社会经济良好发展，以现代信息技术辅助宣传，龙州县旅游人数自2015年起，连续4年实现了30%以上的总增长，旅游收入增长率连续5年超20%。显而易见，旅游经济的增长极大地推动了龙州县旅游精准扶贫。

第一，直接为贫困户提供就业，增加了贫困户的经济收入。由龙州县2010年至2019年农村居民人均可支配收入可见图5-3，县农村居民收入近10年来稳步增长，数据的背后与旅游业发展密不可分。龙州县通过乡村旅游、生态旅游、文化旅游将游客引至广大的农村地区，包括贫困户在内的农户除直接为游客提供住宿、向导等服务获得收入外，还进入景区务工实现就业，或销售地方特色农产品，直接获得了经济收益。

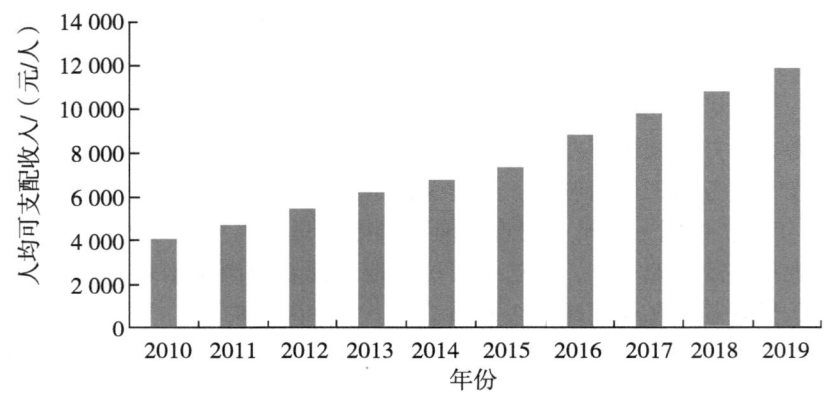

图5-3 2010—2019年龙州县农村居民人均可支配收入

第二，旅游精准扶贫转变了精准扶贫的模式，转变了贫困户的思维。乡村地区的旅游产业发展带动了当地的旅游精准扶贫，给原先因有老人、儿女需要照顾而无法外出务工的贫困户解决了后顾之忧，也让不愿意背井离乡的贫困户直接在家门口实现就业。且在许多"吃旅游饭"致富的邻居影响下，因内生动力不足致贫的贫困户也主动地参与到旅游发展工作中，大大地转变了贫困户"等""靠""要"消极落后思想，随着旅游精准扶贫推进带动的贫困户思维转变，让政府精准扶贫工作从"劝脱贫"模式到"助脱贫"模式。

第三，优化并调整了进行旅游精准扶贫地区的产业结构。龙州县旅游精准扶贫在与当地旅游产业共同协调发展的同时，还辐射到了当地的农业、轻工业。作为龙州县旅游精准扶贫的重要推手，乡村旅游依托的是浓厚的乡村田野氛围，游客体验农家生活、吃农家饭的前提要求便是当地有良好的农业基础。且龙州县旅游商品的开发包括了桄榔粉、天琴等特色农产品和手工艺品，让旅游业的发展牵动农业、轻工业的共同发展，从供给侧实现了多产业联动，以不同产业相互协作，带动贫困户脱贫。

5.2.2.6 龙州县旅游精准扶贫存在的问题与应对策略

于龙州县而言，通过近10年的发展，旅游业水平至今已不可同日而语。但由于龙州县地处程度较深的石漠化地区，在县域旅游发展和旅游精准扶贫的进程中仍存在一些老大难问题，阻碍着龙州县贫困户通过旅游产业获取可持续性的收益，因此，找准问题并精准发力解决问题至关重要。

首先，最直观的便是村屯交通道路问题。伴随崇水高速公路的开通，龙州县结束了县域没有高速公路的历史，大大缩短了龙州县与旅游客源市场间的距离。而最具有龙州县特色的乡村旅游、生态文化旅游的旅游资源多数分布在其县辖的乡镇村屯中，尽管崇水高速开通缩短了外地游客进入龙州县的时间，但是入村入屯的道路建设仍然处于较低水平。在一些通往乡村旅游区的乡村道路上虽有着"国标"景区指示牌，但从县道转入乡村道路后，部分村屯道路宽度不足、坡度较陡，且未得以硬化，这都导致了游客进入旅游点的通行效率不高，由此导致游客对旅游景点出现负面情绪和负面评价，这对龙州县旅游精准扶贫而言是极大的负面影响。因此，最重要的是要全力加快龙州县域内普通国道、省道、县道以及乡村道路的工程建设，政府与企业合作加大资金投入到道路优化中，优先支持人口规模较大、乡村旅游和生态旅游产业发展较好的村屯实现道路改造，并加强村屯道路周边的景观美化，提升游客在路途中的旅游体验。

其次，旅游精准扶贫的一大特征在于依托旅游业的发展实现收益的可持续，而于旅游业的发展而言，有序且有效的管理尤为重要，而龙州县旅游业从业人员和中高层管理人才缺乏，旅游从业人员总整体素质亟待提高，且乡村旅游景区景点以及酒店的保洁、接待等服务项目与规范性要求存在明显的差距，是龙州县旅游发展中需要重视的问题。一方面，龙州县政府需加大对县文旅部门人才引进的投入，以较好的待遇来引进高水平层次的旅游管理专业人才，或以奖励等形式征集提升意见或建议。另一方面，加大力度培养本县本地旅游人才，可采取政府出资培养的形式，提升现有人才队伍水平，请专业培训人员进入景区、乡村旅游区和酒店，对旅游相关从业人员进行专业化的指导培训，提升从业人员整体素质水平。

5.2.3 勐腊县个案分析

5.2.3.1 勐腊县基本概况

勐腊县地处云南省最南端，位于西双版纳傣族自治州的东部和东南部，东部各乡镇均与老挝接壤，西部紧靠景洪市，北部与江城哈尼族彝族自治县相邻，南部勐棒、勐满、磨憨三镇均与老挝接壤，西南部与缅甸隔澜沧江，位于三国交界，国界线长4 060 km。

地质地貌方面，勐腊县位于澜沧江大断裂以东，隶属于横断山纵谷南段，地势北高南低，由东北向西南呈阶梯状分布，平均海拔1 000 m。受构造作用影响，勐腊县形成较多南北走向的山岭和盆地，北部是中山平原，坡状起伏，中部喀斯特地貌广布，岩溶景观奇丽多姿，南部则是宽谷盆地，地势开阔。由于地处北回归线以南，属于典型的热带湿润季风气候，全年温暖，夏长无冬，县内平均气温为22.1℃，旱雨两季分明，降水量大，年平均降水量为1 486.5 mm，县内平均湿度为84%。优越的自然条件使得勐腊县动植物资源丰富，热带雨林浩瀚无边，珍稀动物近20种，同时，大面积的原始森林使得空气中负氧离子含量高，空气质量好，是理想的康养胜地。

勐腊县是个少数民族聚居的县域，县内居住着傣族、哈尼族、彝族、瑶族、苗族、壮族、拉祜族等26个民族，少数民族人口占全县总人口的70%以上，以傣族和哈尼族为主。在国民经济方面，2017年勐腊县实现地区生产总值88.82亿元，占全州的22.55%，其中一二三产的生产总值分别为61.81亿元、24.07亿元和25.4亿元，第一产业是当地经济的重要支撑，占全县总产值的69.60%。在公路建设方面，1978年勐腊县基本实现了乡乡通公路，2010年又实现了村村通公路的建设目标，截至2016年全县可通车里程达3 519.6 km，初步形成了以县城为中心，以国道、省道为主干道，县乡道为主体，乡村道为基础，纵贯横穿南北东西、连接昆曼国际通道的交通网络。

5.2.3.2 勐腊县贫困状况概述

勐腊县的贫困状况可以从自然环境和社会人文背景两个角度综合作细致阐述。首先，勐腊县山区面积广大，夏季降水量大导致滑坡、泥石流等自然灾害频发，加之采矿和修路等经济活动使得地表植被破坏严重，土质疏松，农业基础设施薄弱等造成农业生产水平低下，自然生存环境恶劣；其次，勐腊县少数民族众多，是一个典型的"边""少""穷"地区；再次，勐腊县远离大中型城市，距经济和政治中枢较远，人们思想保守，受教育水平低，综合素质不高，创新意识、发展意识不强，自我发展能力较弱，不同程度存在"等靠要"思想，以及医疗卫生体制不健全，就医远、难问题普遍存在，这一系列问题都导致勐腊县社会经济总体发展水平低，减贫和脱贫问题亟待解决。

据统计，2014年勐腊县有3个贫困乡镇，20个贫困行政村，贫困人口2.5万余人，贫困农户6 743户，农民人均年收入为2 736元，建档立卡户6 729户25 796人，贫困发生率为14.31%。自精准扶贫以来，勐腊县从文化基础设施建设、文化惠民下乡、旅游产业带动等方面入手，开展扶志扶智活动，激发贫困群众内生发展动力，探索文旅扶贫新模式，助力全县脱贫攻坚。

5.2.3.3 勐腊县旅游发展现状

勐腊县作为边（境）、少（数民族）地区，偏远独特的地理位置和多民族交叉聚居的社会环境给当地经济发展带来了一定阻碍，但也因此造就了特有的综合性旅游资源，为当地政府开展旅游扶贫工作提供了优越的先决条件。总体上看，勐腊县自然旅游资源和人文旅游资源在数量上大体相当，旅游资源类型较为丰富，发展旅游产业是推动当地经济发展的重要手段。

从自然旅游资源上看，勐腊县由于地处低纬度地区，热带雨林旅游资源丰富，拥有中国最大的植物园——勐仑植物园，为国家5A级旅游景区，园区内包括各类热带植物上千种，是一个天然的植物大宝库；望天树景区为勐腊县国家级自然保护区、依托世界级珍稀动植物资源以及西双版纳独特的傣族风情，景区每年吸引众多全国各地的游客到此观光游览；此外，绿石林森林公园、勐远仙境、白猴山、南腊河野趣漂流等都是当地依托自然生态资源打造的著名旅游景点，是当地旅游景点的重要组成部分。

从人文旅游资源上看，勐腊县民族风情浓厚，各少数民族节日众多，民族文化是勐腊县旅游的第三张名片，包括民族历史文化、服饰、文学、建筑、节庆、风俗等等。人文旅游资源单体包括了茶马古道、易武古镇、李定国遗址、勐腊大缅甸寺、象名山山神庙、孔明山观音庙等等，集中展现了当地的历史文化底蕴；除此之外，勐腊县边境旅游资源独具特色，特色景点以国门广场、界碑为代表，中原文化、东南亚文化在此交融，文化景观丰富多元。

近年来，勐腊县积极打造自己的旅游品牌，依托丰富的旅游资源吸引了全国各地的游客到此观光旅游，同时凭借优越的地理位置大力发展跨国旅游，开通了勐腊至老挝琅勃拉邦、万象跨国旅游线路，旅游产业发展前景广阔。据统计，2014年勐腊县全年旅游接待国内外游客355万人次，实现旅游综合收入33.2亿元，2017年勐腊县共接待国内外游客686.33万人次，同比增长49.4%，实现旅游综合收入80亿元，同比增长51.2%，2019年全年接待国内外游客1 014.72万人次，比上年增长18.9%，实现旅游综合收入125.891 8亿元，比上年增长23%。现目前，勐腊县拥有5A级景区1家，4A级景区两家。

5.2.3.4 勐腊县旅游精准扶贫现状

勐腊县政府依托当地优越的自然生态环境和浓厚的民俗风情旅游资源，以建档立卡贫困户脱贫为重点，结合美丽乡村建设，重点打造乡村旅游扶贫产业，实施贫困地区"一村一品""一乡一业"，促进乡村旅游业与农村各产业融合发展，助力贫困群众脱贫致富。旅游扶贫示范村项目是勐腊县开展旅游精准扶贫的具体举措，对旅游精准扶贫重点帮扶村寨进行基础设施建设和美丽乡村环境整治工程，改善贫困村寨的村容村貌，强化村寨的民俗文化特性，将特色村寨由点串线、线连成面联合起来发展，构筑勐腊县乡村旅游发展新格局，同时，勐腊县政府联合当地旅游管理部门创新乡村旅游精准扶贫发展模式，以建档立卡户、贫困农户、景区、企业等多方位参与主体为旅游精准扶贫参与核心，通过对全县文化与旅游资源及相关产业要素的综合利用，探索创新乡村旅游精准扶贫模式，形成以旅游"企村"帮扶计划、"龙头企业+合作社+基地+农户"模式、"景区+合作社+贫困农户"模式为主的乡村旅游精准扶贫模式。

1. 旅游"企村"帮扶计划模式

主要采取的是"贫困农户参与入股+企业营销管理"的发展模式，通过鼓励以土地、劳务、服务等方式入股，充分调动贫困户的参与积极性，旅游企业对自愿参与的贫困户给予指导培训、提供就业岗位，通过合作开发实现互利互惠的共赢局面。在此模式下，勐腊县的贫困劳动力获得了就业机会，积极投身于乡村旅游服务业，工资收入更加多元化，同时，乡村旅游企业对传统村寨的环境改造和文化治理又强化了贫困村寨的文化旅游属性，侧面推动当地贫困户旅游服务意识和脱贫意识的提高，扶贫与扶智共同发展。

勐腊县勐仑镇城子村在开展旅游"企村"帮扶计划后，西双版纳三山生物科技有限责任公司和西双版纳祥平热带水果发展有限公司两家企业对城子村进行了定向投资和旅游扶贫帮扶，通过与251户建档立卡贫困户签订《精准扶贫帮扶协议》，打造了"勐仑-台湾有机农产品加工观光园"项目和"西双版纳世界热带果园田园综合体"项目，一方面，贫困户可以通过出租自己的土地、在观光园上班获得自己的租金和工资收入，另一方面，贫困户可以参与企业的分红，从乡村旅游田园综合体项目的盈利中获得额外的经济性收入，贫困户的收入来源变得多元，人均年收入稳步增加。此外，城子村大力发展一村一品一特色，着重打造乡村休闲生态文化特色农业旅游品牌，通过举办乡村旅游柚子文化节，吸引周边县城和大城市游客前来观光游览，当地贫困户不仅通过种植柚子获得了一部分经济收入，还通过参加乡村旅游活动售卖自己的特色农产品、参与乡村旅游服务性活动获得了其他经济收入，这种旅游精准扶贫模式下，企业和贫困户精准对接，旅游精准扶贫成效显著。

2. "龙头企业+合作社+基地+农户"模式

勐腊县将茶产业与旅游精准扶贫创新融合，形成了"龙头企业+合作社+基地+农户"的旅游精准扶贫新模式。该模式在当地政府的引领带动下，积极引导社会资本参与，全力创建特色旅游小镇，开拓以茶园观光、茶叶品鉴、茶古迹游览、茶特色建筑参观、茶事劳作、茶俗体验、茶艺观赏、茶商品购物等为主题的乡村旅游扶贫、生态茶园观光旅游扶贫、茶文化旅游扶贫、康养度假旅游扶贫的旅游扶贫发展新路径。在资源整合方面，政府通过项目招商、土地招商等方式灵活运用土地资源，先后投入资金三千余万元，完成了贡茶文化广场主体及附属工程建设、易武茶山博物馆修缮、茶马步行街、易武正山地理标志认证、"易武——中国贡茶第一镇"景观大门建设等重大文旅项目，盘活民间资金上千万元。2017 年，"企业+合作社+农户"的乡村旅游扶贫发展模式初步成形，勐腊县古茶文化与乡村旅游的有机结合为精准脱贫提供了新思路。

易武镇作为勐腊镇下辖乡镇之一，是云南省"历史文化名镇"、第三批云南省生态乡镇，有着中国贡茶第一镇的美誉。因其悠久的产茶历史和茶马古道文化，易武镇通过茶旅融合发展，弘扬古茶文化，培育茶叶生产基地，建设以古茶文化为特色的乡村旅游特色小镇，最终在脱贫工作中脱颖而出，成功脱贫致富。易武镇按照"发展茶产业、保护古茶园、弘扬茶文化、开展茶旅游、建设古茶镇"的思路，大力培育茶产业，2013 年祥源茶业股份有限公司最早进驻勐腊县并启动实施了易武茶和茶文化旅游项目建设，公司从规模化生产、产业化经营、科技化发展、实行名牌战略、打好古茶庄"老字号"品牌 5 个方面入手，科学地指导全镇广大茶农、茶企、茶商，切实加强对古茶树资源的保护工作，同时，通过组织民间斗茶，带领贫困农村及贫困户参加体验种茶、采茶、制茶、品茶、购茶等茶文化活动，领略茶艺、茶经、茶道、茶技表演等，拓宽他们的眼界，增强他们脱贫致富的信心与决心，到 2018 年易武镇拥有茶叶协会 1 个，农民茶叶专业合作社 20 个，全镇拥有茶叶面积 6 533 hm^2，产值达到 8 000 万元，从事茶叶生产农户达到了 3 680 户，占全镇总户数的 78.5%，开发带动了当地居民经营 41 家宾馆、56 家餐饮小吃店，全镇有 2 000 多户农民直接参与乡村旅游，截至 2019 年，易武镇乡村旅游接待量已超过 40 万人次，实现农民人均收入 9 877。茶叶是易武镇的优势资源，茶马古道更是当地古茶历史文化发展的见证，加之易武镇是边境革命老区，红色文化与当地社会发展密不可分，丰富的旅游文化资源为创建更高层级的特色小镇创造了条件，而乡村旅游业作为乡村产业的重要组成部分，以发展乡村旅游带动易武脱贫致富是当地政府推进扶贫工作的重点。

3. "景区+合作社+贫困农户"模式

勐腊县创新开展"景区+合作社+贫困户"模式，依托当地的傣族、哈尼族、瑶族等少数民族村寨，挖掘民俗文化资源，打造休闲旅游经济，以旅游产业带动贫困人口脱贫致富，开展旅游扶贫工程。一方面，通过对民族村寨的改造，将传统旧式建筑进行翻新和维修，并配置现代化服务设施设备，将一个个独立的村寨串联起来，由点及面，通过民俗文化景区带动民族村寨的发展，贫困户通过出租自己的民居建筑或者自己经营，打造休闲民宿客栈，将闲置资源转化为经营场所，实现了经济收入的增加；另一方面，政府通过政策和资金扶持，成立扶贫帮扶合作社，鼓励贫困户就地开展民族传统服饰和手工艺品售卖，通过创新设计民俗文化产品，将民俗文化资源转化为文化生产力，此外，景区还创新打造民俗体验项目，让当地贫困户参与民俗文化表演活动，既可以传播民俗文化知识也可以助力贫困户增加经济收入。

在勐腊县勐伴镇河边村，村民人均收入4 000元左右，可人均负债却达5 000元，57户村民中就有12户建档立卡贫困户。为推动旅游精准扶贫工作，当地政府对当地民族村寨重新规划定位，将村民住房统一设计成富有瑶族特色的干栏式建筑。全村57户农户中，装修就有47套民宿客房，并创办了5家"瑶族妈妈的厨房"，既突出民族特色，又融入了现代风格进行打造。目前，村民家里的客房和厨房都是采用合作社的形式进行集中经营，产生的所有利润中，除了合作社按比例提取一点运营费用外，其余的利润会在当年全部分给参加合作社的每一个村民。据统计，在2019年，河边村全村的经济总收入就达到了170.38万元，村民人均纯收入达8 184元，当地村民的日子越来越红火。

4. 多模式旅游扶贫的效益

乡村旅游与旅游扶贫有着非常紧密的关系，而旅游扶贫也是在国际上被公认为贫困地区最好的脱贫致富途径之一，除此之外，旅游扶贫不仅让贫困人口经济脱贫，还让他们精神脱贫。勐腊县各乡镇主要以旅游"企村"帮扶计划、"龙头企业+合作社+基地+农户"、"景区+合作社+贫困农户"3种模式开展旅游精准扶贫工作，不仅给贫困户提供了就业岗位，拓宽了收入渠道，还使贫困户拓宽了文化视野，提高了自身脱贫意识，旅游精准扶贫成效显著。

一个地方的旅游要想获得发展，不仅要有旅游资源为依托，干净整洁的生活环境和先进的基础服务设施也很重要。勐腊县地处热带，热带雨林资源丰富、动植物资源多样，有先天的自然环境优势，但由于经济发展落后，公路、水电不通，房屋简陋，民族文化优势得不到彰显，文化环境弱于自然环境，在旅游精准扶贫工作的推进下，勐腊县打造了旅游扶贫示范村项目，推动旅游业与其他产业融合发展，全面实施"123518"旅游扶贫工程，公路硬化、水电开通、建立公共厕所、民居统一规划修缮等使得村容村貌得到极大改善，在为发展乡村旅游创造条件的同时也为当地村民日常生活提供了便利。通过加入乡村旅游扶贫产业，贫困户有了固定工作，提高了自我认同和摆脱贫困的决心，加之通过参与旅游企业分红，贫困户干劲十足，土地、房屋建筑等闲置资源通过出租转化为生产性资源，贫困户收入可观且方式多元。以发展乡村旅游精准对接扶贫工作，勐腊县的生态资源保护完好，严格践行了"两山"理论。

旅游扶贫产业和其他产业的融合发展，不仅可以实现扶贫项目的遍地开花，带动贫困户脱贫致富，还能有效阻止贫困户返贫。勐腊县易武镇的茶叶文化具有上千年的历史，政府开展了产业扶贫"造血工程"，例如立足当地特有的古茶产业，并精准提炼出古茶文化价值，打造古茶文化品牌，以品牌推动茶产业链，并进一步构建起企业与贫困农户、产业与金融互动的良好营销生态；城子村是勐仑镇民俗旅游村的代表，政府通过引导群众建设民族特色美食餐馆和特色民宿，建成"红色文化基地"、村史馆以及村级观景台，特色手工作坊等，村党组织还通过邀请县人社、文化、旅游、农业、科技等部门到村里，把课堂设在农户家，开展厨艺、客栈经营、旅游接待、种植养殖等培训，培训了900多户4 200多名群众，乡村旅游业与种养殖业有机结合，提升了大家的致富能力。勐腊县乡村旅游扶贫从政府资金拨款、岗位培训、技术帮扶等多维度展开，贫困户从接受资助到自主创业，脱贫能动性逐步提高，脱贫有为意愿强烈，返贫压力能有效减轻。

总而言之，勐腊县多模式下旅游精准扶贫效益主要体现在两个方面。一是在维持勐腊县良好自然生态环境的基础上进一步创造了多民族文化生态空间，各少数民族的特色民俗文化得到充分展示，同时，通过发展乡村民俗旅游，勐腊县的基础设施和社会保障条件得到明显改善，传统村寨现代化治理得到进一步强化，村民脱贫素质和脱贫意愿进一步提高，村容村貌村民治理进一步强化。二是由于勐腊县位于边境地带，通过开展乡村旅游精准扶贫工程，贫困户从无业到创业，从负债到致富，对民族和国家的认同感逐步提升，有利于维护我国的国土安全以及边境地区社会秩序的稳定，加强了我国与老挝、越南、缅甸等邻国的对外贸易联系，促进了我国优秀民族文化的传播和推广。

5.2.3.5 勐腊县旅游精准扶贫存在的问题和不足

勐腊县通过发展乡村民俗旅游，贫困治理成效显著，但也存在一系列的问题亟待解决和完善，主要包括旅游人才缺乏、旅游扶贫创新动力不足，贫困人口主体参与性较弱，追求短期成效、扶贫可持续发展水平低以及旅游精准扶贫的资金投入与技术投入不均衡四大方面。

第一，旅游人才缺乏、旅游扶贫创新动力不足。例如在勐腊县实施乡村民俗旅游开发之后，当地贫困户只能在景区从事道路清扫、厕所打扫、酒店民宿卫生打扫等简单劳动和参与一些简单的歌舞表演活动，缺乏对景区景点的讲解能力，不仅收入偏低而且景区提供的岗位有限，这种旅游扶贫形式下的扶贫效率会大大降低。对于勐腊县旅游扶贫产业而言，高素质的旅游人才能提升乡村民俗旅游业的形象，包括住宿、餐饮、旅行社和景区等都需要专业化素质的旅游人才，而目前在贫困村开展旅游服务性劳动的贫困户大多没有经过专业的培训，不仅服务技能不娴熟而且由于他们受教育程度较低，大多数贫困户只能说本地少数民族语言，不会说普通话，语言技能缺乏，不能和游客进行正常的沟通和信息传递，造成旅游者旅游体验感差。此外，乡村民俗旅游在发展过程中会受到旅游产品同质化的问题，勐腊县的各乡镇民俗文化资源大多相似，自然生态环境相同，在旅游扶贫开发中又是采用同样的开发模式，扶贫旅游开发产品设计创新动力不足，各乡镇的乡村旅游发展优势难以凸显，又由于贫困户在旅游开发中从事低端的服务性活动，旅游企业管理层对当地的民俗文化认识又不深，造成景区旅游扶贫的开发方式单一，主要以迎合外地游客为主，缺失了对当地少数民俗文化的保护和传承。

第二,贫困人口主体参与性弱。在勐腊县旅游精准扶贫开发中后,政府、企业、景区、贫困户共同构成了贫困治理的主体,各主体之间既有利益联结也有矛盾冲突,其中,贫困户因其自身知识水平的限制,在旅游决策和利益分配中总是处于弱势地位,在贫困户的核心地位发生偏移之后,旅游扶贫效率大大降低甚至出现返贫现象。以勐仑镇城子村的旅游扶贫开发为例,镇政府和村党委发挥了重要的引导作用,不仅投入扶贫资金,还积极引入旅游企业参与村庄的乡村民俗旅游发展,但在旅游发展中,贫困户从事的旅游开发活动简单而单一,难以参与旅游开发决策,贫困户开展旅游活动大多是政府和企业要求怎么做,自己也就跟着怎么做,在旅游扶贫中处于一种被动的跟随地位,缺乏主体能动性,这种模式下容易导致贫困户在参与旅游企业的利益分配中处于弱势地位,沦为旅游企业的"打工人",贫困户的生计维持可以得到暂时的保障,但要彻底摆脱贫困则难以实现,同时,因为政府在旅游扶贫中居于主导地位,扶持力度大,而一旦政府力量退出,贫困农户因缺乏内生的"造血能力",很容易出现返贫现象。

第三,追求短期成效、扶贫可持续发展水平低。作为扶贫工作的重要手段,旅游扶贫不仅要实现贫困地区经济的增长,还要保护当地良好的生态环境和文化生态空间,实现经济、生态和文化的可持续发展。而在勐腊县旅游扶贫工作中,贫困户为了追求短期的经济效益,忽视了旅游扶贫可持续发展的重要性,对当地的生态环境和文化生活产生了一系列不好的影响。例如贫困户为了参与到旅游活动中去,提高自己的经济收入,一方面,不停加盖房屋、乱搭乱建,不仅造成安全隐患而且影响景区的整体美观,另一方面,由于旅游产品的同质化,贫困户之间不同程度存在拉客、抢客等恶性竞争,造成旅游生产秩序的混乱和旅游服务水平低下,影响了勐腊县的整体旅游形象。此外,由于旅游扶贫开发,勐腊县的对外开放水平不断扩大,与外界的交流联系越来越频繁,加之旅游生产活动的导向是以服务外地游客为主,当地的传统文化不同程度上受外来城市文化的冲击,原有的传统民居建筑被改造成现代建筑、原生态少数民族文化逐渐被摒弃,贫困户对本民族文化的认同感降低等等,都使得原有的民族文化生存空间受到挑战。

第四,旅游精准扶贫的资金投入与技术投入不均衡。资金和技术是贯穿旅游扶贫工作的两个核心生产要素,在旅游扶贫工作的前期,勐腊县政府通过投入大量的财政资金对交通、厕所、房屋等旅游基础设施进行改造,使各乡镇的旅游目的地形象得到了基本改善,贫困户的生活水平有大幅度提高,但后期的技术投入却不显著,主要表现在旅游产品的研发设计投入不足、旅游产品的创新力投入不足以及贫困户的上岗技术培训投入不足等方面。在旅游产品研发上,勐腊县主要以开展乡村旅游活动带动当地种养殖产品的销售,传统手工艺品的销售为辅,加之传统手工艺品生产耗时耗力,由于缺乏先进的生产技术和生产设备,传统手工艺品的现代经济价值被埋没;在旅游产品创新力上,勐腊县少数民族文化类型丰富多样,但旅游文化产品单一且可复制性强,对文创产品的技术研发支持力度不够导致其附加值得不到彰显;在岗位技术培训上,贫困户的旅游服务水平参差不齐,而旅游企业又因技术培训力度不够,间接导致旅游服务形象受损。对于勐腊县旅游扶贫工作的可持续发展而言，资金是源泉，技术是动力，二者缺一不可，而资金和技术投入比例的失衡对于扶贫工作是极为不利的。

5.2.3.6 解决相应问题的措施

第一，注重旅游人才培养，提高旅游创新动力。勐腊县的旅游扶贫要获得永久持续发展的动力就离不开高素质旅游人才的大力支持，因此，县政府可以从以下几个方面加强专业化旅游人才的培养。首先，对文化水平较高且愿意从事旅游生产经营活动的贫困户，政府应通过设立专项扶持计划，实现与旅游院校的精准对接，将贫困户输送到专门的旅游技术院校学习文化管理知识，培养定向旅游人才；其次，政府可以通过举办旅游技能服务性大赛，鼓励贫困户从比赛中获得经验和技能，对于获奖的贫困户给予资金或就业岗位奖励；最后，政府要定期开展旅游生产性和服务性技能培训，举办技能培训班，保障旅游服务质量和服务水平。在创新动力方面，要筛选有想法有作为的年轻贫困户进入到旅游产品创新岗位中去，增强旅游产品的创新性。

第二，强化贫困户的主体性地位，构建多主体旅游扶贫网络。贫困户的脱贫致富是旅游精准扶贫的目标，因此，应当把贫困农户置于贫困治理的核心，关注贫困农户的主体参与性，培养他们的脱贫能动意识，政府和村党委应通过定期组织村民委员会开展村民治理工作，任用德高望重和年轻有为的村民参与到旅游开发决策中去，在利益分配时，要按照平等均衡的原则，适当向贫困户倾斜，同时，在旅游生产性活动中，贫困户要从基础性劳动和简单劳动中解放出来，通过提高自身管理素质逐步走向管理层，要构建政府、旅游企业、贫困农户等多主体的旅游扶贫网络，明确划分各主体的职权和责任，各司其职，避免任何一方权利的倾斜。

第三，协调好生态、文化和经济的关系，提高旅游扶贫可持续发展水平。在旅游扶贫开发初期，政府要充分发挥主导性地位和作用，对从事旅游经济活动的传统村寨和历史街区进行统一规划和管理，严厉打击乱堆乱建行为，要保证勐腊县传统民居建筑、饮食文化、节庆文化的原真性，协调好传统文化与旅游开发之间的关系，保护和传承好当地传统民族文化。政府要联合村党委制定严格的旅游经营管理制度，鼓励正当性竞争，可以通过成立生产经营合作社将个体经营户联合起来，实行年底分红制，打造一镇一品一特色，培育区域性乡村民俗旅游品牌。政府和企业都要树立长远的发展目标，在旅游开发过程中，要把当地的自然生态环境放在第一位，牢固树立"绿水青山就是金山银山"绿色发展理念，要营造民族文化生态空间，打造文化遗产廊道，协调好生态、文化和经济之间的发展关系，走旅游扶贫可持续发展道路。

第四，加大技术性投入，均衡投资占比。在旅游精准扶贫过程中，政府的资金投入对于早期旅游扶贫项目的实施至关重要，因此，政府要切实投入旅游专项扶持资金，加强各乡镇旅游基础设施建设，通过向社会招商引资的方式扩大资金筹集渠道，保障旅游扶贫项目精准落地，在旅游扶贫开发的中后期，政府和企业都应扩大旅游生产技术性投入，政府要引进懂技术的专业化旅游人才，提高旅游经营管理的科技水平，企业要引入先进技术生产线，开发特色文创旅游产品，提高传统工艺品的生产效率，提高产品附加值。对于扶贫事业来说，政府的资金和技术投入在短期内成效是显著的，但在旅游扶贫开发的各阶段，各生产要素的投入占比应该有科学的考量和合理的划分，要均衡之间的占比，以避免生产要素的闲置和浪费。

5.2.3.7 勐腊县经验模式总结及借鉴

勐腊县作为一个边境贫困县城，社会经济发展落后，但当地政府在党中央的领导下，积极开展贫困治理工作，通过实施旅游精准扶贫工程，勐腊县在2019年4月退出了贫困序列，并最终被认定为旅游扶贫示范县，旅游精准扶贫成效显著。在旅游扶贫开发过程中，勐腊县主要创造性提出了旅游"企村"帮扶计划、"龙头企业+合作社+基地+农户"、"景区+合作社+贫困农户"3种旅游扶贫模式，这3种模式的共同点主要表现在3个方面。一是发挥政府的主导性作用，政府是旅游精准扶贫的主体，资金和技术等生产性要素的投入离不开政府的大力支持，同时，政府又能发挥协调各方的能力，引进旅游投资企业，组织成立合作社，带动贫困户就业等，政府是旅游精准扶贫的动力和源泉。二是发挥本土资源的优势，创新旅游精准扶贫模式，勐腊县少数民族文化丰富，各乡镇都有自己的民俗文化特色，创造性地提出了"一村一品一特色"的乡村旅游发展模式，形成了各个乡镇特有的乡村民俗旅游品牌，为乡村旅游的可持续发展创造了条件。三是发挥多方利益主体的能动作用，将政府、贫困户、企业和景区联结起来共同为旅游扶贫工作贡献力量，充分调动了旅游扶贫生产积极性，贫困户脱贫的有为意识增强，真正做到了扶贫先扶智。

从勐腊县旅游精准扶贫治理成效来看，以上3种模式有其合理成分可以借鉴，但由于贫困地区社会经济状况具有复杂性和多样性，各地区在借鉴成功经验的基础上要因地制宜，充分发挥主观能动性，走适合自己的旅游精准扶贫道路。

5.3 本章小结

本章在前文理论模型的基础上，通过问卷调查与案例研究，实证分析基于生计保障的桂滇边境民族地区贫困户旅游精准扶贫机制。第一节借鉴前人研究与实际调研结果，设计基于生计保障的桂滇边境民族地区贫困户旅游精准扶贫机制的调查问卷，以贫困户为对象，共发放问卷500份，收回491份，其中有效问卷484份。研究发现：参与动机对源系统的影响最大，表明提升自身技能从而通过自己的努力实现脱贫成为贫困户参与旅游精准扶贫的重要原因；资源禀赋对内生系统的影响最大，是贫困户参与精准扶贫的重要因素，其次是基础设施与生计资本；政府扶持对于外援系统的影响最大，是旅游精准扶贫有效实施重要保障；贫困户认为可持续生计中当地生态环境的改善对于可持续生计的影响最大；旅游精准扶贫机制中源系统、内生系统以及外援系统均对贫困户的可持续生计产生显著的正向影响，其中外援系统对可持续生计的影响最大。第二节在前文实证的基础上，对典型案例地的旅游精准扶贫实施成效进行了具体阐述。典型案例地主要包括广西壮族自治区的大新县、龙州县以及云南省的勐腊县，依据调研所得成果，主要从县域概况、贫困现状、旅游发展概况、旅游精准扶贫现状和旅游精准扶贫成效等方面进行了详细分析。分析认为，大新县的旅游精准扶贫模式包括"龙头景区+农户经营""农户入股+公司运作""公司+农户"3种，龙州县的旅游精准扶贫模式可以总结为"合作社模式""乡贤带头模式""企业+农户",勐腊县主要是旅游"企村"帮扶计划、"龙头企业+合作社+基地+农户"和"景区+合作社+贫困农户"3种旅游精准扶贫模式。这3个典型县域旅游精准扶贫成效显著,但同时存在一些问题,本文分别对其旅游精准扶贫过程中存在的主要发展问题进行了梳理,并对症下药提出了相应的解决措施。

第六章 贫困户生计保障下桂滇边境民族地区旅游精准扶贫路径实现及经验总结

6.1 路径实现

6.1.1 政府主导的路径

精准扶贫是我国消灭贫困、全面建成小康社会的重要一环，是我国实现社会主义现代化强国建设的必经之路，在精准扶贫工作中，旅游精准扶贫是重要的扶贫形式之一。在我国社会主义体制下，包括旅游精准扶贫在内，规划实施并推动我国各项扶贫工作的核心主体便是各级各类政府部门。在我国多数地区，实施精准扶贫的主导者是各级各地方政府。当前，在政府主导路径下的精准扶贫经过长期的探索与实践，已取得丰厚的成果，为许多贫困地区建档立卡的贫困户实现脱贫、保障生计乃至致富提供了极大的帮助。政府主导下的旅游精准扶贫，是由各主体从明确定位责任，制定相应政策；完善规划细则，整合各方资源；完善旅游基建，调节市场秩序；保证安全监管，落实宣传工作等多方面去进行的。

在政府主导下的桂滇边境民族地区旅游精准扶贫，政府各部门、扶贫企业、贫困人口等利益相关主体都必须明确在当地旅游精准扶贫工作中扮演的角色，明确自身定位职责，这是保证旅游扶贫工作的精准度、效率性和有效性的重要基础。政府各部门面向扶贫企业、合作社以及贫困户所制定的旅游精准扶贫开发相关政策文件，是旅游精准扶贫实现桂滇边境民族地区贫困户脱贫、不返贫的重要推力。旅游扶贫开发需要详尽的规划作为依据，以精准的定位、详细的内容、完善的细则来确定旅游精准扶贫开发中各主体的作用，才能够较好地推进桂滇边境民族地区旅游扶贫工作。桂滇边境民族地区旅游精准扶贫开发的进程，也是当地乡村各项基础设施和乡村风貌不断向好发展的进程。完善基础设施建设提高公共服务水平是政府主导的桂滇边境民族地区旅游精准扶贫的重要任务，其中旅游基础设施建设在当地旅游开发中是重中之重，尤其是桂滇边境民族地区的各项基础设施在多方面来看，建设水平不齐全且落后的，旅游基础设施建设更为匮乏。此外，桂滇边境民族地区旅游精准扶贫开发的根本实质就是发展当地的旅游产业，以旅游产业带来的环保、高效、可持续性强的经济收益来推进精准扶贫和保证当地民众生计可持续，在当地开展旅游精准扶贫就会形成市场。实现当地旅游精准扶贫助力脱贫攻坚，旅游市场的秩序稳定尤为重要。在政府主导的桂滇边境民族地区旅游精准扶贫中，政府的旅游市场监管部门是保证当地旅游市场平稳有序运行最重要的组织机构。桂滇边境民族地区的安全监管任务中，包含当地的自然生态环境安全监管和民俗文化安全监管。在桂滇边境民族地区适宜的地方进行旅游扶贫开发工作的最主要目的，是充分实现当地贫困人口的脱贫与持续增收、致富，若因旅游开发和旅游产业的发展导致当地的自然生态环境被破坏、民俗文化流失，则得不偿失。依托妥善保护、具有安全保障的自然和文化资源进行旅游宣传，是各利益主体实现桂滇边境民族地区旅游精准扶贫的重要手段。

6.1.1.1 政府主导路径下的政府部门

在以政府为主导的桂滇边境民族地区的旅游精准扶贫路径中，政府各部门是精准扶贫工作的主导者。政府各相关部门依据自身管理职能、职责权限，制定旅游扶贫的开展模式、总体方案和扶持政策，积极争取各地旅游扶贫全方位的政策性支撑。诸如地方政府向国家核心扶贫机构提出需要获得建设旅游扶贫试验区和有关旅游扶贫政策支持，则旅游扶贫可以得到旅游扶贫企业和贫困户的参与；除此之外，可以利用旅游产业综合性的特征，通过投入相应政策拉动与旅游业关联性较强的其产业发展，以多种产业并行助力贫困人口脱贫；以对企业的各类优待政策，吸收、整合扶贫企业提供的旅游开发资金，并协调扶贫企业与贫困户的协作关系；政府依托自身行政执法权力，打造具有精准性的监管政策，对旅游精准扶贫开发的前、中、后期进行监管，营造优良的旅游开发环境。总的来看，政府各部门是最重要的主导方、引领方和监督方。

除了作为旅游精准扶贫开发政策的制定者，在以政府为主导的桂滇边境民族地区的旅游精准扶贫路径中，政府部门还是旅游扶贫开发规划的决策方。其通过详尽的规划，整合政府各类部门、扶贫企业、合作社以及贫困户的各类资源，并将这些资源通过规划的细则来分别投入到旅游精准扶贫开发工作中。政府主导下的桂滇边境民族地区旅游扶贫开发规划的制定，遵循着几个原则。一是政府部门确保规划合理、可行。政府调查部门经过桂滇边境民族地区实地调查，判别桂滇边境民族地区各地方进行旅游精准扶贫开发的适宜性和适宜程度，根据调查人员和当地贫困人口反映情况整合数据资料，在绿色发展理念的指导下，科学制定具有合理性、可行性的旅游精准扶贫开发规划。扶贫企业和贫困户只有通过合理可行的开发规划，以政府规划的正确引导，才能够有效实施和参与到旅游精准扶贫工作中，实现脱贫。二是政府部门的规划确保精准。政府制定的旅游精准扶贫规划精准对应到各利益相关主体，政府各部门依据规划内容，牵引和吸收扶贫企业的旅游扶贫开发物资，把这些投入当地精准扶贫开发的各方面。政府部门精准引导贫困户根据规划，整合分类贫困户的各项资本在当地进行旅游精准扶贫开发。

政府主导的桂滇边境民族地区旅游精准扶贫路径下，政府通过整合利用各方资源完善当地的旅游基础设施建设。政府部门依托政策规划，吸收扶贫企业、合作社为桂滇边境民族地区提供的旅游精准扶贫物资，利用这些物资，联合各级各类基建单位或具有基建资质的扶贫企业，重点针对桂滇边境民族地区旅游扶贫区域的交通道路拓宽改造、硬化，自然生态环境整治和保护，旅游区内旅游导览图、标识牌等进行完善。

归属于政府的旅游市场监管部门通过政府制定的相关政策、法规等各项条文赋予的职责权限，严格监管当地的旅游市场秩序。政府主导的桂滇边境民族地区旅游精准扶贫中，旅游市场监管部门的监管，规范合作社、扶贫企业在与贫困户合作时的合作行为，且确保贫困人口作为最大的、最主要的受益方地位不变，即保障贫困人口不会因为引入外来旅游从业人员和扶贫企业的欺骗性行为而被边缘化，处于收益较低的岗位或者再返贫[234]；管控扶贫企业之间在市场竞争中的行为，保障扶贫企业在加入扶贫工作中获得公平竞争机会；监督贫困人口在旅游市场中的经营活动、职业规范，保证当地旅游市场规范、有序。

保障安全和宣传引导方面，政府主导下的桂滇边境民族地区旅游精准扶贫开发中，保障生态安全和文化安全，为当地进行旅游宣传，政府部门是最有力的执行者。政府有关部门通过对当地旅游精准扶贫开发政策和规划的制定，充分发挥地方政府的主导作用，明确当地开展以生态旅游为主体的模式，扶贫企业、旅游合作社和贫困户在当地建设旅游产业的方向即以生态、环保为标准，限制企业、合作社为逐利而过度开发、破坏自然生态和民俗文化旅游资源。政府以相关对生态和文化安全保护的条文，引导贫困人口选择正确的开发模式，防止贫困人口因片面追逐经济收入对桂滇边境民族地区自然和人文旅游资源造成破坏，提高当地广大人民群众对当地生态安全、文化安全的重视程度，落实各扶贫主体、利益相关者的共同治理。政府部门保持警惕，通过与国际相关组织合作，明确我国是当地各项旅游资源的归属国，保障边境旅游资源在国际上的合法性。政府主导多措并举，以政府部门自身行动、扶贫企业和贫困人口的行为规范对当地旅游资源进行保护，保障桂滇边境民族地区的自然和文化安全，依托这些自然和文化旅游资源，联合当地人口、扶贫企业，通过多渠道、多手段落实旅游宣传。

6.1.1.2 政府主导路径下的扶贫企业、旅游合作社等经济利益主体

扶贫企业在以政府为主导的桂滇边境民族地区的旅游精准扶贫路径中是最重要、最主要的协助者。政府部门通过规划打造旅游精准扶贫项目，以优待政策吸引企业参与旅游精准扶贫开发，引导扶贫企业开发当地旅游；扶贫企业依据政府政策要求，为进行旅游精准扶贫开发的地区投入相应的资金、人力以及物力，同时协调与贫困人口的关系，根据政府政策要求，在旅游开发的同时为贫困人口提供就业和创业的发展机会。以合作社为代表的其他经济利益主体，在以政府为主导的桂滇边境民族地区的旅游精准扶贫路径中也是重要的协作者。旅游合作社等合作主体在政府政策的要求和驱动下，为桂滇边境民族地区贫困人口提供相应发展思路；在旅游精准扶贫中吸收地方扶贫参与主体的人力、自然、社会、物质、金融等资本，以提供岗位、分红等方式助力贫困户脱贫；同时，政府扶助合作社等主体为贫困人口实现脱贫助力的同时，合作社在其中也获得政府政策优待，以及与贫困人口合作时获得经济收益。

扶贫企业、合作社等跟随政府并行，根据政府制定的桂滇边境民族地区旅游精准扶贫开发规划，扶贫企业、合作社在其中投入其自身所具有的能力，发挥扶贫企业、合作社所具有的资金支撑、人才技术、旅游市场、旅游管理等多方面的优势，通过在桂滇边境民族地区进行旅游资源开发、旅游及相关产业培育、扩宽旅游市场、当地村民与扶贫企业共建等多种形式到当地投资兴业、培训技能、吸纳就业、捐资助贫，参与旅游精准扶贫开发，发挥扶贫企业自身在相关方面的辐射和带动作用，充分激发旅游市场活力。此外，合作社等其他扶贫主体跟随政府规划的开发方向，积极主动与贫困户合作，为贫

困户提供在旅游精准扶贫开发规划中所需的一定技术和资金，同扶贫企业共同助力桂滇边境民族地区旅游精准扶贫实现。

参与到当地旅游基础设施建设的基建单位和承担旅游基础设施建设的扶贫企业，遵循政府部门的指导意见，对当地的旅游基础设施建设进行完善；为当地贫困人口提供相关的就业岗位，在吸收贫困人口劳动力为当地旅游基础设施建设进行完善的同时，给予了当地贫困人口实现就业、增收的机会，直接推动当地精准扶贫工作的进程，也可避免和改变当地出现脏、乱、差的乡村环境。合作社通过政府制定的有关优待政策，在旅游基建完成后，从当地在未来的旅游产业经济收入获得一定分红。

扶贫企业、合作社等与政府、贫困人口合作的利益相关者，在保证政府主导下的桂滇边境民族地区旅游精准扶贫开发的安全监管中也是协助的一方，在宣传中也是主要的执行方。扶贫企业、合作社等多方与政府、贫困人口合作的利益相关者，在政府文件的限制框架下，在保证生态和文化安全基础上开发旅游产业，协助政府部门保证桂滇边境民族地区旅游资源的原风原貌。扶贫企业、合作社等与政府、贫困户合作的利益相关者以自身在社会的影响力，根据当地旅游开发方向和旅游资源，投入相应的资金和人力、物力，在多层面、多渠道协助政府部门在社会层面进行旅游宣传，当地发展旅游产业打开并吸引旅游市场，推动了贫困人口通过旅游产业实现脱贫增收，进而实现贫困户的生计可持续。

6.1.1.3 政府主导路径下的贫困户

贫困户在以政府为主导的桂滇边境民族地区的旅游精准扶贫路径中是最主要的承受者，同时也是整个旅游精准扶贫开发工作的参与者、协助者。政府部门为贫困人口提供旅游精准扶贫开发物资政策的同时，结合自身能力为当地旅游扶贫开发出力；通过政府引导与旅游企业协作，实现就地就业、就地创业；而贫困人口在实现就业、创业的同时，也为当地旅游精准扶贫开发的工作添砖加瓦。

根据政府完善的桂滇边境民族地区旅游精准扶贫开发规划，贫困户在政府的倡导下与扶贫企业、合作社等非政府扶贫组织合作，且贫困户之间利用各项所有资本融合实现贫困人口间的合作。贫困户在政府规划引导下，转变原"单打独斗"和"等靠要"的不良思维，依据政府规划主动将自身具有的一定部分资本投入当地旅游精准扶贫中，实现与政府扶贫部门、政府基层扶贫干部、扶贫企业、合作社等多个扶贫主体的合作，以政府的主导力量实现贫困人口的资源利用最大化，也最大化地实现旅游精准扶贫效益。

桂滇边境民族地区的贫困人口与合作社在当地村镇政府部门的投资引导下，村镇政府部门与合作社提供资金，贫困人口提供劳动力，主动完善下属乡村集镇的旅游基础设施建设；有当地人口参与其中的建设工程，能够最大保留当地各项硬件设施的本土民俗文化元素，在政府主导下的旅游基础设施建设，能够在规划布局、项目建设、建筑风格和建筑取材上坚持与自然生态和谐统一。在当地旅游市场获益的贫困户，遵循政府旅游市场监管部门制定的旅游市场管理条例，严格规范自身经营和竞争行为，响应政府部门号召，以旅游市场的良好风气实现桂滇边境民族地区旅游精准扶贫对贫困人口生计保障和可持续增收。

贫困户在政府部门的政策规划指引下，在发挥主观能动性的自我脱贫道路中，选择符合保护桂滇边境民族地区自然生态和民俗文化安全的道路，为实现当地安全监管保障助力；贫困人口在参与到当地旅游精准扶贫开发工作中时，通过自媒体等新传媒手段，协助扶贫企业、合作社和政府部门对当地旅游进行宣传，不仅是政府、企业在宣传当地旅游，贫困人口的宣传更具有地方特点，是落实当地旅游宣传工作不可或缺的一环。

6.1.1.4 有限政府主导型模式下的各个主体

在我国长期的精准扶贫尤其是在旅游精准扶贫开发进程中，所采取的模式多为完全的政府主导，这一模式在我国的东部、东南部地区取得了巨大的成效。结合时代条件和桂滇边境民族地区的实际情况可以看到，在社会经济迅猛发展以及复杂的地方自然环境、社会文化条件的背景下，完全由政府主导旅游精准扶贫开发并不能够完全适应桂滇边境民族地区，但若一些地区脱离了政府的主导，旅游精准扶贫却又难以进行，引入有限政府主导型的旅游精准扶贫开发模式对于这些地区是有较大帮助的。在有限政府主导型的桂滇旅游精准扶贫中，政府部门、扶贫企业、贫困户、合作社等多个扶贫主体的构成，以及其所扮演的角色和对应的职责相对于完全政府主导的模式有一定相似但也有不同。

政府主导路径下桂滇边境民族地区的旅游精准扶贫开发模式中，政府部门在其中多作为牵头组织者、引导者和调节者发挥其主导性的作用。政府部门以自身的职能权限，通过采取宏观调控的手段来调控规范扶贫地区的市场秩序，实现资源的优化配置[235]。在这一模式下的政府部门在一定程度上减弱其自身职能的使用，从原先直接投入资金转变为以出台相应的扶持、鼓励政策吸引扶贫企业出资为当地的旅游扶贫开发进行投资。相应的各级政府也依据自身等级来出台在不同层面的旅游精准扶贫开发规划，上级政府部门所制定的上位规划多具有全面性、长期性和普适性，而地市县域政府则根据上级部门的上位规划来制定更为具体、更为详细且更具有针对性的旅游扶贫开发规划，以此落实扶贫企业、合作社、贫困户等多元主体在旅游精准扶贫中的责任担当。政府依据严格的保护法律法规，并投入相关人力物力保障桂滇边境民族地区的旅游精准扶贫开发工作以及相应的监督工作，落实旅游开发地区的生态环境安全和文化安全，以及监管扶贫企业和当地贫困户在进行开发的同时保护地方环境和景观，并在这基础之上落实好各项旅游基础设施建设，推动地方旅游开发得以在生态保护的层面有效落实。此外，在有限政府主导型的模式下，政府部门虽减弱了整体在大方向上的引导，但仍然注重在相应法律法规和旅游开发规划的制定、面向当地旅游方面专业人才的培养、多渠道引进资金、吸引合作社等多主体参与以及维持市场秩序多方面的管控，在放宽权限的同时也在其他扶贫主体无法触及的层面充分发挥自身职能，保障当地旅游精准扶贫的开发，保证贫困户能够从中得到受益。

扶贫企业在有限政府主导型旅游精准扶贫开发模式下与完全政府主导模式中所的角色和发挥的作用较为相近，以最有力的协作者和投资者的角色存在。扶贫企业在这一模式对贫困户和旅游开发地区的资金投入数量更多且对其投入的层面更广，并将投入的扶贫资金所获得的相应经济利润以一定比例作为福利补助以直接的资金或者物品形式赠予贫困地区，使这部分的扶贫资金和经济利润"得之于民，用之于民"。同时，该模式下的扶贫企业也继续在进行旅游开发旅游经营的同时为当地居民、贫困户增设相应的提供创业、就业的机会，并对其进行相应技能和相关知识的培训教育，改善贫困户思想观念，增强其能力基础，助力贫困户自主扶贫、自主脱贫。

贫困户作为扶贫工作的最大受益主体以及多由包括贫困户在内的当地农户组成的旅游合作社在有限政府主导型模式的桂滇边境民族地区旅游精准扶贫开发中，居民及由其组成的组织作为这一地区的"主人"和依托自身资源获取经济利益的主体，通过自身特点起到的是协作、联络的辅助性作用。在该模式下的贫困户和旅游合作社根据自身需求，主动联系政府部门和扶贫企业，帮助政府了解当地旅游开发的地方特点以及相应限制条件，便于制定相应扶持政策和开发规划，利于有意向的企业选择是否参与扶贫以及扶贫投资方向。同时，贫困户和旅游合作社成员主动参与其他主体为其提供的技能培训，提升自身发展能力，提高自身总体素养，并积极响应政府企业为其提供的就业机会，为政府部门和旅游扶贫开发企业打造良好的地方旅游口碑提供助力，同时良好的旅游口碑也反过来为贫困户增加经济收益、促进脱贫提供帮助。

6.1.2 企业主导的路径

针对桂滇边境民族地区旅游精准扶贫的开发扶持政策和规划，主要是由政府部门敲定，相应的政策要求和规划的需要是推动扶贫企业参与到对桂滇边境民族地区旅游精准扶贫工作中的重要因素之一。但结合世界各地实际情况可以看到，并非全部的扶贫企业都是由于政府政策和规划的要求才参与各贫困地区的旅游精准扶贫工作当中。深入剖析可以发现，发展贫困地区旅游精准扶贫的过程实质，是在帮助当地贫困人口脱离贫困、实现持续增收并致富的同时，开发当地的旅游产业，以当地优良的旅游资源，通过各级各类各部门、各企业的多种宣传手段，吸引全国乃至全世界各地的游客来到当地旅游、消费，以此发展了当地的旅游产业，开拓了旅游市场。可见，企业参与旅游精准扶贫开发，可以依靠当地的旅游精准扶贫工作开发旅游市场以获得经济收益，在完成政府部门定下的企业社会责任任务和帮助贫困人口对摆脱贫困的需求的同时，实现企业自身在社会影响力、经济实力乃至旅游开发实践经验等方面的发展，企业的主导是实现地方旅游精准扶贫重要的、有效的方式之一。

以企业为主导的旅游精准扶贫模式是指在旅游扶贫过程中主要是以企业为核心，各方受益体积极地参与扶贫工作，从而在参与的过程中获得利益[236]。扶贫企业包含了旅游企业和乡镇企业，在旅游精准扶贫开发中以企业为主导的路径中，多是以旅游企业为主导。通过扶贫企业对当地旅游景区龙头的带动，将政府指定的旅游精准扶贫各类政策与扶贫企业自身的运作、扶贫企业对当地贫困户的扶持相互结合，加大对当地旅游等特色产业的发展，增强扶贫企业带当地旅游景区、旅游景区连片贫困户、贫困户促增收的能力。扶贫企业还为当地参与到旅游精准扶贫开发工作的贫困户提供在开发前、中、后期的相关技术理论、资金和市场服务，与相互合作的贫困户甚至非贫困农户建立长久的相互协作的关系，能够降低农民小规模生产和社会需求的矛盾，并获得高效的经济收益和社会效益。在以企业为主导的桂滇边境民族地区旅游精准扶贫中，扶贫企业资金更加雄厚，扶贫效益范围更广，企业扶贫更为精准，是更有效的精准扶贫方式，有利于快速了解旅游技术和市场等方面的一手信息反馈[237]。

主导主体是企业的旅游精准扶贫路径，需要以扶贫企业联合多方共同在对接政策规划、落实资金投入、引领地方发展、积极开拓市场、活用开发经验、引进实用技术、强化人才培养、优化利益分配等多方面去进行运作。在这一路径下，在企业主导的同时，政府部门仍需发挥自身职能，合作社等经济利益主体需积极对接企业的扶贫方略，贫困户更需主动投入其中与扶贫企业并行。从世界各地旅游业发展得较好的地区可以发现，拥有良好旅游产业发展水平的地方，其整体地方发展水平也是较好的，要实现旅游精准扶贫对桂滇边境民族地区贫困户的脱贫、生计可持续，那么桂滇边境民族地区的地方发展尤为重要，这是由于旅游业是一项综合性和关联性极强的产业，在旅游者来到旅游地进行旅游活动的同时，会对当地的交通通达度、住宿和餐饮水平、地方整体风貌、旅游区服务水平等方面有着一定的需求。桂滇边境民族地区的地方发展包括了当地的教育质量、各项基础设施建设水平、产业结构优化等方面，这些地方发展的建设，可以在企业的主导下，通过企业的雄厚资金基础和经验能力推动地方发展的实现。

桂滇边境民族地区的自然生态环境和民俗人文风情极其具有地方特点，但由于当地地理环境和地理位置的特殊性，桂滇边境民族地区的旅游开发水平低，缺乏相应的开发经验和开发范式。在贫困地区开展旅游精准扶贫是需要大量资金投入，通过投资而获得相应旅游产业带来的收益期较为长期的项目，且在缺乏发展的桂滇边境民族地区开展旅游精准扶贫更需要大量的物力、人力、财力；此外，当地发展旅游精准扶贫除了本身拥有着具有地方特色的旅游资源和一定的劳动力以及生产要素，还需要相应的开发技术、经营管理能力等生产要素的支撑。面对这些需求，企业的主导尤为重要。丰富的开发经验，先进且实用的开发技术，是参与到当地旅游精准扶贫开发的旅游企业具有的资源优势。

6.1.2.1 企业主导路径下的扶贫企业及合作社等经济利益主体

扶贫企业依据政府部门所制定的桂滇边境民族地区旅游精准扶贫相关扶持政策和开发规划中给定的企业责任，依托自身雄厚的经济实力基础，为桂滇边境民族地区进行旅游精准扶贫开发的各地方的交通道路、水利电路、旅游区导向牌等旅游基础设施为主的建设进行资金投入，以企业自身资质能力或联合政府的周转能力，实现桂滇边境民族地区旅游基建的完善，完成政府部门给定的扶贫企业在其中要完成的工作任务，以实现桂滇边境民族地区的政府部门通过旅游精准扶贫政策规划的制定完成当地的脱贫、致富。扶贫企业在桂滇边境民族地区的旅游精准扶贫开发中，在政策规划要求下直接予以当地贫困户进行物质和资金的补助；在扶贫企业投入旅游精准扶贫资金为当地旅游开发前期、中期和后期的实地调研、访问、考察、协调、基础设施建设、旅游景区维护、旅游景区运营等进程中，为贫困户提供在各项工作中力所能及的工作岗位，实现贫困人口的直接就业、创业，助力贫困户的脱贫，同时也在一定程度上帮助政府部门落实了精准扶贫工作。

在以企业为主导的桂滇边境民族地区实现当地旅游精准扶贫贫困户生计保障路径中，为引领桂滇边境民族地区的地方发展从而更好地实现旅游精准扶贫，扶贫企业除依托政府部门的优待政策、地方发展规划之外，同时也需主动在桂滇边境民族地区通过各种投资发展实现企业自身壮大，能够推进当地的各项建设。在企业主导的投资带来地方发展水平提高的同时，提高了当地包含贫困户在内的农户生活水平，对当地带来了更新的思想，提升了包含贫困户在内的农户综合思想素质，助推了各项乡村产业发展，进而助力当地旅游产业配套产业的发展，由此改善了乡村的发展环境，进而助力贫困户实现脱贫致富，保证了贫困户在未来能够持续增收，生计保障得以落实。

桂滇边境民族地区的地方能够得以通过企业的投资建设获得良好的发展，由此带来的实际效益，除了在当地的教育质量、各项基础设施建设水平、产业结构优化等方面得以实现，更关键的是多项与旅游产业相关联的行业也得到了发展推进，即桂滇边境民族地区的旅游产业发展水平得以提高，这对实现桂滇边境民族地区旅游精准扶贫开发工作的帮助效果极大。地方发展水平高，旅游产业发展水平跟随地方发展一并拔高，拔高的同时也令桂滇边境民族地区自身在旅游市场中更具有竞争力，对当地开拓旅游市场的实现更有帮助。扶贫企业中的旅游企业本身在旅游市场中就占有着较高的地位，由企业主导下的桂滇边境民族地区旅游精准扶贫路径中，参与到扶贫的旅游企业依托自身所占有的旅游市场，向市场中引进桂滇边境民族地区的旅游业，提高桂滇边境民族地区旅游业知名度，为当地旅游业发展提供机遇。在企业主导下，桂滇边境民族地区的旅游市场得以开拓的同时，参与到其中的扶贫企业和贫困户以此获得经济收益，实现企业的利益目标以及贫困户的脱贫增收。

在企业自身主导下的扶贫旅游企业运用其在旅游开发实践中获得的各方面经验，对桂滇边境民族地区的获取政府部门相应旅游精准扶贫政策支持、分析当地旅游开发资源优势、各类旅游基础设施建设以及旅游景区运营等多方面专业开发方向进行指导和规划。扶贫旅游企业通过自身具有的经验优势，在桂滇边境民族地区旅游精准扶贫开发实践中灵活运用，一方面是企业在旅游基础设施建设等方面的经验助力政府部门制定完善规划，同时，扶贫企业向政府部门反映开发中遇到的相应的问题和不足；另一方面是扶贫旅游企业所具有的经验在及时发现在桂滇边境民族地区旅游精准扶贫开发中存在的问题和不足的同时，能够及时调整企业自身的旅游开发方向和模式，以保证运用合适的方式手段对这一特殊地区进行旅游开发。

企业主导桂滇边境民族地区旅游精准扶贫路径下的人才培养，主要在两方面，一方面是扶贫企业联合政府有关部门，通过相应的资金补助投入，在大中专院校中定向培养专门面向桂滇边境民族地区旅游精准扶贫开发方向的专业型人才；另一方面是扶贫企业通过培训教育等方式，以旅游企业内拥有的专业人才的知识技能，直接对当地包括贫困户在内的参与到桂滇边境民族地区旅游精准扶贫工作中的当地农户进行指导，实现这些农户综合素质的提升。

桂滇边境民族地区的旅游精准扶贫开发，在企业主导下的最终目的是在实现桂滇边境民族地区贫困户的脱贫和生计保障的同时，企业从当地旅游产业发展直接或间接地获得经济利益甚至获得社会效益。旅游精准扶贫涉及政府、企业、贫困户等诸多主体，如何协调利益相关者间的关系，明确各方在旅游扶贫进程中的定位，是扶贫工作的首要问题[165]。扶贫企业在桂滇边境民族地区旅游精准扶贫的过程中，与包括贫困户在内的农户签订相关协议，组成以实现贫困户脱贫增收和实现企业经济收益为目标导向的利益共同体，通过农户和政府部门相关的监督组织的约束和加强相关的制度建设，制定合理的利益分配模式，保障各方利益。

6.1.2.2 企业主导路径下的政府部门、贫困户

在以企业为主导的桂滇边境民族地区旅游精准扶贫中，政府各级各类部门在制定旅游精准扶贫开发的扶持政策和开发规划中为扶贫企业的扶贫任务提供了引导方向，尤其是为主动参与到旅游精准扶贫开发工作中的扶贫企业提供了强大助力，这是由于政府部门制定的政策规划具备的精准性、可行性和适用性，指导了这些扶贫企业扶持、帮助当地进行旅游扶贫开发的工作方向，明确了扶贫企业应该在旅游精准扶贫工作中各类任务投入的资金明细。在旅游精准扶贫过程中，各级地方政府结合扶贫企业在旅游精准扶贫开发工作中遇到的困难和发现的问题，通过自身职能权限，修改和完善桂滇边境民族地区旅游精准扶贫开发的相关政策和规划，助力扶贫企业主导实现当地的旅游精准扶贫。此外，村镇级地方政府部门通过落实自身的管理职权和任务，通过收集、整合当地贫困户对旅游精准扶贫开发的需求、意见，牵引扶贫企业与贫困人口交流，通过完善旅游精准扶贫开发规划来加大扶贫企业在当地开发工作的精准性和有效性。政府部门与扶贫企业并行，通过政府部门自身的职能权限和影响力度，为扶贫企业的旅游市场开拓提供帮助。政府部门在桂滇边境民族地区旅游精准扶贫工作中的各方面吸取旅游开发企业的建议，依据自身职能权限通过修改、完善开发政策，帮助企业继续主导旅游精准扶贫开发。

桂滇边境民族地区的自然生态环境极为脆弱，且当地包含贫困户在内的农户整体受教育水平低，综合素质水平不高，实用且先进的旅游开发技术对保护当地自然生态环境平衡以及助力贫困户进行旅游开发极为重要。在企业主导下，扶贫旅游企业通过向当地政府和包括贫困户在内的农户引进、提供相关实用的旅游开发技术和理念，为政府部门制定利于当地自然生态环境保护的旅游开发路径规划和政策提供指导，以高新的技术手段和先进的理念保障桂滇边境民族地区生态安全，提高对桂滇边境民族地区旅游精准扶贫开发的可行性和适用性。而这些依托高新实用技术由政府部门所制定的开发规划和政策，反作用于扶贫企业和贫困户的旅游开发行为规范，并以此为指导，助力其他扶贫企业和贫困户提升旅游开发水平，提高参与到当地旅游产业开发贫困人口的脱贫机会，为当地旅游精准扶贫开发能有较高水平提供保障。

在人才培养方面，政府通过面向扶贫企业需求出台的相关政策联合在大中专院校定向培养的人才，由扶贫企业出资补助，最终投入桂滇边境民族地区的旅游精准扶贫开发中，通过扶贫企业投资在大中专院校直接培养的人才助力当地的旅游精准扶贫开发，推进当地旅游产业的发展，进而帮助贫困人口实现脱贫。

在以企业为主导的桂滇边境民族地区旅游精准扶贫中，贫困户是扶贫企业在政策规划下受益主体最大的一方，同时是扶贫企业在旅游精准扶贫开发工作中重要的协作者。扶贫企业投入给贫困人口的资金帮助贫困人口进行与旅游产业相关的创业行为，同时也为扶贫企业的旅游产业开发建设助力。贫困户是除了扶贫企业自身外最接近扶贫企业主导下旅游精准扶贫开发的群体，贫困户根据自身特点，发现扶贫企业在旅游精准扶贫中的问题和不足并向政府部门反映，是政府各部门制定和完善相关政策和规划的协助者。

同时，扶贫旅游企业以开发的实践经验指导当地贫困户参与到企业开发项目，或以开发经验指导贫困户自主进行与旅游产业相关的创业行为，协助贫困户以就业、创业的方式得到脱贫。

贫困户中的适龄人口也可享受扶贫企业在精准扶贫旅游开发人才培养的定向培养优待策略，在为当地培养可靠旅游开发人才的同时也实现了对贫困人口的教育扶贫。由扶贫企业提供专业人才的技术指导，直接对当地包括贫困户在内参与到旅游精准扶贫工作中的农户提升理论和实践水平，提高从业农户的工作技能和综合素质，为当地旅游精准扶贫直接实现了人才的培养，从而推进旅游开发进程，推动当地旅游产业发展，直接为贫困户脱贫实现助力。

6.1.3 合作社主导的路径

在我国全面建成小康社会的过程中，精准扶贫是大势所趋，也是我国的重点任务。尤其是在桂滇边境民族地区的精准扶贫工作中，旅游精准扶贫是非常重要的扶贫形式之一，旅游精准扶贫这一精准扶贫形式拔高且突破了传统的旅游扶贫方式，是市场趋势的选择，也是旅游扶贫在我国精准扶贫大环境下的必然要求。桂滇边境民族地区旅游精准扶贫的重点，便是开发当地的旅游产业实现产业扶贫，组建合作社推动乡村地方产业发展是产业扶贫的最重要的形式之一，作为一个乡村旅游发展的重点和亮点的旅游合作社，在政策、法律、组织和产业等方面有着明显的优势，可以成为实施乡村振兴的重要载体，在产业兴旺、生态宜居、乡风文明、治理有效、生活富裕等要求方面发挥积极作用[238]。农村地区尤其是桂滇边境民族地区这样的集"老""少""边""穷"于一体的边境贫困地区，当地居民尤其是贫困户的各类资源少、资金短缺，若是仅凭一户或几户贫困户自身力量来对当地旅游资源进行开发，想要形成具有一定规模和较高水平层次的旅游产业是难以实现的，故以合作社为主导来推进桂滇边境民族地区的精准旅游扶贫开发工作。合作社通过与政府部门、扶贫企业等其他资源底子较为丰厚的主体相互协作，以多种组合方式形成不同的合作模式，借助各类扶贫主体在多方面拥有的资源，从而能够有效地助力当地贫困户通过参与到合作社之中并发展当地的旅游产业，并以合作社的力量打造更多的收入渠道，创造更高、更稳定的收入，让贫困户得以就地、就近来直接实现就业、创业，令桂滇边境民族地区的贫困户在旅游精准扶贫下实现生计保障乃至脱贫致富。

以合作社主导来实现桂滇边境民族地区旅游精准扶贫中贫困户的生计保障，合作社作为主导者在多方面起关键性的作用。总的来看，合作社通过对资源、人力、资金等方面进行整合由此发挥一定的规模效应，带动贫困户实现脱贫。当地政府部门、扶贫企业以及贫困户与合作社在当地的旅游精准扶贫开发中并行，共同协作来推动当地旅游精准扶贫工作。在合作社主导下的各扶贫主体共同联合来推进贫困地区精准扶贫工作的形式多样，由政府牵头在其所辖范围内先搭建起合作社的框架，而后再吸聚一批农民专业大户为理事，进而带动合作社的发展，即政府带动农户组建合作社，农户中的贫困户也参与其中，实现由政府协力成立的合作社引导脱贫；此外也可以由已组建好并有一定运营能力和经验基础的合作社依托自身发展水平，不断吸引当地及周边的包括贫困户在内的其他农户加入到合作社中，令合作社得以不断壮大且能够进行调配的资源更加丰厚，同时整合参与者的各项资源来投入当地脱贫工作中，加快当地旅游产业的建设和发展进程，提高当地旅游产业水平，为实现旅游精准扶贫提供助力；又或者由合作社通过向价值链的上下游提升，自办上下游企业，联合包括贫困户在内的当地农户，形成"合作社+企业+农户（贫困户）"的形式，实现更多地减少费用、提高收益的目标，更好地服务成员、走向市场。

近年来，我国的北京、山东、四川等乡村旅游发展较为先进的地区，出现了许多以合作社主导来推进当地旅游产业持续发展，通过合作社的主导发展旅游产业实现当地居民增收并致富的典型案例。合作社在其中作为当地旅游产业发展的主导者，推进了当地旅游产业的规模化、规范化、标准化和品牌化，成功实现当地参与合作社的居民贫者脱贫、非贫者致富，并凭借以此开发出规模较好且较为成熟的旅游业，保障经济收益的持续性，同时也改善了当地乡村环境，在助力我国精准扶贫工作实现的同时也推动了社会主义新农村建设，可谓一举多得。

在合作社的主导下，政府部门、扶贫企业以及当地包括贫困户在内的农户等多个主体，在实施旅游精准扶贫的路径中结合当地居民给出的相应地方实际，找准适宜当地进行开发旅游发展方向，并在进行旅游开发的进程中通过多种方式提高当地居民尤其是合作社参与者的整体素质；保证当地的生态环境安全和地方文化传承，深入发掘有进行旅游开发价值的当地特色文化；以合理的利益分配机制保护各方在桂滇边境民族地区旅游精准扶贫工作中的投入，让收益得以持续绵长，并不断找到适宜合作社在合理的条件下不断提高经济效益的发展新型模式，最终实现以贫困户为主的多利益主体在多层面中共同受益。

6.1.3.1 合作社主导路径下的旅游合作社自身

根据各地方的实际情况，在桂滇边境民族地区的旅游精准扶贫中选取适宜以合作社为主导的旅游开发区域，在这些区域中，旅游合作社的组建主要是由当地的乡村能人、经营大户、村干部或返乡大学生之类在多个不同方面具有一定物质或知识技术能力基础的人物牵头，以牵头人自身所具有的较多的开发资金、较强的组织能力、较好的教育背景或较为丰厚的实践经验等各类资本为基础，联合当地其他居民形成一个以追求当地旅游产业发展而实现一定经济利益的合作主体共同进行旅游开发。旅游合作社要实现在当地的主导地位，需要壮大自身，包括牵头人在内的合作社组织者通过向地方政府部门反映实际情况与困难，并和有意的扶贫企业签约合作，以此获得相应的政策支持和金融、市场、技术扶持，依托丰厚的优待政策和物质基础，结合组织者的积极引导与合理组织，不断吸引当地的各类农户、贫困户通过将自身的金融资本、人力资本、社会资本、物质资本和自然资本等方面资源采取专业合作、入股等形式来参与旅游合作社，壮大合作的各项基础资本。

旅游合作社内部的稳定与协调，是在以合作社主导下的桂滇边境民族地区旅游精准扶贫开发实践中，当地旅游产业得以有效开发、贫困户生计得以保障并推进脱贫的关键点，狠抓并注重建设面向合作社各成员的利益分配模式和风险承担机制是维持旅游合作社内部稳定的核心。在保证公平的原则下，始终沿着多劳多得、多投多得的路径，通过合作社内部的相关方面人才，结合与合作社协作的政府部门、扶贫企业等其他主体的相关意见和建议，以合作社主导、多方协作共同来制定相关收益分配明细模式，在这一分配明细模式下明确好投入不同类型、不同数量资本的合作社成员以及与合作社的协作各类主体在其中能够获得的经济收益；同时，合作社通过与政府相关监督部门在合作社组建监督管理委员会来保障分配机制的合理制定与有效执行，防止合作社内部或扶贫企业在为合作社提供协作的过程中的各主体出现不当得利和欺骗性合作的现象，保障合作社成员和协作主体获得合理的利益分配；相应的风险承担机制制定路径与利益分配模式类似，高收益者对应高风险的承担，否则反之。在多方利益得以合理调节背景下的合作社主导当地旅游精准扶贫路径，合作社内部得以稳定合作，合作社的协作主体以及贫困户的利益也得以保证，促进这一路径为实现当地旅游开发推动各类农户经济增收并为贫困户生计持续和脱贫致富的实现提供有力保障。

合作社主导的路径下，以"大众创业、万众创新"的创新创业理念推动在桂滇边境民族地区的旅游精准扶贫，旅游合作社围绕这一理念打造在当地的"双创"平台，利于吸收从政府部门、扶贫企业以及有志农户、贫困户而来的各项社会资本、各类相关人才，同时不断开创更新、更多适宜当地实际情况的旅游开发、旅游经营以及与其他扶贫主体合作的模式，以旅游合作社的主导力求走出一条在创新创造理念中的旅游精准扶贫之路。旅游合作社根据对于当地实际情况把握较好的多数参与者为当地居民的特点，鼓励合作社内部的参与者出谋划策、群策群力，明确旅游合作社与其协作的政府部门或扶贫企业在合作社主导下的旅游精准扶贫开发模式中存在的问题，转变发展模式，通过补短板助创新来开创符合参与农户、贫困户以及地方经济发展需求的新型旅游开发方式，在旅游合作社的群体力量主导下，走出一条以合作社和贫困户的经济收益为主的同时兼顾其他扶贫主体获得一定经济利益的旅游精准扶贫道路。

旅游合作社参与者多为当地村民、贫困户，整体的受教育水平不高；扶贫企业作为旅游合作社的重要的协作者，以追求经济和社会效益为主要目的，规范化管理、切实有效的监督体系以及提高相关人员的综合素质水平，是旅游合作社在桂滇边境民族地区的旅游精准扶贫主导路径中，能够良好有序进行旅游产业开发和经营行为的重要一环。旅游合作社依托相应的管理监督体系，整合参与者、协作者资源，对当地旅游开发区域进行统一规划布局，以有序整齐并具有当地特色的方向改善开发区域整体风貌，有效利用贫困户和扶贫企业在合作社旅游开发中的物资和人才技术投入；旅游合作社严格监督各合作社参与者和协作主体的经营行为，并联合扶贫企业、政府部门为合作社内部的参与者进行相关培训教育，提升合作社参与者的经营能力和素质，保持良好的行业口碑和较高的服务水平，推动地方旅游产业发展实现经济效益，反之也为贫困户和扶贫企业以及合作社自身凭借良好发展的旅游产业获得经济利益，落实当地旅游精准扶贫目标。

6.1.3.2 合作社主导路径下的政府部门、扶贫企业和贫困户

主要由当地农户所组成的旅游合作社，在桂滇边境民族地区旅游精准扶贫路径中通过组织内部的协议签订、合理调整、创新提升和严格监管等方式来开展当地的旅游产业开发和经营，为包括贫困户在内的当地农户带来较为高效且持续性较强的经济收益，走出一条由合作社主导的旅游精准扶贫路径来实现当地贫困户的生计保障。通过因地制宜，选择合适的旅游精准扶贫区域采取合作社主导的路径对于贫困户脱贫颇有成效，政府部门、扶贫企业以及贫困户在其中起到的组织、协力作用，能够为实现合作社的主导

力提供很大的帮助。

政府部门作为相关旅游精准扶贫政策措施的规划者、制定者和实施者，在合作社主导路径下的桂滇边境民族地区旅游精准扶贫开发工作中扮演着至关重要的角色。地方各级各类政府部门积极响应地方旅游合作社方面提出的各项需求，在上位政策允许范围内，制定面向旅游合作社在合作社组建以及地方旅游产业开发和经营等方面的相关帮扶政策文件，吸引农户参与合作社并壮大规模，以及为合作社通过旅游产业开发和经营获得较高经济效益提供合理有效的政策性优待及指引，助力旅游合作社构建当地旅游开发的创新创业、旅游产业发展、产业结构优化的平台。

在合作社主导路径下的政府部门作为各主体间合作关系协调者，以及旅游开发、旅游经营行为的监督者是颇为有效的。政府部门通过自身的职权效力，根据旅游合作社的发展需要，吸收、整合扶贫企业和贫困户的扶贫物资，并帮助合作社合理调配政府、企业以及合作社参与者对当地旅游精准扶贫开发所投入的物资、人才、技术、土地等各类资源，以政府部门自身职能落实这些物资在当地的旅游基础设施建设、乡村村容村貌优化以及生态环境安全等多方面的有效、高效利用。此外，政府部门通过制定面向当地旅游开发、旅游经营以及旅游方面商业合作行为的政策规定，并有效落实和严格监督，严格保护桂滇边境民族地区的自然生态环境，为旅游合作社以生态保护为核心理念的旅游开发模式提供有效助力，并以多手段并举，在协助合作社对地方文化挖掘和文化保护中提供相关人才队伍予以技术支撑和监督落实，发扬地方文化特色，保障文化安全。同时在旅游合作社的需求下，政府部门依托自身执法权，对合作社与扶贫企业的合作、合作社与贫困户的合作行为，以及包括贫困户在内参与的合作社的农户、扶贫企业在其中的经营行为进行严格监督和管理，杜绝合作中出现不公平、不合理的收益分配，防止发生不合规、不合法等扰乱地方旅游经营市场秩序、破坏地方旅游行业口碑的经营行为，为旅游合作社实现当地高品质、高质量、高效益的旅游产业提供助力，最终为参与合作社的贫困户实现更好的经济效益，推动贫困户的生计保障、脱贫致富。

扶贫企业作为在合作社主导桂滇边境民族地区的旅游精准扶贫路径下最有力的协作者，以企业在各方面的能力为旅游合作社提供所需的帮助。扶贫企业与合作社共同进行当地旅游开发和旅游经营合作，扶贫企业以自身的资金、人才、技术、管理、市场乃至旅游开发和旅游经营等多方面的经验优势，在协作中根据当地旅游合作社的发展方向和需求，为旅游合作社提供基础设建设的资金、人才等多方面的支持，并结合旅游合作社的旅游开发方向，根据企业自身的旅游开发经验以及当地地方特点，提出相关意见和建议协助旅游合作社制定适宜的旅游开发策略和模式，充分利用区域旅游资源并突出地方自然和民俗文化特色；在旅游经营方面，为旅游合作社提供相应的广告宣传、拉动市场、管理经验以及旅游合作社成员的经营模式的支撑，助力旅游合作社在旅游经营中获得更多的机遇和更好的经验方式，使旅游合作社能够在旅游市场中更好地打造桂滇边境民族地区旅游口碑，提高旅游市场占有率，从而获得更高的经济效益，在实现旅游合作社、贫困户的经济收益、生计保障和脱贫致富的同时，扶贫企业也从中获得相应的经济利润和社会效益。在扶贫企业与合作社的合作行为中，扶贫企业始终遵循诚信原则和旅游精准扶贫目标，签订让利于旅游合作社和贫困户的合作协议，并依托企业自身管理优势通过制定规章制度和人员投入，协助旅游合作社维持当地旅游经营秩序，助力旅游合作社维持组织稳定，推动地方旅游产业发展，带动合作社中的贫困以及企业自身的经济收益。

合作社主导的桂滇边境民族地区旅游精准扶贫路径中，贫困户是旅游合作社成员的构成之一，助力贫困户脱贫是旅游合作社在当地进行旅游精准扶贫开发工作中的核心目标之一。在这一路径下的贫困户作为主导主体的成员，首先便是积极响应旅游合作社的各项旅游开发工作，主动参与到旅游合作社发展当地旅游产业的步伐中，在不影响贫困户正常生活和脱贫步伐的原则上，投入名下拥有的房屋、土地、资金、人力等各项资源进驻合作社，加强旅游合作社各种类的资源储备，为合作社的开发工作提供力所能及的协助。作为合作社的成员，贫困户以积极的态度，通过报纸书刊、电视、网络的多媒体途径，并主动参与到旅游合作社管理层、政府部门和扶贫企业为贫困户专门开展的培训活动中，提高贫困户自身的综合素质以及在主流旅游开发模式、旅游经营管理等与旅游产业高度相关知识技能，助力旅游合作社实现良好的旅游开发工作以及有序的旅游经营活动。贫困户在合作社的主导下，凭借提升自身一定水平的综合素质和技术能力，通过较强的规则意识"按规办事"，并以有序的经营方式协助合作社打造良好组织合作氛围以及良好的市场口碑，获得合作社为优秀经营户提供的各项奖励，提高自身的发展基础水平，进而促进贫困户自身经济收益，助力合作社的经营目的同时也推动了自身生计保障、脱贫致富目标的实现。

6.1.4　贫困户主导的路径

在我国精准扶贫工作中，贫困户是于2014年国务院扶贫办印发的《扶贫开发建档立卡工作方案》要求以2013年农村人均纯收入2 736元（相当于2010年2 300元不变价）的国家农村扶贫标准作为识别标准，通过建档立卡，对其进行精准识别，了解贫困状况，分析致贫原因，摸清帮扶需求，明确帮扶主体，落实帮扶措施，开展考核问效，实时动态管理的群体。在本文的研究中，现如今达到国家脱贫摘帽标准，并按照国家规定程序脱离贫困的"原建档立卡贫困户"也属于贫困户的范畴。

在桂滇边境民族地区进行旅游精准扶贫开发进程中，贫困户作为这一工作最直接的承受者的同时，也是参与者。打造共建、共治、共享的社会治理格局，是在中国共产党的领导下，让社会治理理念不断与时俱进和进一步升华，是对新时代我国社会矛盾变化的正确回答通过全国乃至全世界的实际案例的发展路径可以发现，单纯地以政府主导型、企业主导型、合作社主导型作为旅游扶贫的路径，并不足以实现因自然和人文地理因素造成的桂滇边境民族地区地域差异的旅游扶贫。若需落实桂滇边境民族地区旅游精准扶贫对贫困人口的整体脱贫和生计可持续，根据各地方的实际情况，贫困户也必须成为参与到旅游精准扶贫开发工作和旅游产业发展进程的主体。贫困户为主导的路径实现旅游精准扶贫，能够较好地避免当前其他旅游精准扶贫路径中可能存在的精准性、适用性不足问题的出现，并能够有针对性地根据贫困户自身存在的问题制定解决方案去解决，准确对导致贫困户贫困的原因进行"打击"，这是其他旅游精准扶贫路径难以实现的。在贫困户自身主导下，贫困人口主动地通过相关的政府扶持政策和开发规划落实就业，主动依托旅游精准扶贫开发的步伐大胆创业；与扶贫企业并行，共同为当地实现旅游开发和旅游产业发展出力；树立脱贫致富的目标导向，通过自主努力得以脱贫增收并实现致富，通过贫困户自身的主导力量，在实现脱贫攻坚的同时，让自身生计得以保障，以较高的效率实现精准扶贫工作任务目标。

我国精准扶贫工作通过数年的实践和经验总结得出，在旅游精准扶贫工作中，要以旅游产业帮助建档立卡贫困户实现脱贫致富并实现生计保障的目标，自然地理环境限制和当地所在特殊区位固然会成为有一定阻碍的因素，但更多的限制因素存在于建档立卡贫困户自身。在以贫困户主导路径下实现旅游精准扶贫开发工作中，贫困户对于自身问题的查找，以及把握自身所在环境和地区的整体、细致的实际情况是极其重要的。桂滇边境民族地区实施旅游精准扶贫保障当地贫困人口生计基础、实现致富的目标之前，首要的目标是以旅游精准扶贫为主，多种扶贫模式并举消除当地贫困人口的贫困问题，帮助当地建档立卡贫困户达到脱贫标准和要求，实现真脱贫、能脱贫、不返贫。消除贫困是我国我党实现中华民族伟大复兴中国梦最重要的内在要求之一，是实现我国全面小康道路上必须实现的一环。针对实际情况发现，部分贫困人口的"贫困"不仅存在于物质层面中，思想贫困是造成这部分人口成为建档立卡贫困户、需要精准扶贫对象的重要因素。"扶贫先扶志""治贫先治愚"，"输血"的同时更要"造血"，即激发贫困人口的内生动力，转变贫困人口的脱贫思维方式，对于精准扶贫尤其是桂滇边境民族地区为通过以贫困户为主导路径的旅游精准扶贫实现贫困户的生计保障极其重要。

在桂滇边境民族地区以旅游精准扶贫开发实现贫困户的脱贫到生计保障，贫困户作为当地居民，融入旅游精准扶贫开发并在其中发挥的作用是重中之重，在贫困户主导路径下的桂滇边境民族地区旅游精准扶贫更是如此。贫困户参与到旅游开发中助力旅游精准扶贫工作的实现，一方面需要贫困户的内生动力，积极自主地参与进来；而另一方面，贫困参与到旅游开发也需要得到相应的旅游增权，增强贫困户在地方旅游精准扶贫开发工作中的参与机会、参与能力，提升贫困户在其中的"话语权"。为贫困户赋予旅游增权，并落实众多贫困人口以主人翁的定位和思维导向参与到桂滇边境民族地区的乡村旅游开发，在为贫困户保障有效参与到旅游开发进程中的同时，也更大激发了贫困户自主参与、自主融入旅游开发的内生积极性，提高贫困户资源控制力和民主意识，并扩大贫困户的权利，从主观和客观两方面共同助力贫困户主导当地的旅游精准扶贫落实脱贫目标和实现生计保障。

6.1.4.1 贫困户主导路径下的贫困户自身

实现由贫困户为主导的桂滇边境民族地区旅游精准扶贫，保障贫困户生计，是需要贫困户自身充分对自身的总体情况和自身所在地区的自然环境、社会文化、经济发展，以及当地获得的旅游精准扶贫发展扶持政策、开发规划等多方面的实际情况全面把握，并得以落实。贫困户主动查找自身问题，能够为贫困户了解自身的不足提供条件，更详细掌握自身不足因素后，通过自身努力去破解这些不利因素的限制，或以多种手段和方式降低这些存在问题和不利条件对贫困户自身依托旅游精准扶贫实现脱贫的影响，增加贫困户的脱贫机会；另外，贫困户要把握自身实际情况，根据自身所在的环境结合周边实际，来确定适宜贫困户通过加入旅游精准扶贫开工作，实现旅游产业发展而获得脱贫的发展方向和发展模式。贫困户在自主把握整体实际情况的过程中，结合政府部门提供的政策规划文件，扶贫企业的旅游精准扶贫开发方向和模式，以及合作社与贫困户自身合作发展的旅游产业详细内容，进而掌握单纯由贫困人口调查的探求难以发现的实际情况。贫困户主导地方整体实际情况的把握，瞄准政府部门、扶贫企业和合作社等其他协助主体为当地旅游精准扶贫开发的投资方向，相向而行，因地制宜地选择适宜自身在其中的发展方式，实现自身的脱贫和生计保障。

激发贫困户自身凭借自主力量实现脱贫的内生动力，在桂滇边境民族地区的旅游精准扶贫中转变贫困人口"等、靠、要"老旧的单纯依靠其他主体的直接物资补助的思维，政府部门和扶贫企业等参与到当地旅游精准扶贫工作的主体主要是助力作用，贫困户自身依旧是最重要的主体。当地居民尤其是建档立卡贫困户是桂滇边境民族地区旅游精准扶贫开发工作重要的参与建造者。贫困人口群体自身主动通过群体内部个体相互鼓励、相互触动、相互监督，实现以自我反思、理论学习、劳动实践等多种方式了解内生动力通过旅游精准扶贫实现脱贫的重要性；建立自我尊严意识，认识以自主力量实现脱贫、自力更生对人格尊严的建筑，实现贫困人口自身对正确脱贫思维的构建。

服务业在旅游产业中占有重要地位，诸如旅游景区内各类工作、餐饮服务、酒店住宿服务等与旅游活动紧密相关的工作类型都是服务业，旅游服务的好坏能够在很大程度上影响一个地区旅游产业的发展水平，旅游服务水平的重要性对于通过旅游精准扶贫开发当地旅游产业来实现桂滇边境民族地区贫困户生计保障更是如此。在旅游精准扶贫开发中，贫困户主导，通过自身的主动就业、主动创业形成重要的脱贫力量，在这一进程中贫困户学习相关的专业技术、专业知识对实现其就业、创业极为重要。综上来看，提高参与到旅游产业中的贫困户服务能力和水平，以及增加贫困户个人的旅游开发相关知识技术储备，推进贫困户主导桂滇边境民族地区旅游精准扶贫开发，即贫困户提升自身综合素质水平，学习相应专业知识和技术，是实现贫困户主导路径的重要基本保障。提升贫困户自身的综合素质水平，学习专业知识技术，实现贫困户以主导者在桂滇边境民族地区进行旅游开发，对于贫困人口自身提出了一定的要求。贫困户主导桂滇边境民族地区旅游精准扶贫开发的路径下，贫困户在引领当地旅游产业开发的进程中，主动通过书刊、报纸、电视、网络等媒体，并通过向专业的相关领域人士请教，且主动参与到政府、企业、合作社等其他扶贫主体为贫困户制定和提供的技能培训课程、外出学习机会，从而提升素质水平、学习专业知识技能，凭借一定的技术能力和基础，令自身更易于参加到旅游精准扶贫开发工作中。

贫困户自身在其主导下的桂滇边境民族地区旅游精准扶贫开发中以自身的主动性争取旅游增权，融入旅游开发。贫困户向政府部门提出关于帮扶政策的要求和意见，积极主动参与到扶贫企业、合作社的旅游开发中，以贫困户自身能动性对政府部门、扶贫企业和合作社等主体提出要求，要求落实后通过其他主体的协助力量得以实现持续增收，实现脱贫和生计保障。

6.1.4.2 贫困户主导路径下的政府部门、扶贫企业、合作社等其他主体

贫困户主导路径下的桂滇边境民族地区旅游精准扶贫工作中，查找自身问题除了各建档立卡贫困户自身主动对自身问题的查找和思考外，也有由贫困人口组成的问题彻查

组织去联合村镇地方包括当地第一书记在内的政府部门相关方面工作人员、扶贫企业、合作社等参与到桂滇边境民族地区的旅游精准扶贫开发工作中的各个主体，共同协助建档立卡贫困户对自身问题的查找。企业、合作社等经济利益主体以人才优势提供相关经验，结合自身开发方向和开发模式，在贫困户主导下联合其他相关主体针对贫困户自身在当地旅游精准扶贫开发中存在的问题查找，以此有效避免因单一主体进行工作所带来的局限性和主观性，从而直接、可靠、精准地发现贫困户存在的问题。且以政府部门、扶贫企业以及合作社等主体通过群策群力，针对贫困户存在的问题，以这些主体具备而贫困户欠缺的经验和专业能力，协助贫困户设计解决问题的相应方案和路线，为贫困户找准以自身能力为主导的破解困难的方式。

政府部门、扶贫企业通过投入相关人才和相关政策、规划，采取直接针对贫困户个人、小群体、大群体的"对点、对线、对面"宣传的服务模式，帮助贫困人口建立自主脱贫意识，转变，在与贫困户群体自身的主导下共同实现贫困人口脱贫动力的激活和个人思想水平的提升。内生动力的激发，脱贫思维的转换，对于构建以贫困户为主导的桂滇边境民族地区旅游精准扶贫实现贫困人口生计保障起到直接推动的作用。贫困户自身有充足的脱贫内生动力，正确的脱贫思维，依托政府部门为实现当地进行旅游精准扶贫工作任务制定的各项扶持政策和开发规划，以及扶贫企业投入的资金和技术，自主地以符合自身发展方向的主动就业、主动创业的方式，参与到当地旅游精准扶贫中。贫困户通过参与，主导当地旅游产业发展，对政府部门实现脱贫工作目标、扶贫企业和合作社等群体实现经济收益大有裨益。

贫困户作为桂滇边境民族地区旅游精准扶贫中的参与者，且在贫困户主导路径下更是主导者，但贫困户主导的力量始终是有限的，在贫困人口需要提升自身综合素质水平和学习专业知识技术的过程中更是如此，需要政府部门、扶贫企业以及相关合作社与其进行协作。政府扶贫部门、扶贫企业以及相关合作社作为协作者助力贫困户的提升，贫困户以这些提升在推进当地旅游产业开发的同时，反馈于这些利益相关主体。贫困户主导的旅游精准扶贫路径下，在贫困人口自我提升的进程中，政府扶贫部门以自身的职能权限以及相应的人才储备，为贫困户制定相应的提升素质水平和知识技能的学习策略和规划方案，并以专业人才为贫困户提供免费的专业指导，定期进行培训教育，为贫困户自主就业、自主创业进行协作。扶贫企业、合作社等在扶持贫困户脱贫的同时追求经济利益的主体，通过旅游开发相关的专业人才，为参与到与扶贫企业开发当地旅游相关的贫困户提供技术和方法指导，助力贫困户以良好的综合素质水平、专业技能参与到扶贫企业、合作社提供的就业岗位，以及贫困户自主创业行为推进扶贫企业在当地的旅游开发进程。总的来看，就是在以贫困户自身的主导力量发展自身水平能力的同时，为贫困户的需求提供相应的、高效的协助，形成合力实现多方的合作共赢。

政府部门在贫困户主导下的桂滇边境民族地区旅游精准扶贫开发中让贫困户能够得以赋予旅游增权，融入旅游开发，积极助力贫困户实现旅游政治增权、心理增权、社会增权和经济增权。政府部门以自身职能权限，制定保障贫困户得到参与当地乡村旅游开发规划、旅游开发权限的政策，助力贫困户实现政治参与得到实现；为贫困户进行相关心理教育培训，助力贫困户实现心理增权；以监督职能干预，确保贫困户公平参与合作社、扶贫企业的合作开发，并得到合理的利益分配及良好的经济收益，助力贫困户实现社会增权。扶贫企业、合作社等追求经济利益的主体，在贫困户主导下的桂滇边境民族地区旅游精准扶贫开发中让贫困户能够得以赋予旅游增权，融入旅游开发，主要是辅助贫困户实现社会增权和经济增权。扶贫企业、合作社与贫困户合作签订合理的收益分配，为贫困户提供相关就业岗位、创业指导和合作机会，保障自身经济利益的同时为贫困户提供相应的经济收益，拓宽贫困户在旅游开发参与的途径。

6.1.5 多元主体融合发展路径

我国是一个统一的、面积广大、地域广阔的多民族社会主义国家，受各种地理环境因素的影响，全国各地存在着各式各样的自然环境，每个地区都有其自然风光的特色，且由于民族众多，不同民族之间有着不同的文化差异，甚至同一民族之间在不同的地区都有着不同的民俗习惯，复杂多变的自然环境和丰富多彩的民族文化都是我国宝贵的旅游资源。桂滇边境民族地区位于我国与越南、老挝、缅甸的交界地区，且国界线较长，地域范围较广，地形地貌复杂多变，多民族世居于此，由此带来的便是丰厚的旅游资源。但也由于这一复杂的地方特点，在社会主义体制下，政府主导型、企业主导型、合作社主导型和贫困户主导型的旅游精准扶贫路径并非皆够完全适用于桂滇边境民族地区的全域，需要根据地方特点实际，因地制宜地引入多利益相关主体并行且新兴的模式作为多元主体共进的旅游精准扶贫路径，从而推进桂滇边境民族地区地方旅游产业发展，实现贫困户的生计保障和脱贫致富，进而实现并完成我国全面建成小康社会的重大战略目标与重要任务。

在以多元主体融合发展的桂滇边境民族地区旅游精准扶贫路径中，多元主体的融合发展实质上是各扶贫主体发挥各自所长，并以协调良好的关系将自身所具有的资源和能力共同投入到当地的旅游精准扶贫开发工作中。结合这一路径的现实特点以及前人在相关方面的研究[239]来看，实现旅游精准扶贫中各主体之间的关系是多样的，如政府部门与贫困户之间是扶持、响应与协作的关系，政府部门与扶贫企业、旅游合作社之间是牵引、协调、监督与合作的关系，政府部门与旅游者之间是宣传吸引的关系，企业与贫困户是劳务合作的关系，企业与合作社之间是扶助、协作的关系，企业与旅游者之间是生产消费的关系，贫困户与合作社之间是组织、共生与助力的关系，其中的数个主体在这一路径下并无主导者，但各主体的功能作用缺一不可并互惠互利，且发挥作用的好坏也会直接影响到所得利益是质和量。推进桂滇边境民族地区以多元主体融合发展路径实现旅游精准扶贫推进贫困户的生计保障和脱贫致富，各个主体在其中突出自身特点并发挥特长是核心。

6.1.5.1 多元主体融合发展路径下的政府部门

政府部门在多元主体融合发展路径的桂滇边境民族地区旅游精准扶贫中起到主要是一个引导、服务、协调以及监督的作用，其参与到旅游精准扶贫中的最大目的是完成精准扶贫的根本任务，即帮助贫困人口摆脱贫困，助力我国全面建成小康社会，实现政府部门的社会效益，同时也能够依靠旅游精准扶贫为当地带来更多的就业机会、更完善的基础设施建设以及更大的旅游市场，从当地旅游经济的发展中增加政府部门的财政收入，落实贫困户的生计保障、脱贫致富，提高地方经济发展水平。

为能够推动各个主体都融入旅游精准扶贫且共同发力，政府部门通过政策的制定来落实这一目标。各级政府制定相关旅游精准扶贫开发政策，明确参与到旅游精准扶贫的各主体所获得的优待细则，吸引扶贫企业、旅游合作社以及相关方面的研究者参与进来，依托政策来确保在开发过程中土地整合管理利用、房屋改造等问题得以妥善解决，处理好包括贫困户在内的当地居民与扶贫企业、合作社等主要旅游开发主体的关系，根据市场需求和地方实际情况设置旅游精准扶贫开发项目，牵引扶贫企业投入相应资金、人力物力到扶贫项目中，协助地方旅游合作社的组建、维稳监督和完善，引导贫困户、扶贫企业以及合作社三者通过不同的形式相互合作，并严格监管、保持地方旅游市场秩序和生态环境的保护，打造良好的旅游市场和旅游开发环境，助力企业和合作社发展当地旅游产业，实现旅游产业带动经济增收；此外，也为相关学者研究当地实际情况在走访调查、数据资料等方面提供便利，以期提出相应对策来开展旅游精准扶贫；针对贫困户的相应扶持政策也利于激发贫困人口的内生动力，促使贫困户主动参与到旅游精准扶贫的工作中。

在多元主体融合发展路径下的政府部门，除相应政策对贫困户的政策性扶持之外，还以专门的扶贫工作队来直接对贫困户进行脱贫助力。通过扶贫工作队在当地贫困户的走访调研，深入了解实际情况，为贫困户的脱贫计划进行指导帮助，找准适宜不同特点的贫困户参与到旅游产业的方法、模式，并根据地方实际情况联合扶贫企业加快各项基础设施的建设，便于高效推动贫困户的脱贫进程。此外，在我国社会主义体制下的政府部门更是一个有力的宣传者，通过采取报纸、书刊、电视、门户网站、海报横幅等线上结合线下的宣传方式，以全方位的大力宣传来吸引国内外的旅游者来到桂滇边境民族地区旅游开发的区域旅游，提升当地在旅游市场的知名度和影响力并实现经济效益。

6.1.5.2 多元主体融合发展路径下的扶贫企业、合作社等经济利益主体

对于在旅游开发的各项资源方面较为具有优势的扶贫企业、旅游合作社等以获得经济利益为主要目标的扶贫主体而言，在多元主体融合发展路径下主要以助力、合作等方式来实现其在桂滇边境民族地区旅游精准扶贫中的作用和落实经济收益。扶贫企业、旅游合作社以参与旅游精准扶贫为契机，获得政府在政策上对其在多方面的优待、补助，以及通过实现旅游开发进行旅游经营活动获得经济效益，同时也助力了贫困户的脱贫而实现企业的社会责任，并获得一定的社会效益，也能够有助于企业实现经济效益。在这一路径下的扶贫企业多是通过政府的牵引至相应的旅游精准扶贫项目来对桂滇边境民族地区旅游开发区域进行投资，也有扶贫企业通过线上或线下的信息渠道了解到当地旅游精准扶贫开发需求后直接对开发地区进行投资或与当地旅游合作社、贫困户开展合作和协助。

扶贫企业、合作社对当地进行旅游开发时，在合理、公平、公正的基本原则下与有合作意向的当地农户签订有利于合作者各方的协议，明确合作的农户以入股、劳务、租借等方式通过投入自身所具有的相应资本到企业或合作社的旅游开发或旅游经营活动中能够以分红、工资、租金等形式所获得的经济收益，严格按照政府制定的相关法律法

规，规范进行旅游经营和与农户的合作行为。扶贫企业、旅游合作社依据政府制定的相应旅游开发规划和政策以及自身旅游开发经验，重点对当地的道路、停车场、景区地图、导游指示牌、水利电力、餐厅住宿、房屋景观风貌等旅游基础设施进行建设，在推动地方旅游产业开发的同时也为当地在完善基础设施建设、改善乡村风貌、建设美丽乡村添砖加瓦。

对于旅游合作社而言，其最终目的虽与扶贫企业一样是通过参与当地旅游精准扶贫中获得经济效益，但是合作社的主要构成是包括贫困户在内的当地农户，即合作社的经济效益的水平高低会直接影响到贫困户的经济增收效果。在多元主体融合发展的路径下，旅游合作社的组织者、管理人员通过宣传吸引，为合作社参与者制定合理、良好的利益分配机制，不断吸收并整合当地农户的各项资本，主动与扶贫企业、地方政府部门进行合作或寻求助力，依靠政府部门在规划和政策、法律法规等方面为旅游合作社做牵引和监督维稳，采取合作的形式来获取扶贫企业在旅游市场中所占据的份额优势，以及扶贫企业在旅游开发、经营中所具备的资源条件和经验，令旅游合作社在桂滇边境民族地区的旅游开发经营中获得更高的经济效益，在合作社经济利益得以提高的同时直接增加了农户的收入，使贫困户实现生计保障、脱贫致富的机会得以增加。另外，扶贫企业通过政府部门或人脉资源主动地对接当地旅游合作社的旅游开发和经营项目，凭借旅游合作社对地方实际情况以及对应需求熟悉把握的优势，有针对性地对当地各项旅游精准扶贫开发项目进行投资，使扶贫企业投入的资金、技术以及人才等资源得以高效利用，加速当地旅游产业发展进程，提高扶贫企业自身的经济效益，为扶贫企业和旅游合作社等经济利益主体以及地方政府在经济效益上直接实现"双赢"乃至"多赢"，也直接推进了贫困户的收入增加。

多元主体融合发展路径下，不论扶贫企业、旅游合作社与贫困户、政府部门是以什么样的形式进行合作，旅游开发和旅游经营的模式如何，能否够吸引游客前来旅游甚至再次前来，是在旅游精准扶贫中实现企业跟合作社的经济收益、提高当地居民收入的最大任务。扶贫企业和旅游合作社在当地旅游开发和旅游经营的进程中，时刻把握我国乃至全球的旅游发展热点，瞄准旅游者各项需求，并根据地方自然景观、民俗风情的特点，在确保生态环境安全和文化安全的前提下着重打造富有地域特征的自然和文化景观，联合桂滇边境民族地区各景点设计能够突出当地特点、面向各类旅游群体的旅游路线，并提供具有相应知识和技能的人才对当地参与到旅游开发、旅游经营工作中的农户进行教育和培训，以此打造具有景观风貌特点、民俗文化特色、景区品质优良、服务专业到位、口碑评价优秀的桂滇边境民族地区旅游产业，吸引旅游者，占据旅游市场，从而以旅游业促进扶贫企业和旅游合作社通过参与旅游精准扶贫获得经济收益，同时也推动了当地政府和农户的经济增收、多方面基础设施的完善以及人口综合素质的提升，贫困户经济收入得以增加也加速了脱贫进程，引领地方发展。

6.1.5.3 多元主体融合发展路径下的贫困户

贫困户是在桂滇边境民族地区开展旅游精准扶贫提高当地居民整体收入水平、改善地方现状最大的受益者，这一进行旅游开发的地区是多数贫困户祖辈长期生活的地方，即贫困户同时也是这一地区的"主人翁"。多元主体融合发展路径下的桂滇边境民族地区旅游精准扶贫中，贫困户作为最主要受益群体接受地方政府扶持、扶贫企业旅和游合作社等多主体帮助的同时，也是地方旅游产业的重要开发者、旅游经营的主要参与者、其他扶贫主体的合作者、自然生态环境和文化的传承保护者。

桂滇边境民族地区的旅游开发项目实施的进程中，贫困户以自身具有的各项资本投入主动加入政府、企业以及合作社等扶贫主体的开发进程中，通过直接以人力资本参与旅游开发或旅游经营之中，主动投身到当地的旅游开发建设工作，并以多种形式直接在"家门口"实现自身就业、获取劳务性收入的同时也能够解决旅游开发和经营中可能出现的劳动力不足问题；自然、物资、金融、社会等资本，贫困户通过入股、出租或自主进行旅游经营的形式，获得扶贫企业和旅游合作社的分红、租金或政府补贴，进而直接实现经济收益。

在贫困户参与的旅游开发和经营活动中，将桂滇边境民族地区打造成为具有地方特色、各方面建设水平较高，以及服务水平高、口碑好的旅游区是改善地方整体环境、持续获得市场青睐从而推动地方旅游产业发展以实现贫困户经济增收的重要手段，作为当地旅游开发群体的重要构成以及主要经营者的贫困户，提升自身总体素质水平是核心。贫困户通过书籍报刊、网络电视，积极参与政府、企业或合作社为其开设的相关培训或课程，线上结合线下的方式来学习在旅游开发或旅游经营中需要掌握的知识和技能，并不断提高自身总体素质水平，配合政府部门监督管理工作，从而加大就业和自主创业的机会，凭借自身具有较熟悉的技能以及良好的个人整体风貌来进行旅游开发和旅游经营活动，保证地方旅游开发建设水平和旅游经营口碑，再以此继续开拓旅游市场，形成良性循环，使贫困户自身经济收入不断得以增加，实现可持续的生计保障和脱贫致富。

通过旅游产业来实现旅游精准扶贫所依赖的是地方的旅游资源，桂滇边境民族地区独特的自然风光以及风采的民俗风情是当地得以开展旅游精准扶贫，并以旅游产业在带动经济收益高效、持续的特点来实现贫困户生计保障和脱贫致富的根本，故桂滇边境民族地区能否保持良好的自然生态环境以及保证民俗文化传承并发扬光大，建立循环长效机制尤为重要。包括贫困户在内的当地居民作为桂滇边境民族地区的"主人翁"，在参与到旅游开发和旅游经营工作时，严格遵守政府部门制定的环境保护法律法规，遵循生态旅游开发的模式，保护生态环境[240]，坚决抵制片面追求经济利益和单纯迎合游客喜好而破坏当地特色自然风貌和生态环境的旅游开发和经营模式，按照环境保护的模式来进行旅游产业的营利活动；坚定自身所在地区民俗文化自信，发扬优秀的当地文化并不断传承，保护好当地特色民居以及反映民俗文化特征的图腾符号，联合政府、扶贫企业和旅游合作社通过线上和线下的手段对地方文化特色进行宣传，在落实旅游宣传工作的同时也保障了地方文化安全。此外，贫困户的监督责任也尤为重要，保障生态环境安全和文化安全监督也是贫困户作为"主人翁"的重要职责，坚决制止各扶贫主体在旅游开发和经营中危害当地自然环境的行为，并积极参与到地方政府对当地民俗特色的文化传承和保护工作中，实现当地旅游资源的保护和传承，保障桂滇边境民族地区能够依托丰厚独特的旅游资源不断获得经济收益，推动贫困户可持续的生计保障和脱贫致富，同时也保证了贫困户生活地区良好环境，实现一举多得。

6.1.5.4 多元主体融合发展路径下的旅游者、科研人员

旅游者在多元主体融合发展路径下的桂滇边境民族地区旅游精准扶贫中是一个较为特殊的扶贫主体，旅游者以满足自己休闲观光等精神需求来到当地进行旅游消费活动，作为消费者，旅游者通过在景区门票、观光车、跟团游等方面进行消费，扶贫企业、旅游合作社由此直接获得了经济利益，政府部门通过税收、贫困户通过分红和劳务工资的方式间接获得经济利益；旅游者通过直接在农户经营的餐厅、民宿、农家乐等旅游项目进行消费，来直接为包括贫困户在内的农户带来经济利益。同时，旅游者通过亲身在桂滇边境民族地区的旅游，通过旅游期间的游览体验，对地方旅游开发和经营的水平会有一定的评价，并在与亲朋好友的交流、个人媒体中传播当地旅游发展实际情况，故作为反馈者、宣传者而存在。提升旅游者的消费意愿和评价水平是提高是助力当地旅游经济长足发展、持续增收的关键，企业、合作社和贫困户打造吸引游客的旅游景点、旅游项目，并凭借自身优势进行大力宣传，为旅游者提供优质的旅游服务，且虚心听取游客的意见和建议并根据有效的反馈及时进行整改，提升旅游者来到桂滇边境民族地区的旅游欲望和旅游消费服务综合体验，进一步实现当地贫困户的经济增收。

对于参与到桂滇边境民族地区旅游精准扶贫开发工作中的科研人员，其通过对当地旅游精准扶贫开发模式进行研究，完成其科研目的的同时，也为当地进行旅游开发提出有效意见并协助制订开发方案，与各扶贫主体之间是互利共赢的关系。科研人员深入到当地进行调研，在当地政府部门协助下，通过走访摸排，精准掌握地方发展特点和旅游精准扶贫开发存在的问题，以理论结合实际对当地的旅游精准扶贫进行研究，提出相应的开发路径和问题解决的对策建议，并根据不同贫困户的实际情况给出相应的脱贫方案；为当地制定旅游开发政策和规划的政府部门、投入各项资金资本的扶贫企业和旅游合作社以及贫困户通过采纳科研人员的对策建议，更有针对性地去解决相应实际问题，进而高效地推进当地旅游开发进程，获取更高的旅游经济收益，令贫困户的经济收入得到增加。

6.2 经验总结

6.2.1 完善扶贫和旅游开发政策

从我国各方面工作的整体情况来看，扶贫工作的方针、政策主要由政府部门制定，旅游开发和规划也基本是由政府来主导。从目前的精准扶贫工作和旅游扶贫开发工作的现实情况来看，我国政府部门制定和实施的旅游扶贫的规划和政策在许多旅游资源禀赋较好的贫困地区是颇有成效的。但仍要注意的是，桂滇边境民族地区的实际情况较为复杂，固定的旅游扶贫规划和政策并不能够完全适用于桂滇边境民族地区，故而要在我国如桂滇边境民族地区一般情况复杂的各贫困地区实现旅游扶贫，推动边境民族地区的旅游精准扶贫工作，则需要根据各民族地区实际情况来制定、完善旅游扶贫规划和政策。

6.2.1.1 完善旅游扶贫规划

结合桂滇边境民族地区的现实情况，旅游扶贫工作已深入开展，旅游扶贫规划中，要有针对性地根据桂滇边境民族地区的"少""边""山""穷"特点进行完善。由于当地有着不利因素，一些较为常规性的旅游开发规划不适宜直接运用在这些地区，应将桂滇边境民族地区存在的具体问题具体分析，将一些旅游开发规划中具有一般性、普遍适用性的开发思想，结合各个县域、村域的实际情况，改变为具有地方性、针对性、独特性的旅游开发规划，适应当地特色，从而保证运用在旅游扶贫中旅游开发规划的合理性。需要注意的是，在完善规划时必须要紧跟国家发展步伐，紧扣上级部门的旅游扶贫规划精神，紧密靠近我国旅游扶贫开发的方向，在完善规划的细则中必须坚持因地制宜、环境保护、生态文明的旅游可持续发展，在与国家进行旅游开发的形式相向而行的基础上，创立具有桂滇边境民族地区特色的旅游开发规划。

6.2.1.2 完善旅游扶贫政策

当地政府要在扶贫政策中完善旅游扶贫的各项细则，以提升旅游扶贫政策的精准性和有效性。

一方面，政策中要依据地方特点建立关于贫困的标准明细，明确贫困户的属性；精准地识别需要帮扶的贫困户。标准的明细，不仅仅需要根据国家的政策所规定的农户的拥有各类土地面积、年人均收入、医疗保障情况等方面的数据来制定，更关键的是每个地区贫困程度不同，贫困形式、贫困性质也不同。尤其是桂滇边境民族地区的贫困多是缺乏政策帮扶开发、缺乏技术知识、缺乏资本基础，在客观上导致贫困的因素相较于贫困户主观因素较多，在明确识别贫困户属性时，需要当地政府在识别政策中将年均人收入等因素作为一定的参考标准，深入调查，在保证原则的情况下规定桂滇边境民族地区的贫困标准、脱贫标准，结合当地长期深度贫困的状况，在国家标准的基础之上，降低贫困标准，提高脱贫标准。对地方特点进行调查，根据贫困户所在乡镇旅游资源禀赋来制定相关的旅游扶持政策，旅游资源禀赋高的地方，旅游扶持政策需要有针对性地去开发旅游资源，拉动乡镇旅游开发，以旅游扶贫推动精准扶贫工作的实现；而对于旅游资源禀赋较低的地区，则不能够一味地单纯通过旅游扶持政策来推动扶贫，这些地方的旅游扶贫政策需要改变单纯地对当地进行旅游开发扶持的方式，在旅游开发方面，联合周边旅游资源禀赋高的乡镇进行联合开发，依托高品质的旅游景区、高质量旅游开发乡镇开发旅游，在一定程度上弱化当地旅游扶贫在实现对贫困户精准扶贫中的重要地位，结合当地实际，以其他产业为主体，旅游产业作为"锦上添花"的方式，让贫困户实现脱贫。

另一方面，在旅游扶贫政策中需要细化政商企业对贫困地区、贫困户扶持的要求和内容；严格规范对政商企业与贫困户合作的行为方式，提高政商企业在与贫困户合作时的违规成本；提升对政商企业扶持旅游扶贫开发奖励和优待政策。细化政商企业扶持要求和内容，在一定程度上量化政商企业在扶贫工作中需要为被扶持者提供的技术、物资、资金等，通过政策中的量化标准来推动政商企业在旅游扶贫开发工作的落实，从而杜绝一些政商企业单纯为实现自身的政治任务、形象塑造、形象宣传，对贫困地区和贫困户的扶持仅仅只是"点到为止"的现象。此外，由于桂滇边境民族地区的贫困人口整体文化水平、认知水平偏低，在与政商企业合作时易处于弱势方，政府的上级政策制定部门在制定对于这些地区的旅游扶贫政策时，需要在政策中提升贫困户在与政商企业合作时的话语权，强化贫困户在旅游扶贫中的主体地位，保证贫困户在与帮扶主体合作时，保障贫困户能够获得的利益；并在细则中明确，若有政商企业在扶持工作中存在隐瞒、欺诈等违规行为，对于相关政府工作者、相关企业员工和企业中高层领导的处分方式，要明确对于企业在经济层面、社会层面中的处罚，通过使用经济处罚获得的资源填补旅游扶持中的资金问题，并在社会宣传中降低企业的诚信度；在政策中明确并提高对旅游扶贫工作中做得较有成效的政府部门和政府工作者、企业和企业工作者的奖励，对工作主体提高经济和物资层面的物质奖励，树立模范在政府部门和企业中进行宣传，颁发荣誉证书、锦旗，提高有成效的相关政府部门和企业在旅游扶贫工作的正面效应，让政府工作者和企业职员获得成就感，并为做得好的企业在其他方面提供一定的便利，如简化企业在申请各类项目中的程序，上级政府为企业的行为进行宣传，提升企业知名度等。

6.2.2 明确并落实相关职责监管

在中国特色社会主义制度的推动下，党的十八大以来至2018年，精准扶贫工作在我国有效进行了6年，6年间，我国贫困年人口由近1亿降低至1660万人，年均减少了1300多万人。2019年是我国打赢脱贫攻坚战决战三年行动的第二年，到2019年底，剩余贫困县约50个，约500万贫困人口仍面临的贫困问题，其中很大一部分贫困人口就处在我国的边境民族地区，桂滇边境民族地区更是占比很高，可见脱贫工作仍十分严峻。精准扶贫工作开展至今能够获得如此高的成就，离不开政府和相关部门的严格监督和落实工作。到当前仍处于贫困的地区和贫困人口，是贫困程度最深、扶贫难度最大的"硬骨头"。面临这样的贫困状况，政府在开展精准扶贫、旅游扶贫工作时，不仅需要依据更加完善的旅游扶贫规划和政策开展扶贫工作，更需要明确和细化各政府部门、各政府工作人员的责任，并加强对这一部分的责任监督和工作落实监督，推动我国全面脱贫攻坚工作的实现。

6.2.2.1 明确政府各部门工作职责明细

扶贫工作中，政府部门的责任尤为重要。目前我国旅游扶贫的主体力量仍然是各政府部门，作为扶贫工作的主导者，各政府部门在决定扶贫走向的各个方面都具有关键作用，尤其是在旅游扶贫工作中，旅游扶贫开发中虽会有企业在其中参与，但政府部门的引导、规划以及协调是最重要的。明确各政府部门的各项工作职责明细，有助于更好实现扶贫工作。

桂滇边境民族地区采取旅游扶贫开发的方式有多种，其中最主要的就是依托旅游产业发展较好、旅游开发程度较高、旅游资源禀赋较好的地区开展旅游扶贫的方式。在这一方式中，需要当地政府在实行这些旅游扶贫方式的地区加强旅游扶贫科室的职能建设[241]，结合各个地方的实际情况来合理制定旅游扶贫科室人员的数量和编制，确保旅游扶贫工作和监督的正常开展。在开展旅游扶贫各政府部门的工作人员组成中，要根据各地旅游工作需要，有针对性地通过多种途径调整相关人员的编排，必须按照专人专岗的原则来进行工作安排，实现在各项工作中的专业性、针对性，保障旅游扶贫中的各项工作有序开展、有效进行。在政府各部门的工作职责中，关于旅游扶贫开发资金管理工作尤为重要，贫困地区和贫困户缺乏的各项资本中，金融资本是贫困人口最缺乏的资本，面对桂滇边境民族地区的旅游扶贫工作中，政府部门中管理旅游扶贫开发资金的人员必须保证资金的广泛筹集、安全保管、有序调动及合理分配，并且明确相关人员在各工作中担负的职责。

此外，在明确了各政府部门工作职责明细时，除了需要有专人专职外，还必须要根据工作明细来确定各项工作的责任人。时任总理李克强有言："为官不为是变相腐败"，为防止有部分政府工作人员在自身责任中出现内生动力不足，在相应职责的工作岗位上不作为、乱作为，需要在选择相关职责岗位的工作人员时精挑细选，安排责任感强、专业素质能力高的工作人员到相应岗位中，且在工作职责明细中要明确相应人员需要担负的责任，明确对其不作为、乱作为的处罚细则，保障政府旅游扶贫工作有效开展。

6.2.2.2 建立各监管组织并落实其工作

为保障旅游扶贫开发工作中制定的相关规划、政策以及相关工作内容落实到位，确保旅游扶贫工作中涉及的贫困人口能够实际获得扶持，保护旅游扶贫开发工作中涉及的自然生态环境，维持旅游扶贫开发工作涉及的政商企业与贫困群体的良好关系，需要在政府机关、贫困社区中有针对性地建立旅游扶贫监督部门和机构。在政府机关建立相关各类工作的监管部门，可以通过改组或改编现有的其他方面的监管部门人员，并通过多途径引进新的专业人员参与旅游扶贫工作监管部门的编组中，如此便可以参考其他监管部门在监管工作中实践所获得的经验，避免因缺乏监管经验出现工作监督上的错漏，并且可以有针对性地对旅游扶贫工作各项任务进行监管，实现监督的有效性。在贫困社区中建立监管机构，需要通过贫困社区内部举行公开选举，选择旅游扶贫受益贫困群体中，有能力、有责任心的贫困人口作为贫困社区监督机构成员，选择贫困群体信任的贫困社区代表成为监管机构的领导者群体，在监管机构领导者中也需要有贫困人口加入。

设立这些监管部门和机构并落实其监督工作责任内容，能够有效地在政府工作、旅游开发各方面实现监督，一是能够有效督促政府工作人员不要出现懒政、乱政等有违政府工作人员职责的现象，再次若出现政府工作的失职也能够及时发现、处理问题；二是能够规范与贫困户合作的政商企业的行为，防止并及时遏制在扶持贫困户脱贫过程中有可能出现的对贫困户隐瞒、欺诈、不作为的负面现象；三是能够保障贫困户与政商企业之间的关系，确保扶持者与被扶持者良好的合作关系，是实现旅游扶贫工作的重中之重，贫困户与合作方相互信任、相互合作才能够令协同效应最大化；四是能够通过监督保证旅游扶贫开发遵循旅游可持续发展原则，保证旅游开发地区的自然生态环境，从而让当地贫困户通过旅游产业的生计可持续。

6.2.3 完善旅游基础设施的建设

基础设施是一个地区发展水平的重要体现，一般而言，经济实力越强、受政策照顾较多、各项资本基础较好的地区各项基础设施建设较为完善，基础设施的建设水平提高，能够提升当地居民在生活中的便利程度，并通过自身较高的基础设施水平吸引其他基础设施较为落后地区人口聚集，从而推动当地发展进程。在地方旅游开发中，衡量旅游开发水平的重要因素是旅游基础设施建设水平，旅游基础设施建设水平是一个地方旅游产业发展的重要基础。桂滇边境民族地区的多数基础设施建设是较为落后的，多数贫困县的通村公路硬化工程是依托着我国精准扶贫工作的开展才得以落实，基础设施建设的落后不仅降低了当地居民的基本生活条件，更是给桂滇边境民族地区旅游开发工作造成一定的阻碍，故要实现对桂滇边境民族地区的旅游扶贫开发带动当地旅游精准扶贫，则必须完善基础设施的建设。需要注意的是，由于地区受政策关照程度、地区经济发展水平均有限，投入桂滇边境民族地区的各项建设资金和物资都是有限的，对于基础设施建设的投入则更需要自治分配，故桂滇边境民族地区在进行旅游精准扶贫工作时，对于以旅游产业作为脱贫主体的地区需要将基础建设的物资更多投入到针对旅游开发建设中，从而使当地的旅游扶贫开发工作可以得到更好的开展。完善桂滇边境民族地区旅游基础设施建设需要从实地调研确定实际情况，合理对需要完善基建进行分类，以及根据规划逐步落实基建完善等多个方面去着手，合理且有序地来开展旅游基础设施的完善。

6.2.3.1 实地调研确定实际情况

当前我国精准扶贫工作任务的完成状况整体良好，桂滇边境民族地区的多数贫困县、贫困村基础设施建设水平得到了较好的提升，但仍要注意的是并非各个地区的基础设施建设对旅游开发都是有效的，一般而言旅游基础设施主要包括所有地上和地下开发的建设的设施，如供水系统、排污系统、供气系统、供电系统、排水系统、道路、通信网络和许多商业设施，涵盖范围较为广泛，需要完成大量实地调研的基本任务。在实地调研中，首先是要分级分片调研，建立省、市、县级的调研队分别调研相应管辖范围的各区域，从不同级别层次的视角中确定不同区域需要完善的旅游基础设施；其次，建立不同级别的调研队能够分别深入到市、县、乡、户中，了解各类居民（特别是旅游扶贫开发地区的贫困户）对于旅游基础设施建设的需求；最后，对于旅游开发中的旅游基础设施建设，不同的旅游开发模式需要完善的旅游基础设施在一定程度上存在着差异，如广西大新德天瀑布需要完善的更多是直达高速路、停车场、旅游厕所等设施的建设，而云南丽江的大研古城在开发时更多需要完善的是古城内的人行道路、民居的建设，故以此能够明确分清什么样的旅游开发模式需要完善的旅游基础设施建设类型。通过实地深入调研，才能够保证对于当地旅游基础设施建设需求的针对性、准确性和科学性。

6.2.3.2 分类旅游基建建设需求

对于桂滇边境民族地区而言，投入旅游基础设施建设的物资都是有限的，为保证"好钢用在刀刃上"，实现有针对性、准确性和科学性旅游基础设施建设，则需要合理地、明确地对桂滇边境民族地区旅游基础设施建设需求进行分类，并通过各项细则明确各类旅游基础设施在分类中属于哪些类型。在制定分类细则时需要在遵循我国扶贫规划中的基础设施建设分类原则的基础之上，依据当地实际情况来制定更详细的旅游基础设施分类细则,这些细则可以包括交通类、公共文化类、自然生态环境类等各个类型。

6.2.3.3 落实旅游基础设施建设

在完成了对桂滇边境民族地区旅游基础设施的调研、规划和分类后,便需要尽快落实基础设施的建设。对当地进行旅游基础设施建设的完善,需要遵循合理、有序及有效的思想来进行。合理落实旅游基础设施建设,要求各级别承建旅游设施建设的相关部门,要在完善当地旅游基础设施的进程中,保障当地居民日常生活受建设的影响程度降到最低,保持当地贫困户的脱贫进程不受阻碍,保护当地的自然生态环境受到影响和破坏在最小限度。有序落实旅游基础设施建设,要求按照先后顺序,先落实旅游资源禀赋相对较高、旅游开发基础相对较好的地区,以及进行旅游开发需求程度较高设施的建设,通过落实这些设施建设总结经验成效,以此为示范,再对旅游开发程度较低的地区及旅游开发需求程度较低设施进行建设。有效落实旅游基础设施建设,需要确保进行完善的旅游基础设施的建设工期紧凑,在限定的时间内完成建设工作,保证旅游基础设施能够尽快投入到旅游开发工作中;同时旅游基础设施建设的质量也需要得到保证,确保在旅游活动中这些基础设施能够平稳运行、长期使用;在建设旅游基础设施时要保证当地可以作为旅游开发的旅游资源风貌,且确保当地原本的基础设施质量不受破坏,杜绝"丢西瓜捡芝麻"的现象发生。

6.2.4 依托旅游资源来对接市场

桂滇边境民族地区虽集"老""少""边""山""穷"等发展经济不利因素于一体,但若转换角度来看,桂滇边境民族地区的这些"不利因素"都是进行旅游开发的重要条件。若要真正实现旅游资源的合理开发,以桂滇边境民族地区丰富且独特的旅游资源来推动旅游精准扶贫工作,要对当地旅游资源进行梳理,通过整理清楚桂滇边境民族地区在不同区域旅游资源的特征后,依据这些特点以及当前的旅游市场状况来合理进行旅游开发规划,在对接旅游市场需求的同时,以当地的特色旅游资源开拓市场,让桂滇边境民族地区的各类旅游资源都能够得到合理的、完善的开发,推动旅游扶贫工作的同时推进精准扶贫。

6.2.4.1 梳理旅游资源类型明确旅游开发模式

对于要进行旅游扶贫开发的桂滇边境民族地区而言,良好的旅游资源禀赋是当地旅游业发展的重要基础,同时更是推动旅游扶贫工作的前提条件,丰富的资源禀赋有助于旅游目的地扩大旅游产业规模,带动更高的旅游收入[242],反之,缺乏旅游资源的地区难以通过旅游精准扶贫来实现当地贫困户的脱贫。尽管桂滇边境民族地区从整体上看拥有着雄厚的旅游资源,但这一地区并非每个县域乡镇都一定拥有适于进行旅游开发的自然环境和民俗文化,在对桂滇边境民族地区做旅游扶贫规划时,必须明确各个区域的旅游资源禀赋,将无法进行旅游开发、难以进行旅游扶贫的地区排除,预防设计出错误的扶贫规划。

对于适宜进行旅游开发推动旅游扶贫的地区,则需要明确这些地区旅游资源的类型、特点以及旅游开发程度,遵循实事求是、就事论事的原则,将桂滇边境民族地区中各个县、乡的旅游资源按照合理的方式进行划分，将旅游资源和旅游开发状况按照一定的标准分为不同种类，以此作为参考依据明确这些地区进行旅游开发的模式。在旅游资源禀赋高，不论是自然风光还是民俗人文风情都具有地方特色，且当前的旅游开发水平较好的区域，对当地进行旅游扶贫开发的模式应是以这一区域的旅游资源为主体进行打造，创立标杆，以旅游产业为推动脱贫的主体产业之一进行发展，为同样是旅游资源禀赋高但当前旅游开发水平较差的贫困区域做出示范参考；旅游资源禀赋一般，自然风光和民俗人文风情虽具有桂滇边境民族地区的特色但在其中并不独特的区域，则其旅游开发模式需要依据当地及周边的各项产业发展状况、当地基础设施建设等多方面因素综合来确定，将旅游产业作为推动当地精准扶贫工作锦上添花的一环来发展。

通过细致的旅游资源调查，实际掌握桂滇边境民族地区的旅游资源分布并正确归类旅游资源，磨刀不误砍柴工，以此繁复的工作为基础，明确桂滇边境民族地区各市、县、乡的旅游发展模式，让当地旅游精准扶贫工作走上快车道。

6.2.4.2 掌握旅游市场需求精准对接旅游市场

旅游扶贫是一项在不同程度上通过旅游产业来推动贫困地区摆脱贫困的重要手段，若一个进行旅游扶贫开发的地区需要实现通过旅游产业带动地区贫困人口的经济收入从而脱贫，旅游市场是开展旅游扶贫地区经济增收的最主要、最重要的主体，旅游市场为进行旅游扶贫地区贫困人口提供的经济收入占比最大，故旅游市场是助力旅游扶贫工作最有利的主体之一。为在桂滇边境民族地区实现以旅游产业推动贫困人口的脱贫，当地旅游资源开发的模式、方向需要与市场相切合，而实现这一要求，则必须先了解旅游市场对桂滇边境民族地区的需求。

革命老区、中越自卫反击战战场、少数民族、我国与越老缅边界、喀斯特山区、冰川峡谷地貌等是桂滇边境民族地区主要进行旅游开发的重要旅游资源，许多旅游爱好者慕名而来。在新时代中国特色社会主义思想引导下，我国的发展势头迅猛，人民群众思想文化水平也随之提高；全世界的发展也在不断推进，我国和世界人民对于旅游等精神文明的需求相较以往更高，且需求与以往相比也有较大改变。开发桂滇边境民族地区旅游资源的有关部门需掌握游客构成特征，通过把握不同类型游客在旅游活动中主要前往目的地的状况，并通过多种渠道发放、收集相关问卷，了解来到和有意向前往桂滇边境民族地区旅游的游客类型，以及不同类型游客的喜好和需求。

在通过多种渠道、多种手段精确掌握旅游市场需求后，执行桂滇边境民族地区旅游扶贫开发工作的相关部门应面向市场需求，根据游客感兴趣的方向，在桂滇边境民族地区的不同旅游区采取不同方向、不同模式的旅游开发，精准对接旅游市场对于桂滇边境民族地区旅游的需求。有关部门在开发过程中需要坚持保证当地自然生态环境不被破坏，保持当地自然风光特征和民俗文化风情特色不变，以突出当地所具有的独特旅游资源的原则进行对接旅游市场需求的开发。

精准掌握旅游市场需求，精准对接旅游市场，在保持一定原则的基础上进行旅游开发，并不断地完善桂滇边境民族地区餐饮、住宿、水利、供电、交通等旅游基础设施建设，以多种媒体不断地向外界宣传当地旅游，以此获得游客对桂滇边境民族地区的青睐，通过吸引旅游市场推动旅游经济的发展，从而使当地旅游精准扶贫得以实现。

6.2.5 保证旅游市场秩序和活力

全世界各地的旅游开发进程中，凡是能够将旅游开发做得独当一面、有地方特色、做大做强的地区，其旅游市场的规模都是巨大的，桂滇都具有这样极好的旅游开发的例子。如广西壮族自治区的桂林，云南省的丽江、大理、香格里拉以及西双版纳等地，桂林和丽江国内游客尤其是外国游客来到桂滇两地的首选旅游地。这些地方的自然风光以及人文风情在国内乃至国际都是赫赫有名的，极高的名气给这些旅游地带来的旅游市场规模也十分巨大，需要注意的是，这些旅游地强大的旅游市场活力和旅游市场秩序的有序协调，是当地旅游市场规模不断扩大且保持的重要因素。若需要令桂滇边境民族地区的贫困人口能够依靠旅游产业的主导或以旅游产业的合力实现脱贫，并保证这些贫困人口能够依托旅游产业实现生计的可持续，则必须保证桂滇边境民族地区旅游市场的长期有序，并让当地旅游市场的活力得以保持。实现这些目标，需要桂滇边境民族地区旅游市场监管部门，参与到旅游扶贫开发的企业，以及旅游扶贫开发所惠及的贫困人口、非贫困人口，通过对旅游市场的提升监管力度、落实旅游市场秩序监管、完善经营者思想建设、提高农户自身综合素质水平、保持热情并勇于创新等方面共同合力来实现。

6.2.5.1 多方合作维护旅游市场秩序

参与到旅游扶贫开发工作的组织和群体主要有 3 个方面：一是以政府为主导的旅游开发有关部门单位，二是与企业和农户合作的各类企业，三是旅游扶贫开发针对的主体即贫困人口。在旅游扶贫开发中三者虽是不同的角色、不同的主体，但是在桂滇边境民族地区的旅游市场秩序中，三者的行为都会对旅游市场秩序造成不同程度、不同方面的影响。维护桂滇边境民族地区的旅游市场秩序，令桂滇边境民族地区的旅游产业协调有序发展，实现当地贫困人口的脱贫、生计可持续和致富，需要三者从明细旅游市场相关管理条例、加大监管力度并落实监管、完善自身思想建设和提高综合素质水平等方面着手。

无规矩不成方圆，对于旅游市场更是如此，旅游市场管理条例的制定主要由政府管理部门来实行。制定的旅游市场管理条例需要以国家文旅部的相关旅游市场管理条例的内容和精神为原则，结合桂滇边境民族地区的实际情况，根据走访和调研获得的信息和材料，有针对性地拟定桂滇边境民族地区各级各类的旅游市场管理条例，并通过这些条例实施监管时出现的不足、获得的经验教训来完善并不断细化当地旅游市场管理条例。通过管理条例的设置，旅游市场监管部门需要强化自身职责，监管部门的政府工作人员应落实自身工作，在对旅游市场秩序的监管工作中脚踏实地；同时，需要企业工作人员和贫困人口分别建立群众监督组织，通过非政府的第三方监督组织来对旅游市场监管部门工作的监督，并可与旅游市场监管部门共同协作，改善旅游市场监管部门独力难支的状况。在旅游扶贫市场中的经营者多为企业和农户，对于企业和企业工作者来说，自觉遵守旅游市场规章制度、为贫困人口提供扶持力量是企业在旅游扶贫开发工作中的重要原则，企业和企业工作者在旅游扶贫工作中要加强自身原则思想建设；农户群体尤其是贫困人口的综合素质水平总体较低,易出现不按照规则的市场竞争、不达到旅游服务水平的行为,这需要农户群体主动改变思维方式,政府有关部门的宣传教育也需要落实到位。

通过多种手段保持的桂滇边境民族地区旅游市场秩序,让桂滇边境民族地区的旅游产业有序发展和运行,是当地旅游市场能够具有活力的重要保障之一。在良好的秩序和节奏下发展的桂滇边境民族地区旅游开发建设和旅游市场,能够具有勃勃生机。

6.2.5.2 转换思路保持旅游市场活力

旅游市场的扩大和维持是旅游市场活力强的体现,保持桂滇边境民族地区旅游市场的活力,需要当地旅游扶贫开发的参与者在旅游开发建设的进程中不断地转换思路,与时代发展相切合,保持旅游地的旅游资源新鲜感和时代性;勇于创新,在不断变化的时代中结合桂滇边境民族地区丰富的旅游资源,开创出新的旅游卖点,打造出经久不衰的桂滇边境民族地区旅游热点;落实宣传工作,依托具有地方特色的旅游资源,开拓旅游市场。

转换思路,要求的是桂滇边境民族地区旅游扶贫开发的参与者在进行旅游开发和旅游经营的进程中,在遵循有关部门制定的旅游扶贫开发规划和政策的原则下,改善当地旅游扶贫开发的方式。可以结合每个区域的实际情况,参考其他地区的获得成功的旅游扶贫开发模式和方向,在原有旅游扶贫开发方式的基础之上实现改变,让桂滇边境民族地区下属各县、乡的旅游开发最大程度地发挥当地特色和优势,以此开辟旅游市场,吸引游客。勇于创新,需要当地旅游开发部门在当地旅游资源的开发规划中下功夫。不仅是依托当地所具有的旅游资源特色,更需要深入挖掘当地的民俗文化风情,发掘更多的地方自然风光,并将当地的特色旅游资源相互结合,依托不断变化着的时代背景,打造出具有时代特色、地方特色、传统特色的桂滇边境民族地区旅游点。落实宣传,需要桂滇边境民族地区的旅游宣传部门通过网络、书报、电视媒体等多种渠道对桂滇边境民族地区开发较为完善、富有各种特色的旅游资源进行宣传,在宣传中突出当地旅游产业发展的龙头,以龙头景区捆绑其他旅游扶贫开发地区的旅游宣传,不断开辟旅游市场,保持桂滇边境民族地区的旅游市场活力。

6.2.6 加大旅游人才和科技投入

在桂滇边境民族地区的旅游扶贫开发进程中,由于这一地区的地貌极为复杂多样、生态环境较为脆弱、少数民族众多、居民整体受教育水平不高,旅游开发的专业知识、科学的旅游开发方式以及高科技的旅游开发手段,是推进桂滇边境民族地区加快旅游开发步伐的重要方式,要实现这一目标,实现桂滇边境民族地区旅游产业对贫困人口的生计可持续,则需要当地通过多种渠道多种方式来引进相关人才,在进行旅游开发时多采取高科技的手段。

6.2.6.1 大力引进旅游专业人才

参与桂滇边境民族地区旅游扶贫开发的多数政府工作者、企业工作者和贫困人口分别在政策规划、政府工作管理、金融管理、农业种植等有关方面均有着专业的知识技能和丰富的实践经验，但在旅游开发方面尤其是旅游扶贫开发的方面，这些参与到其中的主体多数缺乏旅游开发的专业知识和技能，尤其是贫困人口的总体文化水平更是有限。古语云："术业有专攻。"在各行业中都会存在相应的专业人才。为实现桂滇边境民族地区旅游扶贫的良好发展，推动贫困人口能够依靠旅游产业实现脱贫并实现生计可持续，在旅游扶贫开发的进程中，政府和企业需要通过大力引进旅游专业人才来协助旅游扶贫开发工作。伴随着我国教育体制的发展，各级各类大中专院校均会培养出面向各种方向的旅游人才，引进这些具有旅游专业知识的人才到桂滇边境民族地区旅游扶贫开发工作中是极为重要的。

一方面，需要当地政府部门和扶贫企业共同引导、完善激励机制。对于旅游专业人才的引导，需要由政府部门来主导，以通过面向社会的公开招聘考试或专门面向大中专院校进行人才引进考核的方式，吸收在社会中以及即将从大中专院校毕业的具有过硬旅游专业知识和技能的人才进入桂滇边境民族地区进行旅游扶贫开发工作。激励机制需要在物质层面和精神层面并行来实现，为深入桂滇边境民族地区的旅游扶贫开发工作服务的旅游专业人才提供较好的待遇。在物质层面的激励机制，需要政府部门和企业为旅游专业人才提供在经济奖励补贴、住房保障、生活物资补助等基本的物资、金融方面的优待；在精神层面的激励机制，政府有关部门和企业内部可以通过设置各方面多层次的奖章、证书来授予为旅游扶贫工作作出一定贡献的相关工作者，并在政府网站、企业宣传栏中对这些工作者的事迹加以宣传，树立模范榜样，提升获奖工作者的荣誉感和使命感。另一方面，需要通过多手段、多渠道来扩充专业人才队伍。在桂滇边境民族地区进行旅游扶贫的地方与大中专院校与实地实践相互结合来制定专门专业的人才培养机制，通过在与桂滇边境民族地区合作的各类大中专院校的旅游相关专业进行理论教学，在教学培养的同时深入开发区域进行实践训练，为大中专院校专门培养的人才提供实践和学习的机会，提升专项培养人才的业务水平和能力；此外，也可以引进相关专业方向的国际人才，以多种人才构成来扩充人才队伍，开发具有桂滇边境民族地区特色的旅游扶贫道路。

6.2.6.2 推进科技与旅游相结合

近年来伴随着我国和全世界的科学技术迅猛发展，许多高科技产品被用于生活之中，将这些科技力量在旅游管理、体验、服务和营销中的运用实践更是当前旅游开发方式的重要尝试。虽然桂滇边境民族地区属于发展落后、生态脆弱的贫困地区，但若能够在对其旅游开发的过程中和旅游产业运营发展中大力使用科技力量，桂滇边境民族地区的旅游扶贫必然能够获得很好的推进。

在旅游开发的过程中，由于桂滇边境民族地区大部分生态环境较为脆弱，在开发过程中需要注意对当地自然生态环境的保护。旅游景区内外的交通道路、水利电力设施、农家乐房屋等相关的旅游基础设施在建设开始之前，要对这些建设生态环境的影响程度进行估测，并且在建设中可以采用对自然生态环境破坏小的新型环保材料，即可以投入科技力量用于当地旅游基础设施建设之中。

在当地旅游扶贫产业的日常运营中，需要推动科技和旅游的结合，实现智慧旅游在桂滇边境民族地区的发展。其一是需要政府大数据的支持，这需要采集各方数据并进行加工处理、分类，并按需求展示，可以通过互联网、网络运营商、OTA、交通、气象、景区等方面获取相关数据，并由相关部门机构统一进行处理，这可在对当地旅游区现状进行精准报告的同时管控当地舆情。其二是要完善景区物联网的建设，如智能停车智能识别车辆车牌、监控车位数量和明细情况；安保传感实时对景区详情远程监控；智能票务系统实现多方、多平台、多渠道售票，实现票务系统自动化。其三是通过相应高科技设备提升游客游览体验式交互水平，可采用AR、VR技术进行导览、导航、游戏、明信片等方面的开发，在桂滇边境民族地区一些生态环境脆弱、游客游览安全难以保障的旅游开发地区采用这些技术，尤其能够在保证游客视觉游览体验的同时保障当地的环境安全和游客的人身安全。

6.2.7 促进扶贫与扶志扶智融合

贫困人口致贫原因多种多样，总的来说有因病返贫、因残致贫、子女上学、自然灾害、文化低下、资源匮乏、缺少项目、缺少资金八项致贫原因。在桂滇边境民族地区的精准扶贫工作实践中发现，贫困人口脱贫致富的内生动力不足，受教育程度低且缺乏技术手段获得生产机会是占比较高的人口致贫原因，在一些现已脱贫的地区中，也出现了原贫困人口因内生动力减弱导致的返贫，或农户因缺乏技术也仅仅是在贫困线上挣扎。由此可以看到，进行桂滇边境民族地区旅游扶贫工作的过程中，给予贫困人口政策、物质、资金支持的同时，需要有机融合扶贫与扶志并扶智，才能推动桂滇边境民族地区贫困人口顺利脱贫，并在脱贫之后生计可持续，防止返贫。

6.2.7.1 扶志是扶贫的基本

当前参与到我国旅游扶贫开发工作的最主要的群体分3个部分：政府相关部门、扶贫企业以及贫困人口，三者在旅游扶贫工作中扮演着不同的角色并起着不同的作用，只有三者各司其职，我国的旅游扶贫开发工作才能够快速发展，推进我国精准扶贫工作的完成，为实现我国全面脱贫全面小康添砖加瓦。但在目前，桂滇边境民族地区的扶贫工作尤其是旅游扶贫开发的工作，虽由政府有关部门来主导开发，扶贫企业助力开展旅游扶贫开发，而部分涉及旅游扶贫开发的贫困人口在这一进程中没有能够被合理引导，又有一部分贫困人口有机会但缺乏主动意识去参与到这一工作进程中，未能够因旅游扶贫开发得以就业、创业，在一些地区出现了贫困人口与旅游扶贫开发工作相分离的现象。这样的现象会给桂滇边境民族地区进行旅游开发的区域实现真正的脱贫致富带来负面的效应，且会降低旅游扶贫的精准程度。解决这样的问题，需要从多角度切入，扶贫先扶志，提高贫困人口的内生动力。

贫困人口是旅游扶贫的核心主体，也是受旅游扶贫工作惠及程度最大的群体，我国当前的精准扶贫模式原来的救济式转变为开放式的模式[11]，即贫困人口需要转变思维方式和态度，由原先的靠"等靠要"，等待、依靠政府部门和扶贫企业片面地给予物资补助带来脱贫，转变为主动式的思维，主动地去思考、参与到扶贫工作中，不仅接受政府和企业的扶持，自身也应该积极地探索让自己脱离贫困、经济增收的方法，从"要我脱贫"的思想改变成"我要脱贫"的意识，这需要由当地各级各类部门分别通过宣传、教育手段得以实现。政府需要由"主导"的职能转为"引导",调节各个扶贫主要群体的协调联系,并积极引导各主体尤其是贫困人口的行为,为贫困人口主动参与旅游扶贫开发提供专业、科学的方法指导和相关服务;在各县乡的扶贫部门,通过在乡镇村中张贴刊载贫困人口通过自身力量脱贫相关事例内容的大字报,编写并张贴宣传口号,在桂滇边境民族地区脱贫攻坚主战场全域营造出贫困人口自我扶贫的氛围;村支书、驻村第一书记等一线扶贫干部们,需要深入调查各缺乏内生动力贫困户的实际情况,对这部分贫困人口缺乏内生动力的原因进行精准调查、精准判断,根据各类原因导致的贫困人口脱贫主动性缺乏精准对症下药,对贫困户做好思想建设、教育工作,强化贫困人口在扶贫工作中主体地位的责任感,通过物质、精神奖励来提升贫困人口主动脱贫的积极性;贫困人口方面,需要贫困人口主动学习,提高自我综合素质水平和各项能力,主动参与到旅游扶贫开发工作之中,并强化与政府扶贫部门工作人员和扶贫企业间的协作、联系,加强贫困人口在旅游扶贫开发中的主体地位和作用,争取通过自身力量来实现脱贫致富。

6.2.7.2 扶智是脱贫的助力

部分贫困人口是有主动脱贫的意识,但是在一定程度上缺乏旅游开发、经营方面的相关专业知识和技能,即扶贫的过程中对贫困人口"智"的扶持,是推进脱贫工作实现的重要力量。在扶贫工作尤其是旅游扶贫的工作中,贫困人口在其中是受益者更是参与者,是受扶贫利益的客体更是扶贫工作的主体,提高贫困人口的相关知识技能水平在扶贫工作中显得尤为重要,为贫困人口的扶智需要有关部门从教育、技能培训等方面着手来提高贫困人口的整体水平。

我国伟大的领导人周恩来曾言:"再穷不能穷教育。"对于桂滇边境民族地区的贫困人口而言更是如此,贫困程度和贫困的代际传递多数是由于教育水平决定的,教育是一个地区发展的重要支撑,是培养人才的关键力量,贫困地区想要发展,必须依靠人才[243],培养人才则需要通过对人的教育来实现。加大对桂滇边境民族地区教育资源投入,优化各地教育资源的分配,加强在桂滇边境民族地区的教育基础设施建设,引进优秀的教育方面人才来提升当地教育资源水平,并大力采用现代化教学技术和设备,减少桂滇边境民族地区与桂滇城市间的教育水平差距,让身处该地的农户尤其是贫困户能够享受到先进的、优质的教育。通过提升桂滇边境民族地区的农户受教育程度整体水平,为未来贫困人口脱贫致富、防止返贫打下坚实基础。此外,政府相关部门和扶贫企业可以对参与到旅游扶贫的农户进行相关的技能培训和专业指导,让相对优秀的当地贫困农户成立学习小队,由政府或企业指派到当地扶持旅游开发的相关人才来指导农户们进行旅游开发或进行培训。如指导贫困户通过使用其名下所有的土地等不动产,以入股的形式参与到企业的旅游扶贫开发中;指导主动创业的农户开展农家乐;对依托旅游景区实现就业的农户进行相应岗位的专业技能培训等。

在扶贫的过程中先扶志,再扶智,使贫困人口能够主动地行动起来,为自身的脱贫致富而奋斗,并授之以渔,让贫困人口想脱贫、要脱贫、真脱贫,让贫困人口想行动、真行动、能行动,在脱贫的同时能够持续增收,实现生计的可持续并得以致富。

6.2.8 确保生态安全和文化安全

全球的旅游产业发展都在如火如荼地进行中，包括我国广大贫困地区在内的世界各地都有许许多多通过发展旅游产业而得以实现经济长期增收、贫困人口脱贫并不断致富的实例，由此可见发展旅游产业是实现桂滇边境民族地区贫困人口生计可持续、脱贫致富的重要道路。但要注意的是，在我国和世界上一些地区旅游长期开发和旅游产业深入发展的同时，出现了一定的负面效应，对当地的自然生态环境和社会文化安全造成了一定的负面影响，一些知名、热门的旅游地游客数量过多，旅游者的不良旅游行为对当地的自然生态环境造成污染，导致旅游地自然生态环境的平衡被破坏；当地政府、旅游开发企业和当地居民刻意改造当地自然景观，造成原生植被破坏，自然景观失去原貌；一些生态脆弱地区的自然景观被自然灾害或人为破坏，难以在短期内实现生态修复，恢复原貌；游客来到旅游地带来的外来文化，在一定程度上也造成了对旅游地的民俗文化的冲击，出现了当地居民盲目跟风，或为迎合旅游消费者对当地民俗文化的刻意篡改甚至抛弃原有的当地特色文化，导致当地具有地方特色的民俗文化舞台化、商品化、庸俗化，导致当地民俗文化受损、削弱、失色，使民俗文化的原真性难以保持并传承，造成我国民俗文化的破坏和损失；而在一些边境地区，由于边境地区的特殊性，一些原属于一国人民的当地民俗文化被他国所用，甚至实现申请世界文化遗产成功，导致原国家的文化流失。

优美的自然风光和独具特色的民俗文化风情是桂滇边境民族地区进行旅游扶贫开发的重要旅游资源，而桂滇边境民族地区的生态安全和文化安全是当地旅游资源重要保障，但桂滇边境民族地区由于开发较少且自然生态环境原始、复杂并脆弱，少数民族众多且与外界交流较少，又位于我国与邻国边境，维护桂滇边境民族地区旅游资源的任务繁而重，故需要政府、企业和当地居民三者从多维度、多层面并通过多手段来进行。

6.2.8.1 政府部门在确保生态安全和文化安全中的职责

桂滇边境民族地区的旅游扶贫开发的主导者是当地的各级各类相关部门，且当地的旅游开发方向的决策者也正是政府部门，政府部门对桂滇边境民族地区的旅游开发方向的选择具有举足轻重的地位。

一是在桂滇边境民族地区旅游开发中，政府部门要大力推动当地的生态旅游开发，以各类生态旅游开发模式为当地旅游扶贫开发模式的主体，推动当地生态旅游的发展，以生态旅游为主要的旅游产业发展方向，实现在当地生态环境保护和旅游经济增收双向并行且相辅相成，让良好的自然生态环境成为旅游产业开发和实现经济持续增长的依托，以持续增长的经济维持当地的自然生态环境。二是当地政府部门需要建设相应的自然灾害防治设施，通过相应基础设施建设来降低自然灾害对当地自然风光、民俗建筑的破坏和影响程度；制定并完善生态环境和民俗文化保护政策及法律法规，以相关的政策和规划在旅游开发进程中对自然景观和民俗文化进行保护性开发，以细致、精准的法律法规来约束旅游开发、旅游经营行为和游客的旅游活动，实现对当地自然环境和民俗风情的保护。三是做好宣传教育，落实向桂滇边境民族地区旅游开发企业和参与到旅游开发的当地居民进行生态和文化保护的宣传与教育工作，以宣传和教育的方式来提升旅游开发主体的保护意识和责任感。四是抓紧遗产保护工作，制定紧凑且切实可行的自然、文化遗产申报计划并落实，联合世界相关组织机构的力量对重要的自然和文化遗产进行保护。

6.2.8.2 扶贫企业在确保生态安全和文化安全中的职责

旅游开发企业是桂滇边境民族地区旅游扶贫开发的重要主体，在桂滇边境民族地区旅游扶贫开发中，企业应遵循政府有关部门出台的旅游开发政策和规划，依据有关限制来对当地的自然旅游资源和人文旅游资源进行开发，不去破坏划定的自然保护区的生态风貌和保持当地居民生产生活设施原貌。在旅游区中做好旅游人数、规模、接待能力的预警[244]，采用多种手段将过多的客源分流，引导旅游流从知名、热门景点转向刚开发的高品质景区，在预防游客过多给热门景区当地自然生态和民俗文化造成负面影响的同时可提高缺乏名气旅游区的旅游收入。

6.2.8.3 群众在确保生态安全和文化安全中的职责

群众包括了参与到旅游扶贫开发中的桂滇边境民族地区农户，当地村干部、第一书记，以及来到当地旅游的游客，当地的自然生态环境和民俗文化风情的保护与这些群体密不可分。农户在开展农事活动、旅游经营等活动时需要注意对当地自然环境的影响，不应一味地追求经济效益而破坏自然环境和自然景观原貌，更不应片面地去迎合游客而改造、抛弃具有当地民俗特色的地方文化和生产生活设施，反之更应突出当地民俗文化的特点，以此作为"卖点""热点"来吸引外地游客，推动经济收益。同时，当地村干部、第一书记要做好对农户和扶持的贫困人口的宣传教育工作，改善当地人口的主观思想。来到桂滇边境民族地区旅游的旅游客应遵守旅游区的游客注意事项，文明旅游，规范自身行为，切莫因游客自身的不良行为破坏当地的自然生态和民俗文化遗产。

6.3 本章小结

本章结合前文中对基于生计保障的桂滇边境民族地区贫困户旅游精准扶贫机制、现实表现、理论模型以及实证案例的研究分析，详细说明以政府主导、企业主导、合作社主导、贫困户主导以及多元主体融合发展的桂滇边境民族地区旅游精准扶贫路径，明确在不同路径下的各个扶贫主体之间如何相互影响以及他们的相互关系，深入剖析在多主体并重或某一扶贫主体主导路径下各主体发挥自身扶贫能力、围绕主导者进行旅游精准扶贫的任务和定位；并针对桂滇边境民族地区的旅游精准扶贫发展中存在和潜在的问题，根据相关的理论和实践经验，从旅游开发规划和政策、各项监督工作、旅游基础设施、旅游市场、旅游人才技术、扶贫扶志、地方生态安全和文化安全等角度提出解决问题和助力发展的相应对策和建议。

第七章 结论与讨论

7.1 研究结论

当前,在我国将乡村作为主战场,把精准扶贫作为我国实现共同富裕的重大战略举措,把旅游扶贫作为我国新时期扶贫开发的重点工作的新形势下,桂滇边境民族地区旅游扶贫工作直接关系到全面建成小康社会的奋斗目标的实现,关系到构建和谐社会、社会主义新农村建设等多项国家重大战略的贯彻实施,关系到边境地区繁荣稳定发展、民族团结和长治久安。通过对桂滇边境民族地区旅游精准扶贫机制的研究,得出以下主要结论。

7.1.1 相关概念逻辑关系方面

贫困户生计保障是脱贫的条件,机制是解决生计是否能保障,可持续生计是最终的目标。桂滇边境民族地区是集多山、多民族、生态环境恶劣于一体的复杂地带,其自然环境的特殊性导致贫困户致贫原因复杂多样。大多数贫困人口思想观念陈旧,安于现状,进取心不强,生产生活方式落后,且文化水平低,综合素质不高,自我发展能力较弱,不同程度存在"等靠要"思想,艰苦创业、发家致富的内生动力需要进一步激活。贫困的特殊性又决定了贫困户生计保障的特殊性。贫困户生计方式单一,桂滇边境民族地区旅游资源丰富,发展旅游业既可以保护脆弱的生态环境,又可以完成脱贫攻坚任务,旅游精准扶贫成为最适合的产业扶贫方式。自然环境的特殊性、贫困户的特殊性、生计保障的特殊性共同作用,决定了旅游精准扶贫成为桂滇边境民族地区的重要扶贫方式。在旅游精准扶贫机制的保障下,贫困人口通过提升自身的经济能力、发展能力和社交能力,从而巩固旅游精准扶贫成效,实现可持续生计的目标。

7.1.2 边境民族地区旅游精准扶贫研究动态与理论基础方面

国外首先提出 PPT 战略,随后提出 ST-EP 概念,着重阐述可持续旅游与消除贫困之间的联系。国外学者就旅游精准扶贫的内涵、方式与模式、效果与影响等研究内容进行了探讨。就地域而言,国外学者对非洲及东南亚各国的研究较为多。在研究方法上,主要侧重于定性研究,缺少对旅游精准扶贫效果的定量评价、效率测度和空间分异的定量研究。国内旅游精准扶贫研究相对较晚,虽然在 20 世纪末有一些关于旅游精准扶贫的研究,但是仍处于自发发展阶段。直到 21 世纪初,尤其是 2014 年国务院颁布《关于促进旅游业改革发展的若干意见》后，旅游精准扶贫研究如井喷式发展起来。相较于国外，国内学者对旅游精准扶贫的研究内容逐渐从宏观向微观转变，主要包括旅游精准扶贫模式、机制、效应、路径等方面，近几年对贫困人口受益、社区参与等微观研究较多。从地域上看，从 14 个集中的贫困地区向边疆地区、民族地区、深度贫困地区转移，重点向生态脆弱、自然环境恶劣、少数民族聚居的"贫困洼地"转移。从研究方法上看，主要运用文献研究法、问卷调查法、多元回归、数据包络分析法等，由定性描述向定量研究转变，研究方法较为单一，缺乏定性与定量相结合。

国外关于可持续发展的研究，具有多学科、多领域、多主题的特征。在研究主题上，运用 DFID 提出的 SLA 框架，从不同角度充实理论内涵，丰富研究主题，主要研究农户生计资本、生计策略、贫困问题以及旅游发展对农户的生计影响等问题。在研究方法上，大多数学者都是基于 SLA 框架构建相关指标体系或是模型，也有部分学者通过访谈、问卷调查等方法来测度研究区域的经济、社会、生态效应，或研究对象生计方式的变迁。国内学者对可持续生计研究具有明显的政策倾向。21 世纪初期我国引入可持续框架后，随着"生态文明建设""三峡水库移民""精准扶贫"等国家政策实施，国内学者主要将其应用于贫困问题、生态环境、乡村旅游以及失地农民等领域。由于可持续生计呈现出多学科交叉、研究主题丰富的趋势，越来越多的学者将其与金融、保险、社会保障、养老等研究热点相结合，不再单单是农户生计资本的问题。在研究方法上，国内学者基于计划行为理论、可持续生计框架等内容，主要运用层次分析法、回归模型、模糊物元模型等定量分析方法。

7.1.3 桂滇边境民族地区贫困户旅游精准扶贫的影响因素方面

在主观因素方面，桂滇边境民族地区的贫困户参与旅游业的行为意愿是指贫困户个体对家庭生计方式选择的行为倾向，是参与旅游业行为的准备状态，贫困户行为意愿受到个体自身的受教育水平、家庭条件、收入水平、生计资本、主观感知以及外部的政策环境等因素的影响；贫困户会根据自然所具备的生计资本进行尝试，选择最符合自身、效益最大化的一种就业方式。并且，他们认识到个人能力的重要性，会努力提升个人文化水平、专业技能等。在客观因素方面，自然环境、社会经济、民族文化、政策制度、市场需求和利益相关主体 6 个因素会对桂滇边境民族地区贫困户旅游精准扶贫产生影响。从利益相关主体方面考虑，当地政府拥有着对资源开发监督和管理的权利，在旅游资源的保护和开发中担任着非常关键的角色；旅游企业是桂滇边境民族地区旅游精准扶贫的生力军；当地居民是旅游精准扶贫的参与者和承受者，非常重视从旅游扶贫中获得高额经济利润和改善当地生活质量；旅游从业人员是指为旅游者提供旅游服务的人员，在参与旅游业的过程中不仅获得经济收入，而且他们会不断提高自己参与能力和参与水平，不断改变落后的思想，在利益分配时要更加注重初次分配和再分配的公平问题；旅游者是旅游精准扶贫所生产的旅游产品的购买者，他们非常重视高品质的休闲度假体验和合理的产品价格；非政府组织作为贫困人群发展要求的代言人，非政府组织更贴近群众，更理解群众；科研人员在桂滇边境民族地区旅游精准扶贫中发挥着重要作用，他们往往以专业的视角直接引导着当地旅游业的发展走向。

7.1.4 基于生计保障的桂滇边境民族地区贫困户旅游精准扶贫机制的构成要素方面

桂滇边境民族地区旅游精准扶贫机制是系统所具有的，使系统整体保持正常运行所需要的各种功能的有机组合体，机制内的各个构成要素、各个环节、各个层次之间的关系错综复杂、相互联系、相互作用、相互制约。作为一个复杂的社会系统工程，旅游精准扶贫机制同其他机制一样，是一个有机统一的系统。本研究认为旅游精准扶贫机制主要由三部分内容构成，即源系统、内生系统和外援系统。在旅游精准扶贫机制内，各个扶贫主体因扶贫的关联协同而获得关联效应和协同效应，因上下游环节之间的外部交易内部化而获得交易费用的降低，这些因使整个系统的扶贫主体获得竞争优势，实现利益最大化。旅游精准扶贫的驱动程度、回应程度、精准程度在很大程度上取决于旅游精准扶贫机制是否科学合理。桂滇边境民族地区旅游精准扶贫机制由三大系统构成，旅游精准扶贫开发的正常运行、动力保障、功能调节和组织实现需要"三大系统"共同作用。旅游精准扶贫机制的三大系统是相互作用、相互影响、相互制约的，源系统位于旅游精准扶贫机制的内层，内生系统和外援系统是旅游精准扶贫机制运行的良好基础，三大系统共同作用，保障桂滇边境民族地区贫困户可持续生计。

7.1.5 桂滇边境民族地区贫困户生计现状方面

就生计资本而言，桂滇边境民族地区自然条件恶劣，多山少平地，水土流失严重，并且随着退耕还林工程的不断深入，农民拥有的耕地资源逐渐减少，加之严格的封山育林的要求使得农民无法自由地利用土地资源，造成桂滇边境民族地区贫困户自然资本存量较低；由于历史原因，经济发展薄弱，生产方式落后，子女教育机会成本较高，主动接受教育的意识不强，甚至躲避教育，文盲人口比例大、失学辍学严重等问题仍然突出；受交通、自然资源、村生产力、技术、工具等综合因素的影响，桂滇边境民族地区贫困户的经济收入单一且不稳定，年人均收入较少；桂滇边境民族地区村民主要依赖血缘、地缘、近亲、近邻或朋友间形成的非正式社会关系，社会交往的范围多见村内；贫困户住房条件差，多数房子依山而建，材质多是石木结构，安全性低院落破旧。

就生计策略而言，2008年之前为传统社会时期，作物轮种以养家糊口、畜禽饲养以保障生活、副业加工以生计补充；2008年及往后为现代社会时期，根据区域条件和政策支持，应运时代潮流，创新发展模式，大力扶持农业生态循环经济，壮大水果、蔬菜等传统优势产业，提高群众经营性收入，助农增收致富；2013年是将桂滇边境民族地区由现代化社会时期转变为旅游产业主导的现代化社会的界定时间，桂滇边境民族地区凭借独特的边境民族文化和丰富的乡村生态资源，扬长避短，打造以观光、休闲、康体、养生、娱乐、度假、餐饮、农事体验、运动等为主或融为一体的乡村旅游精品。

就生计风险而言，桂滇边境民族地区基层教师专业能力和整体素质堪忧；自然条件恶劣，洪涝灾害、风灾、山体滑坡和泥石流等自然灾害频繁，自然风险引发农业减产，影响贫困户收入；贫困户面临诸多就业风险，诸如职业缺失风险、被边缘化风险、就业资本缺失风险等；桂滇边境民族地区的乡村旅游业将不可避免地出现大幅震荡，从而引发严重的贫困人群的经济危机；受医疗条件有限、医疗可及性差、医疗水平较低等因素影响，该地区贫困户面临较大的健康风险，而健康风险会影响家庭的再生产能力，提升贫困户脆弱性。

7.1.6 桂滇边境民族地区旅游精准扶贫现实表现方面

从旅游精准扶贫对贫困户生计保障需求的回应程度、旅游扶贫驱动程度、精准程度以及阻碍旅游扶贫精准脱贫攻坚的障碍三个层面对桂滇边境民族地区旅游精准扶贫的现实表现进行总结。在驱动程度中，政府存在政策自身合理性不足，宣传不到位、政策执行监管不足，资金监管不规范、责任机制不健全，绩效考核不够完善的问题，企业参与扶贫积极性不高，参与企业实力不足、重援助，轻共建、过分追求经济效益，削弱旅游扶贫效益等问题，贫困户方面参与意识淡薄，参与能力不足、依赖思想严重，锐意进取能力欠缺。2011—2018 年桂滇边境民族地区旅游扶贫综合效率平均值为最优水平的 48.2%，该区域旅游扶贫综合效率处于中等偏低的水平，表明相对于桂滇边境民族地区旅游扶贫的 DEA 最佳生产前沿而言，51.8% 的资源投入未能发挥其应有作用。在精准程度中，精准识别维度单一、机制欠缺、成果衔接不足，精准帮扶主体单一、载体层次低、针对性不强，旅游精准扶贫管理体制尚不健全。政府面临精准识别难度大，临界贫困户难以甄别、帮扶队伍力量薄弱，担当责任意识欠缺、劳动力外移空心化，产业扶贫项目选择难、部分贫困户思想观念陈旧，退出机制难以畅通执行的困难；企业直面政府主导模式压力，缺乏健全合理的政策引导、参与扶贫硬性要求高、创建项目流程复杂、面临贫困户阻滞，缺乏扶贫专业人才；贫困户文化素质低下，信息利用能力缺失、科技素质薄弱，技术应用能力匮乏、青壮劳动力流失，增收后劲不足。

7.1.7 基于生计保障的桂滇边境民族地区贫困户旅游精准扶贫机制理论模型方面

旅游精准扶贫机制主要由源系统、内生系统和外援系统三部分内容构成，源系统指的是贫困地区和贫困人口的发展权利和利益需求，贫困人口参与旅游业的动机、意愿，所能获得的经济收益、社会收益等；内生系统指的是扶贫对象系统内部支撑旅游发展的各种资源，包括贫困人口发展能力和素质、生计资本、当地旅游资源、基础设施建设等；外援系统指的是贫困人口系统外部各种推动其发展的物质、能量、技术等，主要有政府的政策、资金、旅游景区带动、旅游企业开发、个人或团体智力支持、旅游客源市场需求等。

在旅游精准扶贫机制系统中，源系统是旅游精准扶贫机制的先决条件，内生系统是旅游精准扶贫机制的前提条件，外援系统是旅游精准扶贫机制的基础保证，三者相辅相成，相互影响，共同作用，保障桂滇边境民族地区贫困户可持续生计。内生系统通过激发源系统中贫困人口的参与动机与参与意愿，提高贫困人口参与旅游业的积极性，源系统反过来挖掘内生系统中贫困人口的参与能力、生计资本和当地的旅游资源、基础设施，确保贫困人口参与旅游业的前提条件得以成立；源系统通过表达贫困人口的真实诉求，外援系统为贫困人口参与旅游业提供政府扶持、企业支持和市场需求等决策信息，进一步激励贫困人口积极参与；内生系统以外援系统所提供的政策、市场等支持为依托，并且通过外援系统对各项要素的整合，强化旅游精准扶贫机制的系统性、整体性、协调性。在旅游精准扶贫机制的保障下，贫困人口通过提升自身的经济能力、发展能力和社交能力，从而巩固旅游精准扶贫成效，实现可持续生计的目标。

7.1.8 桂滇边境民族地区贫困户旅游精准扶贫机制应用方面

借鉴前人研究与实际调研结果，设计基于生计保障的桂滇边境民族地区贫困户旅游精准扶贫机制的调查问卷，以贫困户为对象，共发放问卷500份，收回491份，其中有效问卷484份。参与动机对源系统的影响最大，表明提升自身技能从而通过自己的努力实现脱贫成为贫困户参与旅游精准扶贫的重要原因；资源禀赋对内生系统的影响最大，是贫困户参与精准扶贫的重要因素，其次是基础设施与生计资本；政府扶持对于外援系统的影响最大，是旅游精准扶贫有效实施重要保障；贫困户认为可持续生计中当地生态环境的改善对于可持续生计的影响最大；旅游精准扶贫机制中源系统、内生系统以及外援系统均对贫困户的可持续生计产生显著的正向影响，其中外援系统对可持续生计的影响最大。

在前文实证的基础上，对典型案例地的旅游精准扶贫实施成效进行了具体阐述。典型案例地主要包括广西壮族自治区的大新县、龙州县以及云南省的勐腊县，依据调研所得成果，主要从县域概况、贫困现状、旅游发展概况、旅游精准扶贫现状和旅游精准扶贫成效等方面进行了详细分析。分析认为，大新县的旅游精准扶贫模式包括"龙头景区+农户经营""农户入股+公司运作""公司+农户"3种，龙州县的旅游精准扶贫模式可以总结为"合作社模式""乡贤带头模式""企业+农户"，勐腊县主要是旅游"企村"帮扶计划"龙头企业+合作社+基地+农户""景区+合作社+贫困农户"3种旅游精准扶贫模式。这3个典型县域旅游精准扶贫成效显著，但同时存在一些问题，本文分别对其旅游精准扶贫过程中存在的主要发展问题进行了梳理，并对症下药提出了相应的解决措施。

7.1.9 贫困户生计保障下桂滇边境民族地区旅游精准扶贫路径及对策建议方面

提出以政府主导、企业主导、合作社主导、贫困户主导以及多元主体融合发展的桂滇边境民族地区旅游精准扶贫路径，明确在不同路径下的各个扶贫主体之间如何相互影响以及他们的相互关系，深入剖析在多主体并重或某一扶贫主体主导路径下各主体发挥自身扶贫能力、围绕主导者进行旅游精准扶贫的任务和定位；并针对桂滇边境民族地区旅游精准扶贫发展中当前存在和潜在的问题，根据相关理论和实践经验，从旅游开发规划和政策、各项监督工作、旅游基础设施、旅游市场、旅游人才技术、扶贫扶志、地方生态安全和文化安全等角度提出解决问题和助力发展的相应对策和建议。

7.2 研究不足与未来展望

囿于突发公共卫生事件的影响，本书研究在质性研究方面受限，只能通过有限的方式开展研究，如本书在后期的调研通过线上和线下相结合的方式进行。未来会进一步对研究对象展开深入的整体性探究，完善夯实研究成果。此外，由于问卷题项涉及经济收入等敏感性数据，使得调查对象会有意报低收入，造成一定的研究精度欠缺。

在绝对贫困问题得到历史性解决后，我国迎来了巩固拓展脱贫攻坚成果、推进乡村全面振兴的历史新阶段。脱贫攻坚与乡村振兴的有机衔接并不意味二者有着相同的发展要求和内在逻辑，在二者关系中，脱贫攻坚是乡村振兴的基础和前提，但乡村振兴无论在涉及范围，或是时间跨度，还是内在要求上，对发展的要求都远超前者。在推进乡村全面振兴阶段，防止返贫和持续增收是实现乡村全面振兴的重要目标。为了实现这一目标，需要采取一系列有效措施。首先，加强基础设施建设。在乡村全面振兴阶段，要加大对农村基础设施建设的投入，包括道路、电力、通信、水利等方面。从而提高农民生活水平，促进农村经济发展。其次，优化农业产业结构。要在推进乡村全面振兴阶段，积极引导农民调整农业产业结构，发展特色农业、绿色农业和休闲农业，促进农村经济转型升级。最后，加强生态环境保护。在推进乡村全面振兴阶段，要加大对生态环境保护的投入，加强农业生态环境建设，保护好农村的生态环境。这些问题都需要深入探讨。

由于受到各种因素的制约，本文对研究区的选择受限，尽管样本量在统计上最终满足需求，但是仍然有必要对其适用性展开扩展研究。后续研究可拓展研究区范围，并选择其他边境民族地区村屯作为比较分析对象，以期找出研究结论中有无不同之处。

参考文献

[1] 倪上,李宇清,刘延霞.坚决打赢全面建成小康社会的脱贫攻坚战:访国务院扶贫办主任刘永富[J].秘书工作,2016,32(1):7-11.

[2] 杨力源.论习近平新时代脱贫攻坚战略思想的基本特征[J].桂海论丛,2018,34(1):45-49.

[3] 钱扬明.关于构建防范返贫和致贫长效机制的思考[J].农村经济与科技,2019,30(23):137,156.

[4] 王祖祺.基于社会创新的产业扶贫问题与对策研究[J].中国经贸导刊(理论版),2018,22(11):20-21.

[5] 高志明.兴边富民行动助推边境地区高质量发展[J].实践(思想理论版),2019,30(12):32-34.

[6] 李锋.旅游精准扶贫:逻辑内涵、适宜性判断与系统结构[J].扬州大学学报(人文社会科学版),2017,21(4):52-64.

[7] 黄渊基.少数民族地区旅游扶贫的背景及意义[J].湖南财政经济学院学报,2018,34(2):99-107.

[8] 郭宁宁,钱力.集中连片特困区多维贫困测度及贫困重心迁移[J].江南大学学报(人文社会科学版),2019,18(3):92-99.

[9] 陈燕.中国共产党的共同富裕:理论演进与实现路径[J].科学社会主义,2021,21(3):115-120.

[10] 凌经球.可持续脱贫:新时代中国农村贫困治理的一个分析框架[J].广西师范学院学报(哲学社会科学版),2018,39(2):97-111.

[11] CHEN C M. CiteSpace II: Detecting and visualizing emerging trends and transient patterns in scientific literature [J]. Journal of the American Society for Information Science and Technology, 2006, 57 (3): 359-377.

[12] 邓小海,曾亮,肖洪磊.旅游精准扶贫的概念、构成及运行机理探析[J].江苏农业科学,2017,45(2):265-269.

[13] 何星,覃建雄.ST-EP模式视域下的旅游精准扶贫驱动机制:以秦巴山区为研究对象[J].农村经济,2017,51(10):86-90.

[14] ROGERSON C. Pro-Poor local economic development in South Africa: the role of pro-poor tourism [J]. Local Environment, 2006, 11 (1): 37-60.

[15] BRIEDENHANN J. The potential of small tourism operators in the promotion of pro-poor tourism [J]. Journal of Hospitality Marketing & Management, 2011,

20（3）：484-500.
[16] TRAU M A. Beyond pro-poor tourism：(re) interpreting tourism-based approaches to poverty alleviation in Vanuatu [J]. Tourism Planning & Development, 2012, 9 (2)：149-164.
[17] SNYMAN S L. The role of tourism employment in poverty reduction and community perceptions of conservation and tourism in southern Africa [J]. Journal of Sustainable Tourism, 2012, 20 (3)：395-416.
[18] JOB H, PAESLER F. Links between nature-based tourism, protected areas, poverty alleviation and crises—the example of Wasini Island (Kenya) [J]. Journal of Outdoor Recreation and Tourism, 2013, 23 (1)：18-28.
[19] MANWA H, MANWA F. Poverty alleviation through pro-poor tourism：the role of botswana forest reserves [J]. Sustainability, 2014, 6 (9)：5697-5713.
[20] MANYARA G, JONES E, BOTTERILL D, et al. Tourism and poverty alleviation：the case for indigenous enterprise development in Kenya [J]. Tourism Culture & Communication, 2006, 7 (1)：19-37.
[21] KHALIL A. Agricultural landscape externalities, agro-tourism and rural poverty reduction in Morocco [J]. Natural Resource Management & Policy, 2006, 31 (1)：189-220.
[22] ZAPATA M J, HALL C M, LINDO P. Can community-based tourism contribute to development and poverty alleviation? Lessons from Nicaragua [J]. Current Issues in Tourism, 2011, 14 (8)：725-749.
[23] SCHEYVENS R. Tourism and poverty [M]. London：Routledge, 2011：25-32.
[24] SCHEYVENS R, RUSSELL M. Tourism, land tenure and poverty alleviation in Fiji [J]. Tourism Geographies, 2012, 14 (1)：1-25.
[25] CROES R. Tourism and poverty reduction in Latin America：where does the region stand? [J]. Tourism Review, 2014, 6 (3)：293-300.
[26] GIBLIN J D. Touring and Obscuring Poverty：Urban and Rural Cultural-Heritage Tourism [J]. Heritage & Society, 2017, 10 (2)：128-146.
[27] NJOYA E T, SEETARAM N. Tourism contribution to poverty alleviation in Kenya：a dynamic computable general equilibrium analysis. [J]. Journal of travel research, 2018, 57 (4)：513-524.
[28] DAVIE G. Targeted poverty alleviation in China：a typology of official-household relations [J]. Progeress in Development Studies, 2021, 3 (3)：244-263.
[29] BAZINI E. Impact of the tourism development on poverty reduction in Albania as a country in transition [J]. Revista De Turism Studii Si Cercetari in Turism, 2008, 5 (5)：23-28.
[30] HARRIS W R. Tourism in Bario, Sarawak, Malaysia：a case study of pro-poor community-based tourism integrated into community development [J]. Asia Pacific

[31] SAAYMAN M, ROSSOUW R, KRUGELL W. The impact of tourism on poverty in South Africa [J]. Development Southern Africa, 2012, 29 (3): 462-487.

[32] STEINICKE E, NEUBURGER M. The impact of community-based afro-alpine tourism on regional development [J]. Mountain Research and Development, 2012, 32 (4): 420-430.

[33] MAHADEVAN R, AMIR H, NUGROHO A. Regional impacts of tourism-led growth on poverty and income: Inequality: A dynamic general equilibrium analysis for Indonesia [J]. Tourism Economics, 2016, 23 (3): 5-34.

[34] MAHADEVAN R, SUARDI S. Panel evidence on the impact of tourism growth on poverty, poverty gap and income inequality [J]. Current Issues in Tourism, 2017, 22 (1): 1-12.

[35] BARBA Q. Using cultural heritage sites in Mexico to understand the poverty alleviation impacts of protected areas [J]. Conservation Science and Practice, 2021, 3 (2): 31-35.

[36] CHAMBERS R, CONWAY R G. Sustainable rural livelihoods: Practical concepts for the 21st century [R]. Brighton: Institute of Development Studies, 1992.

[37] 吴丽媛. 武夷山国家级自然保护区农户可持续生计研究 [D]. 福州: 福建师范大学, 2016.

[38] 汤青. 可持续生计的研究现状及未来重点趋向 [J]. 地球科学进展, 2015, 30 (7): 823-833.

[39] 李漫漫. 基于可持续生计结果的养生旅游社区农户生活满意度研究 [D]. 南宁: 广西师范学院, 2018.

[40] 苏芳. 可持续生计: 理论、方法和应用 [M]. 北京: 中国社会科学出版社, 2015: 5-20.

[41] 徐方方. 基于SLA框架下易地扶贫搬迁安置区农民可持续生计研究 [D]. 贵阳: 贵州大学, 2018.

[42] 李哲珑. 基于可持续生计理论的乡村旅游扶贫研究 [D]. 泉州: 华侨大学, 2016.

[43] MBAIWA J E. Prospects of basket production in promoting sustainable rural livelihoods in the Okavango Delta, Botswana [J]. International Journal of Tourism Research, 2004, 6 (4): 221-235.

[44] AHMED N. The sustainable livelihoods approach to the development of fish farming in rural Bangladesh [J]. Journal of International Farm Management, 2009, 4 (4): 1-18.

[45] ADEOTI A I, COFIE O, OLADELE O I. Gender analysis of the contribution of urban agriculture to sustainable livelihoods in Accra Ghana [J]. Journal of Sustainable Agriculture, 2012, 36 (2): 236-248.

[46] SAHOO R, SWAIN M. Contribution of common property resources for sustainable rural livelihoods in Odisha: prospects and constraints [J]. Journal Of Rural Development, 2013, 32 (3): 245-261.

[47] AMEKAWA Y. Understanding the local reality of the adoption of sustainable practices and farmer livelihoods: The case of pummelo farming in Chaiyaphum, Northeast Thailand [J]. Food Security, 2013, 5 (3): 793-805.

[48] SOK S, YU X. Adaptation, resilience and sustainable livelihoods in the communities of the Lower Mekong Basin, Cambodia [J]. International Journal of Water Resources Development, 2015, 31 (4): 575-588.

[49] CHOWDHURY T A. Development of a multidimensional sustainable livelihoods model for rural Bangladesh [J]. Journal of Developing Areas, 2015, 49 (5): 153-168.

[50] WIRAWAT C. Sustainable livelihood outcomes, causal mechanisms and indicators self-determined by Thai farmers producing bioethanol feedstocks [J]. Sustainable Production and Consumption: Transactions of the Institution of Chemical Engineers, 2022, Part E (29): 447-466.

[51] BÉNÉ C, NEILAND A, JOLLEY T, et al. Inland fisheries, poverty and rural livelihoods in the Lake Chad Basin [J]. Journal of Asian and African Studies, 2003, 38 (1): 17-51.

[52] REDDY V R, REDDY G M, GALAB S, et al. Participatory watershed development in India: can it sustain rural livelihoods? [J]. Development and Change, 2004, 35 (2): 297-326.

[53] KRISTJANSON P, RADENY M, BALTENWECK I, et al. Livelihood mapping and poverty correlates at a meso-level in Kenya [J]. Food Policy, 2005, 30 (5): 568-583.

[54] AHMED N, TROELL M, ALLISON E H, et al. Prawn postlarvae fishing in coastal Bangladesh: Challenges for sustainable livelihoods [J]. Marine Policy, 2010, 34 (2): 218-227.

[55] ROBLES Z E. Coastal livelihoods, poverty and well-being in Mexico. A case study of institutional and social constraints [J]. Journal of Coastal Conservation, 2014, 18 (4): 431-448.

[56] SCHERR S J. A downward spiral? Research evidence on the relationship between poverty and natural resource degradation [J]. Food policy, 2000, 25 (4): 479-498.

[57] YIRIDOMOH G Y. Women in ginger production and livelihood sustainability in rural Ghana: an explorative study [J]. Local Environment, 2021, 26 (9): 1051-1069.

[58] LEE M H. Tourism and sustainable livelihoods: the case of Taiwan [J]. Third World Quarterly, 2008, 29 (5): 961-978.

[59] GOODWIN H, ROE D. Tourism, livelihoods and protected areas: opportunities for fair-trade tourism in and around National Parks [J]. International Journal of Tourism Re-

search, 2010, 3 (5): 377-391.

[60] MBAIWA J E, STRONZA A L. The effects of tourism development on rural livelihoods in the Okavango Delta, Botswana [J]. Journal of Sustainable Tourism, 2010, 18 (5): 635-656.

[61] VAFADARI K. Tourism and the revival of rural Japan: the case of Satoyama evelopment in Ishikawa Prefecture, Japan [J]. Asia Pacific World, 2013, 4 (2): 103-121.

[62] SU Z, LI Q Y. How to improve tea farmers' livelihoods in the sightseeing place along Lijiang River Valley? [J]. Asian Agricultural Research, 2016, 21 (12): 11-13.

[63] LEKGAU R J. Leveraging wildlife tourism for employment generation and sustainable livelihoods [J]. The Case of the Kgalagadi Transfrontier Park, Southern Africa. Bulletin of Geography, 2020, 49 (49): 93-108.

[64] 徐少癸, 甘永萍, 方世巧. 国内旅游精准扶贫机制研究综述 [J]. 旅游论坛, 2019, 12 (4): 94-101.

[65] 白凤峥, 李江生. 旅游扶贫试验区管理模式研究 [J]. 经济问题, 2002, 23 (9): 23-25.

[66] 胡锡茹. 云南旅游扶贫的三种模式 [J]. 经济问题探索, 2003, 23 (5): 109-111.

[67] 李国平. 基于政策实践的广东立体化旅游扶贫模式探析 [J]. 旅游学刊, 2004, 19 (5): 56-60.

[68] 陈琴. 三峡库区旅游扶贫模式研究 [J]. 安徽农业科学, 2011, 39 (19): 11635-11637.

[69] 黄国庆. 连片特困地区旅游扶贫模式研究 [J]. 求索, 2013, 32 (5): 253-255.

[70] 唐勇, 张命军, 秦宏瑶, 等. 国家集中连片特困地区旅游扶贫开发模式研究: 以四川秦巴山区为例 [J]. 资源开发与市场, 2013, 29 (10): 1114-1117.

[71] 张侨. 旅游扶贫模式和扶贫效应研究: 基于海南省贫困地区的调查数据分析 [J]. 技术经济与管理研究, 2016, 39 (11): 124-128.

[72] 张晓, 李春晓, 杨德进. 民族地区旅游扶贫多主体参与模式探析: 以四川省马边彝族自治县为例 [J]. 地域研究与开发, 2018, 37 (2): 99-103.

[73] 陈炜, 张志明. 全域旅游视域下青海民族地区包容性旅游扶贫模式研究 [J]. 青海民族研究, 2018, 29 (4): 48-55.

[74] 崔丹, 吴昊, 刘宏红, 等. 大都市区贫困带旅游精准扶贫模式与路径探析: 以环京津贫困带22个国家级贫困县为例 [J]. 中国软科学, 2019, 33 (7): 81-90.

[75] 魏莉. 基于特色优势的旅游精准扶贫开发思路: 以云南省景东彝族自治县旅游开发为例 [J]. 社会科学家, 2022, 1 (1): 64-70.

[76] 李国平, 刘春燕. 省域旅游扶贫工程研究 [J]. 中国人口·资源与环境, 2006, 16 (1): 117-121.

[77] 范俊, 汪璐, 周蓓蓓. 旅游扶贫长效机制的系统分析框架构建 [J]. 中国商贸, 2011, 19 (18): 157-158.

[78] 杨阿莉,把多勋.民族地区社区参与式旅游扶贫机制的构建:以甘肃省甘南藏族自治州为例[J].内蒙古社会科学(汉文版),2012,33(5):131-136.

[79] 覃建雄,张培,陈兴.旅游产业扶贫开发模式与保障机制研究:以秦巴山区为例[J].西南民族大学学报(人文社会科学版),2013,34(7):134-138.

[80] 赵世钊,吕宛青.民族地区旅游扶贫机制的协同学分析:以贵州省郎德苗寨为例[J].贵州民族研究,2015,36(1):152-155.

[81] 杨建,韩宗伟,张翊红.旅游精准扶贫的作用机理和推进策略[J].云南社会科学,2016,35(6):52-56.

[82] 耿宝江,庄天慧,彭良琴.四川藏区旅游精准扶贫驱动机制与微观机理[J].贵州民族研究,2016,37(4):157-160.

[83] 李佳.少数民族连片特困区域旅游精准扶贫机制研究[M].北京:经济科学出版社,2017:130-170.

[84] 陈萍.景区带动型乡村旅游精准扶贫:内涵、机制与实现路径[J].生态经济,2019,35(6):120-124.

[85] 王会战.后扶贫时代乡村旅游精准扶贫参与机制优化研究[J].领导科学,2021,16(16):102-105.

[86] 周歆红.关注旅游扶贫的核心问题[J].旅游学刊,2002,17(1):17-21.

[87] 张伟,张建春,魏鸿雁.基于贫困人口发展的旅游扶贫效应评估:以安徽省铜锣寨风景区为例[J].旅游学刊,2005,20(5):43-49.

[88] 常慧丽.生态经济脆弱区旅游开发扶贫效应感知分析:以甘肃甘南藏族自治州为例[J].干旱区资源与环境,2007,21(10):125-130.

[89] 冯旭芳,徐敏聪,王红.基于贫困人口发展的旅游扶贫效应分析:以锡崖沟为例[J].生产力研究,2011,24(5):91-92,130.

[90] 杨建春,肖小虹.贵州旅游扶贫效应动态分析[J].商业研究,2011,53(7):212-216.

[91] 龙梅,张扬.民族村寨社区参与旅游发展的扶贫效应研究[J].农业经济,2014,33(5):48-50.

[92] 邓小海,曾亮,罗明义,等.云南乌蒙山片区所属县旅游扶贫效应分析[J].生态经济,2015,31(2):134-138.

[93] 田翠翠,刘黎黎,田世政.重庆高山纳凉村旅游精准扶贫效应评价指数模型[J].资源开发与市场,2016,32(12):1436-1440.

[94] 黄渊基.连片特困地区旅游扶贫效率评价及时空分异:以武陵山湖南片区20个县(市、区)为例[J].经济地理,2017,37(11):229-235.

[95] 鄢慧丽,王强,熊浩,等.海南省少数民族地区旅游扶贫效率测度与时空演化分析[J].中国软科学,2018,32(8):63-76.

[96] 曹妍雪,马蓝.基于三阶段DEA的我国民族地区旅游扶贫效率评价[J].华东经济管理,2017,31(9):91-97.

[97] 李银昌.中国旅游扶贫效率:基于DEA视窗分析和非线性门槛效应的研

究［D］．南宁：广西大学，2018．

［98］ 马磊．新疆农牧区旅游扶贫效率测度及空间分异研究［D］．石河子：石河子大学，2018．

［99］ 杜倩文．基于DEA模型的武陵山区旅游扶贫经济效率的研究［D］．湘潭：湘潭大学，2016．

［100］ 陈龙．武陵山集中连片特困区旅游扶贫效应评价［J］．中国农业资源与区划，2019，40（7）：246-250．

［101］ 李佳，田里．云贵民族村落旅游精准扶贫绩效评价［J］．贵州民族研究，2020，41（10）：118-126．

［102］ 张颖，汪侠，闫艺涵，等．基于夜间灯光数据的西南地区县域旅游多维减贫效应时空变化研究［J］．地球信息科学学报，2022，24（8）：1541-1557．

［103］ 邓祝仁，程道品．旅游扶贫亟待解决的若干问题［J］．社会科学家，1998，12（2）：46-54．

［104］ 文军，李星群，覃峭．贫困地区生态文明村建设与旅游扶贫的联动开发［J］．商业时代，2007（9）：100-102．

［105］ 饶勇，黄福才，魏敏．旅游扶贫、社区参与和习俗惯例的变迁：博弈论视角下的可持续旅游扶贫模式研究［J］．社会科学家，2008，22（3）：88-96．

［106］ 周波，李毅．广西巴马旅游扶贫贡献率研究［J］．旅游论坛，2011，4（2）：72-76．

［107］ 吴珏，谢祥项，范士陈．国际旅游岛背景下海南旅游扶贫策略研究［J］．特区经济，2011，28（5）：160-161．

［108］ 罗盛锋，代新洋，黄燕玲．生态旅游扶贫研究动态及展望［J］．桂林理工大学学报，2015，35（3）：642-648．

［109］ 汪侠，甄峰，沈丽珍，等．基于贫困居民视角的旅游扶贫满意度评价［J］．地理研究，2017，36（12）：2355-2368．

［110］ 卢世菊，江婕，余阳．民族地区旅游扶贫中贫困人口的相对剥夺感及其疏导研究：基于恩施州5个贫困村的调查［J］．学习与实践，2018，34（1）：111-118．

［111］ 王新敏，苏建军，宋咏梅．山西太行特困区生态旅游精准扶贫绩效空间分异与形成机理［J］．生态经济，2020，36（7）：140-146．

［112］ 戚瑶，冯硕．旅游精准扶贫与农村籍大学生返乡创业势头的对接研究［J］．农业经济，2022，15（1）：124-126．

［113］ G. ROBERTS MARTHA，杨国安．可持续发展研究方法国际进展：脆弱性分析方法与可持续生计方法比较［J］．地理科学进展，2003，22（1）：11-21．

［114］ 唐钧．城市扶贫与可持续生计［J］．江苏社会科学，2003，23（2）：126-133．

［115］ 苏芳，徐中民，尚海洋．可持续生计分析研究综述［J］．地球科学进展，2009，24（1）：61-69．

［116］ 王三秀．可持续生计视角下我国农村低保与扶贫开发的有机衔接［J］．宁夏社会科学，2010，28（4）：73-77．

[117] 蔡志海.汶川地震灾区贫困村农户生计资本分析[J].中国农村经济,2010,25(12):55-67.

[118] 张大维.生计资本视角下连片特困区的现状与治理:以集中连片特困地区武陵山区为对象[J].华中师范大学学报(人文社会科学版),2011,50(4):16-23.

[119] 王立安,刘升,钟方雷.生态补偿对贫困农户生计能力影响的定量分析[J].农村经济,2012,29(11):99-103.

[120] 向德平,陈艾.连结生计方式与可行能力:连片特困地区减贫路径研究:以四川省甘孜藏族自治州的两个牧区村庄为个案[J].江汉论坛,2013,55(3):114-119.

[121] 赵靖伟.贫困地区农户生计安全研究[J].西北农林科技大学学报(社会科学版),2014,14(5):109-114.

[122] 伍艳.贫困山区农户生计资本对生计策略的影响研究:基于四川省平武县和南江县的调查数据[J].农业经济问题,2016,37(3):88-94,112.

[123] 孙欣,毕如田,刘慧芳,等.贫困山区耕地细碎化对农户生计策略的影响:以左权县清漳河流域87个村为例[J].中国土地科学,2018,32(2):40-47.

[124] 张耀文,郭晓鸣.中国反贫困成效可持续性的隐忧与长效机制构建:基于可持续生计框架的考察[J].湖南农业大学学报(社会科学版),2019,20(1):62-69.

[125] 胡江霞,文传浩.生计资本、生计风险管理与贫困农民的可持续生计:基于三峡库区的实证[J].统计与决策,2021,37(17):94-98.

[126] 罗万云,戎铭倩,王福博,等.可持续生计视角下民族地区农户相对贫困多维度识别研究:以新疆和田市为例[J].干旱区资源与环境,2022,36(6):15-24.

[127] 李茜,姬军红.丘陵山区农民可持续性生计需求的实证分析:基于山西省西北四县农民的调查[J].农业经济问题,2007,27(5):73-79.

[128] 魏鹏.喀斯特地区参与式农村社区发展与水土流失及石漠化防治[D].贵阳:贵州师范大学,2008.

[129] 冯茹.资源利用方式与社区生计问题研究[D].兰州:兰州大学,2009.

[130] 杨国安,徐勇,郭腾云.基于脆弱性和可持续生计视角的黄土高原生态环境治理研究[J].水土保持研究,2010,17(2):64-69.

[131] 李继刚,毛阳海.可持续生计分析框架下西藏农牧区贫困人口生计状况分析[J].西北人口,2012,33(1):79-84.

[132] 韩林.环境变化对民勤绿洲边缘区农村家庭生计的影响研究[D].兰州:兰州大学,2013.

[133] 施国庆,王晨.断裂与替代:退湖渔民生计的转型[J].南京农业大学学报(社会科学版),2014,14(4):42-48.

[134] 赵雪雁,刘春芳,王学良,等.干旱区内陆河流域农户生计对生态退化的脆弱

性评价：以石羊河中下游为例［J］．生态学报，2016，36（13）：4141-4151．

［135］ 王娅，周立华，陈勇，等．农户生计资本与沙漠化逆转趋势的关系：以宁夏盐池县为例［J］．生态学报，2017，37（6）：2080-2092．

［136］ 李靖，廖和平．区域贫困农户生计能力与生态环境的关系：以重庆市16个区县为例［J］．中国农业资源与区划，2018，39（9）：175-182．

［137］ 关士琪，董芮彤，唐增．牧户超载过牧行为的研究：基于可持续生计的视角［J］．中国草地学报，2021，43（7）：86-94．

［138］ 王奕淇，李国平，延步青．基于生态补偿的国家重点生态功能区居民可持续生计影响研究［J］．生态经济，2022，38（3）：171-175．

［139］ 周建新，张勇华．新农村建设背景下的乡村生计模式转型探析：以客家古村三僚文化生态旅游为例［J］．广西民族大学学报（哲学社会科学版），2008，30（6）：68-72．

［140］ 孔祥智，钟真，原梅生．乡村旅游业对农户生计的影响分析：以山西三个景区为例［J］．经济问题，2008，29（1）：115-119．

［141］ 李飞，杨栋，王厚全．农户可持续生计框架下的乡村旅游影响研究：以北京市大兴区梨花村为例［J］．江苏农业科学，2012，40（8）：405-407．

［142］ 贺爱琳，杨新军，陈佳，等．乡村旅游发展对农户生计的影响：以秦岭北麓乡村旅游地为例［J］．经济地理，2014，34（12）：174-181．

［143］ 李鑫，杨新军，陈佳，等．基于农户生计的乡村能源消费模式研究：以陕南金丝峡乡村旅游地为例［J］．自然资源学报，2015，30（3）：384-396．

［144］ 席建超，张楠．乡村旅游聚落农户生计模式演化研究：野三坡旅游区苟各庄村案例实证［J］．旅游学刊，2016，31（7）：65-75．

［145］ 肖轶，尹珂．三峡库区移民农户对乡村旅游开发的响应及其生计变化研究［J］．资源开发与市场，2016，32（2）：230-234．

［146］ 崔晓明，陈佳，杨新军．乡村旅游影响下的农户可持续生计研究：以秦巴山区安康市为例［J］．山地学报，2017，35（1）：85-94．

［147］ 史玉丁，李建军．乡村旅游多功能发展与农村可持续生计协同研究［J］．旅游学刊，2018，33（2）：15-26．

［148］ 蔡晶晶，吴希．乡村旅游对农户生计脆弱性影响评价：基于社会—生态耦合分析视角［J］．农业现代化研究，2018，39（4）：654-664．

［149］ 黎洁，高岚．乡村旅游对农户农林业生产和外出务工影响研究：基于陕西22个旅游扶贫村农户调查数据［J］．人文地理，2019，34（4）：143-151．

［150］ 全千红，沈苏彦．基于扎根理论的乡村旅游可持续生计分析：以南京高淳大山村为例［J］．世界农业，2020，23（6）：110-119．

［151］ 罗玉杰，李会琴，侯林春，等．可持续生计视角下乡村旅游地返贫风险识别及预警机制构建：以湖北省恩施州W村为例［J］．干旱区资源与环境，2022，36（2）：186-193．

［152］ 王明英．论城市化进程中失地农民的可持续生计［J］．商场现代化，2006，34

(21): 312-313.

[153] 孙绪民, 周森林. 论我国失地农民的可持续生计 [J]. 理论探讨, 2007, 23 (5): 90-92.

[154] 胡初枝, 黄贤金, 陈志刚, 等. 被征地农民可持续性生计评价初步研究 [J]. 中国土地科学, 2008 (8): 43-48, 53.

[155] 周洁, 姚萍, 黄贤金, 等. 基于模糊物元模型的南京市失地农民可持续生计评价 [J]. 中国土地科学, 2013, 27 (11): 72-79.

[156] 胡蓉. "可持续生计"视野下失地农民生活信心研究 [J]. 福建论坛（人文社会科学版）, 2014, 33 (12): 219-224.

[157] 马志雄, 张银银, 丁士军. 失地农户生计策略多样化研究 [J]. 华南农业大学学报（社会科学版）, 2016, 15 (3): 54-62.

[158] 丁士军, 张银银, 马志雄. 被征地农户生计能力变化研究: 基于可持续生计框架的改进 [J]. 农业经济问题, 2016, 37 (6): 25-34, 110-111.

[159] 杜书云, 徐景霞. 内源式发展视角下失地农民可持续生计困境及破解机制研究 [J]. 经济学家, 2016, 27 (7): 76-83.

[160] 杨晶, 丁士军, 邓大松. 人力资本、社会资本对失地农民个体收入不平等的影响研究 [J]. 中国人口·资源与环境, 2019, 29 (3): 148-158.

[161] 杨琨, 刘鹏飞. 欠发达地区失地农民可持续生计影响因素分析: 以兰州安宁区为例 [J]. 水土保持研究, 2020, 27 (4): 342-348.

[162] 李名峰, 张鑫, 杨川, 等. 城镇化进程中城郊被征地农户生计状况研究: 以武汉市新洲区为例 [J]. 现代城市研究, 2021, 28 (9): 117-123.

[163] 李佳, 钟林生, 成升魁. 中国旅游扶贫研究进展 [J]. 中国人口·资源与环境, 2009, 19 (3): 156-162.

[164] 邓小海. 旅游扶贫精准帮扶探析 [J]. 新疆大学学报（哲学·人文社会科学版）, 2015, 43 (6): 21-27.

[165] 邓小海, 曾亮, 肖洪磊. PPT对我国旅游精准扶贫的借鉴 [J]. 江苏农业科学, 2017, 45 (23): 333-336.

[166] 伍海琳, 夏杰. 精准扶贫视角下张家界PPT发展战略研究 [J]. 大理大学学报, 2018, 3 (1): 124-128.

[167] 胡柳. 乡村旅游精准扶贫研究 [D]. 武汉: 武汉大学, 2016.

[168] 邓小海. 旅游精准扶贫研究 [D]. 昆明: 云南大学, 2015.

[169] 林移刚, 杨文华. 我国乡村旅游精准扶贫困境与破解研究: 基于生产要素视角 [J]. 云南民族大学学报（哲学社会科学版）, 2017, 34 (2): 121-127.

[170] 刘飒. 旅游精准扶贫及其法治化路径研究: 以张家口市为例 [D]. 保定: 河北大学, 2019.

[171] 李秀云. 金寨县的旅游精准扶贫研究 [D]. 昆明: 云南财经大学, 2018.

[172] 斯丽娟, 夏瑀, 陶杰, 等. 旅游精准扶贫绩效影响因子研究: 基于可持续生计理论 [J]. 西北农林科技大学学报（社会科学版）, 2019, 19 (1): 29-38.

[173] CHEN C F, TSAI D C. How destination image and evaluative factors affect behavioral intentions?[J]. Tourism Management, 2007, 28 (4): 1115-1122.

[174] 徐闪闪. 乡村旅游地形象对游客行为意愿影响研究 [D]. 杭州: 浙江大学, 2012.

[175] HARRISON A W, RAINER R K. The behavioral consequences of servicequality [J]. Journal of Marketing, 1997, 9 (1): 93-111.

[176] 李锋. 旅游精准扶贫逻辑内涵适宜性判断与系统结构 [J]. 扬州大学学报（人文社会科学版）, 2017, 21 (4): 52-64.

[177] 赵世钊, 吕宛青. 民族地区旅游扶贫机制的协同学分析-以贵州省郎德苗寨为例 [J]. 贵州民族研究, 2015, 36 (1): 152-155.

[178] 王瑜, 胡尹慧. 乡村旅游资源与精准扶贫对接的机制及实现路径研究 [J]. 云南行政学院学报, 2020, 22 (2): 12-16.

[179] 黄渊基. 少数民族地区旅游扶贫: 资源禀赋·历史回顾·未来展望 [J]. 吉首大学学报（自然科学版）, 2018, 39 (5): 90-93.

[180] 揭子平, 丁士军. 滇桂边境民族地区贫困的特殊性及反贫困对策: 以云南梁河县和广西防城区为例 [J]. 中南民族大学学报（人文社会科学版）, 2018, 38 (1): 90-94.

[181] 张丽君, 吴本健, 王飞, 等. 中国少数民族地区扶贫进展报告（2018）[M]. 北京: 中国经济出版社, 2019: 231-256.

[182] 王红. 基于现代旅游要素的全域旅游市场培育 [N]. 中国旅游报. 2017-05-03.

[183] 王振振, 王立剑. 精准扶贫可以提升农村贫困户可持续生计吗: 基于陕西省70个县（区）的调查 [J]. 农业经济问题, 2019 (4): 71-87.

[184] 苏芳, 蒲欣冬, 徐中民, 等. 生计资本与生计策略关系研究: 以张掖市甘州区为例 [J]. 中国人口·资源与环境, 2009, 19 (6): 119-125.

[185] 李小云, 董强, 饶小龙, 等. 农户脆弱性分析方法及其本土化应用 [J]. 中国农村经济, 2007 (4): 32-39.

[186] 杨玲, 辜琪瑶, 孙佳昕, 等. 贫困山区农户可持续生计研究: 基于南部县的实证调查与理论分析 [J]. 农村经济与科技, 2017, 28 (14): 172-175.

[187] 刘金新. 脱贫脆弱户可持续生计研究 [D]. 北京: 中共中央党校, 2018: 86.

[188] 李娟. 广西富川瑶族自治县岔山村瑶族生计方式变迁 [D]. 南宁: 广西民族大学, 2019.

[189] 沈萍. 粤北瑶族生计方式及其转型研究: 以连南瑶族自治县连水村为例 [J]. 广东技术师范学院学报, 2011, 32 (11): 12-15.

[190] 杨龙, 李萌, 卢海阳. 深度贫困地区农户多维贫困脆弱性与风险管理 [J]. 华南师范大学学报（社会科学版）, 2019 (6): 12-18, 191.

[191] 李杰. 呼和浩特市乡村旅游扶贫政策执行研究 [D]. 呼和浩特: 内蒙古大学, 2019.

[192] 胡焱．岳西县精准扶贫政策执行研究［D］．南宁：广西师范大学，2017．

[193] 李纲．甘孜州色达县扶贫政策执行效果提升对策研究［D］．成都：电子科技大学，2014．

[194] 汪洋．扶贫考核评估要较真碰硬［J］．社会治理，2017（4）：5-7．

[195] 张琰飞，陆薇．企业参与乡村旅游开发的减贫效应的影响因素［J］．吉首大学学报（自然科学版），2020，41（3）：40-49．

[196] 谢晶晶．基于利益再分配的安徽省乡村旅游精准扶贫效果评价体系优化［J］．长春大学学报，2021，31（9）：5-9．

[197] 陆薇．企业参与乡村旅游开发的减贫效应评价研究［D］．吉首：吉首大学，2019．

[198] 王修华，任静远，王毅鹏．基于贫困户可行能力不足的扶贫困境与破解思路［J］．农村经济，2019（5）：60-67．

[199] 杨光明，杨航，杨雪程．三峡库区旅游扶贫效率的时空演异及发展路径研究［J］．资源开发与市场，2018，34（6）：868-872，888．

[200] 李燕楠．安徽省大别山区旅游扶贫效率研究［D］．武汉：华中师范大学，2019．

[201] 李英，邹明露，孙晓．基于DEA-MI模型的县域旅游精准扶贫效率评价研究［J］．保定学院学报，2019，32（5）：58-67．

[202] 杨航．三峡库区旅游扶贫效率的时空演异及影响因素研究［D］．重庆：重庆理工大学，2019．

[203] 吴春燕．承德市围场县旅游精准扶贫问题研究［D］．秦皇岛：燕山大学，2017．

[204] 刘静．甘肃省民族地区旅游精准扶贫研究［D］．兰州：甘肃政法学院，2017．

[205] 郑万军．农村人口空心化下精准扶贫：困境与路径［J］．中国党政干部论坛，2016，卷缺失（7）：82-84．

[206] 赵辉，吕红．民营企业参与扶贫问题的研究［J］．中国商论，2019（16）：243-244．

[207] 谢蕊．吉林省农业龙头企业扶贫问题研究［D］．长春：吉林农业大学，2019．

[208] 徐绍成，李立群，王彪．民营企业扶贫的困境与对策［J］．现代农业科技，2017（20）：294-296．

[209] 王兆峰，向秋霜．基于MOA模型的雪峰山区社区居民参与旅游扶贫机制［J］．吉首大学学报（自然科学版），2019，40（3）：56-66．

[210] 陶恒．新结构经济学视野下民族地区旅游精准扶贫的系统构建与实施路径［J］．经济体制改革，2018，36（4）：50-55．

[211] 徐平．喀斯特地区旅游扶贫动力模型的构建：以贵州省农村社区旅游发展为例［J］．贵州财经大学学报，2009，27（5）：107-112．

[212] 罗正琴．基于精准扶贫的四川省乡村旅游驱动力分析［J］．中国农业资源与区划，2018，39（6）：217-222．

[213] 尚前浪,陈刚,明庆忠.民族村寨旅游发展对社区和家庭生计变迁影响[J].社会科学家,2018,33(7):78-86.

[214] 王振振,王立剑.精准扶贫可以提升农村贫困户可持续生计吗?[J].农业经济问题,2019,40(4):71-87.

[215] 张兴.基于系统动力学的平遥古城旅游可持续发展模式研究[D].秦皇岛:燕山大学,2013.

[216] 任焕丽.城市旅游化测度_系统动力学模型构建及仿真[D].大连:辽宁师范大学,2018.

[217] 童艳.长江中游城市群城镇化与生态环境交互胁迫及情景模拟[D].武汉:武汉理工大学,2018.

[218] 徐红罡,郑海燕,保继刚.城市旅游地生命周期的系统动态模型[J].人文地理,2005,20(5):72-75,25.

[219] 唐晓云.中国旅游经济增长因素的理论与实证研究[D].天津:天津大学,2007.

[220] 王旭科.城市旅游发展动力机制的理论与实证研究[D].天津:天津大学,2008.

[221] 武春友,郭玲玲,于惊涛.区域旅游生态安全的动态仿真模拟[J].系统工程,2013,31(2):94-99.

[222] 张佑印.北京入境集聚扩散旅游流时空演变规律及动力机制研究[D].西安:陕西师范大学,2010.

[223] 尚前浪.云南边境傣族村寨旅游发展中的生计变迁研究[D].昆明:云南财经大学,2018.

[224] 唐国建.可持续生计视阈下自然资本的变动对渔民生计策略的影响:以福建小链岛为例[J].中国矿业大学学报(社会科学版),2019,21(1):41-53.

[225] 刘金新.脱贫脆弱户可持续生计研究[D].北京:中共中央党校,2018:38.

[226] 陈则谦.MOA模型的形成、发展与核心构念[J].图书馆学研究,2013,33(13):53-57.

[227] 张童朝,颜廷武,何可,等.有意愿无行为:农民秸秆资源化意愿与行为相悖问题探究:基于MOA模型的实证[J].干旱区资源与环境,2019,33(9):30-35.

[228] 雷晓娟.MOA模型视角下的政策扩散研究[D].厦门:厦门大学,2018.

[229] 鄢慧丽.基于投入产出视角的中国旅游业经济效应研究[D].武汉:华中师范大学,2012.

[230] 王东.旅游景区发展与当地居民利益关系的研究[D].郑州:河南大学,2015.

[231] 张金华.我国地区旅游业效率和生产率的动态演化研究[D].长春:吉林大学,2013.

[232] 王兆峰,向秋霜.基于MOA模型的武陵山区社区居民参与旅游扶贫研究

[J]．中央民族大学学报（哲学社会科学版），2017，44（6）：94-102．

[233] 钟晖，张建国，席婷婷．孤岛型村落旅游扶贫中贫困人口参与度评价研究［J］．生态经济，2018，34（12）：123-128，141．

[234] 王瑜，胡尹慧．乡村旅游资源与精准扶贫对接的机制及实现路径研究［J］．云南行政学院学报，2020，22（2）：12-16．

[235] 龚艳，李如友．有限政府主导型旅游扶贫开发模式研究［J］．云南民族大学学报（哲学社会科学版），2016，33（6）：115-121．

[236] 王会战．生态旅游扶贫模式的创新与启示［J］．环境工程，2021，39（10）：231．

[237] 谭乐霖．偏远民族地区企业主导型旅游扶贫模式研究：以湖南雪峰山为例［J］．中南林业科技大学学报（社会科学版），2020，14（1）：93-100．

[238] 冷小黑，何思文，张小迎．乡村振兴战略下乡村旅游合作社发展研究［J］．宜春学院学报，2019，41（8）：61-65．

[239] 李佳．生态旅游扶贫利益相关者协同模式研究［D］．武汉：华中师范大学，2018．

[240] 陈来媛，纪燕．生态话语的架构分析：以《习近平关于社会主义生态文明建设论述摘编》为例［J］．英语广场，2020，16（13）：36-39．

[241] 李佳，田里，王磊．连片特困民族地区旅游精准扶贫机制研究：以四川藏区为例［J］．西南民族大学学报（人文社科版），2017，38（6）：116-121．

[242] 李银昌，蒙莉丝．基于DEA方法的我国西部旅游扶贫效率研究［J］．旅游纵览（下半月），2019，15（2）：174-176．

[243] 闫明月．重庆市旅游扶贫发展现状及策略研究［D］．重庆：重庆师范大学，2017．

[244] 邹家红，赵永华，王惠琴．我国旅游生态安全研究［J］．湘潭师范学院学报（社会科学版），2008，12（1）：74-76．

附录一

问卷编号：_____
基于生计保障的桂滇边境民族地区贫困户旅游精准扶贫机制研究调查问卷
尊敬的先生/女士：

您好！我们是国家社会科学基金项目课题组，正在做有关旅游精准扶贫研究的课题，特邀您填写这份问卷。本问卷不记名，您所填写的内容仅供学术研究使用，绝不泄露您的个人信息。请您根据本人的真实意愿和实际情况选择答案（请在相应的选项上打"√"或填写说明）。非常感谢您能抽出宝贵的时间填写此问卷！

2020 年 7 月

调查地点：_____ 县 _____ 乡（镇）_____ 村
调查时间：2020 年 _____ 月 _____ 日

一、旅游精准扶贫保障机制

（请对以下陈述做出选择：5 = 非常同意；4 = 比较同意；3 = 一般；2 = 不同意；1 = 非常不同意）

1	旅游精准扶贫能够使我获得经济效益	5	4	3	2	1
2	旅游精准扶贫能够提升我职业技能	5	4	3	2	1
3	参与旅游精准扶贫能够获得就业机会	5	4	3	2	1
4	我愿意参与旅游精准扶贫	5	4	3	2	1
5	我支持本地开展旅游精准扶贫	5	4	3	2	1
6	我具备参与旅游业的知识和技能	5	4	3	2	1
7	我拥有参与旅游业的经济基础	5	4	3	2	1
8	我拥有参与旅游业的社会基础	5	4	3	2	1
9	当地旅游资源丰富	5	4	3	2	1
10	当地基础设施完善	5	4	3	2	1
11	政府及相关部门为我提供旅游精准扶贫的各项政策支持	5	4	3	2	1
12	政府及相关部门为我提供旅游精准扶贫的各项资金支持	5	4	3	2	1

(续表)

13	旅游企业租用或收购我土地、住房、农产品等物质资本	5	4	3	2	1
14	旅游企业为我提供各项旅游就业支持	5	4	3	2	1
15	游客喜爱本地区旅游产品	5	4	3	2	1

二、可持续生计

（请对以下陈述做出选择：5＝非常同意；4＝比较同意；3＝一般；2＝不同意；1＝非常不同意）

1	我家有稳定的经济收入	5	4	3	2	1
2	我们的住房有保障	5	4	3	2	1
3	我们的医疗卫生条件有保障	5	4	3	2	1
4	我们的教育有保障	5	4	3	2	1
5	我参与旅游业的综合素质能力提升（如职业能力、健康、教育等）	5	4	3	2	1
6	当地生态环境得到改善	5	4	3	2	1
7	我能够参与当地旅游发展的决策	5	4	3	2	1

三、基本信息统计

A1. 您的性别：[1]□ 男 [2]□ 女

A2. 您的年龄：[1]□ 20 岁以下 [2]□ 21~40 岁 [3]□ 41~60 岁 [4]□ 61 岁以上

A3. 您的民族：[1]□汉族 [2]□壮族 [3]□彝族 [4]□傣族 [5]□苗族 [6]□瑶族 [7]□哈尼族 [8]□景颇族 [9]□傈僳族 [10]□拉祜族 [11]□佤族 [12]□独龙族 [13]□怒族 [14]□其他（请注明）____

A4. 您的文化程度：
[1]□未上学 [2]□小学 [3]□初中 [4]□高中或中专 [5]□本科或大专 [6]□硕士及以上

A5. 您家的人均年收入：
[1]□3 000 元以下 [2]□3 001~4 000 元 [3]□4 001~5 000 元 [4]□5 001 元以上

A6. 您家是否有外出务工人员：[1]□是 [2]□否

A7. 您家距离景区的距离：[1]□0~1 km [2]□1~5 km [3]□5 km 以上

A8. 您家参与旅游业的生计资本有：
[1]□劳动力 [2]□土地 [3]□住房 [4]□技术 [5]□农产品、土特产品 [6]□其他（请注

明）_____

A9. 您家致贫的主要原因是：

^{1}□因学　^{2}□因病　^{3}□因残　^{4}□因灾　^{5}□缺资金　^{6}□缺技术　^{7}□缺劳力　^{8}□缺土地　^{9}□自身发展动力不足

A10. 您家庭人口数_____人，参与旅游业的有_____人

A11. 您家建档立卡时间：_____年，脱贫时间：_____年

本次问卷到此结束。再次感谢您的配合！

附录二

访谈提纲

一、贫困户

1. 请问您能简单介绍您和您的家人吗[1]？
2. 您的居住场所在某个景区附近吗？交通便利性如何[3]？会有自然灾害发生吗[3]？
3. 您和您的家庭成员是否参加农村合作社或其他合作机构、组织[5]？
4. 您家庭的致贫原因是什么？
5. 您家拥有的土地情况如何[3]？
6. 您家拥有的房屋情况如何？有牲畜、交通工具、电器和农用器具一类的吗[4]？
7. 请问您家在旅游景区具体经营什么项目？是您家庭的主要收入来源吗[6]？
8. 您家还有其他的收入来源吗[6]？
9. 将发展旅游作为脱贫攻坚的主导产业，您和您的家人有何想法[9]？
10. 您家里年总收入是多少[2]？
11. 您家与在政府机构、院校或企业单位任职的亲属关系是否亲密[5]？
12. 您家庭月平均电话、上网等通信费[5]？
13. 您和您的家庭在从事景区旅游工作时面临何种生计风险[7]？（首选）
14. 如遭遇困难，您家将会采取何种措施[7]或者能获得政府、合作组织、亲戚朋友哪些支持[5]？
15. 一系列精准扶贫驱动举措能触动您和您的家庭参与旅游精准扶贫吗[8]？
16. 您是如何积极响应国家号召，参与当地旅游争取脱贫[9]？
17. 在本地旅游精准扶贫过程中，您有参与什么决策或者提出什么建议吗？
18. 您对扶贫工作精准识别过程有什么看法吗[10]？
19. 您对扶贫工作精准帮扶过程有什么感触吗[11]？
20. 您对扶贫工作精准管理过程有什么感触吗[12]？
21. 您觉得您和其他贫困户参与旅游精准扶贫时遇到哪些困难[13]？
22. 您觉得政府与旅游企业给你们提供了什么帮助？您最希望政府与旅游企业在哪些方面给予支持？
23. 在旅游开发过程中，您能获得哪些权益？
24. 参与旅游业能维持你们的生计吗？
25. 参与旅游精准扶贫之前，您是做什么工作的呢？您为什么要参与旅游业呢？以后还会继续参与或者继续投资吗[9]？

26. 您觉得参与旅游业在哪些方面获得益处？
27. 本地开展旅游给你们带来哪些变化？
28. 请谈一下您对当地开展旅游的认识和理解[8]。

二、政府干部、第一书记、村干部

29. 请问本县（乡/村）在引领贫困户参与景区旅游发展脱贫方面进行了哪些努力[8]？
30. 请问面对旅游精准扶贫工作的开展，贫困户是如何反应的[9]？积极性如何[9]？
31. 本县（乡/村）旅游精准扶贫工作具体做法是什么？成效如何？
32. 旅游精准扶贫对本县（乡/村）脱贫攻坚的贡献如何？
33. 请问本县（乡/村）开展旅游精准扶贫工作时对于不同情况的贫困户能给予合适的帮扶措施吗？请举例。有哪里做得不到位吗？
34. 请问本县（乡/村）通过发展旅游产业脱贫攻坚时面临哪些困难[13]？最主要的困难是哪个[13]？
35. 本县（乡/村）开展旅游精准扶贫工作时如何确保边境地区生态安全和文化安全？
36. 本县（乡/村）的旅游精准扶贫与其他地区相比有哪些优势？又有哪些不足？
37. 该地区游客数量如何？景区类型？游客倾向于哪种类型的景区？
38. 请问当地有没有贫困户实现脱贫并致富，比如他的具体做法？
39. 您对开展旅游精准扶贫的建议。

三、旅游企业管理人员

40. 请问截至目前企业雇佣多少贫困户[8]？会给予哪些岗位呢[8]？
41. 请问企业给予贫困户的薪酬如何[8]？会给予特别优待吗[8]？
42. 请问企业是否优先雇用本地贫困户？
43. 请问给予贫困户的岗位因人而异的程度如何[10-12]？
44. 请问面对企业的招工薪酬，贫困户是如何反应的[9]？积极性如何[9]？
45. 请问企业有租用过贫困户的土地、房屋等资源吗？
46. 请问雇用贫困户对企业有什么影响吗？企业会享有哪些优惠政策吗？
47. 旅游收益如何分配？
48. 请问企业通过旅游开展扶贫工作时，面临哪些困难[13]？
49. 在你的贫困户员工中有没有实现脱贫致富的？比如他的具体做法？

四、游客

50. 请问您对该地的总体印象如何？
【自然环境 经济 社会】

51. 您觉得旅游给该地区带来哪些变化？

【旅游工作人员 态度思想】

52. 您会向亲朋好友推荐该景区吗？
53. 请您能给予当地的旅游发展建议。

注释：[1]人力资本 [2]金融资本 [3]自然资本 [4]物质资本 [5]社会资本 [6]生计策略 [7]生计风险 [8]驱动程度 [9]回应程度 [10]精准识别 [11]精准帮扶 [12]精准管理 [13]面临困难